LEVERKUS · DIE FASZINIERENDEN MOTORRÄDER DER 70ER JAHRE

Ernst Leverkus

Die faszinierenden Motorräder der 70er Jahre

Motorbuch Verlag Stuttgart

Einband und Schutzumschlagkonzeption: Siegfried Horn
Umschlagzeichnungen: Carlo Demand

Fotos und Graphiken: Ernst Leverkus, Archiv/Foto Rogge, Werkbilder, Motorrad/PS

ISBN 3-613-01040-2

1. Auflage 1985
Copyright © by Motorbuch Verlag, Postfach 13 70, 7000 Stuttgart 1
Eine Abteilung des Buch- und Verlagshauses Paul Pietsch GmbH & Co. KG.
Sämtliche Rechte der Verbreitung – in jeglicher Form und Technik – sind vorbehalten.
Satz und Druck: Schwabenverlag, 7302 Ostfildern 1 (Ruit).
Buchbinderische Verarbeitung: Spiegel Buch GmbH, 7900 Ulm.
Printed in Germany.

Inhalt

Vorwort

Dies ist nun das dritte Buch über die Motorräder zwischen den Jahren 1950 und 1980 und behandelt den Abschnitt ab 1970. Es ist vollgestopft mit Informationen, Maschinen-Beschreibungen und Versuchen, nicht nur über die Technik, sondern auch über den Fahrcharakter einzelner Exemplare Auskunft zu geben.

Wie auch in den anderen beiden Büchern war das am besten mit Hilfe des Höhendiagrammes von der Nordschleife des Nürburgringes möglich, in das Geschwindigkeiten, Drehzahlen, Schaltpunkte und jeweils gefahrene Gänge eingearbeitet wurden. Basis dafür war ein Spezial-Fahrtschreiber, der während der Fahrt die echte, erreichte Geschwindigkeit in Minuten und Sekunden aufzeichnete.

Vielleicht gelingt es damit, dem aufmerksamen Leser lebendige Darstellungen zu vermitteln, denn Motorräder sind keine toten technischen Erzeugnisse. Die Aufzählungen vieler Zahlen und Daten, technischer Details und Berechnungen genügen allein nicht, das Geschehen zu beleuchten.

Natürlich konnte ich nicht auf graphische Darstellungen, Namenslisten und Zahlenvergleiche verzichten, doch sollen es nur Werkzeuge sein, mit deren Hilfe das technische Zeitbild auf dem Sektor der Motorräder gestaltet werden mußte.

Es war nicht leicht, alles so zusammenzufassen, das Wesentlichste zu finden und so darzustellen, daß das Typische dieses Jahrzehnts beim Lesen leicht erkannt wird. Denn noch niemals vorher gab es so viele Motorräder auf der Welt und in Europa. Der Kampf der Industrie-Mächte um Erfolg oder um das nackte Überleben nahm eine Härte an, die wir auf dem Motorradgebiet bis dahin nicht kannten. Dabei wurden sehr viele der Ideale in den Staub gedrängt, die früher das Leben gebildet hatten. Die Zeit des harten, oft improvisierten Wiederaufbaues nach einem Krieg war vorbei, vergessen — aus —!

Die Welt wurde wieder bunter, und bunter wurde die Motorradtechnik. Nicht die Zweckmäßigkeit spielte mehr die Hauptrolle, sondern Spiel, Spaß und — Geldmachen.

Wie wäre das dem Leser wohl am besten zu erklären? Ich meine, indem ich die vorgestellten Maschinen fahrerisch beschreibe, immer dort, wo mir das möglich ist.

Vor kurzem hörten sich ein paar junge Motorrad-Begeisterte meine Schallplatte vom Großen Preis von Deutschland für Motorräder 1964 auf der Solitude-Rennstrecke bei Stuttgart an, es war das letzte dort stattgefundene Motorradrennen.

Nicht nur der Ton der im Mahdental vorbeiheulenden Vierzylinder-MV Augusta von Mike Hailwood oder das wundervolle Hämmern von Walter Scheimanns Einzylinder-Norton ließen sie aufhorchen — nein, als erzählt wurde, daß der Mike seine schnellste Runde mit 160,36 km/h fuhr, daß der Motor mindestens 60 PS hätte, da waren ein paar fröhliche Lacher zu hören.

Warum? Weil zwanzig Jahre später eine 500-cm^3-Serienmaschine ohne weiteres 60 PS haben konnte, wonach sich keiner mehr umdreht. Da muten eben so alte Zahlen und Rennen komisch an, wenn der Sprecher voller Begeisterung über so hohe Leistungen im Originalton schwärmt. Und erst, als der Sound des Hintergrundes die Situation und die Art der Umwelt auf jener alten Platte erkennen ließ, konnten die Zuhörer richtig erfassen, *welche* Leistungen den Fahrern und Maschinen beim letzten großen Solitude-Rennen und allen anderen Wettbewerben 1964 abgefordert wurden.

So will ich es auch in diesem Buch versuchen: Keine sterilen und nüchternen Beschreibungen möchte ich bringen, es sollen möglichst Geschichten und Leistungen der 70er Jahre in der zu ihnen gehörenden Umwelt lebendig sein.

Aber es ist noch eine Bemerkung zu den Leistungsbezeichnungen PS oder kW in diesem Buch zu machen. Ab 1977 sollte die Maßeinheit PS zugunsten der Maßeinheit kW langsam abgebaut werden, um eine einheitliche internationale Bemessung zu bekommen. Zusammen mit anderen Werten sollte dies geschehen (in England wurde zu dieser Zeit das Dezimalsystem in der Währung eingeführt). Aber wie es mit althergebrachten und festgefressenen Dingen ist — die Einheit kW (1 PS = 0,736 kW) kam nur ganz, ganz zögernd zum Durchbruch und ist auch heute noch nicht in aller Munde. Die Summe von z. B. 20 PS blieb unter Motorradfahrern eher faßbar und vergleichbar als dafür die Summe 14,72 kW.

Darum habe ich diesen Begriff PS auch hier weiter verwendet und erst bei Maschinen nach 1977 den kW-Wert hinzugefügt. Meine Kritiker bitte ich um Vergebung dafür und schlage vor, daß sie sich einmal mit alten Motorradhasen unterhalten sollten! —

Es gab aber nicht nur den „PS-Wert", der umgeworfen wurde in diesem Jahrzehnt — es tat sich gewaltig viel. Kommen Sie mit mir in diese Zeit zu den faszinierenden Motorrädern der 70er Jahre! —

Ernst Leverkus

Einleitung

Über dem Nürburgring lag am 31. März 1970 Nebel, manchmal regnete es, manchmal gab es Schlackerschnee, manchmal — besonders in den Morgenstunden war es so — glänzte Glatteis in den Waldecken, und dazu war es fürchterlich kalt.

Wir waren mit einer 500er Zweizylinder-Zweitakt-Suzuki, mit der T 500, mit einer 350 cm³ Honda-Zweizylinder-ohc CB 350 und mit einer spanischen 250 cm³ Einzylinder-Zweitaktmaschine, einer Ossa, gekommen, um die ersten Tests des Jahres zu fahren. Das Elefantentreffen war hier an der Eifelstrecke noch in frischer Erinnerung, es hatte bei allerhand Schnee nicht nur die alte Winterhärte und Zweisamkeit an den Feuern glühen lassen, es hatte auch die ersten Massenprobleme gezeigt, denn die Straßen rund um den Ring waren mit — Autos (!) von Zuschauern zugestopft worden.

Drei Testmaschinen auf einmal, und solche Zeitknappheit, daß man es trotz miesestem Wetter mit den Tests auf der Nordschleife wagen mußte. Elefantentreffen von Autos blockiert — ! In der Tat, wir hatten den Beginn eines neuen Jahrzehnts gleich richtig erlebt.

Der Motorrad-Boom zeichnete sich dadurch ab, daß in „Das MOTORRAD" im 70er Jahr 26 Test- und Fahrberichte erscheinen konnten — Leute, nun ging es los — !

Auf dem Elefantentreffen hatten sie noch das schöne Lied von der Freude am Bauen gesungen (in Anspielung an die BMW-Werbung „Aus Freude am Fahren"). Weiß jemand noch, wie das ging? Hier ist's:

Aus Freude am Bauen

(Nach der Melodie „Hoch auf dem gelben Wagen . . . aber der Wagen, der rollt!"

*„Röhrend und schwingend gefe-e-dert
Fahr'n wir dem Nürburgring zu.
Weißblau sind uns're Mü-üh-len,
Weißblau die See-ee-len dazu.
Plötzlich ein schreckliches Krachen:
Rechts, da fliegt 'was los — !
Aber wir ha'm nur ein La-a-a-chen —
Das war'n Zylinder-Geschoß — !"*

*„Warum, ihr Brüder, so zitt'rig im Bart?
Sowas, das is' nur'n Klacks.
Denn wir sind Schrauber mit Härtegrad,
Gelernt vom weißblau-au-auen Flachs.
Autofahrer glotzen,
Wie in Öl wir uns knien.
Wir fahr'n doch aus Freude am Bau-au-au-en,
Stinken nach Öl und Benzin."*

*„Zylinder hängt am Auspuffrohr,
Alles ist ölverschmiert,
Vater grinst wie'n Sarotti-Mohr:
Sowas ist schne-ell repariert!
Geputzt wird das weißblaue Zeichen,
Damit es jeder auch sieht.
Wir fahren aus Freude am Bau-au-au-en,
Singen ein fröhliches Lied."*

*„Neben uns parkt ein Elefant,
Welche Freude! Juchhe!
Stirnrad im Eimer, altbekannt,
Das tut dem Treiber doch nicht weh.
Sechzig Minuten weiter,
Ist das Ding wieder drin.
Wir fahren aus Freude am Bau-au-au-en,
Stinken nach Öl und Benzin."*

„Hinter der Kurve von Co-ol-mar,
Rasselt der Kardan ganz laut.
Ist wohl ein Lager ausgebrannt,
Lustig die Mu-ut-ti-i schaut.
Kein Problem für'n Ka-es-sen,
Der kriegt's gleich wieder hin.
Wir fahren aus Freude am Bau-au-au-en,
Stinken nach Öl und Benzin."

„Sachsen-Harley, Honda-CB,
Sind für Touristen nur.
Tuen mit keiner Panne weh,
Rennen ru-und um die Uhr.
Aber so knallharte Boxer,
Danach steht unser Sinn.
Wir fahr'n doch aus Freude am Bau-au-au-en,
Stinken nach Öl und Benzin."

„So geht das bis in die Wü-ü-ste,
Zigtausend Meilen gut.
Groß ist der Pannen Li-i-ste,
Froh ist der Schrau-au-au-ber Mut.
Wär'n mal die Pannen vorüber,
Wär' das das Ende der Freud',
Wir fahr' doch aus Freude am Bau-au-au-en,
Und sind so fröhliche Leut'."

Big Peter konnte es am schönsten singen aber nun hofften wir doch, daß die kommenden neuen Motorräder nicht aus Freude am Bauen gefahren wurden, sondern immer mehr aus Freude am Fahren. Die Zeit war anders geworden, das Motorrad als Zweckfahrzeug passé, das Billigfahrzeug Motorrad gab es schon lange nicht mehr, nun konnte uns endlich das Motorrad für Erholung, Freude und den Riesenspaß begegnen, so perfektioniert, daß das Bordwerkzeug unter der Sitzbank verschimmeln durfte.

So kam es tatsächlich auf der einen Seite in diesem Jahrzehnt. Die Importeure der großen Marken mußten sich auf die unumgänglichen Service-Notwendigkeiten, auf das Funktionieren der Ersatzteil-Beschaffung und bei der Konzipierung neuer Modelle besinnen, daß diese von den Ingenieuren im Fernen Osten nicht allein nur mit dem Blick auf das große Amerika und seine Tempolimits entworfen wurden, sondern vor allem die Voraussetzungen erfüllten, welche im guten, alten Europa, besonders in der Bundesrepublik Deutschland, gegeben waren: Schneller Verkehr auf der Autobahn ohne Geschwindigkeits-Begrenzungen, sehr flotter Verkehr auf den Bundesstraßen, wirbeliger Stadtverkehr.

Dementsprechend war es auch mit der Fahrerei. Bei uns wurde mit Motorrädern meist sehr sportlich und flott gefahren, wer seinen Urlaubsort im Norden oder Süden schnell erreichen wollte, der hielt sich nicht lange mit der langen Anreise auf, der fegte in einem Rutsch mit Affenzahn über die Autobahnen, nicht selten stundenlang mit Vollgas. Das mußte ein Motorrad der 70er Jahre aushalten können.

Abseits der Autobahnen blieb der große Teil der Fahrer aber auch kein Club der Mauerblümchen. Erstklassige Spurtreue und Kurvenfreudigkeit, beste Beschleunigungsfähigkeit und zähes Durchstehvermögen der Motoren wurden verlangt. Top-Rahmen und Federungen, Super-Bremsen und schnell, leicht und genau schaltbare Getriebe mit bester Anpassung an die Leistungscharakteristik der Motoren. Reifen mußten her, die hohe Leistung und Drehmoment nicht mit dem Wegfliegen von Profilblöcken und schnellem Verschleiß quittierten. Sie mußten außerdem höchste Haftfähigkeit besitzen.

Die Elektrik durfte nun keine Kupferwürmer mehr fabrizieren. Wartungsfrei, absolut zuverlässig, leistungsfähig und leicht auszuwechseln sollte dieser Teil des Motorrades sein, den die meisten Fahrer in seiner modernen Art sowieso kaum begreifen konnten. Elektronik war für viele schlimmer als die Pestilenz. Einfach undurchschaubar.

Die Ausrüstungen mußten von Grund auf verbessert werden. Bekleidungen sollten nun absolut zweckmäßig *und* schick geschneidert sein. Bunt und bunter wurden die

Fahranzüge aus Leder, Stoff oder Kunststoff. Man wollte — auch schon aus Sicherheitsgründen — gesehen werden. Modisch sollte es auch noch gestaltet sein.

Die Sturzhelme mußten nach den letzten medizinischen und fahrerischen Erkenntnissen neu entwickelt auf den Markt kommen, die Sicherheit von Fahrern und Maschinen im großen Umfang verbessert werden.

Das alles und noch viel mehr sollte in diesem Jahrzehnt angepackt sein — neu durchdacht, wieder einmal aktiv angefaßt und überall perfektioniert. Wir meinten, daß es so kommen würde.

Inzwischen hatten die Japaner sich alle Weltmärkte für Motorräder gesichert. Es war unglaublich, welche Kapazitäten, welche Intensitäten in Forschung, Entwicklung und Produkten sie entwickelten. Bei Honda begannen ganze Straßen von automatisierten Produktionstakten zu funktionieren, Riesenstückzahlen wurden notiert. Als ich 1977 nach Japan kam und nicht nur die Produktionswerke, sondern auch die Forschungs-

abteilungen sah, war ich fast erschlagen von der Kraft, die überall dahinter steckte. Man experimentierte bereits mit technischen Ideen, an die bei uns noch niemand überhaupt gedacht hatte. Da war zum Beispiel der hydrostatische Hinterradantrieb für Motorräder, da war die Überlegung, mit einem vollkommen neu aufzuziehenden Kundendienstnetz über den Weg des Teiletauschens neu gegen alt ein Motorradmodell absolut ohne Störungen im Service schneller und sicherer betreuen zu können, als es bisher — selbst mit Hilfe von Computern und Elektronik — möglich war. Natürlich auch mit dem Ziel, die Kosten für den Kunden zu senken.

Das würde eine völlig neue Art von Motorrad-Zusammenbau ergeben —!

Mit der Zeit hatte man aber auch schon Testingenieure überall in den europäischen Ländern, die vor Ort die Konzeption eines neuen Modells auf Europatauglichkeit untersuchen und — wenn nötig — entsprechend verbessern sollten. Auf diese Weise erlebte

Prototyp der 750 cm³ Honda mit Getriebeautomatik (Isle of Man, TT 1976).

Rechte Seite der CB 750 mit »Honda-matic«-Kraftüber-tragung. Nur mit großen Schwierig-keiten konnte das Motorrad auf der Isle of Man während der TT-Woche 1976 heimlich nachts gefahren werden.

ich 1976 bei der Tourist Trophy auf der Isle of Man ein Honda-Versuchsfahrer-Team mit Maschinen, die verschiedene automatische Getriebebauarten hatten. Bei einem nächtlichen Abenteuer konnte ich mit Hilfe von Freunden aus der Schweiz heimlich so eine Maschine, eine CB 750 Vierzylinder, probieren und fotografieren. Sie war zwar schon auf Ausstellungen gewesen, sollte aber nicht von uns gefahren werden. Sie hatte einen hydraulischen Drehmomentwandler und eine Zweistufen-Automatik, kam aber noch nicht in Serie. Auch nicht die Automatik-Goldwing und auch nicht eine später erlebte Honda CB 400 N mit Drehmomentwandler, Zweistufen-Automatik und hydrostatischem Antrieb.

Es war verblüffend, welche Dinge dort probiert wurden, da fehlte kein bisher bekanntes Antriebsystem.

Etwa in der Mitte der 70er Jahre konnte man auch erkennen, daß die italienische Industrie, durch kleinere Firmen nicht so schwerfällig, erfolgreiche neue Maschinen im Programm hatte und sich damit gegen den Moloch Japan behauptete. Überall waren auch Forschungen auf dem Gebiet des Wankelmotors im Gang. Es gab schließlich auch einige Produktionen, die waren aber

gegen Ende des Jahrzehnts vorbei, nur in England ging es in der Stille damit bis in die 80er Jahre hinein weiter.

Zweitaktmotoren unter den großen Maschinen verschwanden langsam, aber nicht, weil sie technisch am Ende waren, sondern weil sie für zukünftige Zulassungsbestimmungen in einigen großen Abnehmerländern der Welt immer ungünstiger lagen. Diese Bestimmungen stellten für viele Motorradhersteller im Laufe der Zeit immer größere Probleme dar. Der Run nach immer mehr Leistung erhielt dadurch stärkere Bremsen als zuvor, da die Geräuschdämpfung nicht ohne Leistungseinbußen blieb. Was früher meist übersehen wurde, das war nun eminent wichtig: die mechanischen Geräusche und die Ansauggeräusche.

Man erinnerte sich alter Dinge — da war plötzlich wieder Wasserkühlung akut. Nicht so sehr, weil sie für bessere Kühlung wichtig, sondern für bessre Dämpfung der mechanischen Geräusche gut war.

Es ist an dieser Stelle nicht genug Platz, um einzelne Konstruktionen genauer zu beschreiben; was uns aber besonders auffiel, das war auch die Verbesserung der Produktionstechniken. Man schaue sich nur einmal einige größere Gußstücke für Motoren an,

z. B. den Zylinderkopf der Sechszylinder-Kawasaki Z 1300 und anderes. Aber es fiel uns auch auf, daß bei vielen Maschinen niemand daran dachte, wie zum Beispiel so eine Filigran-Steuerung für den Gleichlauf von sechs Vergaser-Drosselklappen oder -schiebern nach einer Tour über versalzte Winterstraßen aussehen konnte.

Womit wir beim Thema „Sonnen-Motorräder der 70er Jahre" sind. Offensichtlich war die Maschine, die nur zum Spaß gefahren wurde, in den Augen ihrer Väter nicht unbedingt gegen manche Unbillen der Witterung, des Staubes und so weiter zu feien. Wer fuhr denn nun noch im Winter oder bei Regen? Bestimmt immer noch ein paar Fahrer, aber doch die große Masse nicht. Wer also zum Elefantentreffen wollte, der mußte selbst Tricks erfinden, wie er die Rostecken seiner Maschine, das Vergaser-Gestänge, die Elektrik und alles andere vor Wasser, Dreck und Salz schützte. Lediglich bei Yamaha gab es im Laufe der Jahre zuerst Gummischützer über den Hebelgelenken am Lenker.

Nein, es hatte den Anschein, daß Staub und Dreck, Wasser und Salz in den Köpfen vieler Konstrukteure nicht existent seien. Der Antrieb zum Hinterrad bestand in der Mehrzahl immer noch aus Ketten, die keineswegs pflegeleicht und verschleißfrei waren, auch nicht die gefetteten O-Ring-Ketten. Nur zögernd kam der Wellenantrieb mehr und mehr ins Bild, und zuletzt wandte man sich sogar dem Zahnriemen-Antrieb zu. Aber man schaffte es. Man schaffte es auch, mit Vibrationen fertig zu werden, aber dabei zeigte es sich, daß es „einfache" Konstruktionen bald nicht mehr geben würde. Es wurde immer aufwendiger gebaut.

Die Fahrwerke bekamen mit der Zeit neue Arten von Hinterrad-Federungen. Die waren — siehe Cantilever — zwar nicht neu, aber die alte Idee wurde perfektioniert. So ging es mit vielen Dingen. Die Zweitaktmotoren erhielten Membran-Steuerungen, die obenliegenden Nockenwellen bei Viertaktern waren ob-

ligatorisch. Es gab inzwischen auch große Maschinen mit zwei obenliegenden Nockenwellen, und die „alten" BMW-Motoren mit Stoßstangen wirkten in diesem Reigen antiquiert.

Die alten Diskussionen gingen los — die einen brachen eine Lanze für Stoßstangen, die anderen schauten diese überhaupt nicht mehr an.

Der Leser merkt schon an diesen kleinen Beispielen, daß die 70er Jahre vieles umkrempelten. Der Weg zum perfektionierten Spaß-Motorrad war schwieriger, als mancher geglaubt hatte.

Mittlerweile entstand aber auch durch die Bemühungen, sich gegenseitig durch immer höhere Motorleistung auf dem Markt auszustechen, eine schwierige Situation. Ganz abgesehen davon, daß 100 PS bei einem Serienmotorrad nicht mehr für jeden Fahrer vertretbar sind, wurde diese PS-Hatz so groß, daß es zu Beschränkungsmaßnahmen kam.

Zu diesem Zeitpunkt — 1978 — konnte man feststellen, daß das, was wir uns von den 70er Jahren an Positivem so sehr erhofft hatten, zu Auswüchsen und zu Übertreibungen geführt hatte. Jetzt war die Zeit reif, um wieder auf die Bremse zu treten.

Aber wie schon immer — Vernunftappelle nützten wenig — die Show ging weiter, wer nicht mit mindestens 100 PS mitziehen konnte, hatte das Nachsehen auf dem Markt. Hier und in anderen Leistungskategorien tauchte das Konstruieren von technischen Gags auf. Natürlich kommt man mit einem ganz einfachen, schlitzgesteuerten Einzylinder-Zweitakter mit ein wenig mittlerem Dampf drin — sagen wir mit 25 PS — sehr gut und sehr schnell von München nach Hamburg. Aber die 25 PS aus zwei Zylindern zu holen, das machte eben etwas mehr Spaß.

Das war immer so.

Aber inzwischen hatte man ja alle Zylinderzahlen schon durch, man war inzwischen, 1977, bei sechs angelangt. Man hatte

Anzahl der in der Bundesrepublik Deutschland erhältlichen Motorrad-Modelle in den Frühjahren 1971 und 1980 (ohne Kleinkrafträder, Cross- und Straßenrennmaschinen)

1) Deutsche und englische Fertigungen

Frühjahr 1971:		Frühjahr 1980:	
BMW	3	BMW	9
		Eckert	1
Hercules	3	Hercules	1
		„Horex" (Münch)	1
Maico	1	Maico	1
Münch	1	Münch	1
Zündapp	2	Zündapp	1
Zweirad-Union	1		
	11		15
BSA	7		
Norton	2		
Triumph	6	Triumph	4
	15		4
zusammen	26	zusammen	19

2) Fertigungen aus Europa, Japan, USA

Frühjahr 1971:		Frühjahr 1980:	
Europa	50	Europa	84
USA	4	USA	10
Japan	15	Japan	103
	69		197

auch alle Steuersysteme schon durch — ohv, ohc, zweimal ohc, zwei Ventile, drei Ventile, bei Zweitaktern Schlitze, Drehschieber, Membran. Es gab schon für jeden Zylinder einen Vergaser, Unterdruckvergaser, Friedel Münch hatte an seiner Münch 4 TTS E Benzin-Einspritzung. Es gab inzwischen Schwungausgleich-Systeme als Vibrations-Killer — was brauchte man nun noch alles?

Man „brauchte" zum vernünftigen Fortbewegen keine neuen Finessen. Die waren alle da und ausgeschöpft. Jetzt wollte man Gags für den Spaß mit dem technischen Spiel Motorrad. Also war am Ende des Jahrzehnts der Sechszylinder-Motor mit zwei obenliegenden Nockenwellen, vierundzwanzig Ventilchen (vier pro Zylinder), sechs Unterdruckvergasern Trumpf. Und das mußte dann mit Flüssigkeitskühlung und Kardanantrieb noch überboten werden.

Der Spaß florierte, die Übertechnik war da. Wie das Angebot sich steigerte, das zeigt diese Aufstellung.

Aber so schön der Aufschwung aussah — unsere eigene Industrie wurde dabei immer weniger. In England versank sie mit wehenden Fahnen völlig. Und so wurden die 70er Jahre auch die Zeit der Abschiede in Europa, eine traurige Entwicklung.

Wenn man bedenkt, dann kommt man zu den Dingen, die in diesem Jahrzehnt so viel Wermut in den Wein gossen. Aber sie schienen unvermeidlich zu sein, weil zu viele Gegensätze aufeinander prallten, weil ganze Weltanschauungen purzelten.

Aber das, meine ich, gehört in eine soziologische Betrachtung dieser Zeit.

Wir wollen bei unseren Motorrädern bleiben, und deswegen —

— bitte, hier fängt das erste Kapitel der Geschichte von den Motorrädern der 70er Jahre an.

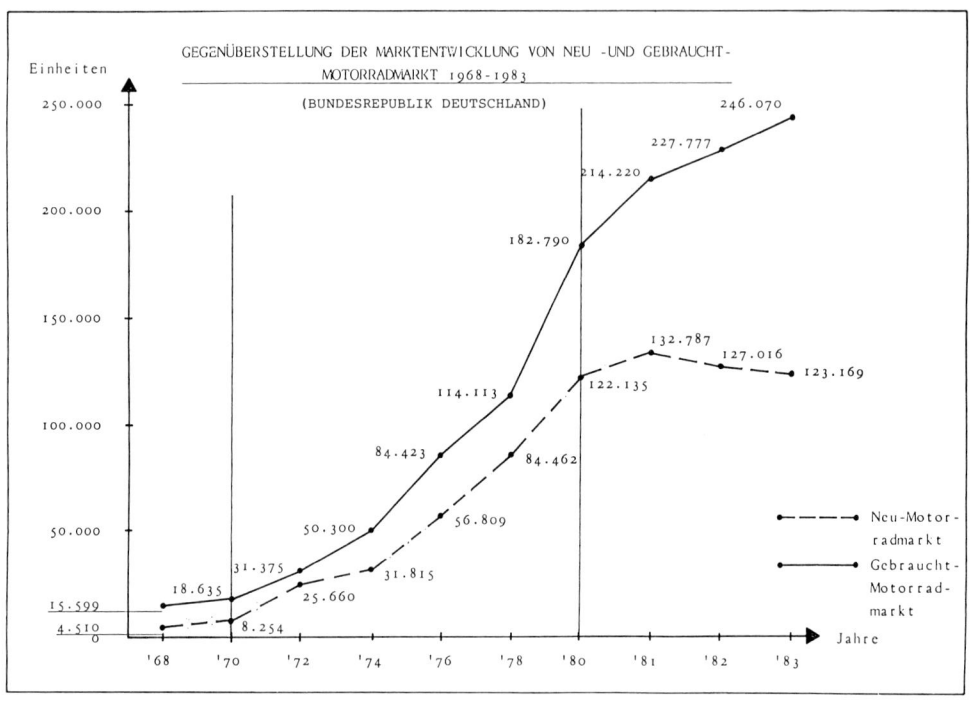

GEGENÜBERSTELLUNG DER MARKTENTWICKLUNG VON NEU -UND GEBRAUCHT-
MOTORRADMARKT 1968-1983

(BUNDESREPUBLIK DEUTSCHLAND)

Einheiten

250.000 — 246.070

227.777

214.220

200.000 — 182.790

150.000 —

132.787 127.016
123.169

114.113
122.135

100.000 —

84.423   84.462

56.809

50.300

50.000 —
31.375   31.815
18.635   25.660
15.599
4.510   8.254
0

'68 '70 '72 '74 '76 '78 '80 '81 '82 '83   Jahre

● – – – ● Neu-Motor-
radmarkt

●———● Gebraucht-
Motorrad-
markt

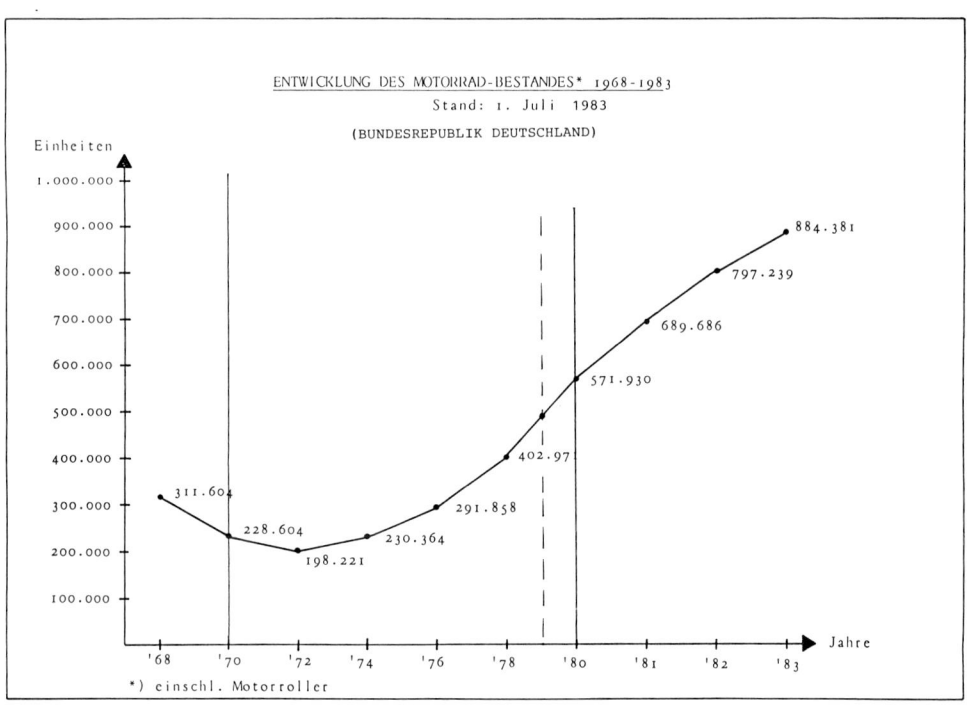

ENTWICKLUNG DES MOTORRAD-BESTANDES* 1968-1983
Stand: 1. Juli 1983
(BUNDESREPUBLIK DEUTSCHLAND)

Einheiten

1.000.000 —

900.000 — 884.381

800.000 — 797.239

700.000 — 689.686

600.000 — 571.930

500.000 —

402.97

400.000 —

311.604   291.858

300.000 —
228.604
230.364

200.000 — 198.221

100.000 —

'68 '70 '72 '74 '76 '78 '80 '81 '82 '83   Jahre

*) einschl. Motorroller

14

Typentafeln

FRÜHJAHR 1971

Fabrikat und Typ	Zylinderzahl	2- oder 4-Takt	Hub/Bohrung ccm	PS U/min	Verdichtung	Anzahl der Gänge	Rahmenbauart	Federung vorn	Federung hinten	Bereifung vorn	Bereifung hinten	Leergewicht	Zulässiges Gesamtgewicht	Höchstgeschwindigkeit solo ca. km/h	Preis (incl. MWSt.)
Aermacchi															
Ala Verde Sport	1	4	72/66/246,5	18,5/7000	8,5	5	R	T	S	3,00–18	3,00–18	115	280	140	2600.–
350 TV	1	4	73,8/80/350	35/6800	9	5	R	T	S	2,75–19	3,50–18	155	–	175	3400.–
BMW															
R 50/5	2	4	70,6/67/498	32/6400	8,6	4	R	T	S	3,25–19	4,00–18	205	398	155	3990.45
R 60/5	2	4	70,6/73,5/599	40/6400	9,2	4	R	T	S	3,25–19	4,00–18	210	398	165	4425.57
R 75/5	2	4	70,6/82/745	50/6200	9,0	4	R	T	S	3,25–19	4,00–18	210	398	175	5394.60
BSA															
B 25 Star	1	4	70/67/249	26/7250	9,5	4	R	T	S	3,25–19	3,50–18	127	330	135	2950.–
B 44 Shooting Star	1	4	90/79/441	30/6500	9,5	4	R	T	S	3,25–19	3,50–18	134	350	155	3380.–
A 50 Royal Star	2	4	2x74/65,5/499	33/6500	9	4	R	T	S	3,25–19	3,50–18	178	380	145	3850.–
A 65 Lightning	2	4	2x74/75/654	53/6750	9	4	R	T	S	3,25–19	3,50–18	178	380	170	4460.–
A 65 Thunderbolt	2	4	2x74/75/654	41/6250	9	4	R	T	S	3,25–19	4,00–19	178	380	170	4070.–
A 65 SS Firebird	2	4	2x74/75/654	55/7000	10,5	4	R	T	S	3,25–19	3,50–18	172	380	182	4550.–
A 75 Rocket 3	3	4	3x70/67/740	58/7250	9	4	R	T	S	3,25–19	4,00–19	200	–	195	6300.–
Bultaco															
Metralla	1	2	60/72/244	27,5/7500	8,5	5	R	T	S	2,75–18	3,00–18	102	280	160	2950.–
Ducati															
250 M III	1	4	57,8/74/250	18/7500	10	5	R	T	S	2,50–18	2,75–18	116	–	130	2840.–
350 M III	1	4	75/76/350	24/8500	10	5	R	T	S	2,75–18	3,00–18	128	320	145	3200.–
450 M III	1	4	75/86/436	27/7000	9	5	R	T	S	3,50–18	4,00–18	133	–	145	3390.–
250 M III D	1	4	57,8/74/250	20/8000	10	5	R	T	S	2,75–18	3,00–18	127	320	135	3050.–
350 M III D	1	4	75/76/350	26/8000	10	5	R	T	S	2,75–18	3,00–18	128	320	145	3390.–
450 M III D	1	4	75/86/436	31/7000	9,3	5	R	T	S	2,75–18	3,00–18	130	320	155	3680.–
Garelli															
Rekord Super	1	2	39/40/49	6,25/8500	12	4	R	T	S	2,00–19	2,00–19	69	220	85	1098.–
Cross Tiger	1	2	39/40/49	6,25/8500	12	4	R	T	S	2,25–19	2,50–19	70	220	ü. 85	1248.-
Harley-Davidson															
Sportster XLH	2	4	2x96,8/76,2/900	65/6300	9	4	R	T	S	3,75–19	4,25–18	220	420	195	ab 12798.–
Sportster XLCH	2	4	2x96,8/76,2/900	65/6300	9	4	R	T	S	3,75–19	4,25–18	204	404	195	ab 12298.–
El. Glide FLH	2	4	2x100,8/87,3/1207	60/5400	7,25	4	R	T	S	5,10–16	5,10–16	310	500	170	ab 13598.–
Super Glide FX	2	4	2x100,8/87,3/1207	65/5600	8	4	R	T	S	5,10–16	5,10–16	310	500	190	ab 14198.–
Hercules															
K 50 Sprint	1	2	44/38/49	5,3/7000	9	5	R	T	S	21x2,75 S	21x2,75 S	80	245	80	1330.–
K 50 SX	1	2	44/38/49	6,25/7000	9	5	R	S	S	21x2,75 S	21x2,75 S	80	245	90	1680.–
K 50 RX	1	2	44/38/49	6,25/7000	9	5	R	S	S	21x2,75 S	21x2,75 S	85	245	90	1698.–
K 105 X	1	2	54/48/97	12/7400	9	5	R	S	S	2,75–17	2,75–17	106	300	110	1880.–
K 125 X	1	2	54/54/123	15/7400	10,8	5	R	S	S	2,75–17	3,00–17	–	–	120	1980.–
Military	1	2	54/54/123	12,5/7000	10	5	R	S	S	3,25–18	3,50–18	130	300	100	2650.–
Honda															
S 50	1	4	41/39/49	5,1/9960	9,5	5	B	T	S	2,75–17	2,75–17	75	225	81	1095.–
ST 50 Dax	1	4	41/39/49	5,1/9960	9,5	3	B	T	S	4,00–10	4,00–10	–	–	85	998.–
CB 100	1	4	49,5/50,5/99	11/11000	9,5	5	R	T	S	2,50–18	2,75–18	94	–	110	1748.–
CB 125	2	4	2x41/44/124	15/11000	9,4	5	R	T	S	2,50–18	2,75–18	–	–	130	2098.–
CB 250 - K 1	2	4	50,6/56/249	26/10150	9,5	5	R	T	S	3,00–18	3,25–18	170	320	150	2697.30
CB 350	2	4	2x50,6/64/325	36/10500	9,5	5	R	T	S	3,00–18	3,50–18	–	–	160	3198.–
CB 450 - K 1	2	4	57,8/70/444	41/5525	9	5	R	T	S	3,25–18	3,50–18	193	350	175	3728.49
CB 750	4	4	4x63/61/736	67/8500	9	5	R	T	S	3,25–19	4,00–18	218	–	200	6495.–
awa/CZ															
0 Sport	1	2	40/38/48	4/6500	7,8	3	R	T	S	2,75–16	2,75–16	69	230	ca. 60	775.–
0 Trail	1	2	49/48/89	9,5/6500	8,5	5	R	T	S	2,75–18	2,75–18	90	240	95	1290.–
Z 125	1	2	–/ –/123	11/5750	8,5	4	R	T	S	2,75–18	3,00–18	105	260	105	1390.–
Z 175	1	2	65/58/172	15/5600	8,7	4	R	T	S	2,75–18	3,00–18	112	272	115	1550.–
Kawasaki															
A 1/250	2	2	2x56/53/247	31/8000	7	5	R	T	S	3,00–18	3,25–18	145	–	160	2890.–
A 7/350	2	2	2x56/62/338	40,5/7500	7	5	R	T	S	3,25–18	3,50–18	149	–	170	3350.–
Mach III	3	2	3x58,8/60/498	60/7500	6,8	5	R	T	S	3,25–19	4,00–18	174	–	195	4370.–

Fabrikat und Typ	Zylinderzahl	2- oder 4-Takt	Hub/Bohrung ccm	PS U/min	Verdichtung	Anzahl der Gänge	Rahmenbauart	Federung vorn	Federung hinten	Bereifung vorn	Bereifung hinten	Leergewicht	zulässiges Gesamtgewicht	Höchstgeschwindigkeit solo ca. km/h	Preis (incl. MWSt.)
Kreidler															
Florett TM	1	2	39,5/40/50	5,8/8000	11	5	B	T	S	21x2,75 S	21x2,75 S	79	245	80	1488.–
Florett RS	1	2	39,5/40/50	6,25/8500	11	5	B	T	S	21x2,75 S	21x2,75 S	80	245	80	1664.–
Laverda															
750 SF	2	4	2x74/80/744	60/6600	9,6	5	R	T	S	3,25–18	4,00–18	218	400	192	5980.–
Maico															
MD 50	1	2	38/41/49	6,3/8200	–	6	R	T	S	2,50–16	3,00–16	85	240	80	1735.–
MD 125	1	2	54/54/123	16/8000	–	6	R	T	S	2,50–16	3.00–16	87	250	125	2155.–
Motobecane															
D 125	2	2	2x43/43/124	13/7000	10	5	R	T	S	2,75–17	2,75–17	108	272	120	2330.–
Motobi/Benelli															
125 Imperiale	1	4	54/54/123	12/10000	9,5	5	B	T	S	2,50–18	2,75–18	100	260	130	1800.–
250 Sprite 5	1	4	57/74/245	20/8200	8,5	5	B	T	S	2,75–18	3,00–18	113	320	140	2650.–
Moto Guzzi															
Falcone	1	4	82/88/499	32/5500	7	4	R	T	S	4,00–18	4,00–18	185	–	140	3990.–
V7 „Spezial"	2	4	2x70/83/757	51/6500	9	4	R	T	S	4,00–18	4,00–18	245	450	185	5994.–
Münch															
TTS	4	4	66,6/75/1200	88/6500	11	4	R	T	S	3,25–19	4,00–18	240	–	215	9988.–
MZ															
ETS 150	1	2	58/56/143	11,5/6300	9	4	R	S	S	3,00–18	3,00–18	125	270	105	1498.–
ETS 250	1	2	65/70/249	19/5500	8,5	4	R	T	S	2,75–18	3,50–16	143	320	130	2250.–
ES 250/2 (Gespann)	1	2	65/70/249	19/5500	8,5	4	R	S	S	3,25–16	3,50–16	278	500	100	kpl. 2980.–
Norton															
Commando R + S	2	4	2x89/73/749	59/6700	8,7	4	R	T	S	3,25–19	4,00–18	180	–	180	5550.–
Peripoli															
Giulietta Sport	1	2	41,5/39/49	5,3/8000	9	4	R	T	S	3,00–12	3,00–12	71	–	80	889.–
Giulietta Junior	1	2	41,5/39/49	5,3/8000	9	4	R	T	S	3,00–12	3,00–12	69	–	79	998.–
Puch															
M 125	1	2	52/55/123	12,5/7000	11,5	4	R	T	S	2,50–17	3,00–17	104	260	110	1835.–
MC 125	1	2	52/55/123	16/8500	11	6	R	T	S	21–3,00	3,25–18	90	290	120	2650.–
250 SGS	1	2	78/2x45/248	14,2/5800	6,5	4	B	T	S	3,00–16	3,50–16	150	316	115	2310.–
Suzuki															
T 250	2	2	54/54/247	29/7500	7,3	6	R	T	S	2,75–18	3,00–18	145	350	160	–
T 500	2	2	64/70/492	47/7000	6,6	5	R	T	S	3,25–19	4,00–18	–	–	180	–
Triumph-TEC															
Trophy 250	1	4	70/67/250	22/8000	8,5	4	R	T	S	3,25–19	4,00–18	130	–	–	2990.–
Tiger Daytona	2	4	2x65,5/u9/490	41/7200	9	4	R	T	S	3,25–u9	4.00–18	153	350	160	4040.–
Tiger 100	2	4	2x65,5/69/490	34/7000	9	4	R	T	S	3,25–18	3,50–18	152,8	350	150	3800.–
Trophy	2	4	2x82/71/649	45/6500	8,5	4	R	T	S	3,25–18	4,00–18	165,5	370	160	4190.–
Bonneville 120	2	4	2x82/71/649	47/6700	9	4	R	T	S	3,25–19	4,00–18	165,5	370	165	4430.–
Trident 750	3	4	3x70/67/740	60/7250	9	4	R	T	S	3,25–19	4,10–19	200	–	195	6250.–
Yamaha															
FS-1	1	2	39,7/40/49	5,2/7800	6,8	5	B	T	S	2,25–17	2,50–17	70	–	80	ca. 1300.–
YAS-2/5-Port	2	2	2x43/43/125	15,2/8500	7	5	R	T	S	2,50–18	2,75–18	98	250	125	1979.–
DS 7	2	2	2x50/56/248	25/8000	7,3	5	R	T	S	3,00–18	3,00–18	138	320	160	3200.–
R 5	2	2	2x59/61/350	30/7000	7,5	5	R	T	S	3,00–18	3,50–18	154	350	165	3395.–
XS-1	2	4	74/75/650	53/7000	8,7	5	R	T	S	3,50–19	4,00–18	185	–	185	–
Zündapp															
KS 50 Super Sport	1	2	41,8/39/49,9	6,25/7500	9	5	K	T	S	21x2,75 S	21x2,75 S	86	235	80	1698.–
KS 50 Sport	1	2	41,8/39/49,9	6,25/7500	9	5	K	T	S	21x2,75 S	21x2,75 S	86	235	80	1648.–
KS 100	1	2	50/50/98	10/6300	9	5	K	T	S	2,75–16 S	2,75–16 S	95	250	100	1880.–
KS 125	1	2	54/54/123	15/7500	11	5	R	T	S	2,75–18	3,25–18	110	–	120	2198.–
Zweirad Union															
159 Jet	1	2	44/38/49	5,3/7000	9	5	R	T	S	21x2,75 S	21x2,75 S	80	245	80	1330.–
RT 159	1	2	44/38/49	6,25/7400	9	5	R	T	S	21x2,75 S	21x2,75 S	80	245	80	1650.–
RT 159 Super	1	2	44/38/49	6,25/7400	9	5	R	T	S	21x2,75 S	21x2,75 S	80	245	80	1698.–
125TS	1	2	54/54/123	15/7400	9	5	R	T	S	2,75–17	3,00–17	106	300	110	1895.–

FRÜHJAHR 1973

Alle Angaben o. Gewähr

Spalten der Tabelle (gedreht): Preis in DM · Marke · Typ · Bohrung/Hub in mm · Hubraum in ccm · Zwei-/Viertakt · Zylinderzahl, Anordn. · luft-/wassergekühlt · Ventil., Gassteuerung · Verdichtungsverhältnis · max. PS-Leistung bei 1 (DIN, sonstige Angabe) · Literleistung nach dto. PS/L · Drehmoment (mkg) bei U/min · Zündung mit/ohne Unterbrecher · Batterie (Volt/Ah) · Lichtmaschinen-Leistung (Watt) · Starter (Elektro/Kick) · Gangzahl · Kette offen/geschlossen · Wellenantrieb (Kardan) · Doppelrohrrahmen · Einfach-/offener Rohr · Blechschalen-/Kombira · Gabel: Tele/Schwinge · Schraubenfedern vor, Durchmesser in mm · Trommelbremse vorn, Durchmesser in mm (Simplex, Doppelsimplex, Duplex, Doppelduplex) · Scheibenbremse vor, Durchmesser in mm · Hinterradbremse (S/T)r, Durchmesser in mm · Trockengewicht in kg · Zul. Gesamtgewicht in kg · Tank-Fassungsvermöge in Liter · Aktionsradius in km · Beschleunigung 0–100 km/h in s (T = Testwert, W = Werksangabe) · Höchstgeschwindigkeit (T = Testwert, W = Werksangabe) · Besonderheiten

Preis in DM	Marke	Typ	Höchstgeschw.	Besonderheiten
Preisgruppe bis 999 DM				
898.—	Jawa	50 Sport	65 W	
Preisgruppe 1000 DM bis 1499 DM				
1198.—	Honda	Dax ST 70	75 W	Gußräder
1290.—	Jawa	90 Roadster	100 W	—
1320.—	Jawa CZ	125	105 W	—
1420.—	Hercules	—	—	—
	DKW	Sportbike/695	78 W	Stahlscheibenr.
1448.—	Yamaha	FS 1	78 W	—
1475.—	Garelli	RS Electronic	85 W	—
Preisgruppe 1500 DM bis 1999 DM				
1595.—	Hercules	K 50 Sprint	80 W	—
1595.—	DKW	RT 159 Jet	68 W	Stahlscheibenr.
1595.—	Vespa	90 Racer	100 W	—
1596.—	MZ	ETS 150	80 W	Stahlscheibenr.
1598.—	Garelli	RSC Electronic	80 W	—
1655.—	Vespa	125 Primavera	83 W	—
1675.—	Gilera	50 Touring RS	115 W	—
1675.—	Jawa/CZ	125	115 W	—
1750.—	Jawa/CZ	175 Trail	82 W	—
1750.—	Starflite	GTS 50	85 W	—
1750.—	Kreidler	Florett TM	82 W	—
1755.—	Kreidler	50 Trial RS	76 W	—
1800.—	Gilera	150 Sprint	87 W	—
1820.—	Vespa	CB 100	110 W	—
1848.—	Honda	Florett RS	85 W	—
1925.—	Kreidler	KS 50 Super 5	85 W	—
1938.—	Zündapp	KS 50 Cross	85 W	—
1945.—	Zündapp	K 50 SE	85 W	—
1960.—	Hercules	Royal Rally	85 W	—
1968.—	Testi	K / RT 159 ES	85 W	—
1975.—	Hercules/DKW			
Preisgruppe 2000 DM bis 2499 DM				
2023.—	Puch	M 50 Jet	85 W	—
2035.—	Maico	MD 50	93 W	—
2190.—	Jawa	250 California	122 W	—
2190.—	Pannonia	T 5	120 W	—
2198.—	Honda	CB 125	130 W	seitenwag. taugl.
2198.—	Zündapp	KS 50 water c.	85 W	—
2215.—	Vespa	Rally 200	111 W	—
2248.—	Yamaha	SL 125	105 W	—
2348.—	Yamaha	RD 125	115 W	Stahlscheibenr.
2349.—	Hercules	DT 125 E	120 W	—
2376.—	Hercules	ETS 250	128 T	—
2390.—	Pannonia	P 10	125 W	—
2430.—	Ducati	125 Scrambler	90 W	seitenwag. taugl.
Preisgruppe 2500 DM bis 2999 DM				
2530.—	Moto-bécane	125 L	125 T	—
2570.—	Maico	MD 125	123 W	—
2610.—	Gilera	Strada 150	112 W	—
2635.—	Moto-bécane	125 LT	125 T	—
2680.—	Benelli	Z 2 C T/	120 T	—
2695.—	Hercules	RT 125 E	131,39 T	—
2695.—	Montesa	Cota 123	164 W	—
2698.—	Zündapp	KS 125 Sport	131,0 T	—
2750.—	Bultaco	Metralla 250 T	126,76 T	—
2790.—	Jawa	350 California	135 W	seitenwag. taugl.
2790.—	Pannonia	P 20		—
2826.—	Hercules	K 100 GS		—
2840.—	Bultaco	Purrang 125		—
2900.—	SWM	MC 50		—
2919.—	CZ	MC 125		—
2956.—	Hercules	GS 125		—
2998.—	Zündapp	MC 125		—

Column legend (read top-to-bottom at right of table):

1. Preis in DM
2. Marke
3. Typ
4. Bohrung/Hub in mm
5. Hubraum in ccm
6. Zwei-/Viertakt
7. Zylinderzahl, Anordnung
8. luft-/wassergekühlt
9. Ventil-, Gassteuerung
10. Verdichtungsverhältnis
11. max. PS-Leistung bei U/min (DIN, sonstige Angaben)
12. Literleistung nach dto. PS/L
13. max. Drehmoment (mkg) bei U/min
14. Zündung mit/ohne Unterbrecher
15. Batterie (Volt/Ah)
16. Lichtmaschinen-Leistung (Watt)
17. Starter (Elektro/Kick)
18. Gangzahl
19. Kette offen/geschlossen
20. Wellenantrieb (Kardan)
21. Doppelrohrrahmen
22. Einfachr.-/offener Rahmen
23. Blechschalen-/Kombirahmen
24. Gabel: Tele/Schwinge
25. Scheibenbremse(n) vorn Durchmesser in mm
26. Trommelbremse vorn Simplex, Doppelsimplex, Duplex, Doppelduplex Durchmesser in mm
27. Hinterradbremse (S/Tr) Durchmesser in mm
28. Trockengewicht in kg
29. Zul. Gesamtgewicht in kg
30. Tank-Fassungsvermögen in Liter
31. Aktionsradius in km
32. Beschleunigung 0—100 km/h in s (T = Testwert, W = Werksangabe)
33. Höchstgeschwindigkeit (T = Testwert, W = Werksangabe)
34. Besonderheiten

Preis	Marke	Typ	Bohr./Hub	Hubr.	Takt	Zyl.	Kühl.	Vent.	Verd.	PS/U-min	Lit.-L.	Drehm.	Zündg.	Batt.	Lichtm.	Start.	Gänge	Kette	Kardan	Dopp.rohr	Einf.R.	Blech	Gabel	Scheibe	Trommel v.	Hinterr.	Trockengew.	Gesamtgew.	Tank	Akt.r.	Beschl.	Höchstg.	Bes.
3050	Hercules	K 125 Military	54/54	124.0	2	1	L	schl	9.0	12.5 DIN/7000	122.0	n.a.	ohne	6/12	—	K	5	o	—	—	—	—	T	—	S 160	Tr 130	124	250	15.0	250	8.0 T	142.8 T	—
3050	KTM	MC 125	54/54	124.0	2	1	L	schl	9.5	20 DIN/7400	174.0	n.a.	ohne	—	—	K	6	o	—	x	—	—	T	—	—	Tr 130	92	200	13.0	270	6.4 T	120 W	—
3064	Maico	MC 125	54/54	124.0	2	1	L	schl	11.0	21/6200	179.0	1.72/7600	ohne	—	—	K	6	o	—	x	—	—	T	—	—	Tr 127	95	200	16.0	—	8.5 T	140 W	—
3070	Ducati	250 Mark III	74/57.8	245.0	4	1	L	ohc	9.7	20 DIN/8500	88.0	2.5/4800	ohne	6/14	70	K	5	—	x	—	—	m	T	—	—	S 180	110	290	13.0	250	7.0 W	140 W	—
3078	Puch	MC 125	55/52	124.0	2	1	L	schl	11.0	18/6500	154.0	2.72/4500	ohne	6/8	35	K	5	o	—	x	—	—	T	—	S 125	Tr 140	87	200	8.5	250	—	105 W	—
3095	Bultaco	Sherpa T 250	72/60	244.0	2	1	L	schl	9.0	19.8/5500	81.0	n.a.	ohne	—	—	K	5	o	—	x	—	—	T	—	S 125	Tr 140	95	160	6.5	150	—	120 W	—
3099	Montesa	Cota 247	72/60	244.0	2	1	L	schl	9.0	19.8/5500	81.0	n.a.	ohne	—	—	K	5	o	—	x	—	—	T	—	S 125	Tr 140	87	160	6.5	—	—	100 W m. Seitenwagen	—
3099	Yamaha	DT 2	70/64	246.0	2	1	L	schl	6.8	21/6200	84.0	2.6/4,800	ohne	6/4	70	K	5	o	—	x	—	—	T	—	S 150	Tr 150	110	—	—	—	—	130 W (sitz)	—
3100	SWM	—	74/58	245.0	2	1	L	dreh	11.0	19.9/5500	81.0	2.72/4500	ohne	6/12	78	K	6	o	—	x	—	—	T	—	—	Tr 150	105	—	—	—	—	115 W	—
3100	MZ	ES 250/2	69/65	243.0	2	1	L	schl	9.5	19 DIN/n.a.	72.0	2.54/4800	mit	6/12	—	K	4	—	—	x	—	—	T	—	—	Tr 160	135	320	12.0	—	—	95 W	—
3130	Ora	Trial	70/64	246.0	2	1	L	schl	11.0	DIN/6500	73.0	2/5900	ohne	6/14	70	K	5	o	—	—	—	—	T	—	S 136	Tr 160	92	—	—	—	—	W	—
3130	SWM	Trial	72/60	244.0	2	1	L	memb	6.8	16/4800	65.0	n.a.	ohne	6	—	K	5	o	—	—	—	—	T	—	—	Tr 160	78	—	—	—	—	W	—
3150	SWM	—	54/54	124.0	2	1	L	schl	11.0	16.950	132.0	n.a.	mit	6/9	—	K	6	o	—	—	—	—	T	—	—	Tr 150	78	200	8.5	160	—	100 W	—
3150	Bultaco	Alpina 250	72/60	244.0	2	1	L	schl	9.0	16/5000	65.0	n.a.	ohne	6/8	35	K	5	o	—	x	—	—	T	—	S 130	Tr 160	92	200	8.5	—	—	W	—
3160	Puch	GS 50	40/40	49.0	2	1	L	schl	13.5	10.5/9000	n.a.	n.a.	ohne	—	40	K	5	o	—	—	—	—	T	—	S 125	Tr 130	97	200	6.5	—	—	W	—
3180	KTM	GS 100	48/54	97.0	2	1	L	schl	12.0	21/6200	153.0	2.79/8000	ohne	6/14	70	K	6	o	—	—	—	—	T	—	S 130	Tr 160	90	200	13.0	250	8.7 W	130 W (sitz)	—
3180	Ducati	250	72/57.8	245.0	4	1	L	ohc	9.7	21.4 DIN/8500	83.2	2.6/7500	ohne	6/14	60	K	5	—	x	—	—	m	T	—	—	S 180	117	—	—	—	—	150 W	—
3185	KTM	GS 125	55/52	124.0	2	1	L	schl	12.0	25.5/8000	108.0	2.7/6500	ohne	6/12	125	K	6	o	—	—	—	—	T	—	S 180	Tr 165	105	320	12.0	—	—	W	—
3185	SWM	GS 125	54/54	124.0	2	1	L	schl	12.0	30 DIN/7500	120.0	2.95/7000	ohne	6/14	150	K	6	o	—	—	—	—	T	—	—	Tr 160	120	—	—	—	—	W	—
3190	SWM	GS 100	48/54	97.0	2	1	L	schl	11.0	21/6200	165.0	n.a.	ohne	6	35	K	6	o	—	—	—	—	T	—	S 125	Tr 150	92	—	—	—	—	W	—
3195	Bultaco	AB 2 C	72/60	244.0	2	1	L	schl	10.0	19/5000	81.0	n.a.	ohne	—	28	K	6	o	—	—	—	—	T	—	S 136	Tr 140	78	—	—	—	—	W	—
3200	Benelli	—	74/54	231.0	2	1	L	schl	9.0	27/6500	n.a.	n.a.	ohne	—	—	K	5	o	—	—	—	—	T	—	—	Tr 150	138	300	12.5	160	—	132 W	—
3200	Bultaco	Pursang 250	72/60	244.0	2	1	L	schl	12.0	36.3/7500	148.5	3.36/6500	ohne	—	50	K	6	o	—	—	—	—	T	—	S 125	Tr 140	100	—	—	—	—	W	—

Preis	Marke	Typ	Bohr./Hub	Hubr.	Takt	Zyl.	Kühl.	Vent.	Verd.	PS/U-min	Lit.-L.	Drehm.	Zündg.	Batt.	Lichtm.	Start.	Gänge	Kette	Kardan	Dopp.rohr	Einf.R.	Blech	Gabel	Scheibe	Trommel v.	Hinterr.	Trockengew.	Gesamtgew.	Tank	Akt.r.	Beschl.	Höchstg.	Bes.
3200	Greeves (Puch)	Dalesman	55/52	124.0	2	1	L	memb	6.3	23 DIN/n.a.	66.0	2.65/5700	ohne	6/4	70	K	5/6	0/3	x	—	—	m	T	—	—	S 150	119	390	—	300	—	W	—
3498	Yamaha	RT 2	80/70	351.0	2	1	L	schl	10.0	33.7/400	108.6	3.6/6500	mit	6/9	140	K	5	0/3	—	x	—	—	T	—	—	Tr 180	135	363	14.0	300	6.2 T	163 W	—
3495	Kawasaki	S 1	45/52	249.0	2	3 R	L	schl	7.5	28/7500	113.0	2.7/7000	mit	6/12	70	K	5	—	x	—	—	—	T	1×276	—	DS 180	148	—	13.0	270	—	140 W	—
3490	Puch	S 1	55/52	124.0	2	1	L	schl	12.0	22/9000	128.5	n.a.	ohne	6/8	35	K	6	—	x	—	—	—	T	1×218	—	S 160	146	330	14.0	250	7.0 W	165 W	—
3438	Husqvarna	125	52/52	124.0	2	1	L	dreh	13.2	22/9000	150.5	n.a.	mit	6/8	35	K	6	—	x	—	—	—	T	1×275	—	S 180	145	350	16.0	250	7.0 W	159 29 T	—
3438	Puch	M 125	55/52	124.0	2	1	L	schl	11.5	19/6000	152.0	2.8/5500	ohne	6/8	35	K	5	—	x	—	—	m	T	1×275	—	S 180	120	350	12.5	250	7.0 W	171.4 T	—
3390	Honda	CB 350	64/50.6	325.0	4	2 R	L	ohc	9.5	36 DIN/10500	111.0	2.55/9500	mit	12/12	—	E/K	5	—	x	—	—	—	T	1×218	—	S 160	170	320	12.0	220	6.4 T	W	—
3390	Maico	MD 250	76/54	245.0	2	1	L	schl	9.0	30 DIN/7500	120.0	2.95/7000	ohne	6/8	60	K	5	—	x	—	—	—	T	1×276	—	S 180	145	317	12.0	340	7.0 W	159 29 T	—
3378	Honda	CB 250	56/50.6	249.0	4	2 R	L	ohc	9.5	30 DIN/10500	120.0	2.14/9500	mit	12/11	—	E/K	5	—	x	—	—	—	T	1×275	—	S 160	147	320	12.5	240	8.0 T	W	—
3370	Bultaco	—	—	124.0	2	1	L	schl	9.0	24 DIN/n.a.	195.5	n.a.	ohne	—	70	K	6	—	x	—	—	—	T	—	—	S 160	98	295	10.0	200	—	W	—
3350	Bultaco	Sherpa T 350	83/64	326.0	2	1	L	schl	10.5	39/7000	119.7	3.54/6000	mit	6/14	70	K	4	—	x	—	—	—	T	—	—	S 125	102	—	12.0	—	—	130 W	—
3350	Kawasaki	S 2 350	64/54	346.0	2	3 R	L	schl	7.3	45 DIN/8000	127.0	4.0/8000	mit	12/6	140	K	5	—	x	—	—	—	T	1×296	—	S 180	152	330	14.0	270	6.5 T	175 W	—
3348	Honda	CB 350	64/50.6	325.0	4	2 R	L	ohc	9.5	38 DIN/8800	111.3	2.55/7800	mit	12/12	—	E/K	5	—	x	—	—	—	T	—	—	S 180	175	320	12.0	220	6.4 T	W	—
3347	Maico	MC 250	76/54	245.0	2	1	L	dreh	9.7	36 DIN/8000	74.0	2.79/7800	ohne	—	—	K	5	—	x	—	—	—	T	—	—	S 160	94	310	12.0	—	—	W	—
3330	Ducati	250 Scrambler	72/57.8	249.0	4	1	L	ohc	9.7	25.5/7600	102.4	2.6/6500	mit	6/14	60	E/K	5	—	x	—	—	m	T	—	—	S 180	146	—	14.0	—	7.0 W	150 W	—
3320	Ducati	250 Mark III	72/57.8	249.0	4	1	L	ohc	12.0	27 DIN/7800	108.0	2.6/7000	mit	6/14	60	K	5	—	x	—	—	m	T	—	—	S 180	147	—	14.0	—	7.0 W	159 29 T	—
3300	Suzuki	GT 250 K	54/54	247.0	2	2 R	L	schl	7.0	31.5 DIN/7500	124.0	3.0/7000	mit	12/11	210	E/K	6	—	x	—	—	—	T	—	—	DS 180	147	351	14.0	200	6.7 T	W	—
3299	Yamaha	RD 250	54/54	247.0	2	2 R	L	schl	6.7	30 DIN/7500	124.0	3.0/7000	ohne	12/7	200	K	5	—	x	—	—	—	T	—	—	DS 180	135	350	14.0	250	—	W	—
3295	Ossa	Enduro	—	250	2	1	L	schl	7.0	24/n.a.	67.4	n.a.	ohne	—	70	K	5/2	—	x	—	0	—	T	—	—	S 125	99	—	14.0	250	—	W	—
3290	Ossa	—	—	171	2	1	L	desm	8.0	24 DIN/n.a.	65.7	n.a.	ohne	—	—	K	6	—	x	—	0	—	T	1×276	—	S 180	63	n.a.	10.0	—	—	W	—
3290	Honda	CB 250	56/50.6	249.0	4	2 R	L	ohc	9.5	30 DIN/10500	120.5	n.a.	mit	12/12	28	E/K	5/6	—	x	—	—	—	T	—	—	S 180	146	320	14.0	200	6.8 T	W	—
32-8	Honda	CB 250	56/50.6	249.0	4	2 R	L	ohc	9.5	30 DIN/10500	120.0	2.72/9500	ohne	6/7	35	K	5	—	x	—	—	—	T	—	—	S 180	90	185	15.0	200	6.6 T	142.86 T	—

Preis	Marke	Typ	Bohr./Hub	Hubr.	Takt	Zyl.	Kühl.	Vent.	Verd.	PS/U-min	Lit.-L.	Drehm.	Zündg.	Batt.	Lichtm.	Start.	Gänge	Kette	Kardan	Dopp.rohr	Einf.R.	Blech	Gabel	Scheibe	Trommel v.	Hinterr.	Trockengew.	Gesamtgew.	Tank	Akt.r.	Beschl.	Höchstg.	Bes.
3550	Yamaha	RD 350	64/54	347.0	2	2 R	L	schl	6.2	39 DIN/7500	112.0	3.75/7200	ohne	12/5100	—	K	5	—	x	—	—	—	T	1×218	—	S 150	147	340	14.0	250	6.0 T	165 W	—
3550	Bultaco	Pursang 350	83/60	326.0	2	1	L	memb	10.5	37/7000	119.7	3.54/6000	ohne	n.a.	—	K	5	—	x	—	—	o	T	1×275	—	S 180	102	295	12.0	250	6.4 T	130 W	—
3590	KTM	GS 175	—	171	2	1	L	desm	10.5	24/6000	24 DIN/n.a.	n.a.	ohne	—	70	K	5/2	—	x	—	0	—	T	—	—	S 160	99	295	10.0	240	—	130 W	—
3600	Ducati	350 Scrambler	76/58	340.0	4	1	L	ohc	9.0	24 DIN/n.a.	63.7	n.a.	mit	6/14	70	K	5	—	x	—	—	m	T	1×275	—	S 180	135	295	14.0	240	—	W	—
3613	Dawa	500 DT Speedw.	—	435.0	4	1 R	L	ohv	14.0	34/7500	167.0	3.0/7000	mit	—	—	K	4	—	x	—	—	—	T	—	D 200	S 200	83	—	—	—	—	W	—
3738	Ducati	350 Mark (GS)	76/58	340.0	4	1	L	ohc	9.0	34/9000	102.0	3.0/7500	ohne	—	—	K	5	—	x	—	—	m	T	1×276	—	S 180	125	350	14.0	200	—	W	—
3738	Puch	M 175 (GS)	—	169.0	2	1	L	schl	11.3	24/9000	126.5	n.a.	ohne	6/8	35	K	5	—	x	—	—	—	T	1×214	—	D 200	86.3	350	18.0	—	7.0 W	165 W	—
3790	KTM	MC 250	—	246.0	2	1	L	desm	9.3	37/n.a.	150.5	2.79/8000	mit	6/14	—	K	5	—	x	—	0	—	T	1×276	—	S 180	97	370	18.0	350	—	160 71 T	—
3830	Ducati	450 Scrambler	86/75	435.0	4	1	L	ohc	9.3	26 DIN/6500	59.7	3.41/n.a.	mit	6/14	70	K	5	—	x	—	—	m	T	—	—	S 180	147	310	14.0	200	—	W	—
3895	CZ	250	—	246.0	2	2 R	L	schl	9.0	30.7/6000	125.0	n.a.	mit	6/14	75	K	4	—	x	—	—	—	T	—	DS 180	S 180	165	350	14.0	250	—	W	—
3910	Maico	MC 250	76/54	245.0	2	1	L	dreh	10.5	34 DIN/n.a.	138.0	n.a.	ohne	—	—	K	5	—	x	—	—	—	T	—	—	S 160	92	—	12.0	—	—	W	—
3950	Kawasaki	350 Desmo	—	346.0	2	2 R	L	schl	7.7	44.7/8000	129.0	4.0/8000	mit	12/6	140	K	5	—	x	—	—	—	T	—	D 200	S 200	152	330	14.0	270	—	W	—
3950	Honda	CB 350	64/50.6	325.0	4	2 R	L	ohc	9.5	23/6000	71.5	2.8/5500	mit	12/12	—	K	5	—	x	—	—	—	T	1×275	—	S 160	171	320	—	240	—	W	—
3950	Husqvarna	450	—	435.0	4	1	L	ohv	14.0	53/8000	122.0	n.a.	mit	6/8	35	K	4	—	x	—	—	—	T	1×276	D 200	S 180	99	205	13.0	205	—	W	—
a. A.	Jawa	500 DT Lang	88/82	499.0	4	1	L	ohv	14.0	53/8000	106.2	4.0/8000	mit	6/12	—	K	4/3	—	x	—	—	—	T	—	—	S 200	117	—	—	—	—	W	—

Preis	Marke	Typ	Bohr./Hub	Hubr.	Takt	Zyl.	Kühl.	Vent.	Verd.	PS/U-min	Lit.-L.	Drehm.	Zündg.	Batt.	Lichtm.	Start.	Gänge	Kette	Kardan	Dopp.rohr	Einf.R.	Blech	Gabel	Scheibe	Trommel v.	Hinterr.	Trockengew.	Gesamtgew.	Tank	Akt.r.	Beschl.	Höchstg.	Bes.
4063	Maico	MC 250	—	247.0	2	1	L	schl	12.0	33.7/400	134.0	3.0/7000	ohne	—	—	K	5	—	x	—	—	—	T	1×275	—	Tr 180	97	—	—	—	—	W	—
4095	Husqvarna	450	—	435.0	4	1	L	ohv	14.0	39/7000	117.2	3.54/6000	mit	n.a.	n.a.	K	5	—	x	—	—	—	T	—	DS 180	Tr 160	93	n.a.	9.3	—	—	W	—
4195	Ducati	450 Desmo	86/75	435.0	4	1	L	desm	9.3	24 DIN/n.a.	55.4	3.0/7000	mit	6/14	—	K	5	—	x	—	—	m	T	—	DS 180	Tr 171	97	n.a.	14.0	200	6.4 T	160.71 T	—
4198	Suzuki	GT 380 K	—	371.0	2	3 R	L	schl	6.7	31.5 DIN/7500	102.0	3.95/7500	mit	12/11	200	E/K	6	—	x	—	—	—	T	—	DS 180	Tr 180	171	351	14.0	200	6.8 T	W	—
4248	Honda	CB 450	70/57.8	444.0	4	2 R	L	ohc	9.0	33 DIN/9000	74.3	2.9/7900	mit	12/12	—	E/K	5	—	x	—	—	—	T	1×272	—	Tr 180	190	350	14.0	240	7.0 W	165 W	—
4250	CB	450	70/57.8	444.0	4	2 R	L	ohc	9.0	37/8000	84.3	2.9/7900	mit	12/12	—	E/K	5	—	x	—	—	—	T	—	—	Tr 200	190	350	18.0	350	—	W	—
4298	MV Agusta	350 S	63/56	348.0	4	2 R	L	ohc	9.5	34 DIN/9300	97.0	2.79/8000	mit	6/14	—	E/K	5	—	x	—	—	—	T	1×275	—	Tr 180	125	370	12.0	200	7.0 W	W	—
4410	Honda	CB 350 Four	47/50	345.0	4	4 R	L	ohc	9.3	30 DIN/9000	86.3	2.49/7000	mit	12/12	—	E/K	5	—	x	—	—	—	T	1×275	—	Tr 160	165	350	14.0	250	—	165 W	—
4495	Maico	GS 250	70/64	343.0	2	1	L	schl	9.5	33 DIN/7900	97.0	n.a.	ohne	6/14	—	K	5	—	x	—	—	—	T	—	—	Tr 165	190	350	14.0	250	—	159 29 T	—
n.a.	Moto-bécane	350	—	349.0	2	2 R	L	schl	10.0	38/7000	108.6	n.a.	ohne	—	200 D	K	5	—	x	—	—	—	T	—	—	—	168	363	20.0	300	n.a.	163 W	—

Spaltenüberschriften (von links nach rechts):

- Preis in DM
- Marke
- Typ
- Bohrung/Hub in mm
- Hubraum in ccm
- Zwei-/Viertakt
- Zylinderzahl, Anordnung
- luft-/wassergekühlt
- Ventil-, Gassteuerung
- Verdichtungsverhältnis
- max. PS-Leistung bei U/min (DIN, sonstige Angaben)
- Literleistung nach dto, PS/L
- max. Drehmoment (mkg) bei U/min
- Zündung mit/ohne Unterbrecher
- Batterie (Volt/Ah)
- Lichtmaschinen-Leistung (Watt)
- Starter (Elektro/Kick)
- Gangzahl
- Kette offen/geschlossen
- Wellenantrieb (Kardan)
- Doppelrohrrahmen
- Einfachr.-/offener Rahmen
- Blechschalen-/Kombirahmen
- Gabel: Tele/Schwinge
- Scheibenbremse(n) vorn Durchmesser in mm
- Trommelbremse vorn Simplex, Doppelsimplex, Duplex, Doppelduplex Durchmesser in mm
- Hinterradbremse (S/Tr) Durchmesser in mm
- Trockengewicht in kg
- Zul. Gesamtgewicht in kg
- Tank-Fassungsvermögen in Liter
- Aktionsradius in km
- Beschleunigung 0—100 km/h in s (T = Testwert, W = Werksangabe)
- Höchstgeschwindigkeit (T = Testwert, W = Werksangabe)
- Besonderheiten

Preisgruppe 4500 DM bis 4999 DM

Preis in DM	Marke	Typ
4525,—	CZ	MC 400
4545,—	Ducati	450 RT Desmo
4600,—	Kawasaki	H1B 500
4640,—	Triumph	T60R Tiger 650
4645,—	Husqvarna	GS 340
4790,—	BMW	R 50/5
4845,—	Husqvarna	MC 400
4860,—	Triumph	Bonneville 650
4920,—	Kawasaki	H1D 500
4928,—	Maico	MC 400
4970,—	Husqvarna	MC 450
4980,—	Moto Guzzi	Falcone
4990,—	Suzuki	GT 550 K

Preisgruppe 5000 DM bis 5499 DM

Preis in DM	Marke	Typ
5130,—	Maico	MC 501
5150,—	Triumph	Bonneville 650
5222,—	Maico	GS 400
5465,—	BMW	R 60/5

Preisgruppe 5500 DM bis 5999 DM

Preis in DM	Marke	Typ
5590,—	Triumph	Tiger 750
5595,—	Honda	CB 500
5600,—	Kawasaki	H 2 750
5560,—	Triumph	Bonneville 750
5900,—	Norton	Roadster Fast...
5990,—	Norton	Commando 750
5995,—	Yamaha	TX 750

Preisgruppe 6000 DM bis 6499 DM

Preis in DM	Marke	Typ
6170,—	Maico	RS 125
6250,—	BMW	R 75/5
6250,—	Triumph	GT 750
6310,—	Ducati	Trident
6400,—	Triumph	750 GT (E-St.)
6495,—	Ducati	750 GT

Preisgruppe 6500 DM bis 6999 DM

Preis in DM	Marke	Typ
6590,—	Suzuki	GT 750 K
6590,—	Honda	CB 750
6770,—	Benelli	EA 2C 650
6795,—	Ducati	750 GT (E-St)
6800,—	Laverda	750 SF

Preisgruppe 7000 DM bis 9999 DM

Preis in DM	Marke	Typ
7200,—	Kawasaki	Z 1 900
7680,—	Moto Guzzi	V7 850 GTL
8000,—	Ducati	750 Sport
8200,—	Moto Guzzi	V7 850 Calif.
8800,—	Moto Guzzi	V7 850 Calif.
960,—	Laverda	V7 Sport 750
a. A.	Benelli	750-6

Preisgruppe über 10 000 DM

Preis in DM	Marke	Typ
10000,—	Laverda	750 SFC
11995,—	Harley-Davidson	XLCH
12495,—	Harley-Davidson	XL
14250,—	MV Agusta	750 S
15515,—	Münch	1200 TTS-4
15556,—	Harley-Davidson	Electra-FLH
16257,—	MV Agusta	750 SS Daytona

Abkürzungen: n.a. = nicht angegeben; a. A. = auf Anfrage; a. W. = auf Wunsch; schl = schlitzgesteuert; dreh = drehschiebergesteuert; memb = membrangesteuert; ohc (dohc) = obenliegende Nockenwelle(n); ohv = unten, seitlich liegende Nockenw.; R = in Reihe; V = in V-Form; L = liegender Zyl.; D (bei Rahmen)=Druckguß; St=selbsttragende Karosserie; D (bei LiMa)=Drehstromlichtm.; grauer Ton=Trial, Gelände, Moto Cross, Bahnrenn- u. Straßenrennmodell

Marke/Typbezeichnung	Bohrung/Hub/Hubraum	Zweitakt/Viertakt	Zylinderzahl	Ventilsteuerung/Gassteuerung	Verdichtung	Kühlung (Luft/Wasser)	Leistung Drehzahl	max. Drehmoment	Zündung mit/ohne Unterbrecher	Starter	Anzahl der Gänge	Hinterachsantrieb	Bremse vorn/hinten	Leergewicht	zul Gesamtgewicht	Kraftstoffbehälter-Inhalt	Bereifung vorn	Bereifung hinten	Unverb. Preis/empf. (DM inkl MwSt)
Benelli																			
Tin 125	42,5/44/125	2	2	schlitz	10	L	13/7600	1,3	ohne	K	5	Kette	1 Sch/Si	125	295	12,5	2,75-18	3,00-18	2 855,
Twin 250	56/47/231	2	2	schlitz	10	L	26/7500	2,6	ohne	K	5	Kette	1 Sch/Si	134	300	12,5	3,00-18	3,25-18	3 849,
500 Quattro	56/50,6/498	4	4	ohc/Kette	10,2	L	44/8500	3,89	mit	E/K	5	Kette	1 Sch/Si	210	388	22	3,50 S 18	4,10 S 18	6 695,
Tornado S 650	84/58/643	4	2	ohv	9,6	L	45/6500	5,27	mit	E/K	5	Kette	Du/Si	222	400	12,5	3,50 S 18	4,00 S 18	6 295,
750 Sei	56/50,6/748	4	6	ohc/Kette	9	L	63/8500	5,8	mit	E/K	5	Kette	2 Sch/Si	241	451	22	3,50 H 18	120/90 H 18	10 989,
BMW																			
R 60/6	73,5/70,6/599	4	2	ohv	9,2	L	40/6400	4,9	mit	E	5	Welle	Dupl/Si	210	398	18	3,25 S 19	4,00 S 18	6 235,
R 75/6	82/70,6/745	4	2	ohv	9	L	50/6200	6,	mit	E	5	Welle	1 Sch/Si	210	398	18	3,25 S 19	4,00 S 18	7 395,
R 90/6	90/70,6/898	4	2	ohv	9	L	60/6500	7,3	mit	E	5	Welle	1 Sch/Si	210	398	18	3,25 H 19	4,00 H 18	7 925,
R 90 S	90/70,6/898	4	2	ohv	9,5	L	67/7000	7,6	mit	E	5	Welle	2 Sch/Si	215	398	24	3,25 H 19	4,00 H 18	9 510,
Bultaco																			
Tiron 100	49,5/51,5/99	2	1	schlitz	8,5	L	10/8000	–	–	K	5	Kette	Si/Si	86	–	4,5	2,50-17	3,25-14	a. A.
Sherpa T 125	51,5/60/124,9	2	1	schlitz	10	L	11,2/7000	–	–	K	5	Kette	Si/Si	87	–	5,5	3,00-19	3,50-18	a. A.
Sherpa T 175	60.9/60/174,7	2	1	schlitz	10	L	16,6/5500	–	–	K	5	Kette	Si/Si	88,5	–	5,5	3,00-19	3,50-18	a. A.
Sherpa T 350	83,2/60/326	2	1	schlitz	9	L	18,5/6000	–	–	K	5	Kette	Si/Si	92,5	–	6,5	2,75-21	4,00-18	a. A.
Alpina 250	72/60/244	2	1	schlitz	9	L	17,5/5500	–	–	K	5	Kette	Si/Si	98,5	–	6,5	3,00-18	4,00-18	a. A.
Alpina 350	83,2/60/326	2	1	schlitz	8,5	L	22,4/5500	–	–	K	5	Kette	Si/Si	98,5	–	10,5	3,00-18	4,00-18	a. A.
Frontera 250	72/60/244,3	2	1	schlitz	12	L	31,2/8000	–	–	K	5	Kette	Si/Si	105	–	11	3,00-21	4,00-18	a. A.
Frontera 360	85/64/363,2	2	1	schlitz	9	L	33,5/7000	–	–	K	5	Kette	Si/Si	105	–	11	3,00-21	4,00-18	a. A.
Ducati																			
125 Six Days	54/54/123,7	2	1	schlitz	12	L	17/7000	1,8	ohne	K	6	Kette	Si/Si		225	6	3,00-21	3,75-18	3 598,-
350 GTL	–	4	2	ohc/Kette	9,6	L	27/6800	3,19	mit	E/K	5	Kette	1 S.		32	19	3,00-19	3,50-18	5 540,-
500 GTL	–	4	2	ohc/Kette	9,6	L	35/6500	4,06	mit	E/K	5	Kette	2 S.		36	19	3,25 S 18	3,50 S 18	5 780,-
860 GT	86/74.4/864	4	2	ohc/Königsw	9,2	L	51/6800	7,45	ohne	K	5	Kette	2 Sch/Si	210	420	17	3,50H18	4.25H18	8 050,-
Fantic																			
Chopper TX 134	38/42/49	2	1	schlitz	11	L	5/8000	0,4	ohne	K	6	Kette	Si/Si	91	250	6,5	2,75-16	5,00-16	2 350,-
Chopper TX 141	52/55/125	2	1	schlitz	9	L	12/6870	1,2	mit	K	5	Kette	Si/Si	110	295	6,5	2,75-16	5,00-16	3 540,-
Garelli																			
RS Electronic	40/39,5/49,6	2	1	schlitz	12,5	L	6.3/9000	0,52	ohne	K	5	Kette	Si/Si	82	240	12	2,50-18	2,75-18	1 775,-
RSL-Electronic	40/39,5/49,6	2	1	schlitz	12,5	L	6.3/9000	0,52	ohne	K	5	Kette	Si/Si	82	240	12	2,50-18	2,75-18	1 998,-
Gilera/Vespa																			
125 Primavera Vespa	55/51/125	2	1	drehsch	8,7	L	5,4/5500	–	mit	K	4	direkt	Si/Si	80	–	5,6	3,00-10	3,00-10	1 916,-
Gilera 50 Touring	38/43/48	2	1	schlitz	12,5	L	6,2/7750	0,58	mit	K	5	Kette	Si/Si	74	230	7	2,50-17	2,75-17	1 825,-
Vespa 150 sprint Veloce	57/57/150	2	1	drehsch	7,5	L	7,7/5000	–	mit	K	4	direkt	Si/Si	95	–	7,7	3,50-10	3,50-10	2 143,-
Vespa Rally 200	67/57/198	2	1	drehsch	8,2	L	12/5700	1,66	mit	K	4	direkt	Si/Si	102	275	9	3,50-10	3,50-10	2 496,-
Gilera Strada 150	60/54/149	4	1	ohv	10	L	14,2/8500	1,35	mit	K	5	Kette	Si/Si	115	280	11	2,75-18	3,00-18	3 050,-
Vespa 50 SR	38/43/49	2	1	drehsch	–	L	4,4/7000	–	mit	K	4	direkt	Si/Si	77	240	5,6	3,00-10	3,00-10	1 992,-
Gori																			
50 GS	40/39,8-49,9	2	1	schlitz	10	L	10,5/9400	–	ohne	K	6	Kette	Si/Si	74	240	8	2,50-21	3,00-18	3 180,-
125 GS	54/54-123	2	1	schlitz	10,8	L	20/9500	–	ohne	K	6	Kette	Si/Si	92	280	10	3,00-21	4,00-18	3 650,-
Harley-Davidson																			
XLCH 1000	81/97/997	4	2	ohv	9	L	65/6300	–	mit	E/K	4	Kette	1 Sch/Si	220	404	8,5	3,75-19	4,25-18	a. A.
XLH 1000	81/97/997	4	2	ohv	9	L	65/6300	–	mit	E/K	4	Kette	1 Sch/Si	220	404	8,5	3,75-19	4,25-18	a. A.
FX 1200	87,2/101/1207	4	2	ohv	8	L	58/5150	–	mit	E/K	4	Kette	1 Sch/1 Sch	245	–	13,5	5,10-16	5,10-16	a. A.
FXE 1200	87,2/101/1207	4	2	ohv	8	L	58/5150	–	mit	E/K	4	Kette	1 Sch/1 Sch	245	–	13,5	5,10-16	5,10-16	a. A.
FLH 1200	87,2/101/1207	4	2	ohv	8	L	58/5150	–	mit	E	4	Kette	1 Sch/1 Sch	320	492	19	5,10-16	5,10-16	a. A.
SXT 125	56/50/123	2	1	schlitz	–	L	13/7000	–	mit	K	5	Kette	Si/Si	110	275	10,5	3,00-19	3,50-18	a. A.
SS 125	56/50/123	2	1	schlitz	–	L	13/7000	–	mit	K	5	Kette	Si/Si	110	275	10,5	3,00-19	3,50-18	a. A.
SX 175	61/59,6/172	2	1	schlitz	–	L	17/6750	–	mit	K	5	Kette	Si/Si	120	295	10,5	3,00-19	3,25-18	a. A.
SS 175	61/59,6/172	2	1	schlitz	–	L	17/6750	–	mit	K	5	Kette	Si/Si	125	295	10,5	3,25-19	4,00-18	a. A.
SX 250	72/59,6/240	2	1	schlitz	–	L	20/7000	–	mit	K	5	Kette	Si/Si	130	295	10,5	3,00-21	4,00-18	a. A.
SS 250	72/59,6/240	2	1	schlitz	–	L	20/7000	–	mit	K	5	Kette	Si/Si	125	295	10,5	3,25-19	4,00-18	a. A.
Hercules																			
SB 5	38/44/49	2	1	schlitz	10	L	5,3/7500	0,53	mit	K	5	Kette	Si/Si	69	250	6,5	3,00-12	3,00-12	1 725,-
K 50 Sprint	38/44/49	2	1	schlitz	10	L	5,8/7500	0,59	mit	K	5	Kette	1 Sch/Si	80	245	11	2,75-17	2,75-17	2 130,-
K 50 RL	38/44/49	2	1	schlitz	10	L	6,2/8000	0,59	ohne	K	5	Kette	Si/Si	86	245	11	2,75-17	2,75-17	2 630,-
K 125 S	54/54/123	2	1	schlitz	11,8	L	17/7500	1,65	ohne	K	6	Kette	1 Sch/Si	107	300	11	2,75-17	3,00-17	3 250,-
K 125 Military	54/54/123	2	1	schlitz	9	L	12,5/7000	1,38	mit	K	6	Kette	Si/Si	124	300	15	3,50-18	3,50-18	3 800,-
W 2000	KV 294	–			8,5	L	27/6500	3,5	mit	E/K	6	Kette	1 Sch/Si	173	350	18	3,00-18	3,25-18	4 550,-
50 GS	40/39,5/49	2	1	schlitz	13	L	8,5/–	–	ohne	K	6	Kette	Si/Si	88	300	11	2,50-21	3,00-18	2 850,-
125 GS	54/54/122	2	1	schlitz	12	L	22/9200	1,75	ohne	K	7	Kette	Si/Si	95	300	11	3,00-21	4,00-18	3 700,-
175 GS	60/61/172	2	1	schlitz	11,5	L	26/8500	2,25	ohne	K	7	Kette	Si/Si	100	300	11	3,00-21	4,00-18	4 000,-
Honda																			
Dax ST 70	47/41,4/72	4	1	ohc/Kette	8,8	L	5,2/8000	0,5	mit	K	3	Kette	Si/Si	75	245	2,5	3,50-10	3,50-10	1 378,-
CB 125 S3 (J)	56,5/49,5/124	4	1	ohc/Kette	9,4	L	14/10 000	1	mit	K	5	Kette	1 Sch/Si	105	275	9,5	2,75-18	3,00-17	2 488,-
I 250	74/7,8/248	4	1	ohc/Kette	9,1	L	20/–	1,95	mit	K	5	Kette	Si/Si	140	300	8	2,75-21	4,00-18	3 538,-
CB 125	44/41/124	4	2	ohc/Kette	9,4	L	12/10500	0,98	mit	K	5	Kette	Si/Si	127	280	9	2,50-18	2,75-18	2 698,-
CB 200	50,5/41/198	4	2	ohc/Kette	9	L	17/9000	1,38	mit	E/K	5	Kette	1 Sch/Si	142	–	9	2,25-18	3,00-18	2 998,-
CB 250 G	56/50,6/249	4	2	ohc/Kette	9,3	L	27/9500	2,2	mit	E/K	6	Kette	1 Sch/Si	175	355	11	3,00-18	3,50-18	3 978,-
CB 360 G	67/50,6/356	4	2	ohc/Kette	9,3	L	34/9000	2,9	mit	E/K	6	Kette	1 Sch/Si	175	355	11	3,00-18	3,50-18	3 818,-
CB 500 T	70/64,8/498	4	2	ohc/Kette	8,5	L	42/8000	4	mit	E/K	5	Kette	1 Sch/Si	215	–	15	3,25-19	3,75-18	4 998,-
CB 400 four	51/50/408	4	4	ohc/Kette	9,4	L	37/8500	3,2	mit	E/K	6	Kette	1 Sch/Si	183	–	14	3,00-18	3,50-18	4 828,-
CB 500 four	56/50,6/498	4	4	ohc/Kette	9	L	48/9000	4	mit	E/K	5	Kette	1 Sch/Si	205	355	14	3,25-19	3,50-18	5 998,-
CB 750 four	61/63/736	4	4	ohc/Kette	9	L	63/8000	6,1	mit	E/K	5	Kette	1 Sch/Si	210	385	17	3,25-19	4,00-18	6 998,-
CB 550 F1	58,5/50,6/544	4	1	ohc/Kette	9	L	50/8500	4,5	mit	E/K	5	Kette	1 Sch/Si	206	388	17	3,25 S 19	3,75 S 18	6 098,-
CB 750 F1	61/63/736	4	4	ohc/Kette	9,2	L	67/8500	6,1	mit	E/K	5	Kette	1 Sch/1 Sch	246	426	18	3,25 H 19	4,00 H 18	7 198,-
1000 Gold Wing	72/61,4/999	4	4	ohc/Z.-riem.	9,2	W	82/7500	8,2	mit	E/K	5	Welle	2 Sch/1 Sch	265	471	19	3,50 V 19	4,50 V 17	9 268,-
Jawa/CZ																			
50 KKr	38/44/49	2	1	schlitz	9,5	L	4/6500	0,3	mit	K	3	Kette	Si/Si	60	230	8,5	2,75-16	2,75-16	998,-
CZ 125	52/58/123	2	1	schlitz	8,2	L	11/5750	–	mit	K	4	Kette	Si/Si	129	285	11,5	2,75-18	3,00-18	1 848,-

Marke/ Typbezeichnung	Bohrung/Hub/Hubraum	Zweitakt/Viertakt	Zylinderzahl	Ventilsteuerung Gassteuerung	Verdichtung	Kühlung (Luft/Wasser)	Leistung/Drehzahl	max Drehmoment	Zündung mit/ohne Unterbrecher	Starter	Anzahl der Gänge	Hinterachsantrieb	Bremse vorn/hinten	Leergewicht	zul. Gesamtgewicht	Kraftstoffbehälter-Inhalt	Bereifung vorn	Bereifung hinten	Unverb. Preisempf. (DM inkl. MwSt.)
Jawa/CZ																			
CZ 175	58/65/171	2	1	schlitz	8,5	L	16/5600	–	mit	K	4	Kette	Si/Si	129	285	11,5	2,75-18	3,00-18	1 988,-
CZ 250	52/58/246	2	2	schlitz	9,3	L	17/5250	2,3	mit	K	4	Kette	Du/Si	142	302	–	3,00-18	3,25-18	2 408,-
Jawa 350	58/65/343	2	2	schlitz	9,2	L	28/5000	2,9	mit	K	4	Kette	Du/Si	155	335	16	3,25-18	3,50-18	3 300,-
Jupiter																			
Solo	61,7/58/347	2	2	schlitz	8,5	L	25/4600	2,9	mit	K	4	Kette	–	173	390	18	3,50-18	3,50-18	2 955,-
Gespann	61,7/58/347	2	2	schlitz	8,5	L	25/4600	2,9	mit	K	4	Kette	–	268	538	18	3,50-18	3,50-18	4 500,-
Kawasaki																			
KE 125 A 3	56/50,6/123	2	1	drehsch	6,5	L	10/6000	1,3	mit	K	6	Kette	Si/Si	107	300	6,7	2,75-21	3,50-18	2 851,-
KH 250 B 1	45/52,3/249	2	3	schlitz	7,5	L	26/7000	2,7	mit	K	5	Kette	1 Sch/Si	175	340	14	3,25-18	3,50-18	3 852,-
KH 400 A 3	57/52,3/400	2	3	schlitz	6,5	L	36/7000	3,7	mit	K	5	Kette	1 Sch/Si	177	350	14	3,25 S 18	3,50-18	4 500,-
KH 500 A 3	60/58,8/498	2	3	schlitz	6,8	L	50/7000	5,2	ohne	K	5	Kette	1 Sch/Si	210	385	16	3,25 H 19	4,00 H 19	5 200,-
Z 400 D 3	64/62/398	4	2	ohc/Kette	9,4	L	36/8500	3,28	mit	E/K	5	Kette	1 Sch/Si	187	360	14	3,25 S 18	3,50 S 18	4 418,-
Z 750 B 1	78/78/740	4	2	dohc/Kette	8,5	L	50/7000	6,1	mit	E/K	5	Kette	1 Sch/1 Sch	232	405	14,5	3,25 H 19	4,00 H 18	6 500,-
Z 900 A 4	66/66/902	4	4	dohc/Kette	8,5	L	81/8000	7,3	mit	E/K	5	Kette	2 Sch/Si	253	425	17	3,25 H 19	4,00 H 18	8 500,-
Kreidler																			
Mustang	40/39,7/50	2	1	schlitz	–	L	6,25/8500	–	ohne	K	5	Kette	Si/Si	82	245	12,5	2,50-19	2,75-17	2 498,-
RSH	40/39,7/50	2	1	schlitz	–	L	6,25/8500	–	ohne	K	5	Kette	Si/Si	86/95	245	12,5	2,75-19	2,75-17	2 692,-
RS-B, RSH-B	40/39,7/50	2	1	schlitz	–	L	6,25/8500	–	ohne	K	5	Kette	Si/Si	86/95	245	12,5	2,75-19	2,75-17	2 798,-
RS L, RSH-L	40/39,7/50	2	1	schlitz	–	L	6,25/8500	–	ohne	K	5	Kette	Si/Si	86/95	245	12,5	2,75-19	2,75-17	2 886,-
KTM																			
GS 100	48/54/97	2	1	schlitz	10,5	L	16/8500	–	ohne	K	6	Kette	Si/Si	92	200	10	3,00-21	4,00-18	3 550,-
GS 125 II	54/54/123	2	1	schlitz	10,4	L	19/8250	–	ohne	K	6	Kette	Si/Si	94	200	10	3,00-21	4,00-18	4 050,-
GS 175	63,5/54/171	2	1	schlitz	10,5	L	19/8250	–	ohne	K	6	Kette	Si/Si	99	200	10	3,00-21	4,00-18	4 190,-
GS 250	71/62/246	2	1	schlitz	10	L	27/7250	–	ohne	K	6	Kette	Si/Si	105	200	10	3,00-21	4,50-18	4 690,-
GS 350/400	80/69/347	2	1	schlitz	9,8	L	35/7100	–	ohne	K	6	Kette	Si/Si	107	200	10	3,00-21	4,50-18	4 950,-
Laverda																			
250 TR	68/68/247	2	1	–	–	L	27/7000	–	ohne	–	5	Kette	Du/Si	118	–	–	–	–	5 230,-
250 T	68/68/247	2	1	–	–	L	24/7000	–	ohne	K	5	Kette	Du/Si	115	350	11	3,00-21	4,00-18	4 700,-
500	72/61/496	4	2	ohc	8,5	L	44/6500	–	mit	E	6	Kette	2 Sch/Du	165	390	19	3,50 H 18	3,50 H 18	a. A.
750 SF 3	80/74/744	4	2	ohc	8,9	L	47/6500	6,1	mit	E	5	Kette	2 Sch/Du	221	420	19	3,50 S 18	4,00 H 18	8 100,-
750 SFC	80/74/744	4	2	ohc	10,5	L	75/7400	–	ohne	E	5	Kette	2 Sch/Du	225	420	16	4,00 V 18	4,00 V 18	10 500,-
1000	75/74/980	4	3	dohc	9	L	78/7750	7,8	ohne	E	5	Kette	2 Sch/Du	229	420	20	3,50 V 18	4,00 V 18	9 995,-
Maico																			
MD 50	38/44/49	2	1	drehsch	11,2	L	6,3/8000	0,58	mit	K	6	Kette	Si/Si	92	250	13	2,50-16	3,00-16	2 335,-
MD 125	54/54/123	2	1	drehsch	11	L	16/7800	1,47	mit	K	6	Kette	Si/Si	99	250	13	2,50-16	3,00-16	2 945,-
MD 250	76/54/245	2	1	drehsch	12	L	27/7200	–	mit	K	6	Kette	2 Du/Si	118	300	12,5	2,75-18	3,25-18	3 835,-
GS 125	54/54/123	2	1	drehsch	12	L	23/8800	–	mit	K	6	Kette	Si/Si	94	200	9,3	3,00-21	4,00-18	3 695,-
GS 250	67/70/247	2	1	schlitz	12	L	36/7500	–	mit	K	5	Kette	Si/Si	101	225	9,5	3,00-21	4,50-18	4 695,-
GS 400	77/83/386	2	1	schlitz	12	L	43/7000	–	mit	K	5	Kette	Si/Si	102	225	9,5	3,00-21	4,50-18	5 222,-
GS 450	82/83/438	2	1	schlitz	12	L	48/7000	–	mit	K	5	Kette	Si/Si	103	225	9,5	3,00-21	4,50-18	5 295,-
Montesa																			
King Scorpion 250	70/64/246	2	1	schlitz	10	L	22/6800	–	ohne	K	5	Kette	Si/Si	110	300	10	2,75-21	4,00-18	3 690,-
Enduro 250	70/64/246	2	1	schlitz	12	L	27/–	–	ohne	K	5	Kette	Si/Si	106	300	12,5	3,00-21	4,50-18	a A
Morini																			
3 . V	62/57/344	4	2	ohv	10	L	35/8200	3,28	ohne	K	6	Kette	Du/Si	144	294	16	3,25-18	4,10-18	a A
Moto Guzzi																			
AB-1 250 TS-FD	56/47/231	2	2	schlitz	10	L	25/7600	3,0	ohne	K	5	Kette	1 Sch/Si	139	300	17	3,00-18 N	3,25-18	3 775,-
VK-2 750 S 3	82,5/70/748	4	2	ohv	9,8	L	54/6900	8,7	mit	E	5	Kette	2 Sch/1 Sch	235	390	21	3,25 H 18	3,50 H 18	9 600,-
VD 850 T 3	83/78/844	4	2	ohv	9,2	L	59/6900	9,5	mit	E	5	Welle	2 Sch/1 Sch	240	430	22	3,50 H 18	4,10 H 18	8 770,-
VD 850 T 3 Cal	83/78/844	4	2	ohv	9,2	L	59/6900	9,5	mit	E	5	Welle	2 Sch/1 Sch	261	430	22	4,10 H 18	4,10 H 18	9 420,-
VG 1000 I (Conv)	88/78/948	4	2	ohv	9,2	L	61/Autom	8,6	mit	E	2	Welle	2 Sch/1 Sch	273	430	22	4,10 H 18	4,10 H 18	10 400,-
Münch																			
Münch 4 TTS E	75/66,6/1177	4	4	ohc/Kette	8,5	L	96/6000	14,6	mit	E	4	Kette	Du/Du	246	460	34	3,25 V 19	4,00 V 19	17 500,-
MV Agusta																			
125 S	53/56/123	4	1	ohv	9,5	L	14/–	–	ohne	K	5	Kette	1 Sch/Si	100	275	14	2,50-18	3,00-18	3 440,-
350 S	63/56/350	4	2	ohc	9,5	L	35/8200	–	ohne	K	5	Kette	2 Sch/1 Sch	145	350	17	2,75-18	3,25-18	4 985,-
500 SS	72/58/472	4	2	ohc	9,5	L	53/–	–	ohne	K	5	Kette	2 Sch/1 Sch	145	350	17	2,75 S 18	3,25 S 18	6 420,-
800 S	67/56/790	4	4	dohc/Zahnr	9,5	L	90/–	–	mit	E	5	Welle	2 Sch/1 Sch	214	400	19	3,50 V 18	4,00 V 18	a A
900 S	70/58/893	4	4	dohc/Zahnr	10,5	L	105/–	–	mit	E	5	Welle	2 Sch/1 Sch	201	400	19	3,50 V 18	4,00 V 18	a A.
MZ																			
TS 150	56/58/143	2	1	schlitz	10	L	11,5/6000	1,5	mit	K	4	Kette	Si/Si	109	270	12	2,75-18	3,00-18	1 675,-
TS 250	69/65/249	2	1	schlitz	9,5	L	19/5200	2,7	mit	K	4	Kette	Si/Si	130	320	16	3,00-16	3,50-16	2 490,-
Norton																			
Commando 850	77/89/828	4	2	ohv	8,5	L	51/5600	7,6	mit	K	4	Kette	1 Sch/1 Sch	195	375	11/25	4,10-19	4,10-19	6 800,-
Ossa																			
125 Enduro	54/54/123	2	1	schlitz	11	L	18/–	–	ohne	K	5	Kette	Si/Si	92	210	9,2	3,00-21	4,00-18	3 680,-
250 Super Pioneer	72/60/244	2	1	schlitz	12	L	27/–	–	ohne	K	5	Kette	Si/Si	93	270	13	3,00-21	4,00-18	3 740,-
250 Explorer	72/60/244	2	1	schlitz	11	L	24/–	–	ohne	K	5	Kette	Si/Si	92	210	9	3,00-21	4,00-18	3 790,-
350 Enduro	77/65/302	2	1	schlitz	11	L	30/–	–	ohne	K	5	Kette	Si/Si	96	230	13	3,00-21	4,00-18	3 990,-
Pannonia																			
P 5	68/68/247	2	1	schlitz	7,2	L	16/5250	2,16	mit	K	4	Kette	Si/Si	155	315	18	3,00-19	3,25-19	1 700,-
P 10	68/68/247	2	1	schlitz	7,5	L	18/5400	2,3	mit	K	4	Kette	Si/Si	155	315	16,5	3,00-19	3,25-19	1 900,-
P 20	56/50/246	2	2	schlitz	10,5	L	23/7500	2,15	mit	K	5	Kette	Si/Si	145	320	16,5	3,00-18	3,25-18	2 350,-
Planeta																			
Planeta-3	72/85/346	2	1	schlitz	7,5	L	18/4800	2,9	mit	K	4	Kette	–	170	340	18	3,50-18	3,50-18	2 650,-
Puch																			
M 50 Jet	40/39,7/49	2	1	schlitz	12	L	6,25/–	0,55	ohne	K	6	Kette	Si/Si	92	260	7,6	2,50-17	3,00-17	2 698,-
MC 125	55/52/122	2	1	schlitz	13,8	L	14/–	1,25	ohne	K	5	Kette	Si/Si	124	280	8,7	3,00-21	3,50-18	3 513,-
MC 175	62/56/167	2	1	schlitz	11,5	L	16/–	1,45	ohne	K	5	Kette	Si/Si	128	280	8,7	3,00-21	4,00-18	3 888,-

FRÜHJAHR 1976

Marke/Typbezeichnung	Bohrung/Hub/Hubraum	Zweitakt/Viertakt	Zylinderzahl	Ventilsteuerung Gassteuerung	Verdichtung	Kühlung (Luft/Wasser)	Leistung/Drehzahl	max. Drehmoment	Zündung mit/ohne Unterbrecher	Starter	Anzahl der Gänge	Hinterachsantrieb	Bremse vorn/hinten	Leergewicht	zul. Gesamtgewicht	Kraftstoffbehälter-Inhalt	Bereifung vorn	Bereifung hinten	Unverb. Preisempf. (DM inkl. MwSt)
Rokon																			
Automatic	78/70/335	2	1	schlitz	–	L	33/6500	3.85	mit	K	Autom./Kette	1 Sch/1 Sch		125	–	12	25/350–19	4,00–18	7 900,–
Sanglas																			
400 E	82/79/421	4	1	schlitz	8	L	–/–	4.1	mit	K/E	4	Kette	Si/Si	184	340	15	3,25–18	4,00–18	4 695,–
Starflite																			
50 GTS electronic	38/44/49	2	1	schlitz	10	L	6,25/8000	0.58	ohne	K	5	Kette	Si/Si	81	240	11	2,75–17	2,75–17	2 375,–
Suzuki																			
RV 90	50/45/88	2	1	schlitz/membr.	6,2	L	6,3/6000	–	mit	K	4	Kette	Si/Si	110	275	4.3	6,7 –10	6,7 –10	2 450,–
GT 125	43/43/124	2	1	schlitz	7,5	L	14,2/9500	2.0	mit	K	5	Kette	1 Sch/Si	125	278	10	2,75–18	3,00–18	2 870,–
GT 185	49/49/184	2	2	schlitz	7	L	16,6/7500	1.67	mit	K	5	Kette	1 Sch/Si	115	–	10	2,75–18	3,00–18	3 290,–
GT 250 A	54/54/247	2	2	schlitz	7,5	L	26,4/7500	2.52	mit	K	6	Kette	1 Sch/Si	146	355	15	3,00–18	3,50–18	3 725,–
GT 380 A	54/54/371	2	3	schlitz	6,7	L	31/7500	4.0	mit	K	6	Kette	1 Sch/Si	195	352	15	3,00–19	3,50–18	4 590,–
GT 500 A	70/64/492	2	2	schlitz	6,6	L	38,5/6000	4.57	ohne	K	5	Kette	1 Sch/Si	180	–	17	3,25–19	4,00–18	4 870,–
GT 550 A	61/62/543	2	3	schlitz	6,8	L	48,5/7500	6.0	mit	E/K	5	Kette	1 Sch/Si	220	383	15	3,25–19	4,00–18	5 420,–
GT 750 A	70/64/738	2	3	schlitz	6,7	W	63,5/6500	7.6	mit	E/K	5	Kette	2 Sch/Si	230	435	18	3,25–19	4,00–18	6 900,–
TS 125 A	56/50/123	2	1	schlitz	6,7	L	9,6/7000	1.6	mit	K	5	Kette	Si/Si	105	267	7	2,75–21	3,25–18	2 860,–
TS 250 A	70/64/246	2	1	schlitz	6,7	L	19/6000	2.7	ohne	K	5	Kette	Si/Si	109	283	9	3,00–21	4,00–18	3 870,–
RE 5	KV 497	1 Sch.	–		8.6	W	63/6500	7.6	mit	E/K	5	Kette	2 Sch/Si	260	415	17	3,25–19	4,00–18	8 700,–
Triumph																			
T 160 V Trident	67/70/740	4	3	ohv	9,5	L	60/7250	7	mit	E/K	5	Kette	1 Sch/1 Sch	205	370	22	4,10 H 19	4,10 H 19	6 900,–
T 140 V Bonneville	76/82/744	4	2	ohv	7,9	L	53/6500	7.1	mit	K	5	Kette	1 Sch/1 Sch	191	–	18	4,10 S 19	4,10 S 19	5 400,–
Ural																			
M 66 Gespann	78/68/650	4	2	ohv	7	L	32/4500	4.7	mit	K	4	Welle	Si/Si	340	600	21	3,75–19	3,75–19	6 295,–
M 66 Solo	78/68/650	4	2	ohv	7	L	32/4500	4.7	mit	K	4	Welle	Si/Si	220	450	21	3,75–19	3,75–19	4 895,–
D Gespann	78/68/650	4	2	ohv	7	L	32/4500	4.7	mit	K	4	Welle	Si/Si	340	600	21	3,75–19	3,75–19	6 645,–
D Solo	78/68/650	4	2	ohv	7	L	32/4500	4.7	mit	K	4	Welle	Si/Si	220	450	21	3,75–19	3,75–19	5 245,–
Voshkod																			
Voshkod-2	62/58/174	2	1	schlitz	7,5	L	10/5400	1.4	mit	K	4	Kette	–	120	290	13	3,25–16	3,25–16	1 985,–
Yamaha																			
Chappy LB-80	47/42/72	2	1	membr.	6,8	L	4,9/6250	0.59	mit	K	2	Kette	Si/Si	78	–	3.5	4,00–8	4,00–8	1 452,–
GT 80	47/42/72	2	1	membr.	6,8	L	5/7500	0.59	mit	K	4	Kette	Si/Si	64	165	4.8	2,50–15	2,50–17	1 651,–
RS 100 DX	52/45,6/95	2	1	membr.	6,8	L	10,5/7900	0.98	–	K	5	Kette	1 Sch/Si	96	–	9	2,50–18	2,50–18	2 068,–
RD 50 DX	40/39,7/49	2	1	membr.	6,4	L	6,26/8300	0.54	mit	K	5	Kette	Si/Si	76	260	8	2,50–17	2,75–17	2 300,–
RD 125 DX	43/43/125	2	2	membr.	6,8	L	17/9500	1.3	mit	K	5	Kette	1 Sch/Si	120	285	11.5	2,75–18	3,00–18	2 845,–
RD 200 DX	52/46,6/95	2	1	membr	6,9	L	22/8500	1.87	–	E/K	5	Kette	1 Sch/Si	133	–	11.5	2,75–18	3,25–18	3 200,–
RD 250	54/54/247	2	2	membr.	6,7	L	27/7200	2.71	mit	K	5	Kette	1 Sch/Si	160	340	16.5	3,00 S 18	3,50 S 18	3 952,–
RD 350	64/54/347	2	2	membr.	6,8	L	37/7500	3.66	mit	K	5	Kette	1 Sch/Si	160	340	16.5	3,00 S 18	3,50 S 18	4 067,–
RD 400	64/62/398	2	2	membr.	6,25	L	43/7100	4.7	–	K	6	Kette	1 Sch/1 Sch	176	–	16.5	3,00 S 18	3,50 S 18	4 500,–
DT 125 E	56/50/123	2	1	membr.	6,7	L	11/6900	1.15	mit	E/K	5	Kette	Si/Si	115	282	7	2,75–21	3,25–18	2 780,–
DT 175	50/66/171	2	1	membr	6,8	L	14/6340	1.6	mit	K	5	Kette	Si/Si	107	290	7	2,75–21	3,50–18	3 246,–
DT 250	70/64/246	2	1	membr.	6,8	L	20/6500	2.35	mit	K	5	Kette	Si/Si	133	300	9	3,00–21	4,00–18	3 600,–
DT 400	85/70/397	2	1	membr	6,4	L	25/5600	3.33	ohne	K	5	Kette	Si/Si	135	300	9	3,00–21	4,00–18	3 875,–
XS 500	73/59,3/498	4	2	dohc/Kette	8,5	L	49/8250	4.4	–	E/K	5	Kette	1 Sch/1 Sch	210	–	15	3.25 H 19	4,00 H 18	5 250,–
YS 650	75/74/653	4	2	ohc	8,4	L	50/6800	5.4	mit	E/K	5	Kette	2 Sch/Si	230	386	15	3,25 H 19	4,00 H 18	5 598,–
XS 750	68,6/68/757	4	3	dohc/Kette	–	L	–	–	–	E/K	5	Kette	1 Sch/Si	–	–	18	3,50–19	4,00 H 18	a. A
TY 250	70/64/246	2	1	membr	6,2	L	12/6000	2.0	mit	K	5	Kette	Si/Si	107	205	6	2,75–21	4,00–18	3 668,–
XT 500	84/87/499	4	1	ohc/Kette	9	L	–	–	–	K	5	Kette	Si/Si	135	–	10.5	3.00–21	4,00–18	a. A
Zündapp																			
KS 50 Sport	39/42/50	2	1	schlitz	9	L	6,25/8400	0.56	ohne	K	5	Kette	Si/Si	84	235	11.25	2,75–17	2,75–17	2 548,–
KS 50 Super Sp	39/42/50	2	1	schlitz	9	L	6,25/8400	0.56	ohne	K	5	Kette	Si/Si	84	235	11.25	2,75–17	2,75–17	2 841,–
KS 50 Cross	39/42/50	2	1	schlitz	9	L	6,25/8400	0.56	ohne	K	5	Kette	Si/Si	84	235	11.25	2,75–17	2,75–17	2 913,–
KS 50 water-cooled	39/42/50	2	1	schlitz	10,8	W	6,25/8400	0.56	ohne	K	5	Kette	Si/Si	86	235	11.25	2,75–17	2,75–17	2 978,–
KS 125 Sport	54/54/123	2	1	schlitz	12,4	L	17/7600	1.64	ohne	K	5	Kette	Si/Si	105	290	14	2,75–18	2,75–18	3 458,–
GS 125	54/54/123	2	1	schlitz	12,4	L	18/7600	1.7	ohne	K	5	Kette	Si/Si	110	280	10.2	3,00–21	3,50–18	3 723,–
RS 50 Super	39/41,8/49,9	2	1	schlitz	9,1	L	4,6/7000	–	mit	K	4	Kette	Si/Si	84	240	7.5	3,00–10	3,00–10	2 550,–

FRÜHJAHR 1977

Marke/Bezeichnung	Bohrung/Hub/Hubraum	2-Takt, 4-Takt	Zylinderanzahl	Ventil- bzw Gassteuerung	Verdichtung :1	PS	kW (Kilowatt)	bei Drehzahl	max. Drehmoment	Nm (Newtonmeter)	bei Drehzahl	Starter: Kick, Elekt.	Anzahl der Gänge	Hinterradantrieb	Bremsen vorn/hinten	Leergewicht in kg	Tankinhalt in Liter	Bereifung vorn	Bereifung hinten	Höchstgeschwindigkeit*	Preis in Mark
nelli																					
5 SE	42,5/44/124	2	2	schlitz	—	12	8,8	7400	—	—	—	K	5	Kette	1 Sch/Si	129	12,5	2.75-18	3.00-18	120 W	3175,—
0 BE/1	56/47/231,5	2	2	schlitz	—	26	19,1	7500	—	—	—	K	5	Kette	1 Sch/Si	134	12,5	3.00-18	3.25-18	140 W	3655,—
0 LS	58/50,6/498	4	4	ohc	10,2	44	32,4	8500	—	—	—	E	5	Kette	2 Sch/Si	210	22	3.50 H 18	4.10-18	190 W	6440,—
0 SEI	56/50,6/748	4	6	ohc	9,8	63	16,9	8900	—	—	—	E	5	Kette	2 Sch/Si	241	22	3.50 H 18	4.00 H 18	200 W	9820,—
MW																					
60/7	73,5/70,6/599	4	2	ohv	9,2	40	29,5	6400	—	48	5000	E	5	Kardan	1 Sch/Si	195	24	3.25 S 19	4.00 S 18	167 W	6850,—
75/7	82/70,6/745	4	2	ohv	9,0	50	36,8	6200	—	58,8	5000	E	5	Kardan	1 Sch/Si	195	24	3.25 S 19	4.00 S 18	177 W	7985,—
100/7	94/70,6/980	4	2	ohv	9,0	60	44,1	6500	—	73,5	4000	E	5	Kardan	1 Sch/Si	195	24	3.25 H 19	4.00 H 18	192 T	8590,—
100 S	94/70,6/980	4	2	ohv	9,5	65	48,0	6600	—	75	5500	E	5	Kardan	2 Sch/Si	200	24	3.25 H 19	4.00 H 18	198 T	10190,—
100 RS	94/70,6/980	4	2	ohv	9,5	70	51,6	7250	—	76	5500	E	5	Kardan	2 Sch/Si	210	24	3.25 H 19	4.00 H 18	193 T	11210,—
ltaco																					
erpa T 125	54,2-51,5/118,8	2	1	schlitz	11	6,5	4,7	8500	1,2	11,7	—	K	6	Kette	Si/Si	80	5,5	2.50-20	3.75-17	—	3100,—
erpa T 250	71-60/237,5	2	1	schlitz	9	9,8	7,2	5500	2	19,6	—	K	5	Kette	Si/Si	92	6,5	2.75-21	4.00-18	—	3700,—
erpa T 350	83,2-64/348	2	1	schlitz	9	15	11	5000	2,6	25,5	—	K	5	Kette	Si/Si	92	6,5	2.75-21	4.00-18	—	4200,—
pina 250	71-60/237,5	2	1	schlitz	9	9,8	7,2	5500	2	19,6	—	K	5	Kette	Si/Si	101	8,5	3.00-21	4.00-18	—	3700,—
pina 350	83,2-64/348	2	1	schlitz	8,5	15	11	5500	2,7	26,5	—	K	5	Kette	Si/Si	105	8,5	3.00-21	4.00-18	—	4200,—
atador 350	83,2-64/348	2	1	schlitz	8,5	15	11	5500	2,7	26,5	—	K	5	Kette	Si/Si	116	11,5	2.75-21	4.00-18	—	4430,—
ontera 250	72-60/244,2	2	1	schlitz	12	25	18,4	8000	3,34	32,8	—	K	5	Kette	Si/Si	107	9,3	3.00-21	4.00-18	—	3980,—
ontera 370	85-64/363,2	2	1	schlitz	9	27	19,9	7000	4,17	40,9	—	K	5	Kette	Si/Si	109	10,5	3.00-21	4.50-18	—	4300,—
ucati																					
0 SS	86/74,4/864	4	2	ohc/desmo	9,5	68	50,1	6750	—	—	—	K	5	Kette	2 Sch/1 Sch	210	18	3 50 V 18	4.00 V 18	230 W	11580,—
0 SS	80/74,4/748	4	2	ohc/desmo	9,5	65	49,3	7200	—	—	—	K	5	Kette	2 Sch/1 Sch	210	18	3 50 V 18	4.00 V 18 / 4.00 H 18 120/90	220 W	10580,—
0 GTS	86/74,4/864	4	2	ohc	9,5	65	49,3	7000	7,71	75,63	5500	K/E	5	Kette	2 Sch/Si	230	18	3.50 H 18	H 18	180 W	7900,—
0 S Desmo	78/52/496	4	2	ohc/desmo	9,6	46	33,8	8000	4,9	48,06	5000	E	5	Kette	2 Sch/1 Sch	186	14	3.25 H 18	3.50 H 18	190 W	6500,—
0 S Desmo	72/43/349	4	2	ohc/desmo	10	27	19,85	7700	—	—	—	E	5	Kette	2 Sch/1 Sch	178	14	3.25 H 18	3.50 H 18	—	6200,—
0 GTV	78/52/496	4	2	ohc	9,6	37	—	6800	4,6	45,12	5000	K/E	5	Kette	2 Sch/1 Sch	185	14	3.25 H 18	3.50 H 18	—	5990,—
0 S	86/74,4/864	4	2	ohc/desmo	9,4	68	—	6750	—	—	—	E/K	5	Kette	2 Sch/1 Sch	210	18	3 50 H 18	4.25 H 18	—	8900,—
5 Six Days	54/54/123,7	2	1	schlitz	12,5	25	—	10800	—	—	—	K	6	Kette	Si/Si	101	8	3.00-21	4.00-18	—	4000,—
5 Enduro	54/54/123,7	2	1	schlitz	11	—	6,5	8500	1,2	—	—	K	6	Kette	Si/Si	105	7	3.00-21	3.75-18	—	3300,—
0 GTL	78/52/496	4	2	ohc	9,6	35	—	6500	4,6	45,12	5000	K/E	5	Kette	2 Sch/Si	188	18	3.25 S 18	3.50 S 18	170 W	4980,—
0 GTL	71,8/42,8/349	4	2	ohc	9,6	27	—	6800	—	—	—	K/E	5	Kette	1 Sch/Si	186	18	3.00-19	3.50 S 18	145 W	5780,—
antic																					
antic GT																					
K 220 Super Six	38,8/42/49,6	2	1	schlitz	13	8,7	6,4	9500	6,5	—	9500	K	6	Kette	1 Sch/Si	78	8,5	2.75-18	2.75-18	—	2710,—
antic GS																					
K 160 Caballero	38,8/42/49,6	2	1	schlitz	13	8,7	6,4	9500	6,5	—	9500	K	6	Kette	Si/Si	78	8,0	2.50-21	3.50-18	—	2990,—
antic GS																					
K 150 Caballero	55/52/123,5	2	1	schlitz	12	16,7	12,28	8500	14,47	—	7250	K	6	Kette	Si/Si	104	8,0	3.00-21	4.00-18	—	3890,—
arelli																					
SL Electronic	40/39,5/49,6	2	1	schlitz	12,5	6,5	4,7	9000	—	—	—	K	5	Kette	Si/Si	82	9,3	2.50-18	2.75-18	85 W	2150,—
S Electronic	40/39,5/49,6	2	1	schlitz	12,5	6,5	4,7	9000	—	—	—	K	5	Kette	Si/Si	82	9,3	2.50-18	2.75-18	85 W	1850,—
arley-Davidson																					
KT 125	56/50/124	2	1	schlitz	10,8	13	9,6	7000	—	—	6750	K	5	Kette	Si/Si	110	10,5	3.00-19	3.50-18	—	2669,—
G 125	56/50/124	2	1	schlitz	10,8	13	9,6	7000	—	—	6750	K	5	Kette	Si/Si	110	10,5	3.00-19	3.50-18	104 W	2859,—
K 175	61/60/174	2	1	schlitz	10,7	17	12,5	6750	—	—	6500	K	5	Kette	Si/Si	120	10,5	3.00-19	4.00-18	—	3175,—
G 175	61/60/174	2	1	schlitz	10,7	17	12,5	6750	—	—	6500	K	5	Kette	Si/Si	125	10,5	3.25-19	4.00-18	111 W	3259,—
K 250	72/60/243	2	1	schlitz	10,3	26	14,7	7000	—	—	6350	K	5	Kette	Si/Si	130	10,5	3.00-21	4.00-18	—	3649,—
ST 250	72/60/243	2	1	schlitz	10,3	26	14,7	7000	—	—	6350	K	5	Kette	1 Sch/Si	125	10,5	3.25-19	4.00-18	125 W	3695,—
CH 1000	81/97/998	4	2	ohv	9	57	41,9	6000	7,3	71,6	4800	K	4	Kette	1 Sch/Si	230	8,5	3.75-19	4.25-18	200 W	10290,—
H 1000	81/97/998	4	2	ohv	9	57	41,9	6000	7,3	71,6	4800	K	4	Kette	1 Sch/Si	230	8,5	3.75-19	4.25-18	200 W	10698,—
1200	87/101/1207	4	2	ohv	8	58	42,6	5150	9,8	96,1	4000	K	4	Kette	1 Sch/1 Sch	265	14	3.75-19	5.10-16	180 W	11895,—
KE 1200	87/101/1207	4	2	ohv	8	58	42,6	5150	9,8	96,1	4000	E/K	4	Kette	1 Sch/1 Sch	265	14	3.75-19	5.10-16	180 W	12495,—
H 1200	87/101/1207	4	2	ohv	8	58	42,6	5150	9,8	96,1	4000	E	4	Kette	1 Sch/1 Sch	320	19	5.10-16	5.10-16	170 W	13495,—
H Classic	87/101/1207	4	2	ohv	8	58	42,6	5150	9,8	96,1	4000	E	4	Kette	Si/Si	320	19	5.10-16	5.10-16	170 W	13995,—
ercules																					
50 Sprint	38/44/49	2	1	schlitz	10	6,25	4,6	8000	0,6	5,9	7700	K	5	Kette	1 Sch/Si	85	11	2.75-17	2.75-17	85 W	2450,—
50 RL	38/44/49	2	1	schlitz	10	6,25	4,6	8000	0,6	5,9	7700	K	5	Kette	Si/Si	92	11	2.75-17	2.75-17	85 W	2975,—
50 RL (Gußräder)	38/44/49	2	1	schlitz	10	6,25	4,6	8000	0,6	5,9	7700	K	5	Kette	Si/Si	92	11	2.75-17	2.75-17	85 W	2950,—
50 Ultra	38/44/49	2	1	schlitz	10	6,25	4,6	8000	0,6	5,9	7700	K	5	Kette	2 Sch/Si	96	11	2.75-17	2.75-17	85 W	3350,—
125 S	54/54/122	2	1	schlitz	11,8	17	12,5	7500	1,65	16,2	7500	K	6	Kette	1 Sch/Si	112	11	2.75-17	3.00-17	120 W	3550,—
125 Military	54/54/122	2	1	schlitz	9	12,5	9,2	7000	1,4	13,7	6400	K	6	Kette	Si/Si	124	15	3.25-18	3.50-18	100 W	4050,—
2000	KV* 294 cm³	4		schlitz	8,5	27	20	6500	3,5	34,3	4700	E/K	6	Kette	1 Sch/Si	180	18	3.00-18	3.50-18	140 W	4680,—
S 125	54/54/122	2	1	schlitz	5	27	20	9200	—	—	—	K	7	Kette	Si/Si	95	11	3 00-21	4.00-18	—	3950,—
S 175	60/61/173	2	1	schlitz	—	26	19,1	8000	—	—	—	K	7	Kette	Si/Si	100	11	3 00-21	4.00-18	—	4200,—
S 250	71,5/61/245	2	1	schlitz	—	32	23,6	8000	—	—	—	K	7	Kette	Si/Si	105	11	3 00-21	4.50-18	—	4700,—
S 350	73/61/255,3	2	1	schlitz	—	33	24,3	8000	—	—	—	K	7	Kette	Si/Si	105	11	3 00-21	4.50-18	—	4990,—
KV – Kammervolumen																					
onda																					
ax ST 70	47/41,4/72	4	1	ohc/Kette	8,8	5,2	3,8	8000	0,51	5,0	7800	K	5	Kette	Si/Si	75	2,5	3 50-10	3.50-10	75 W	1490,50
- 125	56,5/49,5/123	4	1	ohc/Kette	9,4	13	9,6	9000	1,0	9,8	9000	K	5	Kette	Si/Si	109	6,5	2.75-18	3.50-18	—	2632,—
- 125	56,5/49,5/123	4	1	ohc/Kette	8,0	9	6,6	8750	0,8	7,8	6750	K	5	Kette	Si/Si	103	4,5	2.75-21	4.00-18	—	2622,—
3 125 J	56,5/49,5/123	4	1	ohc/Kette	9,4	14	10,3	10000	1,01	9,9	9400	K	5	Kette	1 Sch/Si	105	9,5	2.75-18	3.00-17	120 W	2592,—
3 125 B 6	44/41/124	4	2	ohc/Kette	9,4	12	8,8	10500	0,89	8,7	9000	E/K	5	Kette	1 Sch/Si	128	9,0	2.50-18	2.75-18	110 W	2812,—

e Werksangaben liegen gewöhnlich höher als unsere Testergebnisse   W   Werksangabe,   T   Testergebnis

FRÜHJAHR 1977

Marke/Bezeichnung	Bohrung/Hub/Hubraum	2-Takt 4-Takt	Zylinderanzahl	Ventil- bzw Gassteuerung	Verdichtung 1	PS	kW (Kilowatt)	bei Drehzahl	max. Drehmoment Nm	bei Drehzahl	Starter: Kick, Elekt.	Anzahl der Gänge	Hinterradantrieb	Bremsen vorn/hinten	Leergewicht in kg	Tankinhalt in Liter	Bereifung vorn	Bereifung hinten	Höchstgeschwindigkeit*	Preis in Mark
Honda																				
CB 200	55,5/41/197	4	2	ohc/Kette	9,0	17	12,5	9000	1,38	13,5	7000	E/K	5	Kette	1 Sch/Si	140	9,0	2.75-18	3.00-18	130 W	3131
XL 250	74/57,8/248	4	1	ohc/Kette	9,1	20	14,7	7700	1,92	18,8	7200	K	5	Kette	Si/Si	148	9,5	3.00-21	4.00-18	–	3710
CJ 250 T	56/50,6/249	4	2	ohc/Kette	9,5	27	19,9	9500	2,1	20,6	8500	K	5	Kette	1 Sch/Si	174	14	3.00 S 18	3.75 S 18	137 W	3690
CJ 360 T	67/50,6/356	4	2	ohc/Kette	9,3	34	25,0	9000	2,9	28,0	7500	K	5	Kette	1 Sch/Si	174	14	3.00 S 18	3.75 S 18	155 T	3850
CB 360 G	67/50,6/356	4	2	ohc/Kette	9,3	34	25,0	9000	2,9	28,5	8000	E/K	6	Kette	1 Sch/Si	175	11	3.00-18	3.50-18	–	4050
CB 400 F	51/50/405	4	4	ohc/Kette	9,4	37	27,2	8500	3,2	31,4	8000	E/K	6	Kette	1 Sch/Si	170	14	3.00 S 18	3.50 S 18	165 W	4469
CB 500 T	70/64,8/493	4	2	dohc/Kette	8,5	42	30,9	8000	4,0	39,2	7000	E/K	5	Kette	1 Sch/Si	210	16	3.25 S 19	3.75 S 18	165 W	4468
CB 500 K 2	56/50,6/498	4	4	ohc/Kette	9,0	48	35,3	9000	4,0	39,2	7500	E/K	5	Kette	1 Sch/Si	205	14	3.25 S 19	3.50 S 18	181 T	5812
CB 550 F 1	58,5/50,6/544	4	4	ohc/Kette	9,0	50	36,8	8500	4,5	44,1	7500	E/K	5	Kette	1 Sch/Si	206	17	3.25 S 19	3.75 S 18	183 T	5868
CB 750 K 6	61/63/736	4	4	ohc/Kette	9,0	63	46,3	8000	6,1	60,0	7000	E/K	5	Kette	1 Sch/Si	235	17	3.25 H 19	4.00 H 18	190 T	6718
CB 750 F 1	61/63/736	4	4	ohc/Kette	9,2	67	49,3	8500	6,1	60,0	7500	E/K	5	Kette	1 Sch/1 Sch	246	18	3.25 H 19	4.00 H 18	192 T	6750
GL 1000	72/61,4/999	4	4	ohc/Zahnr.	9,2	82	60,3	7500	8,2	80,4	6500	E/K	5	Kardan	2 Sch/1 Sch	290	19	3.50 H 19	4.50 H 17	193 T	8278
GL 1000 Ltd.	72/61,4/999	4	4	ohc/Zahnr.	9,2	82	60,3	7500	8,2	80,4	6500	E/K	5	Kardan	2 Sch/1 Sch	290	19	3.50 H 19	4.50 H 17	193 T	10718
Jawa/CZ																				
50 KKr	38/44-49	2	1	schlitz	9,5	4	2,9	6500	0,3	2,9	–	K	3	Kette	Si/Si	60	8,5	2.75-16	2.75-16	–	a. Ar
CZ 125 Trial	52/58-123	2	1	schlitz	9,2	10	7,4	5750	1,2	11,8	--	K	4	Kette	Si/Si	129	11,5	2.75-18	3.00-18	–	a. Ar
CZ 175 Trial	58/65-171	2	1	schlitz	8,2	15	11	5600	1,8	17,6	--	K	4	Kette	Si/Si	129	11,5	2.75-18	3.00-18	–	a. Ar
CZ 250 Twin	52/58-246	2	2	schlitz	9,3	17	12,5	5250	2,3	22,6	--	K	4	Kette	Si/Si	142	–	3.00-18	3.25-18	–	a. Ar
CZ 350 Twin	58/65-343	2	2	schlitz	9,2	27	19,9	5000	2,9	28,4	--	K	4	Kette	Du/Si	155	16	3.25-18	3.50-18	–	a. Ar
Kawasaki																				
KE 125	56/50,6/123	2	1	drehsch.	6,5	10	7,4	6000	1,3	12,8	5500	K	6	Kette	Si/Si	107	6,7	2.75-21	3.50-18	–	2851
KH 125	56/50,6/123	2	1	drehsch.	7,0	14	10,3	6770	1,6	15,7	6500	K	6	Kette	1 Sch/Si	106	11,5	2.75-18	3.00-18	–	2595
KH 250	45/52,3/246	2	3	schlitz	7,5	26	19,1	7000	2,7	26,5	6500	K	5	Kette	1 Sch/Si	175	14	3.25-18	3.50-18	145 W	3852
KH 400	57/52,3/395	2	3	schlitz	6,5	36	26,5	7000	3,7	36,3	6500	K	5	Kette	1 Sch/Si	177	14	3.25 S 18	3.50 S 18	160 W	4500
KH 500	60/58,8/492	2	3	schlitz	6,8	50	36,8	7000	5,2	51,0	6500	K	5	Kette	1 Sch/Si	210	16	3.25 H 19	4.00 H 18	182 W	5200
Z 400	64/62/396	4	2	ohc	9,4	27	19,8	7000	3,0	29,4	6600	E/K	5	Kette	1 Sch/Si	187	14	3.25 S 18	3.50 S 18	160 W	4418
Z 650	62/54/647	4	4	dohc	9,5	66	48,5	8500	5,8	56,9	7000	E/K	5	Kette	1 Sch/Si	230	17,5	3.25 H 19	4.00 H 18	193 T	6500
Z 750	78/78/740	4	2	dohc	8,5	50	36,8	7000	6,1	59,8	3000	E/K	5	Kette	1 Sch/1 Sch	232	14,5	3.25 H 19	4.00 H 18	176 T	6500
Z 1000	70/66/1009	4	4	dohc	8,7	85	62,5	8000	8,2	80,4	6500	E/K	5	Kette	2 Sch/1 Sch	264	16,5	3.25 H 19	4.00 H 18	209 T	9000
Kreidler																				
RS-L, RSH-L	40/39,7/49	2	1	schlitz	11	6,25	4,6	8500	--	--	--	K	5	Kette	Si/Si	88	13,2	2.75-17	2.75-17	85 W	3030
RS-G, RSH-G	40/39,7/49	2	1	schlitz	11	6,25	4,6	8500	--	--	--	K	5	Kette	Si/Si	91	13,2	2.75-17	2.75-17	85 W	3145
RS-GS, RSH-GS	40/39,7/49	2	1	schlitz	11	6,25	4,6	8500	--	--	--	K	5	Kette	Si/Si	91	13,2	2.75-17	2.75-17	85 W	3320
KTM																				
Comet 50 RS	38/44/49	2	1	schlitz	10	6,25	4,6	8000	0.56	5,49	8000	K	5	Kette	1 Sch/1 Sch	88	9,5	2.75-17	2.75-17	82 T	3110
Comet 125 RS	54/54/122	2	1	schlitz	11,8	17	12,5	7500	1,62	15,9	7500	K	5	Kette	1 Sch/1 Sch	102,5	12	2.75-17	3.00-17	130 W	3809
Laverda																				
H 125	55/52/124	2	1	schlitz	–	26	19,14	7600	–	–	–	K	6	Kette	Si/Si	98	11	3.00-21	4.00-18	–	3100
250 2 T	88/68/247	2	1	schlitz	10	24	17,66	6800	–	–	–	K	5	Kette	2 Si/Si	118	11	3.00-21	4.00-18	–	4000
250 2 TR	68/68/247	2	1	schlitz	–	27	19,87	7000	–	–	–	K	5	Kette	Si/Si	118	11	3.00-21	4.00-18	–	4500
500 RS	72/61/496	4	2	dohc	--	46	33,05	6900	–	--	–	E/K	6	Kette	2 Sch/1 Sch	169	17	3.50-18	4.00-18	180 W	6000
750 SF 3	80/74/744	4	2	ohc	–	50	36,8	7000	–	–	–	E	5	Kette	2 Sch/1 Sch	230	19	3.50-18	4.00-18	185 W	7300
750 SF 3 S	80/74/744	4	2	ohc	–	61	44,89	7850	–	–	–	E	5	Kette	2 Sch/1 Sch	230	19	3.50-18	4.00-18	–	7300
1000 3-C	75/74/981	4	3	dohc	–	78	57,41	7750	–	–	–	E	5	Kette	2 Sch/1 Sch	240	20	3.50 V 18	4.00 V 18	209 T	8995
Malco																				
MD 50	38/44/49	2	1	drehsch.	11,2	6,3	4,6	7800	0.58	5,68	–	K	6	Kette	Si/Si	96	13,5	2.50-16	3.00-16	85 W	2460
MD 250	76/54/245	2	1	drehsch.	11,7	27	19,9	7000	2,75	27,07	–	K	6	Kette	Si/Si	126	16	2.75-18	3.25-18	150 W	3895
M 250 Military	67/70/247	2	1	schlitz	–	17	12,5	6000	–	–	–	K	6	Kette	2 Si/Si	130	17	3.25-18	4.00-18	–	3995
GS 125	54/54/124	2	1	schlitz	15	16	11,8	7600	1,55	15,20	–	K	5	Kette	Si/Si	97	6,5	3.00-21	4.00-18	–	3895
GS 250	67/70/247	2	1	schlitz	12	25	18,4	7000	3,5	34,34	–	K	5	Kette	Si/Si	105	8,5	3.00-21	4.50-18	–	4795
GS 400	77/83/386	2	1	schlitz	12	38	27,9	6600	4,5	44,15	–	K	5	Kette	Si/Si	107	8,5	3.00-21	4.50-18	–	5100
GS 440	82/83/438	2	1	schlitz	12	42	30,9	6900	5,0	49,05	–	K	5	Kette	Si/Si	109	8,5	3.00-21	4.50-18	–	5168
GS 501	91,6/76/501	2	1	schlitz	12	43	31,6	7000	5,0	49,05	–	K	5	Kette	Si/Si	109	8,5	3.00-21	4.50-18	–	5100
Montesa																				
Cota 123	54/54/123,7	2	1	schlitz	9,75	7,5	5,52	6250	–	–	–	K	6	Kette	Si/Si	71	4,5	2.50-20	3.75-17	–	2900
Cota 172	60,93/54/157,5	2	1	schlitz	11,5	9	6,62	5500	–	–	–	K	6	Kette	Si/Si	78	4,5	2.75-21	4.00-18	–	3395
Cota 247	72,5/60/247,7	2	1	schlitz	10	12,5	9,2	5500	–	–	–	K	6	Kette	Si/Si	91	5,7	2.75-21	4.00-18	–	3498
Cota 348	78/64/305,8	2	1	schlitz	9	16	11,77	5500	–	–	–	K	6	Kette	Si/Si	89	5	2.75-21	4.00-18	–	4200
Enduro 125	--	2	1	schlitz	–	14	11,30	–	–	–	–	K	6	Kette	Si/Si	75	5,1	2.50-20	3.75-17	–	3400
Enduro 250 H	70/64/246,3	2	1	schlitz	12	24	17,66	6800	–	–	–	K	5	Kette	Si/Si	106	12	3.00-21	4.50-18	–	4000
Morini																				
125-T	59/45/123	4	1	ohv	11,7	8,2	6,0	8200	1,2	11,7	7000	K	6	Kette	1 Sch/Si	115	12	2.75-18	3.00-18	120 W	3250
250-T	69/64/239	4	1	ohv	10,6	17,0	12,5	6800	--	--	--	K	6	Kette	1 Sch/Si	135	12	2.75-18	3.25-18	135 W	a. Ar
3½ Touring	62/57/344	4	2	ohv	10	27	19,8	5900	3.28	32,1	5900	K	5	Kette	1 Sch/Si	150	15	3.25-18	4.10-18	160 W	4850
3½ Sport	62/57/344	4	2	ohv	11	27	19,8	6300	3,43	33,6	6300	K	5	Kette	1 Sch/Si	150	15	3.25-18	4.10-18	170 W	5450
Moto Guzzi																				
250 TS-FD	56/47/231	2	2	schlitz	9,75	25	18	7600	2,4	24	7200	K	5	Kette	1 Sch/Si	132	17	3.00-18	3.25-18	130 W	3655
850 T 3	83/78/844	4	2	ohv	9,6	59	43	6900	6,5	65	5500	E	5	Kardan	2 Sch/1 Sch	240	–	3.50 H 18	4.10 H 18	190 W	8610
850 T 3 California	83/78/844	4	2	ohv	9,6	59	43	6900	6,5	65	5500	E	5	Kardan	2 Sch/1 Sch	245	–	4.10 H 18	4.10 H 18	180 W	9600
850 Le Mans	83/78/838	4	2	ohv	10,1	70	51,5	7000	8,3	73	6600	E	5	Kardan	2 Sch/1 Sch	233	–	3.50 H 18	4.10 H 18	–	10400
1000 I Convert	88/78/948	4	2	ohv	9,2	61	44,9	6500	7,0	69	5200	E	2	Kardan	2 Sch/1 Sch	273	–	4.10 H 18	4.10 H 18	175 W	10240
Münch																				
TTS-E	78,5/66,5/1269	4	4	ohc	8,5	104	76,5	7500	–	–	–	E	4	Kette	2 Sch/Si	295	34	3.25 V 19	4.00 V 18	200 W	25530

* die Werksangaben liegen gewöhnlich höher als unsere Testergebnisse   W = Werksangabe, T = Testergebnis

FRÜHJAHR 1977

Marke/Bezeichnung	Bohrung/Hub/Hubraum	2-Takt, 4-Takt	Zylinderanzahl	Ventil- bzw. Gassteuerung	Verdichtung :1	PS	kW (Kilowatt)	bei Drehzahl	max. Drehmoment	Nm (Newtonmeter)	bei Drehzahl	Starter: Kick. Elekt.	Anzahl der Gänge	Hinterradantrieb	Bremsen vorn/hinten	Leergewicht in kg	Tankinhalt in Liter	Bereifung vorn	Bereifung hinten	Höchstgeschwindigkeit*	Preis in Mark
MV Agusta																					
125 Sport	53/56/123	4	1	ohv	9,5	9	6,6	7200	—	—	—	K	5	Kette	1 Sch/Si	100	16	2.75-18	3.00-18	112 T	2850,—
125 Super Sport	53/56/123	4	1	ohv	10	14	10,3	8500	—	—	—	K	5	Kette	1 Sch/Si	100	16	2.75-18	3.00-18	—	3600,—
350 S	63/56/350	4	2	ohv	9	26	19,1	7200	—	—	—	K	5	Kette	2 Sch/1 Sch	130	16	2.75-18	3.25-18	170 W	4775,—
350 SS	63/56/350	4	2	ohv	10	35	25,7	8000	—	—	—	K	5	Kette	2 Sch/1 Sch	130	16	2.75-18	3.25-18	—	4985,—
500 S Misano	71/58/460	4	2	ohv	8	43	31,6	8200	—	—	—	K	5	Kette	2 Sch/1 Sch	130	16	2.75-18	3.25-18	—	6420,—
500 S Mugello	71/58/460	4	2	ohv	10	54	39,7	8900	—	—	—	K	5	Kette	2 Sch/1 Sch	130	16	3.00-18	3.50-18	—	7400,—
800 S America	67/56/790	4	4	dohc	9	75	54,4	8500	—	—	—	E	5	Kardan	2 Sch/Si	230	19	3.50-18	4.00-18	228 W	13986,—
800 SS Super America	67/56/790	4	4	dohc	9,5	82	60,3	9000	—	—	—	E	5	Kardan	2 Sch/Si	230	19	3.50-18	4.00-18	—	17315,—
800 SS Super Daytona America	67/56/790	4	4	dohc	10	90	66,4	10000	—	—	—	E	5	Kardan	2 Sch/1 Sch	215	19	3.50-18	4.00-18	—	21980,—
800 S Arthuro Magni Cento Valli	70/58/800	4	4	dohc	10	105	77,2	10000	—	—	—	E	5	Kardan	2 Sch/1 Sch	205	19	3.50-18	4.00-18	240 W	25400,—
MZ																					
TS 250/1	69/65/244	2	1	schlitz	9,5 –10	17		5400	2,6		4600 –5200	K	5	Kette	Si/Si	130	17,5	2.75-18	3.50-16	130 W	2690,—
TS 125	52/58/123	2	1	schlitz	10	10		6000 –6300	1,25		5000 –5500	K	4	Kette	Si/Si	109	12	2.75-18	3.00-18	100 W	1750,—
TS 150	56/58/143	2	1	schlitz	10	11,5		6000 –6300	1,5		5000 –5500	K	4	Kette	Si/Si	109	12	2.75-18	3.00-18	105 W	1575,—
Norton																					
850 MK 3	77/89/828	4	2	ohv	8,2	50	36,8	5200	7,6	74.55	3800	E/K	4	Kette	1 Sch/1 Sch	212	25	4.10 H 19	4.10 H 19	185 W	6495,—
Ossa																					
250 Super Pioneer	72/60/244	2	1	schlitz	—	16	11,77	—	—	—	—	K	5	Kette	Si/Si	93	13	3.00-21	4.00-18	—	4200,—
250 Desert GS	72/60/244	2	1	schlitz	—	16	11,77	—	—	—	—	K	5	Kette	Si/Si	102	13	3.00-21	4.00-18	—	4400,—
350 Super Pioneer	77/65/302	2	1	schlitz	—	16	11,77	—	—	—	—	K	5	Kette	Si/Si	102	13	3.00-21	4.00-18	—	4400,—
Trial 350	77/65/302	2	1	schlitz	—	16	11,77	—	—	—	—	K	5	Kette	Si/Si	95	6,2	2.75-21	4.00-18	—	3980,—
Puch																					
Monza 6 SL	40/39,7/49,9	2	1	schlitz	11	6,25	4,6	8500	0,53	5,2	8400	K	6	Kette	1 Sch/Tr	90	7	2.75-17	2.75-17	90 T	3229,—
Het	40/39,7/49	2	1	schlitz	11	6,25	4,6	8500	0,55	5,5	8250	K	6	Kette	Si/Si	96	7,6	2.50-17	3.00-17	95 T	2936,—
Sanglas																					
400 S	89,5/79-496	4	1	ohv	8	27	19,9	6500	5	49,1	—	E/K	5	Kette	Du/Si	189	20	3.25-18	3.50-18	—	a. Anfr.
Starflite																					
GTS electronic	38/44/49	2	1	schlitz	10	6,25	4,6	8000	—	—	—	K	5	Kette	Si/Si	81	11	2.75-17	2.75-17	85 W	2498,—
Suzuki																					
RV 90	50/45/88	2	1	membran	6,2	6,3	4,64	6000	0.98	9,6	4000	K	4	Kette	Si/Si	110	4,3	6.70-10	6.70-10	85 W	2450,—
RV 125	56/50/123	2	1	schlitz	6,3	8	5,9	6000	0.98	9,6	5500	K	5	Kette	Si/Si	105	4,7	5.40-14	6.70-12	100 W	2995,—
GT 125	43/43/124	2	2	schlitz	6,8	14,2	10,4	9500	1,3	12,7	9000	K	5	Kette	1 Sch/Si	125	10	2.75-18	3.00-18	115 W	2870,—
GT 185	49/49/183	2	2	schlitz	7,0	15	11	7500	2,1	20,3	6000	E/K	5	Kette	1 Sch/Si	131	10	2.75-18	3.00-18	125 W	3290,—
GT 250	54/54/247	2	2	schlitz	7,3	26	19,1	7500	2,5	24,5	7000	K	6	Kette	1 Sch/Si	159	15	3.00-18	3.50-18	145 W	3725,—
GT 380	54/54/371	2	3	schlitz	7,0	33	24,3	7500	3,0	29,4	7000	K	6	Kette	1 Sch/Si	187	15	3.50 S 18	3.00 S 18	170 W	4590,—
GS 400	65/60/398	4	2	dohc	9,0	34	25,02	8600	2,94	28,8	7600	E/K	6	Kette	1 Sch/Si	185	14	3.50 S 18	3.00 S 18	165 W	4290,—
GT 500	70/64/492	2	2	schlitz	6,6	38	28	6000	5,3	52	6000	K	5	Kette	1 Sch/Si	194	17	3.25 S 19	4.00 S 18	165 W	4590,—
GT 550	61/62/543	2	3	schlitz	6,8	48	35,4	7500	5,35	52,5	6000	E/K	5	Kette	1 Sch/Si	214	15	3.25 H 19	4.00 H 18	180 W	5420,—
GT 750	70/64/738	2	3	schlitz	6,9	63	46,4	6500	7,7	75,5	5500	E/K	5	Kette	2 Sch/Du	253	17	3.25 H 19	4.00 H 18	190 W	6900,—
GS 750	65/56,4/748	4	4	dohc	8,7	63	46,4	8800	5,3	52	8100	E/K	5	Kette	2 Sch/1 Sch	246	18	3.25 H 19	4.00 H 18	193 T	7900,—
RE 5	1 Kammer/497 W				8,6	63	46,4	6500	7,6	74,5	3500	E/K	5	Kette	2 Sch/Si	260	17	3.25 H 19	4.00 H 18	190 W	8700,—
TS 125	56/50/123	2	1	schlitz	6,7	11,8	8,7	7500	1,2	11,8	6500	K	5	Kette	Si/Si	105	7	2.75-21	3.25-18	—	2860,—
TS 250	70/64/246	2	1	schlitz	6,5	16,8	12,4	5500	2,38	23,4	5000	K	5	Kette	Si/Si	128	10	3.00-21	4.00-18	—	3870,—
Triumph																					
750 Trident T 160	67/70/740	4	3	ohv	9,5	60	44,1	7250	6,8	66,7	6600	E/K	5	Kette	1 Sch/1 Sch	225	22	4.10 H 19	4.10 H 19	195 W	6650,—
750 Bonneville T 140	76/82/744	4	2	ohv	8,2	49	36,1	5900	6,2	60,8	4600	E/K	5	Kette	1 Sch/1 Sch	187	18	3.25 S 19	4.00 S 18	183 W	5295,—
750 Tiger TR 7 RV	76/82/744	4	2	ohv	8,2	46	33,9	5800	6,2	60,8	4600	E/K	5	Kette	1 Sch/1 Sch	187	18	3.25 S 19	4.00 S 18	183 W	5295,—
Yamaha																					
RD 50 DX	40/39,7/49	2	1	membran	6,4	ca. 6,26	4,6	8325	0,54	5,4	8325	K	5	Kette	1 Sch/Si	84	8	2.50-17	2.75-17	85 W	2300,—
RS 100 DX	52/45,6/97	2	1	membran	6,7	10	7,36	7500	0,98	9,8	6990	K	5	Kette	1 Sch/Si	110	10	2.75-18	3.00-18	100 W	2068,—
RD 200 DX	52/46/195	2	1	membran	7,1	17	12,5	7700	1,72	17,2	6400	E/K	5	Kette	1 Sch/Si	138	11,5	2.75-18	3.25-18	130 W	3200,—
RD 250	54/54/247	2	2	membran	6,7	27	19,87	7200	2,71	2,71	7100	K	6	Kette	1 Sch/1 Sch	166	16,5	3.00 S 18	3.50 S 18	—	3852,—
RD 400	64/62/399	2	2	membran	5,9	42	30,9	7100	4,3	43	6900	K	6	Kette	1 Sch/Si	176	16,5	3.00 S 18	3.50 S 18	170 W	4600,—
XS 360	66/52,4/353	4	2	ohc	8,7	27	19,87	8000	2,67	26,7	6800	E/K	6	Kette	1 Sch/Si	179	11	3.00 S 18	3.50 S 18	150 T	3952,—
XS 500	73/59,6/498	4	2	dohc	8,5	49	36,1	8250	4,44	44,4	6500	E/K	5	Kette	1 Sch/Si	210	15	3.25 H 19	4.00 H 18	175 W	5250,—
XS 650	75/74/653	4	2	ohc	8,4	50	36,8	6800	5,49	54,9	6200	E/K	5	Kette	2 Sch/Si	230	15	3.25 H 19	4.00 H 18	180 W	5598,—
XS 750	68/68,8/747	4	3	dohc	8,5	64	47	7200	6,6	66	6100	E/K	5	Kardan	2 Sch/Si	257	17	3.25 H 19	4.00 H 18	175 W	7252,—
DT 125 E	56/50/122	2	1	membran	7,1	10	7,36	6800	1,17	11,7	6000	K	5	Kette	Si/Si	114	7	2.75-21	3.25-18	—	2780,—
DT 250	70/64/244	2	1	membran	6,7	16	11,8	5400	2,23	22,3	4800	K	5	Kette	Si/Si	130	9	3.00-21	4.00-18	—	3800,—
DT 400	85/70/394	2	1	membran	6,4	21	15,5	6000	2,91	29,1	3900	K	5	Kette	Si/Si	139	9	3.00-21	4.00-18	—	4100,—
XT 500	87/84/495	4	1	ohc	9,0	27	19,87	5900	3,71	37,1	5100	K	5	Kette	Si/Si	150	8,8	3.25-21	4.00-18	—	4995,—
TY 125	56/50/122	2	1	membran	7,1	10	7,36	6200	1,13	11,3	5900	K	6	Kette	Si/Si	95	4	2.75-21	4.00-18	—	2600,—
TY 250	70/64/244	2	1	membran	6,2	12	8,8	5950	1,6	16	4600	K	5	Kette	Si/Si	107	4	2.75-21	4.00-18	—	3700,—
Zündapp																					
KS 50 Sport	39/41,8/49,9	2	1	schlitz	11,8	6,25	4,6	8400	0,56	5,5	—	K	5	Kette	Si/Si	87	13,5	2.75-17	2.75-17	85 W	2520,—
KS 50 Super Sport	39/41,8/49,9	2	1	schlitz	11,8	6,25	4,6	8400	0,56	5,5	—	K	5	Kette	1 Sch/Si	95	13,5	2.75-17	2.75-17	85 W	2985,—
KS 50 watercooled	39/41,8/49,9	2	1	schlitz	11	6,25	4,6	8400	0,56	5,5	—	K	5	Kette	1 Sch/Si	98	13,5	2.75-17	2.75-17	85 W	3120,—
KS 50 watercool. TT	39/41,8/49,9	2	1	schlitz	11	6,25	4,6	8400	0,56	5,5	—	K	5	Kette	Si/Si	102	13,5	2.75-17	2.75-17	85 W	3220,—
KS 125 Sport	54/54/123	2	1	schlitz	11,3	17	12,5	7800	1,64	16,1	—	K	5	Kette	Si/Si	116	14,2	2.75-18	3.25 B 18	120 W	3333,—
GS 125	54/54/123	2	1	schlitz	11,3	18	13,2	7600	1,7	16,7	—	K	5	Kette	Si/Si	110	10,2	3.00-21	3.50-18	—	3670,—
KS 175	62/54/163	2	1	schlitz	8,6	17	12,5	7000	1,7	17,0	—	K	5	Kette	1 Sch/Si	121	14,25	2.75-18	3.25-18	120 W	3675,—

die Werksangaben liegen gewöhnlich höher als unsere Testergebnisse   W = Werksangabe, T = Testergebnis

ALLE MODELLE 1979

Alle Motorräder in Deutschland – Daten, Meßwerte, Preise

Marke/Modell	Bohrung/Hub mm	Hubraum cm³	2-Takt/4-Takt	Zahl der Zylinder	Ventil- bzw Gassteuerung	Verdichtung :1	Leistung in kW (PS)	Drehzahl bei 1/min	Drehmoment in Nm (mkp)	Drehzahl bei 1/min	Elektro-/Kick-Starter	Zahl der Gänge	Hinterradantrieb	Bremsen vorn/hinten	Leergewicht kg	Tankinhalt Liter	Bereifung vorn	Bereifung hinten	Höchstgeschw. km/h	Test-Fahrber. Heft/Jahrg.	Preis DM
Benelli																					
125 SE	42,5/44	123	2	2	Schlitz	10	7,4 (10)	8000	13 (1,3)	8000	K	5	Kette	1 Sch/Si	131	13	2.75-18	3.00-18	100 T	8/76	2995
250 2 C	56/47	229	2	2	Schlitz	10	13 (17)	7600	23 (2,3)	7300	K	5	Kette	1 Sch/Si	136	13	3.25-18	3.25-18	125 T	23/78	3350
350 RS	50/44	343	4	4	ohc	9,5	20 (27)	9200	23 (2,3)	7600	E	5	Kette	1 Sch/Si	200	16	90/90 S18	100/90 S18	148 T		5795
500 S	56/50,6	494	4	4	ohc	10	32 (44)	8000	37 (3,8)	7000	E	5	Kette	2 Sch/Si	213	19	3.50 S 18	3.50 S 18	168 W		5995
900 Sei	61,5/50,6	902	4	6	ohc	9,4	59 (80)	8000	—	—	E/K	5	Du-Kette	2 Sch/Si	240	22	100/90 H18	120/90 H18	200 W	2/79	9500
BMW																					
R 45	70/61,5	473	4	2	ohv	8,2	20 (27)	6500	31 (3,2)	5000	E	5	Kardan	1 Sch/Si	206	22	3.25-18	4.00-18	146 T	18/78	5880
R 45	70/61,5	473	4	2	ohv	9,2	20 (26)	7250	31 (3,8)	5500	E	5	Kardan	1 Sch/Si	206	22	3.25 S 18	4.00 S 18	160 T	18/78	5880
R 65	82/61,5	650	4	2	ohv	8,2	33 (45)	7250	49 (5,0)	5500	E	5	Kardan	1 Sch/Si	205	22	3.25 S 18	4.00 S 18	181 T	15/78	6980
R 80/7	84,8/70,6	798	4	2	ohv	9,0	40 (55)	7000	57 (5,8)	5500	E	5	Kardan	2 Sch/Si	215	24	3.25 H 19	4.00 H 18	186 W	17/77	8580
R 80/7	84,8/70,6	798	4	2	ohv	9,0	47 (65)	6600	63 (6,4)	5500	E	5	Kardan	2 Sch/Si	218	24	3.25 H 19	4.00 H 18	190 W	17/77	8580
R 100 T	94/70,6	980	4	2	ohv	9,0	47 (65)	6600	76 (7,7)	5500	E	5	Kardan	2 Sch/Si	220	24	3.25 H 19	4.00 H 18	195 W		9290
R 100 S	94/70,6	980	4	2	ohv	9,5	51 (70)	7250	76 (7,7)	5500	E	5	Kardan	2 Sch/1 Sch	220	24	3.25 H 19	4.00 H 18	198 T	3/77	10990
R 100 RT	94/70,6	980	4	2	ohv	9,5	51 (70)	7250	76 (7,7)	5500	E	5	Kardan	2 Sch/1 Sch	234	24	3.25 H 19	4.00 H 18	190 W		11480
R 100 RS	94/70,6	980	4	2	ohv	9,5	51 (70)	7250	76 (7,7)	5500	E	5	Kardan	2 Sch/1 Sch	230	24	3.25 H 19	4.00 H 18	193 T	3/77	11990
Bultaco																					
Streaker 125	54/52	119	2	1	Schlitz	11	7,4 (10)	9000	13 (1,3)	—	K	6	Kette	1 Sch/1 Sch	94	10,5	2.75-18	2.75-18	116 T		3700
Sherpa T 125	71/60	238	2	1	Schlitz	9	4,7 (6,5)	8500	20 (2,0)	—	K	6	Kette	Si/Si	80	5,5	2.50-21	4.00-18	82 W		2995
Sherpa T 250	83/60	326	2	1	Schlitz	9	7,4 (10)	5500	20 (2,0)	—	K	5	Kette	Si/Si	92	6,5	2.75-21	4.00-18	93 W		3900
Sherpa T 350	71/60	238	2	1	Schlitz	9	11 (15)	5000	25 (2,6)	—	K	5	Kette	Si/Si	92	6,5	2.75-21	4.00-18	93 W		4290
Alpina 250	83/64	348	2	1	Schlitz	8,5	11 (15)	5500	26 (2,7)	—	K	5	Kette	Si/Si	101	8,5	3.00-21	4.00-18	101 W		3900
Alpina 350	83/64	348	2	1	Schlitz	8,5	11 (15)	5500	26 (2,7)	—	K	5	Kette	Si/Si	105	8,5	3.00-21	4.00-18	101 W		4290
Matador 350	70/64	244	2	1	Schlitz	12	13 (17)	5500	32 (3,3)	—	K	6	Kette	Si/Si	116	11,5	2.75-21	4.00-18	106 W	21/77	4190
Frontera 250	85/64	363	2	1	Schlitz	11	—	8000	—	—	K	6	Kette	Si/Si	107	9,3	3.00-21	4.00-18	110 W		4560
Frontera 370	54/52	119	2	1	Schlitz	12	20 (27)	7000	41 (4,2)	7000	K	5	Kette	2 Sch/1 Sch	109	10,5	3.00-21	4.00-18	125 W	13/77	4780
CCM																					
GS 500	84/90	498	4	1	ohv	10,4	33 (45)	6500	—	—	K	3/4	Kette	Si/Si	110	7	—	—	—		8775
GS 580	90/90	572	4	1	ohv	10	39 (53)	6200	—	—	K	3/4	Kette	Si/Si	102	8,5	—	—	—		9195
Dnjepr/Planeta																					
Dnjepr MT 10	78/68	645	4	2	ohv	7,5	18 (25)	5160	—	—	K	5	Kardan	Du/Si	350	21	3.75-19	3.75-19	110 W	18/77	7657
MM-V 3	58/58	123	2	1	Schlitz	8,5	5,9 (8)	5800	—	—	K	4	Kette	Si/Si	100	11	3.00-18	3.00-18	90 W		1701
Planeta Sport	76/75	340	2	1	Schlitz	9,2	18 (24)	5600	—	—	K	4	Kette	Si/Si	135	14	3.50-18	3.50-18	140 W		2926
Voskhod	62/58	174	2	1	Schlitz	7,5	8,1 (11)	5500	—	—	K	4	Kette	Si/Si	112	13	3.25-16	3.25-16	95 W		1881
Ducati																					
125 Six Days	54/54	124	2	1	Schlitz	12,5	18 (25)	10800	18 (1,8)	6500	K	6	Kette	Si/Si	101	8	3.00-18	4.00-18	110 W	19/77	a A
350 Desmo	72/43	349	4	2	ohc/desmo	9,8	18 (26)	8000	24 (2,4)	6000	E/K	5	Kette	2 Sch/1 Sch	178	11	3.25 H18	3.50 H18	148 W	11/75	a A
350 GTV	78/52	496	4	2	ohc	9,6	18 (24)	8000	23 (2,3)	6000	E	5	Kette	2 Sch/1 Sch	186	11	3.25 H18	3.50 H18	140 W	7/77	a A
500 S Desmo	78/52	496	4	2	ohc/desmo	9,6	29 (39)	8000	41 (3,2)	6000	E/K	5	Kette	2 Sch/1 Sch	186	11	3.25 H18	3.50 H18	176 W	17/78	a A
500 GTV	78/52	499	4	2	ohc	9,5	29 (39)	7500	37 (3,8)	6000	E/K	5	Kette	2 Sch/1 Sch	185	11	3.50 H18	4.00 H18	165 W	3/78	a A
500 Pantah	74/57,8	499	4	2	ohc/desmo	9,5	45 (61)	6500	72 (7,3)	5250	E/K	5	Kette	2 Sch/1 Sch	180	18	3.50 H18	4.00 H18	200 W	10/76	8220
864 GTS	86/74	864	4	2	ohc	9,4	45 (61)	7000	72 (7,3)	6000	E/K	5	Kette	2 Sch/1 Sch	230	18	3.50 V18	120/90 H18	180 W	9/78	8220
900 SD	86/74	864	4	2	ohc/desmo	9,5	51 (69,5)	7000	74 (7,5)	6000	K	5	Kette	2 Sch/1 Sch	230	18	3.50 V18	120/90 H18	210 W	16/77	9230
900 SS/Leichtmetallräder	86/74	864	4	2	ohc/desmo	9,5	51 (69,5)	7000	74 (7,5)	6000	K	5	Kette	2 Sch/1 Sch	225	18	3.50 V18	120/90 V18	210 W		10410
Fantic																					
TX 150 Caballero	55/52	124	2	1	Schlitz	12	13 (17)	8500	15 (1,5)	—	K	6	Kette	Si/Si	104	8,0	4.00-18	4.00-18	90 W		3690
TX 250 Trial	55/52	124	2	1	Schlitz	12	7 (10)	5500	15 (1,5)	—	K	6	Kette	Si/Si	79	6,5	2.75-21	4.00-18	90 W		3250
Gilera																					
125 TG 1	57/48	122	2	1	Schlitz	12,5	10 (14)	7200	15 (1,5)	6100	K	5	Kette	1 Sch/Si	109	9	2.75-18	3.25-18	101 W		2854
Gori																					
Campagnolo Enduro 250	71,5/61	245	2	1	Schlitz	12,5	13 (17)	6900	—	—	K	7	Kette	Si/Si	121,5	12,5	3.00-21	4.00-18	126 W		4290

Technische Daten — Motorräder (Harley-Davidson, Hercules, Honda, Jawa/CZ, Kawasaki, KTM, Laverda)

Typ	Bohrung/Hub	Hubraum	Zyl.	Takt	Steuerung	Verd.	kW (PS)	1/min	1/min	Nm (kpm)	Start	Gänge	Antrieb	Lichtmaschine	Gew.	Tank	Reifen vorn	Reifen hinten	Lampe	Baujahr	Preis
Harley-Davidson																					
XLCH Sportster	81/96,8	998	2	4	ohv	9	44 (60)	6200	4150	77 (7,9)	E/K	4	Kette	2 Sch/1 Sch	235	9,0	MJ90x19	MN90x18	181 T	22/77	9980
XLH Sportster	81/96,8	998	2	4	ohv	9	44 (60)	6200	4150	77 (7,9)	E/K	4	Kette	2 Sch/1 Sch	235	9,0	MJ90x19	MN90x18	156 W		10950
XLS 1000	81/96,8	998	2	4	ohv	9	44 (60)	6200	4150	77 (7,9)	E	4	Kette	2 Sch/1 Sch	240	9,0	MJ90x19	MT90x16	156 W	8/77	11750
FXE F Super Glide	87,3/100,8	1207	2	4	ohv	8	43 (58)	5300	3550	88 (8,9)	E/K	4	Kette	2 Sch/1 Sch	275	13,6	MJ90x19	MM90x19	156 W		12350
FXE/F FAT 130 B	87,3/100,8	1207	2	4	ohv	8	43 (58)	5300	3550	88 (8,9)	E/K	4	Kette	2 Sch/1 Sch	275	15,4	MJ90x19	MM90x19	156 W		12590
FXS 1200 LOW RIDER	87,3/100,8	1207	2	4	ohv	8	43 (58)	5300	3550	88 (8,9)	E	4	Kette	2 Sch/1 Sch	275	15,4	MJ90x19	MM90x19	156 W	26/77	13350
FLH 1200 Electra Glide	87,3/100,8	1207	2	4	ohv	8	43 (58)	5300	3550	88 (8,9)	E	4	Kette	1 Sch/1 Sch	345	19,9	MT90x16T	MT90x16T	156 W		13950
FLH 80 Cl. Sonderausst.	88,8/108,0	1338	2	4	ohv	8	47 (64)	4600	3400	110 (11)	E	4	Kette	1 Sch/1 Sch	345	19,9	MT90x16T	MT90x16T	160 W	8/78	15650
Hercules																					
K 125 S	54/54	122	1	2	Schlitz	11,8	13 (17)	6200	7100	16,5 (1,7)	K	5	Kette	1 Sch/Si	112	11	2,75-18	3,25-18	75 W	1/78	3870
K 125 Military	54/54	122	1	2	Schlitz	11,8	14 (14)	7000	6400	14 (1,4)	K	5	Kette	Si/Si	124	15	3,25/50-18	3,25/50-18	148 T	13/77	4514
W 2000	—	KV294	1 Sch		Schlitz	8,5	34 (3,5)	4700	—	34 (3,5)	E/K	6	Kette	Si/Si	185	18	3,50-18	3,50-18	—	7/77	4905
GS 125	54/54	173	1	2	Schlitz	—	—	—	—	—	K	6	Kette	Si/Si	118	9	4,00-18	4,00-18	—		4260
GS 175	60/61	245	1	2	Schlitz	—	—	—	—	—	K	7	Kette	Si/Si	123	9	4,00-18	4,50-18	—		4521
GS 250	71,5/61	256	1	2	Schlitz	—	—	—	—	—	K	7	Kette	Si/Si	125	9	4,00-21	4,50-18	—		5046
GS 350	73/61		1	2	Schlitz	—	—	—	—	—	K	7	Kette	Si/Si	125	9	4,00-21	4,50-18	—		5221
Honda																					
Dax ST 70	47/41,4	72	1	4	ohc	8,8	3,8 (5,2)	8000	7800	5,0 (0,5)	K	3	Kette	Si/Si	75	2,5	2,50-10	3,50-10	75 W	7/76	1588
TL 125	57/50	123	1	4	ohc	9,4	6,6 (9)	8750	6750	6,9 (0,8)	K	5	Kette	Si/Si	103	4,5	2,75-21	4,00-18	90 W	22/77	2778
CB 125 T	44/41	124	2	4	ohc	9,4	10 (14)	11500	10500	10,1 (1,1)	E/K	5	Kette	Si/Si	128	11,5	2,75-18	3,00-18	129 T		2808
CB 125 T2	44/41	124	2	4	ohc	9,2	10 (14)	10000	9500	9,8 (1,1)	E/K	5	Kette	Si/Si	105	9,5	2,75-18	3,00-17	125 W	22/77	3178
CB 125 J	56,5/49,5	178	1	4	ohc	9,2	15 (1,5)	8000	8000	15 (1,5)	E/K	5	Kette	Si/Si	116	7,0	2,75-21	4,10-18	125 W		2778
XL 185	63/57	178	1	4	ohc	9,1	13 (1,5)	8000	8000	18 (1,8)	K	5	Kette	Si/Si	118	7,0	2,75-21	4,60-18	115 W		3478
XL 250	63/57	248	1	4	ohc	9,1	18 (2,0)	7000	5500	13 (1,7)	K	5	Kette	Si/Si	149	9,5	3,00-21	4,60-18	95 W		3478
XL 250 S	74/58	248	1	4	ohc	8,6	13 (17)	7000	5500	18 (2,0)	K	5	Kette	Si/Si	136	10	3,00-21	4,60-18	113 T	18/78	3938
XL 500	74/58	498	1	4	ohc	9,5	7,4 (10)	7500		13 (1,3)	K	5	Kette	Si/Si	137	11	3,00-23	4,60-18	140 W		4208
XL 500 S	89/80		1	4	ohc		11 (15)	9500	7500	14 (1,4)	K	5	Kette	1 Sch/Si	137	11	3,00-17	3,50-16	92,9 T	1/79	
CM 185	53/41	179	2	4	ohc	9,5	13 (17)	8000	8000	16 (1,6)	K	5	Kette	Si/Si	174	14	3,00-19	3,50-16	120 W	13/78	3488
CJ 250 T	53/41	179	2	4	ohc	9,4	13 (17)	8500	7250	22 (2,2)	E/K	5	Kette	1 Sch/Si	174	14	3,25 S 18	3,75 S 18	145 W	18/76	3488
CJ 360 T	56/51	249	2	4	ohc	9,3	20 (27)	8000	8000	27 (2,8)	E/K	5	Kette	Si/Si	180	14	3,75 S 18	4,10 S 18	120 T	20/78	3808
CB 250 N	67/51	356	2	4	ohc	9,4	20 (27)	7500	7000	29 (3,0)	E/K	5	Kette	1 Sch/Si	184	14	3,60 H 19	4,10 S 18	141 T	20/78	4078
CB 400 N	62/41,1	408	2	4	dohc	9,3	21 (27)	8000	8000	31 (3,2)	E/K	6	Kette	2 Sch/Si	186	13	3,60 H 19	3,75 S 18	135 W	13/78	4368
CB 400 A	70,5/50,6	408	2	4	dohc	8,5	29 (39)	8000	8000	34 (3,5)	E/K	2 Aut.	Kette	2 Sch/Si	210	16	3,60 S 19	3,75 S 19	165 W	20/78	4718
CB 400 T	70,5/50,6	493	2	4	ohv	10	34 (3,5)	6500	6500	39 (4,0)	E	5	Kardan	2 Sch/1 Sch	217	17	3,75 S 19	3,75 S 19	135 W	19/76	4818
CX 500	70,5/50,6	493	2	4	ohv	10	37 (50)	9000	9000	44 (4,5)	E	5	Kardan	2 Sch/1 Sch	210	17	3,75 S 18	3,75 S 19	145 W	3/78	4733
CX 500	78/52	493	2	4	ohv	9,2	37 (50)	9000	8500	44 (4,5)	E/K	5	Kette	1 Sch/Si	206	17	3,75 S 18	3,75 S 19	188 T	8/78	5923
CB 500 T	58,5/51	544	2	4	ohc	9	46 (63)	9000	9000	53 (5,4)	E/K	5	Kette	2 Sch/Si	220	18	3,75 H 18	3,75 H 18	182 T	2/79	5923
CB 550 F2	59,8/55,8	550	4	4	ohc	9	46 (63)	8500	8500	53 (5,4)	E/K	5	Kette	2 Sch/1 Sch	220	18	3,25 H 19	3,75 H 18	173 W		6293
CB 550 K3	59,8/55,8	626	4	4	ohc	9,9	54 (73)	9000	9000	63 (6,4)	E/K	5	Kette	2 Sch/1 Sch	250	17	3,25 H 19	4,00 H 18	197 T	2/79	6243
CB 650	61/63	626	4	4	dohc	8,8	57 (77)	9000	9000	74 (5,3)	E	5	Kette	2 Sch/1 Sch	256	20	3,25 H 19	4,00 H 18	200 T		6738
CB 650	62/62	736	4	4	dohc	9,3	66 (7,8)	9000	9000	74 (5,3)	E	5	Kette	2 Sch/1 Sch	255	20	3,25 V 19	4,25 V 18	209 T	20/77	6738
CB 750 K	62/62	748	4	4	dohc	9,0	57 (77)	9000	8500	63 (6,4)	E/K	5	Kette	2 Sch/1 Sch	255	20	3,25 V 19	4,25 V 18	211 T	24/78	7243
CB 750 F2	64,5/69	902	4	4	dohc	9,2	76 (7,8)	9000	9000	84 (8,5)	E	5	Kette	2 Sch/1 Sch	276	18,3	4,50 V 18	4,50 V 18	214 T		8853
CB 900 F	64,5/53,4	1046	4	4	dohc		80 (8,2)	7500	7500	102 (10,4)	E	6	Kette	2 Sch/1 Sch	276	18,3	3,50 V 19	4,50 V 18	214 T	4/79	10963
CBX / GL 1000 K3	72/61	999	6	4	ohc	9,2	60 (82)	7500	6500	80 (8,2)	E/K	5	Kardan	1 Sch/Sch	290	23,8	3,50 H 19	5,10 H 17	193	23/75	8763
Jawa/CZ																					
Jawa/CZ 125 Trail	52/58	123	1	2	Schlitz	9,2	7,4 (10)	5750		12 (1,2)	K	4	Kette	2 Sch/Si	129	11,5	2,75-21	2,75-21	182 T	19/77	1959
Jawa/CZ 175 Trail	58/65	171	1	2	Schlitz	8,2	11 (15)	5600		18 (1,8)	K	4	Kette	2 Sch/Si	142	11,5	2,75-21	3,00-18	173 W		2059
Jawa/CZ 250 Twin	52/58	246	2	2	Schlitz	8,3	18 (23)	5600		23 (2,3)	K	4	Kette	2 Sch/Si	155	16	3,25-18	3,25-18	197 T		2099
Jawa/CZ 350 Twin	58/65	343	2	2	Schlitz	9,2	20 (27)	5000		28 (2,9)	K	4	Kette	2 Sch/Si	155	16	3,25-18	3,50-18	132 T	19/77	2999
Kawasaki																					
KM 100	49,5/51,8	99	1	2	Drehsch	7,2	6,5 (8,5)	6500	6000	9,4 (0,96)	K	5	Kette	Si/Si	85	6,7	2,50-16	2,50-16	86 W	6/78	2148
KE 125	56/51	123	1	2	Drehsch	6,6	7,4 (10)	6000	5500	13 (1,3)	K	5	Kette	Si/Si	107	7,1	2,75-21	2,75-21	94,2 T	6/78	2988
KH 125	56/51	123	1	2	Drehsch	6,5	11 (15)	7000	6300	26 (2,7)	K	5	Kette	Si/Si	145	14,1	2,75-18	2,75-18	100 T	13/79	3398
KH 250	45/52	246	3	2	Schlitz	6,9	19 (26)	7000	6300	26 (2,9)	E/K	5	Kette	Si/Si	145	14,8	3,00-18	3,25-18	118 T	6/78	3946
KL 250	66/54	246	1	4	ohc	8,9	13 (17)	7000	6300	16 (1,6)	K	5	Kette	1 Sch/Si	145	8,0	3,00-21	4,00-18	128 W	6/78	3188
Z 250	55/52,4	197	2	4	dohc	9,5	21 (2,1)	8000	7000	29 (3,0)	E	5	Kette	1 Sch/Si	157	13,5	3,25-18	3,50-18	140 W	22/78	4296
Z 400 B	64/62	248	2	4	dohc	9,5	29 (2,1)	7000	7000	57 (5,8)	E/K	5	Kette	1 Sch/Si	187	14,0	3,50 S 18	3,25 S 18	148 T	13/78	4296
Z 650	62/54	396	4	4	dohc	9,5	49 (66)	8500	7000	57 (5,8)	E/K	5	Kette	1 Sch/Si	230	17,5	3,25 S 18	3,25 S 18	193 T	5/78	6718
Z 650 B	wie Z650 B	647	4	4	dohc	9,5	48 (65)	8500	8500	58 (5,9)	E/K	5	Kette	2 Sch/1 Sch	236	13,7	5,00 H 16	5,00 H 16	185 W	20/77	7068
Z 650 C	62/54	740	4	4	dohc	8,7	58 (65)	8000	7000	58 (6,1)	E/K	5	Kette	2 Sch/1 Sch	232	14,5	3,25 H 19	4,00 H 18	176 T		7158
Z 650 SR	78/78	1016	4	4	dohc	8,7	63 (85)	8000	8000	81 (8,3)	E	5	Kette	2 Sch/1 Sch	264	16,5	3,25 H 19	4,00 H 18	209 T	6/77	6668
Z 750	70/66	1016	2	4	dohc	8,7	66 (90)	9000	8000	86 (8,8)	E/K	5	Kette	2 Sch/1 Sch	272	24	3,50 V 18	3,50 V 19	207 T	16/78	9268
Z 1000	70/66	1016	4	4	dohc	8,7	69 (94)	9000	7000	89 (8,9)	E/K	5	Kette	2 Sch/1 Sch	264	16,5	3,50 V 19	3,50 V 19	211 T	6/77	9768
Z 1000 S	70/66	1016	4	4	dohc	8,7	71 (97)	9000	7000	89 (9,2)	E	5	Kette	2 Sch/1 Sch	276	18,3	3,50 V 19	4,50 V 17	211 T	4/79	9568
Z 1000 MK II	70/66	1016	4	4	dohc	8,7	74 (100)	8000	7000	102 (10,4)	E	5	Kardan	2 Sch/1 Sch	318	21,4	4,10 V 18	5,10 H 17	214 T	4/79	9968
Z 1300	62/71	1286	6	4	dohc	9,9	74 (100)	8000	7000	102 (10,4)	E/K	5	Kardan	2 Sch/1 Sch	318	21,4	3,50 V 19	130/90 V 17	217 T	3/79	12068
KTM																					
125-RS	54/54	122	1	2	Schlitz	11,8	13 (17)	7500	7200	17 (1,7)	K	6	Kette	1 Sch/Sch	189	12,0	2,75-17	3,00-17	130 W		3890
Laverda																					
500	72/61	497	2	4	dohc	8	33 (46)	8200	7500	—	E	6	Kette	2 Sch/Sch	189	15	100/90 S 18	100/90 S 18	67 T	3/79	6860

ALLE MODELLE 1979

Alle Motorräder in Deutschland – Daten, Meßwerte, Preise

Marke/Modell	Bohrung/Hub mm	Hubraum cm³	2-Takt/4-Takt	Zahl der Zylinder	Ventil- bzw. Gassteuerung	Verdichtung :1	Leistung in kW (PS)	Drehzahl bei 1/min	Drehmoment in Nm (mkp)	Drehzahl bei 1/min	Elektro-/Kick-Starter	Zahl der Gänge	Hinterradantrieb	Bremsen vorn/hinten	Leergewicht kg	Tankinhalt Liter	Bereifung vorn	Bereifung hinten	Höchstgeschw. km/h	Test-Fahrber. Heft/Jahrg.	Preis DM
1200	80/74	1130	4	3	dohc	8	63 (86)	7350	91 (9,3)	6000	E	5	Kette	2 Sch/Sch	252	20,5	4.10 H 18	4.25/85 H	207 T	14/78	10200
Maico																				
MD 250 wk	76/54	245	2	1	Drehsch.	12	20 (27)	7000	–	–	K	6	Kette	1 Sch/Sch	125	17	3.00-18	3.25-18	150 W		4500
GS 125	54/54	124	2	1	Drehsch.	12	12 (16)	7800	–	–	K	6	Kette	Si/Si	98	9,3	3.00-21	4.00-18	115 W		4480
GS 250 T	67/70	247	2	1	Schlitz	12	13 (17)	6000	–	–	K	5	Kette	Si/Si	104	11,5	3.00-21	4.50-18	115 W		5345
GS 350 T	76/76	345	2	1	Schlitz	12	20 (27)	6500	–	–	K	5	Kette	Si/Si	106	11,5	3.00-21	4.50-18	135 W		5595
GS 400 T	77/83	386	2	1	Schlitz	12	20 (27)	6500	–	–	K	5	Kette	Si/Si	106	11,5	3.00-21	4.50-18	135 W		5675
GS 440 T	82/83	438	2	1	Schlitz	12	20 (38)	7600	–	–	K	5	Kette	Si/Si	107	9,3	3.00-21	4.50-18	–		5245
MC 250 T	67/70	386	2	1	Schlitz	12	32 (44)	6600	–	–	K	5	Kette	Si/Si	96	9,3	3.00-21	4.50-18	–		5495
MC 400 T	82/83	438	2	1	Schlitz	12	35 (48)	7300	–	–	K	5	Kette	Si/Si	98	9,3	3.00-21	4.50-18	–		5580
MC 125 T	54/54	124	2	1	Drehsch.	15	20 (27)	10400	–	–	K	6	Kette	Si/Si	90	9,3	3.00-21	4.00-18	125 W		4390
M 250 Military	67/70	247	2	1	–	–	13 (17)	7000	–	–	K	5	Kette	Si/Si	130	17	3.25-18	4.00-18	135 W		4295
GS 501 T	91,6/76	501	2	1	Schlitz	12	32 (43)	7000	–	–	K	5	Kette	Si/Si	109	11,5	3.00-21	4.50-18	–		5595
Malanca																				
Malanca 125 E2C Sport	43/43	125	2	2	Schlitz	11	13 (17) / 15 (20)	9300 / 9800	–	–	K	5	Kette	2 Sch/1 Sch	97	11	2.75-18	3.00-18	140 W	25/76	3720
Montesa																				
Cota 123	54/54	124	2	1	Schlitz	9,8	5,5 (7,5)	6250	–	–	K	6	Kette	Si/Si	71	5,7	2.50-20	3.75-17	72 W		3185
Cota 247	73/60	238	2	1	Schlitz	10	9,2 (12,5)	5500	–	–	K	5	Kette	Si/Si	91	6,5	2.75-21	4.00-18	92 W		3710
Cota 348	78/64	306	2	1	Schlitz	9	12 (16)	5500	–	–	K	6	Kette	Si/Si	89	5,0	2.75-21	4.00-18	102 W		4265
Cota 348 Trial	78/64	306	2	1	Schlitz	9	12 (16)	5500	–	–	K	6	Kette	Si/Si	91	8,5	2.75-21	4.00-18	–		3315
Enduro 125 H	54/54	124	2	1	Schlitz	14	7,4 (10)	7200	–	–	K	6	Kette	Si/Si	93	8,0	2.50-21	3.75-17	105 W		3885
Enduro 125/75	54/54	124	2	1	Schlitz	14	7,4 (10)	7500	–	–	K	6	Kette	Si/Si	84	8,0	2.50-21	3.75-17	105 W		3440
Enduro 250 H6	70/64	246	2	1	Schlitz	11	13 (17)	6800	–	–	K	6	Kette	Si/Si	102	9,5	2.50-21	4.50-18	135 W		4385
Enduro 360 H	83,4/64	350	2	1	Schlitz	12,1	–	–	–	–	K	6	Kette	Si/Si	108	–	3.00-21	4.50-18	–		4600
Morini																				
125 T	59/45	123	4	1	ohv	11,7	6 (8,2)	8200	12 (1,2)	7000	K	6	Kette	1 Sch/Si	115	12	2.75-18	3.00-18	120 W	11/78	3370
250 T	69/64	239	4	1	ohv	10,6	13 (17)	6800	–	–	K	6	Kette	1 Sch/Si	135	12	2.75-18	4.10-18	135 T	13/77	3920
3½ Touring	60/57	344	4	2	ohv	10	20 (27)	5900	32 (3,3)	5900	K/E	6	Kette	1 Sch/Si	150	15	3.25-18	4.00-18	153 T	14/75	5700
3½ Sport	60/57	344	4	2	ohv	11,2	31 (42)	7300	33 (3,4)	6300	K/E	6	Kette	2 Sch/Si	150	15	90/90-18	4.10-18	170 W	18/78	5970
500 M	69/64	479	4	2	ohv	11,2	31 (42)	7500	43 (4,4)	5100	K/E	5	Kette	2 Sch/1 Sch	185	16	90/90-18	3.50 H 18	175 T		6533
500 S	69/64	479	4	2	ohv	11,2	31 (42)	7500	43 (4,4)	5100	K/E	5	Kette	2 Sch/1 Sch	170	16	90/90-18	3.50 H 18	175 W		–
Moto Guzzi																				
V 35	66/50,6	346	4	2	ohv	10	20 (27)	7600	26 (2,7)	7600	E	5	Kardan	2 Sch/Sch	175	16	3.00-18	3.25-18	139 T	4/78	5781
V 50	74/57	486	4	2	ohv	10,6	29 (39)	7600	41 (4,2)	7400	E	5	Kardan	2 Sch/Sch	175	16	3.00 S 18	3.50 H 18	162 T	4/78	6162
850 T 3	83/78	844	4	2	ohv	9,2	43 (59)	6800	66 (6,7)	5500	E	5	Kardan	2 Sch/Sch	238	24	3.50 H 18	4.10 H 18	181 W	19/75	8180
850 T 3 California	83/78	844	4	2	ohv	9,2	43 (59)	6800	66 (6,7)	5500	E	5	Kardan	2 Sch/Sch	260	22,5	4.10 H 18	4.10 H 18	170 T	24/76	8995
850 Le Mans	83/78	844	4	2	ohv	10,1	51 (70)	7000	72 (7,3)	6000	E	5	Kardan	2 Sch/Sch	233	22,5	4.10 H 18	110/90 H18	206 T		10640
850 Le Mans II	83/78	844	4	2	ohv	9,8	54 (74)	7700	73 (7,4)	6000	E	5	Kardan	2 Sch/Sch	233	22,5	4.10 H 18	110/90 H18	208 W		10963
1000 Convert	88/78	948	4	2	ohv	9,2	45 (61)	6500	73 (7,4)	5500	E	5	Kardan	2 Sch/Sch	260	24	100/90 H18	110/90 H18	178 W	2/76	9737
1000 G 5	88/78	948	4	2	ohv	9,2	45 (61)	6500	73 (7,4)	5500	E	5	Kardan	2 Sch/Sch	253	24	100/90 H 18	110/90 H18	190 W		9737
1000 Sp.	88/78	948	4	2	ohv	9,2	45 (61)	6500	73 (7,4)	5500	E	5	Kardan	2 Sch/Sch	253	24	100/90 H18	110/90 H18	181 T	13/78	9737
Münch																				
1200 TTS-E	78,5/66,5	1287	4	4	ohc	9,1	74 (100)	7500	100 (10)	5500	E	4	Kette	2 Sch/Sch	311	24/34	3.25 V 19	4.00 V 18	196 T	10/78	25760
1200 TTS	78,5/66,5	1287	4	4	ohc	9,1	74 (100)	7500	100 (10)	5500	E	4	Kette	2 Sch/Sch	257	24	3.25 V 19	4.00 V 18	–		25760
MV Agusta																				
125 Sport	53/56	123	4	1	ohv	9,5	6,0 (9)	7200	–	–	K	5	Kette	1 Sch/Si	100	16	2.75-18	3.00-18	112 W	6/77	2850
350 SS	63/56	350	4	2	ohv	10	26 (35)	8000	–	–	K	5	Kette	2 Sch/Si	130	18	2.75-18	3.25 V 18	170 W		4985
800 S Super America	67/56	790	4	4	dohc	9,5	60 (82)	9000	–	–	E	5	Kardan	2 Sch/Si	230	19	3.50 V 18	4.00 V 18	210 T	14/77	17315
1000 S Corona	70/62	970	4	4	dohc	10,5	77 (105)	9500	–	–	E	5	Kardan	2 Sch/Si	218	19	3.50 V 18	4.00 V 18	230 W		25400
1100 Grand Prix	74/62	1070	4	4	dohc	11	88 (119)	10500	–	–	E	5	Kette	2 Sch/Sch	243	19	3.50 V 18	4.00 V 18	237 T	10/78	29600

Modell	Bohrung/Hub	Hubr.	Zyl.	Steuerung	Verd.	kW (PS)	1/min	1/min	Nm (mkg)	Start	Gänge	Antrieb	Bremse	Gew.	Tank	Reifen vorn	Reifen hinten	vmax	Test	Preis
MZ																				
TS 125	52/58	123	1	Schlitz	10	7,4 (10)	6000	5000	13 (1,3)	K	4	Kette	Si/Si	109	12	2.75-18	3.00-18	99,3 T	—	1850
TS 250/1	69/65	244	2	Schlitz	9,5	13 (17)	5400	4600	25 (2,6)	K	5	Kette	Si/Si	130	17,5	2.75-18	3.50-18	123	1/79	2690
T 250/1 Gespann	69/65	244	2	Schlitz	9,5	13 (17)	5400	4600	25 (2,6)	K	5	Kette	Si/Si	—	17,5	2.75-18	3.50-18	—	1/78	3975
Ossa																				
250 Super Pioneer	72/60	244	1	Schlitz	—	12 (16)	6000	—	—	K	5	Kette	Si/Si	93	13	3.00-21	4.00-18	110 W	3/77	4360
250 Desert GS	72/60	244	1	Schlitz	—	12 (16)	6250	—	—	K	5	Kette	Si/Si	102	13	3.00-21	4.00-18	115 W	3/77	4560
350 Super Pioneer	72/60	302	1	Schlitz	—	12 (16)	6000	—	—	K	5	Kette	Si/Si	102	13	3.00-21	4.00-18	110 W	3/77	4560
350 Super Pioneer	77/65	302	1	Schlitz	—	12 (16)	6000	—	—	K	5	Kette	Si/Si	95	6,2	2.75-21	4.00-18	90 T	25/76	4140
Yankee 500	72/60	488	2	Schlitz	8	43 (58)	7500	—	—	K	6	Kette	1 Sch/Si	158	18	3.25 H19	4.00 H18	185 W	7/77	7300
Royal Enfield																				
350 Bullet	70/90	349	1	ohv	6,5	13 (17)	5620	—	—	K	4	Kette	Si/Si	163	15	3.25-19	3.25-19	110 W	21/76	4380
Sanglas/Mototrans (Ducati)																				
400 F	82,5/79	422	1	ohv	7,5	18 (24)	5800	3500	34 (3,5)	E	4	Kette	2 Sch/1 Sch	173	18	3.50-18	3.50-18	136 W	—	5285
400 Y	69/52,4	391	2	ohv	9,2	20 (27)	9800	5200	29 (3,0)	E	6	Kette	2 Sch/1 Sch	177	18	3.50-18	3.50-18	165 W	—	5995
500 S 2 V 5	85,5/79	496	1	ohv	9,2	32 (43)	7100	4950	39 (4,0)	E/K	5	Kette	2 Sch/1 Sch	174	18	3.50-18	3.50-18	160 W	—	5685
250 Strada	74/57,8	249	2	ohc	8,5	15 (21)	8000	5000	21 (2,15)	E/K	5	Kette	1 Sch/Si	136	15,5	3.25-18	3.50-18	125 W	—	4300
350 Forza	76/75	340	1	ohc	9,0	16 (22)	5695	4250	31 (3,15)	E/K	5	Kette	1 Sch/Si	138	17	3.50-18	3.50-18	145 W	—	4480
350 Vento	76/75	340	1	ohc	10	21 (29)	8050	5900	33 (3,4)	E	5	Kette	2 Sch/1 Sch	141	17	3.25 S18	3.50 S18	165 W	—	4785
500 Desmo	78/52	497	2	ohc	9,6	33 (45)	7250	6500	41 (4,2)	E	5	Kette	2 Sch/1 Sch	186	17	3.25 S18	3.50 S18	180 W	—	5995
Suzuki																				
RV 90	50/45	88	1	Membran	6,2	4,6 (6,3)	6000	5500	9,6 (0,98)	K	4	Kette	Si/Si	110	4,3	6.70-10	6.70-12	75 W	4/77	2880
RV 125	56/50	123	1	Schlitz	6,0	5,9 (8,0)	6000	6000	9,6 (0,98)	K	5	Kette	Si/Si	105	4,7	5.40-14	6.70-12	90 W	19/77	3480
TS 125	56/50	123	1	Schlitz	6,7	10 (14)	9500	8000	11 (1,1)	K	6	Kette	Si/Si	100	8	2.75-21	3.25-18	110 W	5/78	3325
TS 250	43/43	124	1	Schlitz	6,7	16 (22)	8000	6500	13 (1,3)	K	5	Kette	Si/Si	125	10	2.75-18	4.00-18	120 T	18/78	4450
GP 125	56/50	123	1	Drehsch.	6,8	11 (15)	7500	6000	8,8 (0,9)	K	5	Kette	Si/Si	101	9,8	2.75-18	3.00-18	117 T	1/78	3025
GT 185	49/49	183	2	Schlitz	6,8	13 (17)	8000	7000	17 (1,7)	E	6	Kette	1 Sch/Si	131	11	2.75-18	3.00-18	126 T	—	3720
GT 200	50/50	196	2	Membran	6,9	17 (23)	8000	6500	21 (2,1)	K	5	Kette	1 Sch/Si	131	11	2.75-18	3.00-18	125 W	19/78	3720
GT 250 X-7	54/54	245	2	Schlitz	7,0	20 (27)	7500	6500	25 (2,5)	E/K	6	Kette	1 Sch/Si	145	15	3.00-18	3.50 S18	154 T	17/78	4450
SP 370	85/65,2	369	1	ohc	8,9	25 (34)	6500	5500	29 (3,0)	E	5	Kette	1 Sch/Si	131	8,5	3.00-21	4.00-18	126 T	18/77	5050
GT 380	54/54	371	3	Schlitz	7,0	28 (38)	7400	6000	28 (2,9)	K	6	Kette	1 Sch/Si	187	15	3.00-18	3.50 S18	145 T	17/78	5150
GS 400 E	65/60	398	2	dohc	8,5	27 (37)	9000	7500	28 (2,9)	E/K	6	Kette	1 Sch/Si	185	14	3.00 S18	3.50 S18	146 T	12/77	5050
GS 400 E	56/55,8	398	2	dohc	8,6	27 (37)	9000	7500	28 (2,9)	E/K	6	Kette	1 Sch/Si	185	16,5	3.25-18	3.50 S18	184 T	10/77	7000
GS 550 E	65/56,4	549	4	dohc	8,7	37 (50)	9800	8000	40 (4,1)	E/K	6	Kette	2 Sch/Sch	218	18	3.25 H19	4.00 H18	196 T	—	9270
GS 550 E	65/56,4	549	4	dohc	8,7	37 (50)	9800	8000	40 (4,1)	E/K	6	Kette	2 Sch/Sch	246	22	3.25 H19	4.00 H18	196 T	—	10770
GS 850 EC	70/64	843	4	dohc	8,7	58 (79)	8000	6500	63 (6,3)	E/K	5	Kardan	2 Sch/Sch	252	19	3.50 V19	4.50 V17	200 T	16/78	—
GS 1000 S mit Lenkerverkleidung	70/64	997	4	dohc	8,7	66 (90)	8200	6500	84 (8,5)	E/K	5	Kette	2 Sch/Sch	252	19	3.50 V19	4.50 V17	220 W	—	—
Triumph																				
750 Tiger TR7-RV	76/82	744	2	ohv	7,9	34 (46)	5800	4600	61 (6,2)	K	5	Kette	1 Sch/Sch	197	12,4	4.10 S19	4.10 S18	168 T	25/76	5995
750 Bonnie T 140	76/82	744	2	ohv	7,9	36 (49)	5900	4600	61 (6,2)	K	5	Kette	1 Sch/Sch	197	12,4	4.10 S19	4.10 S18	183 W	—	5995
Vespa																				
P 125 X	52,5/57	123	1	Drehsch.	—	5,7 (7,8)	5600	—	—	K	4	direkt	Si/Si	105	8	3.50-10	3.50-10	86 W	—	2474
P 150 X	57,8/57	149	1	Drehsch.	—	6,6 (9)	6000	—	—	K	4	direkt	Si/Si	105	8	3.50-10	3.50-10	90 W	—	2674
P 200 E	66,5/57	198	1	Drehsch.	—	7,4 (10)	5000	—	—	K	4	direkt	Si/Si	109	8	3.50-10	3.50-10	89,7 T	19/78	2974
Yamaha																				
LB 3 Bop 80	47/43	73	1	Membran	5,8	3,7 (5)	6700	5200	6,3 (0,64)	K	3	Kette	Si/Si	80	3,4	4.00-10	4.00-10	65 W	1/79	1678
RS 100	52/45,6	95	1	Membran	7,1	7,4 (10)	7800	6900	10 (0,98)	K	5	Kette	Si/Si	110	10	2.75-18	3.00-18	105 T	23/75	2414
RD 250	52/56	247	2	Membran	6,2	13 (17)	7500	6400	18 (1,8)	K	6	Kette	1 Sch/Si	138	11,5	3.00-18	3.50-18	122 T	13/77	3495
RD 400	64/62	398	2	Membran	6,2	27 (37)	7500	6700	45 (4,3)	K	6	Kette	1 Sch/Si	147	16,3	3.00-18	3.50-18	145 T	13/77	4037
XS 250	55/52,4	248	2	ohc	9,6	17 (23)	8100	6700	17 (1,7)	E/K	6	Kette	1 Sch/Si	175	11	3.00 S18	3.50-18	115 T	16/77	4582
XS 400	69/52,4	386	2	ohc	9,2	20 (27)	7100	5200	29 (3,0)	E/K	6	Kette	1 Sch/Si	175	15	3.00 S18	3.50 S18	145 T	2/78	4152
XS 500	73/59,6	498	2	dohc	8,5	37 (50)	8300	6800	46 (4,7)	E/K	5	Kette	1 Sch/Si	210	15	3.25 H19	4.00 H18	145 T	8/78	4552
XS 650	75/74	653	2	ohc	8,4	37 (50)	6800	5600	54 (5,5)	E/K	5	Kette	2 Sch/Sch	230	17	3.25 H19	4.00 H18	178 T	20/77	5492
XS 750	68/68,4	741	3	dohc	9,2	54 (74)	8400	5500	69 (7,0)	E/K	5	Kardan	2 Sch/Sch	257	24	3.50 V19	4.00 V18	181 T	14/78	6093/7602
XS 1100	71,5/68,8	1101	4	dohc	9,2	70 (95)	8500	6000	90 (9,2)	E/K	5	Kardan	2 Sch/Sch	286	24	3.50 V19	4.50 V17	198 T	16/78	10441
SR 500/Gußräder	87/84	499	1	ohc	9	27 (32)	6500	4600	36 (3,7)	K	5	Kette	1 Sch/Si	173	12	3.25-19	4.00-18	146 T	5/78	4652/4802
Zündapp																				
KS 175	62/54	163	1	Schlitz	8,7	13 (17)	7400	6500	18 (1,8)	K	5	Kette	1 Sch/Si	123	14,2	2.75-18	3.25-18	126 T	1/78	3990

Hägglund XM 72 —
Vernunftsmotorrad des Jahrzehnts

Die Tatsache, daß zwischen 1972 und 1975 ein Motorrad — erst sehr geheimnisvoll und zögernd, 1974 aber auf der IFMA in Köln offiziell — ans Licht der Öffentlichkeit trat, heftig diskutiert wurde und dann trotz seiner offen erkennbaren Vorteile, die so bahnbrechend und zukunftsträchtig schienen, bald wieder von der Bildfläche verschwand, kennzeichnet den Trend der 70er Jahre ganz besonders hart.

Es hat den Anschein, daß solche raffiniert einfachen und überaus funktionellen Konstruktionen nicht nur nicht in ihren fantastischen Möglichkeiten erkannt, sondern auch nicht gewollt wurden und deswegen abge-

Die Hägglund XM 72 in ihrer ursprünglichen Form als Prototyp für die schwedische Armee, 1972.

lehnt werden mußten. Es zeigte sich bei dieser Entwicklung der Dinge eine breite Kluft zwischen Management-Wissen und -Wollen auf der einen Seite und den Erkenntnissen, Wünschen und Gedanken der täglich fahrenden Basis auf der anderen Seite. Man muß sogar hinzufügen, daß sich diese Kluft wieder einmal und zwar verstärkt zu erkennen gab.

Die 293 cm^3- bzw. 335 cm^3-Hägglund aus Örnsköldsvik in Schweden ist dafür ein so ungemein typisches Beispiel, daß ich ihre Beschreibung allen weiteren Schilderungen in diesem Buch vorausnehmen möchte.

Obwohl das Motorrad nicht in eine zivile Serie ging, obwohl es auch trotz seines preisgekrönten Entwurfs (!) als Militärfahrzeug keine Produktion erreichte, gehört es an diese Stelle. Manches von den Ideen, die mit dem Fahrzeug demonstriert wurden, erschien in den 80er Jahren bei anderen Marken, dort aber in der Serie, wieder.

Zur Produktion stimmte 1974 vielleicht der Preis für Armee-Beschaffer nicht, oder Kommiß-Geister wußten mit der fabelhaften Erfüllung ihrer Vorgaben schließlich nichts anzufangen. Im zivilen Bereich kam die XM 72 vielleicht nicht an, *weil* sie als „böses" Militärfahrzeug ursprünglich konzipiert worden war, obwohl ihre zivile Version durchaus ansprechend lackiert und „gestylt" wurde und 1974 auf der Kölner Ausstellung glänzte.

Wie dem auch sei, die Details der Hägglund (nicht mit den schwedischen *Hed*lund-Motoren zu verwechseln) bleiben interessant und wertvoll, sind Vorgaben und Beispiele für Konstrukteure, ob das Modell nun gebaut worden ist oder nicht. Als hohes Niveau einer Entwicklungsarbeit aus den 70er Jahren gebührt ihr diese Beachtung unbedingt.

Im *Dezember 1972* war es, nachdem ich die Hägglund XM 72 zum ersten Male auf dem Stand der Bundeswehr während der IFMA in Köln sah (IFMA: Internationale Fahrrad- und Motorrad-Ausstellung), im September '72. Ich kann mich nicht erinnern, daß ich vorher schon einmal solche Anstrengungen gemacht hätte, ein seltenes Motorrad fahren zu können, wie im Fall der MX 72. Davon gab es im Winter 72/73 nur vier Prototypen, und die Fabrik lag im hohen Norden, abseits normaler Routen.

Der Konstrukteur Björn Andersson hatte etwas auf die Räder gestellt, was in den 50er Jahren von Norbert Riedel mit der 100er Imme begonnen wurde, was sich in der 200 cm³-Victoria Swing fortzusetzen versuchte, was aber in beiden Fällen nicht richtig zum Zug gekommen war. Die Imme war ihrer Zeit zu weit voraus und hatte noch wesentliche Lücken, die Swing wurde auch nicht ganz durchdacht und starb an Überrationalisierung, außerdem hatte die Triebsatzschwinge an beiden Maschinen einige Nachteile.

Aber nun, im Dezember 1972: Dieser Prototyp der Firma Hägglund & Söner aus dem schwedischen Örnsköldsvik! Er kam einem Motorrad von übermorgen schon sehr nahe und zeigte verblüffend überlegte Einzelheiten.

Der Ausgangspunkt war eine Ausschreibung der „Förnsvarets Materialverk" (Beschaffungsamt) der schwedischen Armee für ein neues, leichtes Gelände- und Straßenfahrzeug der 80er Jahre. Schon 1970 begann man mit den Arbeiten, denn das Amt verlangte ein völlig neues Motorrad.

Es war tatsächlich nicht einfach, an die Maschine heranzukommen. Aber irgendwie klappte es doch, dank der Großzügigkeit der Fabrik und der schwedischen Armee, auf deren Übungsplätzen ich die Maschine ausgiebig bewegen konnte. In Deutschland wäre das geradezu undenkbar gewesen.

Bis zu den Arbeiten an der XM 72 konstruierte Björn Andersson bei Hägglund gepanzerte Kettenfahrzeuge, vorher hatte er ein Motorrad nicht angesehen. Als es aber damit ernst wurde, kramte er aus seiner Trickkiste für Geländefahrzeuge einiges heraus, um die gestellte Aufgabe erfüllen zu können, und vielleicht ist es die völlige Unbedarftheit und Unvoreingenommenheit, sozusagen die fehlende Motorradklassik in seinen Gedanken, daß aus dem Fahrzeug ein Motorrad der Zukunft wurde. Da klebte nicht einer an alten Traditionen und an dem Satz „Das geht bei einem Motorrad doch garnicht anders".

Hier einige Auszüge aus den Forderungen der Ausschreibung:

„ . . . es muß möglich sein, das Motorrad auf schlechten Waldwegen, Landwegen oder abseits aller Wege dort zu fahren, wo Räder-Geländefahrzeuge sich bewegen. Die Fahreigenschaften der Maschine auf festen Straßen und Geröllwegen dürfen nicht auf Kosten 100prozentiger Geländetauglichkeit gehen . . ."

„ . . . im Sommer soll der Aktionsradius im Gelände 200 Kilometer und auf der Straße 300 Kilometer betragen . . ."

„ . . . es muß möglich sein, die Maschine auf guten Straßen im Minimum zwei Stunden lang ununterbrochen mit mindestens 100 km/h fahren zu können. Weiterhin muß die Möglichkeit bestehen, ein Tempo zwischen 4 und 100 km/h bei ununterbrochen laufendem Motor zu halten . . ."

„ . . . das Einsatzgewicht mit montierten Ski-Stützen muß niedriger als 150 kg fahrbereit (mit vollem Tank) sein . . ."

. . . der Motor muß mit eigener Startvorrichtung und ohne fremde Hilfe bei −20° C anspringen . . ."

„. . . die Kraftübertragung muß eine unkomplizierte, immer funktionierende Automatik sein . . ."

„. . . es muß möglich sein, das Motorrad auf die Seite zu legen oder auf den Kopf zu stellen, ohne daß der Motor aufhört zu laufen. Dieser Zustand muß mindestens fünf Minuten eingehalten werden können, ohne daß dabei Benzin oder Öl ausläuft . . ."

„. . . die Elektrik muß vollkommen gegen jede Feuchtigkeit geschützt sein und darf keine Batterie haben . . ."

„. . . es wird eine Mindestlebensdauer von 15 Jahren oder 25 000 Kilometern vorausgesetzt . . ."

„. . . die Maschine muß so entworfen sein, daß alle Details einfach zugänglich sind und für Reparaturen jeder Art kein Spezialwerkzeug erforderlich ist . . ."

„. . . bei Reparaturen sollen

50 % vom Fahrer selbst mit Bordwerkzeug, innerhalb 30 Minuten,

25 % von einem Mechaniker mit normalem Werkzeug innerhalb 60 Minuten,

20 % von einem Mechaniker mit normalem Werkzeug innerhalb 120 Minuten,

5 % von einem Mechaniker innerhalb 240 Minuten mit speziellen Hilfsmitteln

gemacht werden können . . ."

„. . . Ölwechsel: alle 5 000 Kilometer . . ."

„. . . Ersatzteile müssen während 15 Jahren Einsatzzeit jederzeit und überall sofort erreichbar sein . . ."

„. . . die Entwicklung muß berücksichtigen, daß das Fahrzeug auch von einem Fahrer sicher bewegt werden kann, der in den letzten vier Jahren vor seinem Dienstantritt kein Motorrad gefahren hat . . ."

Aufgrund dieser Ausschreibung bauten Hägglund & Söner, Husqvarna und Monark Prototypen, und Hägglund hatte eine große Zivilserie neben dem Militär-Modell im Auge.

Als Antriebsaggregat wurde der Fichtel & Sachs-Motor 290 R und 340 R Zweitakt vorgesehen, der aus der stationären und der Snowmobil-Motoren-Entwicklung stammte. Er wurde als Einzylinder-Zweitakter, schlitzgesteuert, fahrtwindgekühlt, dem Einsatz als Motorradmotor angepaßt und lieferte 21 PS beim Typ 290 R und 29 PS beim Modell 340 R, jeweils bei 6000/min.

Zwischen der Kurbelwelle und dem Hinterrad wurde als Kraftübertragung eine Keilriemen-Automatik (zur Erinnerung: DAF-Automobile, früher auch DKW-Hobby-Roller u. a.) mit einer Zentrifugal-Kupplung gebaut, dazu ein Wellenantrieb mit zwei Kegelradsätzen im Hinterrad-Schwingenholm.

Als Vergaser wurde der amerikanische Tillotson verwendet, der keine Schwimmerkammer, sondern eine Membran besitzt.

Die beiden Motoren unterschieden sich nur in der Zylinderbohrung und damit im Hubraum. Der Motor 290 R hatte 73 mm Bohrung und 70 mm Hub, somit 293 cm^3 Hubraum. Der Motor 340 R hatte 78 mm Bohrung und 70 mm Hub, der Hubraum betrug 335 cm^3. Alles andere war äußerlich gleich. Der Zylinder hatte zwei Überströmkanäle, einen Einlaß- und einen Auslaßkanal. Stege waren in den Kanälen nicht vorhanden.

Die Kurbelwelle drehte sich in zwei Rillenkugellagern, das Pleuel lief am Hubzapfen auf einem Nadellager, der Kolbenbolzen war ebenfalls auf Nadeln gelagert. Die Kühlrippen des Zylinders standen (wie bei gebläsegekühlten Motoren üblich) auffallend eng, was im Dreck mit schnellem Zubacken Probleme bringen konnte. Für die normale Fahrerei war der Motor thermisch durchaus gesund.

Auffallend war der Verlauf der Leistungskurven, die einen weit ausnutzbaren Bereich zwischen 4000/min (15 bzw. 18 PS),

6000/min (21 bzw. 29 PS) und 7000/min (19 bzw. 24 PS) überspannten. Bei 3000/min leisteten beide Motoren ca. 11 PS.

Es ging aber nicht so sehr um die Menge der PS, sondern um diese Leistungscharakteristik: Im unteren Drehbereich viel Kraft und im oberen Drehbereich eine weite, hohe Leistungsspanne. Bei einer Kraftübertragung über ein normales Wechselgetriebe hätte dieser Motor keine fünf, sechs oder mehr Gänge nötig gehabt — man wäre mit vier, sogar mit nur drei Gängen ausgekommen. So war der Grundgedanke also klar erkennbar: Von vornherein auf die notwendige Bedienungs- und technische Einfachheit ausgerichtet. Mit der Automatik wurde dann das Fahren erwartungsgemäß bei dieser Leistungscharakteristik noch simpler, sicherer, gekonnter und damit genauer und schneller.

Außerdem wurde weniger Material belastet und längere Lebensdauer angestrebt.

Der Motor wurde mit einem Zuganlasser wie ein Außenborder gestartet und sprang sofort an. Ein Kickstarter war bei dieser Automatik nicht möglich, ein Elektrostarter hätte eine anfällige Batterie notwendig gemacht und sehr viel Gewicht gebracht bei zusätzlicher Komplikation und mechanischem Aufwand. Im Leerlauf tuckerte das Aggregat ruhig vor sich hin, mit der Fußspitze schaltete man den Fahrhebel am Wellentunnel zum Hinterrad (in den Fotos der Buchstabe 'g') auf Fahrstellung. Aber die Maschine bewegte sich noch nicht. Erst wenn man vorsichtig Gas gab, griff die Zentrifugal-Kupplung bei ca. 2000/min, und die XM 72 begann, langsam fortzurollen.

Dabei war es egal, ob der Untergrund aus fester Straße, tiefem Dreck, Geröll, losem Sand oder weichem Boden im Wasser bestand, oder ob das Fahrzeug sich an einer Steigung oder im Gefälle befand. Die Keilriemen-Automatik sorgte je nach Kraftbedarf für die genau passende Übersetzung. Kein Kupplungszaubern, keine Hebeltricks, nichts — einfach losfahren.

Es war völlig gleichgültig, ob man wie Agostini durch Straßenabschnitte flitzte oder wie Mick Andrews bei den Schottischen Sixdays durch Devil's Elbow hinaufzirkelte, oder aber wie Meister Witthöft die x-te Geländemeisterschaft à la Langstrecken-Moto-Cross auf harten Sonderprüfungsstrecken herunterprügelte, ob man mit Gepäck die Großglockner-Straße anging, einen Beschleunigungstest machte oder was sonst auch immer: Kein Schalten, kein Drehzahlmesser-Beobachten und keine Ablenkung, kein Kuppeln, keine verschenkte Schaltsekunde und kein Drehzahlfehler, kein Suchen nach einem passenden Gang und keine trickreiche Schalttechnik mehr! Es stimmte immer, es paßte immer, und das Motorrad bewegte sich immer im optimalen Drehbereich des Motors.

Das war eine Offenbarung im schweren Gelände, im Schnee, auf Eis, im zähen

Hägglund XM 72.
1 = Zuganlasser,
2 = Fußbremshebel,
3 = Automatikbelüftung, 4 = Tillotson-Vergaser, 5 = Rahmen, gleichzeitig Tank mit Mengenanzeige, 6 = Silentblock der Motoraufhängung,
H = hinteres Kegelradpaar, G = Einrückhebel zur Kraftübertragung am Kardantunnel.

B = vorderes Rad
der Automatik, C =
Keilriemen im Ge-
häuse, D = hinteres
Rad der Automatik

Schlamm, im Sumpf, im Wasser, in tiefen Rillen, auf losen Steinen, auf schneller Straße — überall.

Motorradfahren — ganz neu. Und bestimmt nicht langweilig, denn man konzentrierte sich nur noch auf die Fahrbewegungen der Maschinen und 'konnte' plötzlich mehr als früher, in diesen Augenblicken. Ich kam mir vor, als hätte ich seit Jahr und Tag nur Trial und Gelände gefahren. Vorher meinte ich, daß eine Automatik für Hebammen gut wäre, so ohne Kuppeln, ohne Schalten, ohne dafür Gas wegzunehmen und wieder Gas zu geben, ohne das schöne Motorengeräusch beim Ausfahren der Gänge und so weiter. Also ohne alles das, was einfach nach unserem Gefühl zum Motorradfahren gehört, was den Reiz ausmacht. Nein, bei dieser XM 72 wurde der Spaß ganz einfach verlagert, das Ganze war viel fahrintensiver, einfach fantastisch.

Da steckte ich bis zum Zylinderfuß in der Brühe, drunter war gefrorener Geröllboden, und außerdem ging es an einer Kante raus aus der Badewanne. Na, und — ? Plötzlich kam ich mir wie ein ganz alter Sportprofi vor und drehte den Drehgriff auf, die Hägglund kroch langsam los. Ich stand in den Rasten, da war die Kante, ein wenig mehr Gas, so — hops, drüber war das Rad und raus war ich aus der Suhle. Kaum zu glauben, das konnte

ich, ohne einen Fuß von den Rasten zu nehmen — ? Tatsache, es ging so.

Oder in der tiefen Panzerspurrille. Genauso. Weiter, auf der Straße beim Beschleunigungsmessen an den Lichtschranken — Mensch, da hatte ich beim Durchfahren der 400-m-Marke sogar die linke Hand frei zum Drücken der umgehängten Kontroll-Stoppuhr.

Danach kamen Straßenkilometer mit schönen Kurven. Erst eine enge rechtsrum und gleich dahinter eine linksrum, dann eine schnelle, langgezogene nach rechts. Bremsen, wieder Gas geben — nichts mit Schalten und was dazu gehört. Nur zielen und die Kurvenscheitel anvisieren, das Tempo dirigierte allein die Gashand. Immer optimal im Durchzug des Motors, und beim Gaswegnehmen war ein wenig Bremswirkung zu spüren. Nach kurzer Zeit war ich auf diesem Roß absolut zu Hause, auf dieser Feld-Wald-Wiesen-Straßen-Rasse.

Der Motor hing in Silentblöcken, seine Vibrationen gelangten nicht zu den Lenkerenden, aber trotzdem fühlte man, daß das 335 cm^3-Aggregat der 340 R mit seinen 29 PS etwas weicher arbeitete als das kleinere mit 293 cm^3. Die Hubraumleistung des 340 R betrug 86,5 PS/Liter, das war zivil und nicht überzogen. Hochleistungsmotoren wollte man nicht in der Armee, sie wären dort fehl

34

am Platze gewesen. Der 290 R hatte 71,5 PS/Liter. Für zivilen Gebrauch hätten wir natürlich die 29 PS vorgezogen, mit denen die XM über 130 km/h ging, wobei 7000/min erreicht wurden. Wir hatten in diesem Bereich eine Gesamtübersetzung von 5,23. Die Kolbengeschwindigkeit stieg nicht über 14 m/s. Zuverlässigkeit wurde ja ausdrücklich gefordert.

Naja, von dem Fahren mit diesem Prototyp könnte ich immer noch schwärmen, aber hier stehen noch mehr Punkte zur Betrachtung an. Da war zum Beispiel der Gesamtaufbau von Fahr- und Triebwerk, beides möglichst simpel. Da kamen — wie schon erwähnt — die alten Ideen der 100 cm³-Imme und der 200 cm³-Victoria Swing wieder zum Vorschein. Die Räder hingen im Urtyp der Hägglund beide nur an einem Arm. Der Grund: Schnelles und sehr einfaches Auswechseln der Räder und einfachere Fertigung, einfachere Ersatzteil-Lagerung und weniger Teile.

Ähnliches wurde auch sonst praktiziert, wobei es wohl klar war, daß man derartige Vorteile im zivilen Alltag genauso notwendig brauchte im Hinblick auf die konstante Werkstatt- und Ersatzteil-Misere bei Motorrädern (Ausnahmen bestätigen diese Regel auch noch in den 80er Jahren!). Radwechsel à la Methusalem (mit Ketten öffnen, Rad rauspuhlen, neu einspuren und so weiter) sollte endgültig der Vergangenheit angehören, daher auch Massiv- und keine Speichenräder, denn wo würde es in den 80ern noch möglich sein, Speichenräder einzuspeichen, zu zentrieren und auszuwuchten?

Nur das Ei mit der einseitigen Vorderradfederung war noch nicht ganz ausgebrütet worden oder bereits schon wieder zerredet. Bei der alten Imme mochte das funktioniert haben, aber bei anderen Versuchen kam man damals drauf, daß ein einseitig aufgehängtes Vorderrad beim Überqueren tieferer Spurrillen und Schienen auf der Straße bei höherer Geschwindigkeit aufhörte zu führen und zu spuren. Das sprach sich wohl herum, und fortan galten einseitige Räder bei Motorrädern als nicht machbar.

Wenn ich mich nicht irre, war Björn Andersson der erste Konstrukteur, der solche Radaufhängungen bei einem Motorrad mit stärkerem Motor und größerem Gewicht erfolgreich anwandte. Seine Einarmschwinge für das Vorderrad war genügend abgesteift und bemessen, daß keine Unruhe in der Spur entstand. Eines der vorgestellten Exemplare XM 72 konnte ich mit dieser Schwinge auch fahren und fand keinen Unterschied zu der mit einer Ceriani-Telegabel ausgerüsteten Maschine.

Da man aber glaubte, daß ein Motorrad mit Telegabel in den 70er Jahren von der großen Masse der Fahrer noch lieber akzeptiert würde als eines mit einer unorthodoxen, einseitigen Vorderradaufhängung, probierte man für das Angebot an zivile Kunden auch Telegabeln. Vielleicht wollte man auch irgendwelchen unverständigen Armee-Beschaffern gegenüber flexibel bleiben.

Andersson war darüber nicht glücklich, weil eine normale Telegabel bereits der erste Kompromiß in seiner sonst so klaren Konstruktion sein würde. Aus der Sicht der 80er Jahre muß ich sagen, daß damit bei der Hägglund schon ein Rückzug angetreten wurde, wenn man ernsthaft Telegabeln für einen größeren zivilen Serienbau probierte, was manche Armee-Beschaffer akzeptierten.

Der Konstrukteur der XM 72 hätte auch gern noch einen Viertaktmotor ohv untersucht, doch standen dem die Vorgaben zur Einfachheit entgegen, zumal der günstige Drehmomentverlauf des Sachs-Zweitakters ein starkes Wort mitzureden hatte.

Der Kastenrahmen als Träger des Ganzen war gleichzeitig Kraftstofftank, Inhalt 15 Liter. Benzin/Öl-Mischung 25:1. Damit war der Schwerpunkt tiefer und man hatte Platz für Gepäck und Bordwerkzeug unter dem Buckel, den man auf den ersten Blick als Tank ansehen konnte, der aber keiner war.

Der Träger aus tiefgezogenen Blechen

war bei Hägglund leicht zu produzieren und als Kompaktersatzteil ebenso leicht aufzubewahren. An ihm hing der Motor und die ganze Kraftübertragung. Stabil war er, bei 110 km/h in langer Linkskurve gab es keine Schlangenlinien.

Von der Automatik ging eine Welle zu einem Kegelradsatz auf der rechten Motorseite. Sie drehte sich in einem Tunnel, einem Leichtmetall-Gehäuseteil, das gleichzeitig Schwingenachse war. Hinter diesem Kegelradsatz ging es über die Fahrerraste zum hinteren Antrieb und dessen Kegelrädern — die Welle lief im Schwingenholm der Hinterradfederung. Das eine, hydraulisch ge-

Mit dem Tillotson-Vergaser lief der Motor in dieser »Park-Position« der Hägglund im Leerlauf ruhig weiter!

dämpfte, Federbein reichte zur Federung völlig aus. Die Schwingenlagerung war so breit und stabil, daß nichts wackelte. Sollte irgendwodrin doch der Wurm gewesen sein, dann konnte man alles ganz einfach mit wenig Bordwerkzeug schnell zerlegen.

Hinter dem seitlichen Rahmenteil war die Hydraulik für beide Scheibenbremsen versteckt. Rechter Handhebel am Lenker: Vorderrad-Bremshebel. Linker Handhebel (gab es am Prototyp mit einseitiger Vorderradschwinge nicht!): Kein Kupplungshebel, dafür aber zusätzlicher Bremshebel zum normalen Fußhebel für die Hinterradbremse. Den habe ich aber nicht angerührt, und auch nicht irrtümlich als Kupplungshebel angesehen.

Der Fußbremshebel befand sich wie üblich auf der rechten Maschinenseite, und es gab in diesem System zwei Bremskreise.

1972 dürfte mancher gefragt haben, warum nun eigentlich so etwas Simples wie dieses Motorrad so begeistern konnte. Nun, Einfachheit war (und ist!) schwerer zu schaffen, als gemeinhin angenommen wurde und wird. Besonders, nachdem der Motorradbau durch verkaufsträchtige technische Supergags auf dem Wege zu unnötiger Komplikation war (und ist!). Was sich die schwedischen Soldaten für ihr Terrain wünschten, mußte unbedingt auch ohne militärische Aspekte beleuchtet werden. Damit war man da, wo es anfing: „Genauso brauchen wir es auch".

Das aber begriff man in den 70er Jahren nicht — oder wollte es nicht begreifen, weil damit eingeschlagene Wege und angefangenes Aufblasen der Supertechnik, begonnener Run zu immer mehr Leistung und in Gang gesetzte Marktstrategien ad absurdum geführt worden wären.

Natürlich war der Gag unnötig, daß der Motor auf dem Kopf stehend im Leerlauf noch weiterlief. Das sollte nur der Soldat ausnutzen können, wenn er einmal die Maschine hätte hinlegen, seinen Kopf hätte verstecken müssen und danach ohne große

Zicken wie Antreten sofort hätte weiterfahren wollen. Es wäre auch noch zu überlegen gewesen, ob für den Zivilgebrauch nicht noch eine zusätzliche Version mit normalem Vierganggetriebe hätte angeboten werden sollen.

Doch die Grundlage der Hägglund XM 72 war ein Zukunftsgedanke, der in den 70er Jahren durchaus aktuell erschien: Einfaches, weites Leistungsband des Motors, der auch ein Viertakter hätte sein können, einfache Bedienung, weniger Ersatzteile als bei herkömmlichen Modellen, wenig Werkzeug, absolut servicefreundlich und leichte Reparaturmöglichkeiten, rationelle Fertigung und universelle Verwendbarkeit mit großer Fahrfreude verbunden als Straßen- und Enduro-Modell.

Außerdem waren schon Versuche begonnen worden, die Fahrgeräusche noch weiter zu vermindern und die Abgase zu kühlen. Man mußte Björn Andersson und die Hägglund-Fabrik ermutigen, und für uns war das ein positiver Blick in die 80er Jahre. Wir dachten, daß dieses Motorrad in den 70er Jahren eine geglückte Erfüllung vieler Wünsche, eine Notwendigkeit in seiner Art und beachtenswerte Entwicklung mit guter Chance zum weiteren Ausbau sei, wenn man es nicht zerreden würde.

Tatsächlich —

— man zerredete es wie manches andere in diesem Jahrzehnt, was gut für die 80er Jahre gewesen wäre.

Technische Daten der Hägglund XM 72

Motoren:

Typ Fichtel & Sachs	290 R	340 R
Einzylinder	schlitz-	vier
Zweitaktmotor	gesteuert	Kanäle
Bohrung/Hub (mm)	73/70	78/70
Hubraum (cm^3)	293	335
Verdichtung	11,8	11,8
Leistung bei /min	21 PS	29 PS
	bei 6000/min	bei 6000/min

Seilzug-Anlasser		
Kolbengeschwindigkeit in m/s bei Nenndrehzahl	14,0	14,0
Hubraumleistung in PS/Liter	71,5	86,5
Tillotson-Vergaser HD 14 A, Durchlaß in mm	38,1	38,1
Schmierung durch Benzin/Öl-Mischung	25:1	25:1
Zündanlage	Bosch-Transistor	Bosch-Transistor
Lichtmaschine	12 V/75 W	12 V/75 W

Kraftübertragung:

Keilriemen-Automatik mit Zentrifugal-Kupplung, stufenlose Übersetzung, zweifache Umlenkung der Antriebswelle zum Hinterrad durch Kegelräder, Fahrraste, Einschaltdrehzahl 2000/min. Gesamtübersetzung bei knappster Stufung 5,23.

Fahrwerk:

Kastenrahmen aus tiefgezogenen Blechschalen, gleichzeitig Kraftstoffbehälter für 15 Liter Kraftstoffmischung.
Vorn Einarmschwinge bzw. Teleskopgabel, hinten Einarmschwinge mit Federbein. Hydraulische Dämpfung der Federelemente vorn und hinten. Vorn und hinten hydraulisch betätigte Scheibenbremsen.
Gegossene und geschmiedete Leichtmetallräder. Bereifung vorn 3.00—18 Trialprofil, hinten 3.50—18 Moto-Cross-Profil. Für Zivil: gleiche Reifengröße vorn und hinten mit Straßen-Gelände-Mischprofil.

Maße, Gewichte:

Leergewicht fahrbereit (mit Kraftstoff und Werkzeug) 120 kg.
Leistungsgewicht 290 R = 5,71 kg/PS, 340 R = 4,15 kg/PS.
Radstand 1360 mm.
Gesamtlänge 2050 mm.
Gesamtbreite mit Geländelenker 820 mm.
Zwei Sitzplätze.
Wartungsintervalle alle 5000 km.

Hersteller:

AB Hägglund & Söner, S-891 01 Örnsköldsvik 1 (Schweden)

Die Wankel-Episoden im Motorradbau der 70er Jahre

Man hat ja hinterher immer gut reden, so nach dem Motto „hätten sie nur, und warum haben sie nicht". Doch was soll das? Aber man sollte versuchen, daraus für ähnlich gelagerte Situationen zu lernen, sollten diese noch einmal auftreten. Es sei mir hingegen dazu die Frage erlaubt: „Kennt irgendjemand irgendeine Person, die schon einmal aus der Geschichte etwas lernte?"

Sei es, wie es war — tragisch, verrückt, dumm, verzweifelt — die Geschichte der mit Wankelaggregaten gebauten Motorräder der 70er Jahre muß erzählt werden. Sie waren in Europa Demonstration möglichen Könnens gegen japanisches Drängen, wenn auch glücklos. In Japan erschienen sie als neuer Versuch, Markteroberungen zu machen.

Diese Bestrebungen mißlangen letztlich auf beiden Seiten, übrig blieben noch die bedeutsame Erinnerung und einige wenige interessante, gut aufgehobene Exemplare unter Sammlern, die mit jedem Jahr einen höheren Wert bekommen.

Im Jahre 1588 erschien zum ersten Male die Zeichnung einer Rotationskolbenmaschine als Wasserpumpe in einem Buch des italienischen Ingenieurs Ramelli. Es gab weitere Versuche im 17. und 18. Jahrhundert, wobei der Erfinder und Erbauer der ersten einfach wirkenden Kondensationsdampfmaschine in England, James Watt, erwähnt werden muß, der zwischen 1772 und 1782 umlaufende, drehkolbenartige Dampfmaschinen konstruierte.

1954 kam der Erfinder und Konstrukteur Felix Wankel in den Vordergrund, der nach mehr als 30jährigen Forschungen innenachsige Dreh- und Kreiskolbenmaschinen entwarf. 1957 lief ein Versuchsmotor dieser Bauart bei NSU, 1958 ein Kreiskolben-Viertakter nach dem Wankelprinzip ebenfalls bei NSU.

Aber in einem Motorrad fand man den Wankelmotor noch nicht. Erst kam er in ein hübsches, kleines Sportkabriolett. Einige Jahre später gab es den berühmten RO 80 Wagen mit Wankelmotor, inzwischen folgten nach Linzenvergaben solche Motoren in Booten, Flugzeugen, Hubschraubern, Autos (z. B. im japanischen Mazda), in Snowmobilen, stationären Aggregaten, in Motorsägen und sogar als Antrieb für Modellflugzeuge und -schiffe. Auch ein Diesel-Wankelmotor lief bald im Versuch.

In der Bundesrepublik Deutschland sahen wir ein Wankelaggregat erst Mitte der 60er Jahre in einem Motorrad, obwohl in der DDR in einem Fahrwerk der IFA BK 350 bereits 1961 ein Versuch gemacht wurde (was aber nicht zu einer Produktion führte). Fichtel & Sachs experimentierte zusammen mit der Nürnberger Motorradfabrik Hercules. Die Sache galt als streng geheim, und den fertigen Prototyp erblickte die Öffentlichkeit schließlich auf der IFMA in Köln 1970.

Es handelte sich um einen F & S-Wankelmotor, Kühlung durch Gebläse, Kammervolumen 300 cm^3, Leistung etwas 20 PS (14,7 kW). An dieses Aggregat, bereits als Stationärmotor und für Snowmobile in einer Stückzahl von ca. 20 000 geliefert, war das Getriebe der ehemaligen BMW R 27 angeflanscht, und der Hinterradantrieb mit der

←Wankel-Kreislauf←

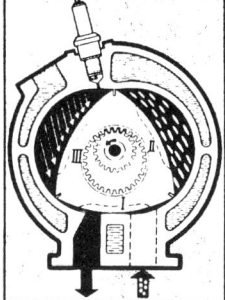 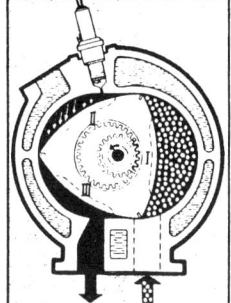

Rotorseite I befindet sich gerade im Übergang zwischen Aus- und Einlaßöffnung. Der letzte Rest Altgas wird ausgeschoben. Das Ansaugen (rechts) beginnt. Rotorseite II beginnt mit der Verdichtung der angesaugten Frischgasladung. Rotorseite III steht unter dem Druck der entflammten, expandierenden Gasladung.

Die weitere Rotordrehung hat jetzt die Kammer I zu ihrem Maximum gebracht, d. h. die ganze theoretische Frischgasfüllung ist angesaugt. Die Rotorkante wird gleich die Einlaßöffnung verschließen. In Kammer II, die an der Zündkerze vorbeigegangen ist, erfolgte die Entflammung der verdichteten Ladung, der Rotor steht unter dem Druck der Expansion. Aus Kammer III wird das Altgas ausgestoßen.

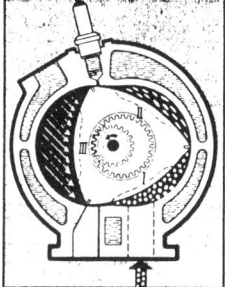 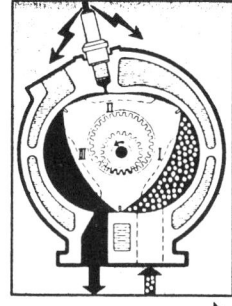

Der Rotor hat sich (entgegen dem Uhrzeigersinn) weitergedreht. Kammer I ist voll beim Ansaugen, die linke Kante dieser Kammer hat den Auslaßschlitz noch nicht wieder freigegeben. Kammer II verdichtet die Gasladung weiter und schiebt sich mit ihr an die Zündkerze heran. Kammer III hat jetzt ihr maximales Volumen. Gleich wird die Auslaßöffnung freigelegt werden.

Der Rotor ist wieder ein Stück weitergedreht. In Kammer I ist noch immer der Ansaugvorgang im Fluß, Kammer II enthält eine voll verdichtete Gemischladung, in die nun der Zündfunke hineinschlägt. Für Kammer III wird durch die Rotorkante die Auslaßöffnung freigelegt. Das Altgas beginnt auszuströmen.

Kardanwelle stammte von demselben Motorrad.

Auf derselben Ausstellung gab es noch einen anderen Knüller: Den Eigenbau des Kasseler Ingenieurs Hans-Jürgen-Klusowski, der in das Fahrwerk der früheren Schwingen-BMW den NSU-Wankelmotor eingebaut hatte, wie er im Wagentyp „Spider" verwendet wurde. Kammervolumen 500 cm³, Leistung ca. 50 PS (37 kW).

Beide Maschinen waren *die* IFMA-Sensationen 1970. Die Hercules-Wankel deswe-

gen, weil sie eine Serienproduktion ankündigte; die Eigenbau-Maschine, weil sie ein Leistungsniveau präsentierte, daß uns für Motorräder aussichtsreicher als die mageren 20 PS der Hercules-Entwicklung erschien. Allerdings wurde aus letzterer Arbeit vorerst nichts anderes, als daß die Japaner mit einem Schlage sehr wach wurden und das Motorrad überaus genau studierten. Außerdem wurde der Holländer Hendrik Van Veen auf den Erbauer der Maschine aufmerksam, was später zu einer Zusammen-

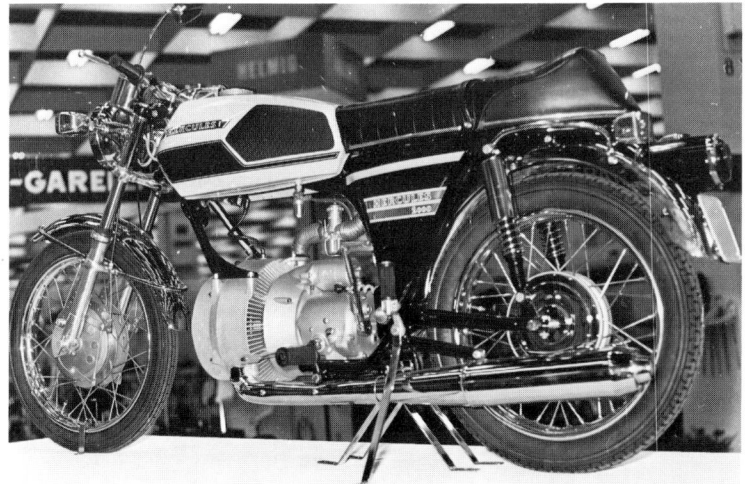

Hercules Wankel-Prototyp mit Getriebe der BMW R 27, IFMA 1970.

arbeit führte.

So blieb die Hercules-Wankel besser im Bild, aber es dauerte beinahe noch drei Jahre, bis das Modell (freilich in anderer Konzeption) in Serie ging.

Im Sommer 1973 konnte ich einen Nürburgring-Test mit dem neuen Typ „W 2000" machen, wobei die technischen und marktstrategischen Probleme deutlich sichtbar wurden.

Zuerst schien die Konzeption befriedigend und gut überlegt zu sein, weil aber die vorgesehenen Teile der schon lange bei BMW nicht mehr gebauten 250 cm³-Maschine R 27 unmöglich zur Verfügung stehen konnten, geriet das Hercules-Sachs-Projekt in den unguten Bereich von Verkrampfungen, Zwischenlösungen, Denkfehlern und Suchen nach geeigneten Fertigdetails.

Zunächst handelte es sich bei dem Ausgangspunkt, dem Fichtel & Sachs-Motor KC 24, um ein Aggregat für Snowmobile oder stationären Betrieb. Ein speziell für Motorräder geeigneter Wankelmotor wurde nicht entwickelt. Der aber hätte vorhanden sein müssen, um die Sache wirklich hundertprozentig zu machen. Und zwar mit Flüssigkeitskühlung statt mit einem Gebläse, weil zur thermischen Beherrschung die überdimensionale Zwangsluftkühlung ungünstige Nebeneffekte mit sich brachte.

Erstens im Hinblick auf die Geräuschentwicklung, zweitens im Hinblick auf den zusätzlichen mechanischen Aufwand, drittens bei Betrachtung des großen Raumbedarfs und viertens, wenn man erkannte, wieviel Staub und Dreck, wieviele Steinchen, welches Wasser und im Winter das fressende Streusalz durch diesen Staubsauger geschluckt wurden. Im Mantel einer Flüssigkeitskühlung hätte man auch sehr viel von den mechanischen Geräuschen abfangen können.

Seine Zwangsluftkühlung mit dem pfeifenden Gebläse schluckte zu allem auch noch einiges an Leistung, was ebenfalls bei einer Flüssigkeitskühlung nicht der Fall gewesen

wäre. Nicht umsonst experimentierten die Japaner von vornherein nur mit der Wasserkühlung.

Der Motor der Hercules W 2000 mit seinem Kammervolumen von 294 cm³ wurde steuer- und versicherungsmäßig in der 350 cm³-Klasse eingestuft, Jahreshaftpflicht-Versicherungssumme: 1973 ca. DM 850,— (in Worten: achthundertfünfzig D-Mark). Das bedeutete, daß das Motorrad mit seinen 25 DIN-PS leistungsmäßig der gleich eingestuften Konkurrenz unterlegen war, die immerhin mit 32 bis 40 DIN-PS glänzte. Dabei wäre es nur ein kleiner Schritt zur Klasse über 475 cm³ gewesen, hätte man einen 600 cm³-50 PS-Zweischeiben-Wankel genommen. Die Versicherungsprämie wäre dort nur 50 DM teurer, nämlich DM 900,—, gewesen. Dann wäre es in dieser Kategorie wenigstens etwas Konkurrenzfähiges geworden.

Oder aber man hätte ein Kammervolumen von 249 cm³ mit etwa 22 DIN-PS gebaut. Da hätte die Versicherungsprämie ca. DM 280,— betragen. Das wäre eventuell sogar die beste Lösung gewesen, weil 1973 in dieser Klasse keine japanische Konkurrenz existierte, die in der 900-DM-Prämienklasse bestimmt sehr bald mit 60 PS zu erwarten war. Es wäre dann ein neues deutsches Mittelklasse-Motorrad gewesen.

Wie dem auch immer war — die Erstellung eines anderen Motors mit zwei Scheiben oder mit geringerem Kammervolumen bei nur einer Scheibe hätte beides Kosten aufgeworfen, die man nicht zu investieren bereit war. Auch fürchtete man, in ein nicht zu umgehendes Preisniveau in diesen Fällen zu geraten, das die Wettbewerbsfähigkeit im In- und Ausland unmöglich machen würde. Also blieb es bei dem bestehenden, zwangsluftgekühlten Einscheiben-Motor mit 24 — 25 PS.

Die Typenbezeichnung „W 2000" bedeutete W = Wankel, 2000 = Jahr. Aber ein Motorrad des Jahres 2000 stellten wir uns 1973 schon anders vor. Mindestens mit

Hercules Wankel
W 2000, 1973. Der
Schermer-Franz
hupft mit dem
Staubsauger über
den Klaffenbacher
Bahnübergang.

Scheibenbremsen, Monocoque-Rahmen, Drehmomentwandler und anderen Scherzen — es sei denn, eine neue Nostalgiewelle würde im Jahr 2000 Motorräder von gestern, also von 1973, wieder modern sein lassen.

In Schweinfurt und in Nürnberg aber war das Management optimistisch, und der Plan mit der Hercules W 2000 basierte darauf, daß man 2000 Exemplare bestimmt an begeisterte Kunden absetzen könnte, die von der Neuigkeit fasziniert sein würden. Man rechnete auch damit, daß sich der finanzielle Aufwand durch die vielen werbeträchtigen Publikationen in aller Welt bereits ausgezahlt hätte.

Bei aller gebotenen Achtung, die dieser Zukunftsforschung zu zollen war: Ich meine, es wäre doch besser gewesen, man hätte gleich Nägel mit Köpfen gemacht und in jenen Jahren eine wirklich echte, zukunftsträchtige Wankelmaschine entworfen, oder aber es ganz gelassen. So aber wirkte das Projekt zusammengebastelt und aus Kompromißzwängen heraus zerredet — sozusagen nichts Halbes und nichts Ganzes.

So hatten die F & S-Techniker und die Hercules-Entwicklungsleute eine durch Frustrationen und nicht befriedigende Vorgaben eingeschränkte, undankbare Aufgabe, mit dem nun einmal nicht zu ändernden vorhandenen Aggregat und dessen Details ein

neues Motorrad auf die Räder zu stellen. Wie sie es dann machten, das ist aller Ehren wert, und es ist auch heute noch zu erwähnen, daß wir 1973 nicht überall so ehrliche Mühen fanden, aus einer schwierigen Order das Beste zu machen. Deswegen durften wir auch niemandem die Lust nehmen, an den Dingen weiter zu probieren. Ja, später engagierte ich mich selbst mit der agilen Redaktions-Mannschaft unserer Motorradzeitschrift „PS" und zusammen mit dem Fichtel & Sachs-Versuch für eine Wankel-Rennmaschine auf der Basis der W 2000, um mehr Wissen und mehr Möglichkeiten zu erforschen, die zu einem Wankel-Motorrad noch gehörten. Aber das war erst ab 1975, und davon erzähle ich später.

1973 hatte ich davon noch nichts im Kopf und die erste Serien-W-2000 auf dem Nürburgring. Auf der Nordschleife erzielte ich mit Fahrtschreiber Durchschnitte zwischen 11:50 (Minuten:Sekunden) und 11:42, letztere Zeit = 114,35 km/h. Das waren Ergebnisse von 250 cm³-Maschinen jener Jahre, und sie paßten genau zu der Leistungsangabe von 25 DIN-PS. Die Endgeschwindigkeit wurde mit 141,36 km/h in der Ebene gemessen, natürlich mit liegendem Fahrer in engem Lederzeug. Der Durchschnitt von 114,35 km/h stehend von Start und Ziel bis Kilometer 22,3 vor der Endschikane der

41

Strecke waren gut 81 % der gefahrenen Höchstgeschwindigkeit, was Rückschlüsse auf ein ganz hervorragendes Fahrwerk bei dem Streckenzustand der Nordschleife 1973 zuließ.

Die Beschleunigung entsprach mit 8,2 Sekunden von 0 auf 100 km/h der einer 350 cm³-Maschine und mit 14,8 Sekunden von 0 auf 120 km/h der Leistung der 250er Klasse. Ausschlaggebend war dafür der Durchzug des Motors oberhalb von 4000/min. Das höchste Drehmoment lag mit 3,0 mkg bei 5000/min, die höchste Leistung von 25 DIN-PS bei 6500/min.

Das Höhendiagramm der Nürburgring-Nordschleife (von 1973) zeigt unter anderem

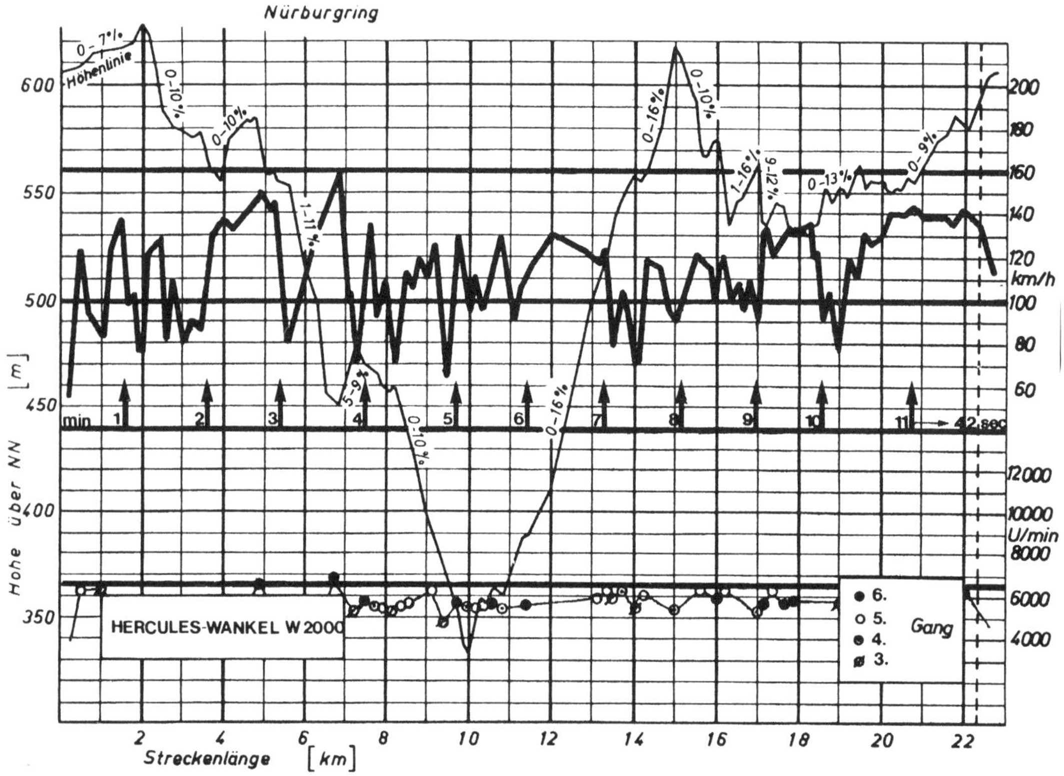

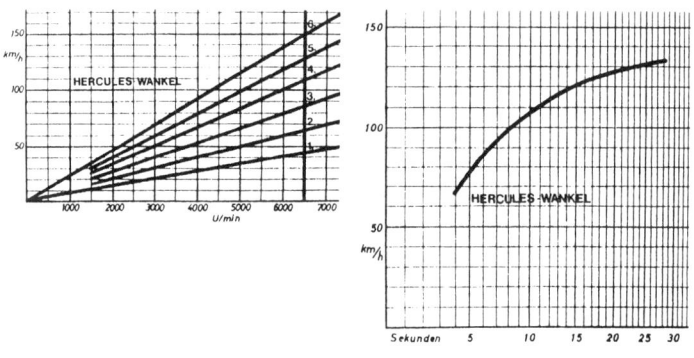

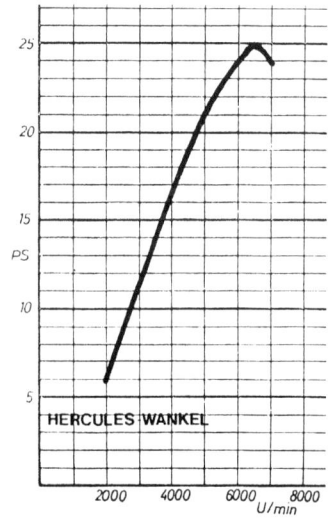

Oben: Höhendiagramm der Nordschleife des Nürburgringes mit Geschwindigkeitsverlauf, Drehzahlen mit Schaltpunkten und Zeitangaben. Bei der Hercules W 2000 wurde die höchstmögliche Drehzahl nur wenig erreicht, der Motor zieht besonders gut im mittleren Drehbereich, wodurch ein Sechsganggetriebe praktisch überflüssig ist. Links: Leistungskurve des Sachs-Wankelmotors KC 24. Mitte: das Diagramm des Sechsganggetriebes. Rechts: die Beschleunigung der Testmaschine.

sehr gut, welchen Durchzug der Motor wirklich hatte. Und zwar bei Kilometer 12 an der langen Steigung (ca. 7 %) vom Bergwerk hinauf zur Hohen Acht. Hier konnte man im sechsten Gang noch mit 130 km/h (= 5700/min = 23 PS) fahren. Auf der Endgeraden blieb die Geschwindigkeit von rund 140 km/h gleichmäßig bis auf kleine Abweichungen nach oben bzw. unten erhalten, obwohl die Strecke dort recht nett rauf und runter ging.

Nach den gebotenen Leistungen zu urteilen, lag der Vorteil des Motors besonders im mittleren Drehbereich. Nach oben ließ er sich bis etwa 7000/min bringen, weiter ging es aber auf keinen Fall. Das waren im Gefälle der Fuchsröhre bei Kilometer 7 im sechsten Gang ca. 160 km/h.

Bei Schiebelauf, also beim Gaswegnehmen, trat in allen Drehbereichen ein häßliches Scheppern auf, und oberhalb von 4000/min klang das helle Pfeifen der Gebläse-Propellerblätter durch. Es war sehr angenehm, daß der Motor ganz ohne Vibrationen lief — egal, bei welchen Umdrehungen auch immer.

Es waren drei Kammern mit je 294 cm^3 = 882 cm^3 insgesamt. Bei zwei Kammern waren es 588 cm^3, und wer wollte, der konnte den Motor hubraummäßig mit einer, mit zwei oder gar mit drei Kammern einstufen. Darüber stritten sich die Experten 1973 und noch einige Jahre weiter lustig herum. Für die Versicherungsprämie und die Kfz-Steuer wurde eine Kammer = 294 cm^3 festgelegt. Später im Sport einigte sich die FIM auf zwei Kammern, aber die Diskussion und der Streit über die richtige Einstufung ruhte nie.

Mit Elektrostarter sprang der Motor sofort an, und im Leerlauf gab es drei Zündungen nacheinander immer nur bei jeder zweiten Läuferumdrehung. Also „viertaktete" oder „achttaktete" — je nach Auffassung — das Ding lief in Frequenzwellen „gleichmäßig unruhig". Gab man etwas Gas, dann stellten sich sofort die richtige Füllung und guter Rundlauf ein.

Schon nach wenigen Kilometern bildeten sich außen am verchromten Ansaugkrümmer zwischen Vergaser und Motorgehäuse Kondenstropfen, und wenn man die Maschine richtig drosch, war der Ansaugkrümmer eiskalt. Das führte im Temperaturbereich um 0° C herum todsicher zur Vereisung des Vergasers.

Auf der anderen Seite wurde aber schon nach wenigen Kilometern selbst bei sanfter Fahrweise der Auspuffkrümmer direkt am Motor bereits rotglühend (!), so daß man das Rohr mit einem Kunststoffbelag beschichten mußte.

Der Ansaugweg um viele Ecken herum war sehr lang, der Motor reagierte aber trotzdem erstaunlicherweise sehr exakt und schnell auch auf plötzliches Öffnen des Gasschiebers. Das Diagramm zeigte bei 3000/min ca. 11,5 PS, bei 4000/min etwa 16,5 PS und bei 5000/min waren 21 PS abzulesen.

Warum hatte dann das Getriebe so unnötig viele Gänge, nämlich sechs? Ganz einfach: Dieses von Rotax in Österreich hergestellte Getriebe war fix und fertig zu haben, kostete also keinen Entwicklungsaufwand, so daß mit seiner Verwendung Geld und Zeit gespart werden konnten. Trotzdem hätte bei optimaler Lösung ein Fünfgang-Getriebe ausgereicht. Die W 2000 war — wie schon erwähnt — eine krasse Kompromißangelegenheit, und da Getriebe und Hinterrad-Wellen-Antrieb der alten BMW R 27 nicht mehr zur Verfügung standen, mußte man einen Ausweg suchen. So kam man auf das greifbare Rotaxgetriebe, wobei sogar eine Umlenkung durch zwei Kegelräder in Kauf genommen wurde, um zur klassischen Getriebelaufrichtung und zum Ketten-Primär- und Sekundärantrieb kommen zu können.

Das kostete wieder Leistung, war aber auf andere Weise nicht zu machen. Es zeigte noch einmal deutlich, welche Verlegenheitslösungen die Konstrukteure bei diesem Kompromiß in Kauf nehmen mußten. Ein Blick auf das Nürburgring-Diagramm zeigt dann auch, daß die Abstufung des Getriebes dafür sorgte, daß der Motor — bis auf wenige Ausnahmen — nur zwischen 5000 und 6000/min gefahren wurde. Die Gänge lagen sehr eng beieinander, und man war dauernd mit Schalten beschäftigt. Ein Glück, daß die Schaltwege kurz waren, daß die Gänge genau rasteten und die Kupplung relativ leicht ging.

Das Fahrwerk mit dem langen Radstand von 1450 mm (BMW R 75/5 = 1435 mm) zeigte eine wunderbare Spurtreue, Handlichkeit und Kurvenlage wurden groß geschrieben auf dem Nürburgring. Die guten Rundenzeiten wären ohne dieses Rückgrat nicht möglich gewesen. Auf sehr schlechten Straßen hämmerte die Ceriani-Telegabel etwas, was danach aussah, daß die hydraulische Dämpfung nicht ganz mitkam. Auf demselben Boden wirkten die hinteren, offenen Federbeine ebenfalls etwas hart. Darum war es fein, daß die Sitzbank gut gepolstert war und eine breite Fläche hatte.

Der lange Radstand war durch die Länge von Motor und Getriebe bedingt, aber er hatte keinen negativen Einfluß auf die Kur-

venlage. Das zeigen die Geschwindigkeiten in den sehr schnellen und langgezogenen Kurven am Schwedenkreuz (Kilometer 6 = 150 km/h im Gefälle), in der Eschbach-Kurve (Kilometer 16 = 100 km/h über einen Buckel hinweg) und am Galgenkopf (Kilometer 19,5 = 130 km/h durch eine schnelle Gefällemulde). Der Hatzenbach von Kilometer 2 bis 4, der Wehrseifen-Abschnitt von Kilometer 8 bis 10 und am Wippermann zwischen Kilometer 15 und 16 mit den dort vorherrschenden Schlängelecken beweisen beim Studium des Zeitverbrauches, daß das Motorrad unerhört wendig und sicher war.

1973 hätten wir uns schon bei einem Motorrad der Zukunft mindestens am Vorderrad eine hydraulisch betätigte Scheiben-Bremse gewünscht. Die noch montierte Duplex-Trommelbremse hatte zu Anfang eine gute Wirkung, aber sie brauchte zu viel Zeit zum Abkühlen, gegen Ende einer Runde wurden die Bremswege immer länger.

Die Metzeler-Reifen waren 1973 wie schon vorher Favoriten unter den Reifen. Auf dem Vorderrad war die Dimension 3.00 — 18 montiert, hinten fuhren wir statt des

Die Nürburgring-Nordschleife

Test- und Meß-strecke Nord-schleife des Nür-burgringes in den 70er Jahren.

Die Strecke ist 22,835 km lang.

vorgesehenen 3.25 einen 3.50 — 18, um ein wenig mehr Schräglage zu bekommen.

Der Tankinhalt betrug 16,3 Liter, davon 3,5 Liter Reserve. Bei schneller Fahrt um den Ring brauchten wir 7,3 Liter auf 100 km, über Land und in der Stadt liefen 7,0 Liter auf 100 km durch. Gefahren wurde Zweitaktmischung Benzin/Öl 25:1. Der Motor hatte einen Bing-Vergaser mit 32 mm Ø und war, s. o., nicht sparsam.

Die W 2000 wog fahrfertig 160 kg (250 cm^3 NSU-Supermax 1958 = 174 kg/18 PS), ihr zulässiges Gesamtgewicht war mit 340 kg angegeben. E-Werk: 12 Volt, Schwunglichtmagnetzünder 100 Watt, kontaktgesteuert, Batterie 15 Ah.

Trotz dieser ganzen Problematik mit der Kompromiß-Maschine W 2000 blieb noch ein wenig Freude am Fahren übrig. Sie war trotz des langen Radstands noch handlich genug, eignete sich zum Touren ebenso wie zum flotten Trip. Sie machte Appetit auf ein optimales Wankelmotorrad, was man wirklich

Die beiden Scheiben der Yamaha-Wankelmaschinen drehten sich über dem Getriebe, Kraftübertragung durch Zahnriemen oder -kette.

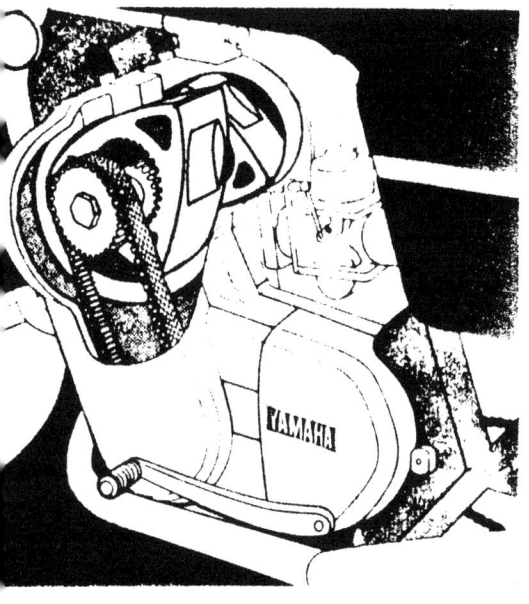

hätte bauen können, wenn man nur den Mut gehabt hätte. Nun hatten wir Angst, daß die Japaner eines Tages mit einem echten Wankel-Motorrad kämen. Eher als viele dachten, kam es dann auch. Bei Kawasaki entstand ein Prototyp, der aber nie gezeigt wurde. Bei Yamaha experimentierte man bald mit einem Zweischeiben-Wankelmotor, der Flüssigkeitskühlung hatte und mindestens 60 PS brachte. RZ 201 hieß der Typ, er erschien schon im Oktober 1972 als Ausstellungs-Objekt. Aber gebaut wurde das Motorrad nicht. Dafür war 1974 die Suzuki RE 5, ein Einscheiben-Monstrum mit Flüssigkeits-Kühlung, 497 cm^3 Kammervolumen und mit mehr als 60 PS, auf dem Markt, und auf der IFMA '74 stand daneben die große Van Veen-Wankel OCR 1000: Zwei Scheiben, Flüssigkeits-Kühlung, sechsmal 498 cm^3 Kammervolumen, 100 PS.

Die Hercules-Wankel W 2000 war weiter überarbeitet worden, und einiges daran war etwas modifiziert. In dieser Geschichte möchte ich darum zuerst den weiteren Fortgang der W 2000 schildern, weil es der Wankeltyp war, mit dem wir uns sehr intensiv beschäftigten, um zu verhindern, daß sein Marktfeld nicht auch eines Tages allein den Japanern zufallen würde.

Bei der gerade neu gegründeten Motorrad-Zeitschrift „PS" kamen wir auf den Gedanken, die Sportmöglichkeiten zu untersuchen, weil uns klar war, daß ohne Sporterfolge auch ein solches Motorrad niemals richtig populär werden und Interesse finden würde.

Es gab schon einige Fahrer, die mit entsprechend umgebauten W 2000 im Gelände mitfuhren, aber wir meinten, daß der Straßenrennsport mehr Publicity bringen und mehr motortechnische Erkenntnisse liefern würde. Es gelang, mit der intensiven Hilfe der Fichtel & Sachs-Motorenentwicklung und der Hercules-Versuchsabteilung, eine Rennmaschine auf die Räder zu bringen, mit der Volker Briel, Mülheim/Ruhr, an Langstrecken-Rennen teilnahm.

Hercules Wankel-Langstrecken-Rennmaschine 1976

Am 27. April 1975 startete er zusammen mit seinem Teamkameraden Hermann Wittor zum ersten Mal bei den 600 Kilometern von Zandvoort in Holland. Ergebnis: 21. Platz bei 48 Startern, die durchweg weit stärkere Maschinen fuhren.

Das nächste Rennen waren die 1000 km von Le Mans in Frankreich, wo Volker und Hermann an den Start gingen. Ein Bruch der Hinterradkette und das Auswechseln gegen eine neue kostete etwas Zeit, aber ansonsten lief die Maschine ohne Reparaturen eisern durch. Der Erfolg war der 18. Platz

von 65 gestarteten Teams. Technische Probleme gab es also keine, nur war die Maschine aufgrund ihrer zu geringen Leistung und des Sportreglements schwer gehandikapt. Sie mußte nach dem FIM-Reglement infolge der Zusammenfassung von drei Brennkammern (je 294 cm^3 dreimal = 882 cm^3) bei den Maschinen bis 1000 cm^3 starten.

Einmal machte die deutsche OMK eine Ausnahme und stufte das Motorrad in der Klasse bis 350 cm^3 ein, was sofort einen Klassensieg brachte. Aber dieser Beschluß

In seinem letzten Baustadium leistete der Wankel-Rennmotor von Hercules bis an die 50 PS. Ohne Wasserkühlung ging es nicht mehr.

hielt nicht lange, und es ging in den Klassen bis 1000 cm³ oder 1200 cm³ international weiter.

Volker Briel und seine Team-Kameraden fuhren bei den Langstrecken-Rennen wie die Teufel, und es gelangen ihnen meistens beachtliche Plazierungen. Natürlich wurden mit dem Motor auch Experimente gemacht, um weitere Leistung zu gewinnen. Zuletzt bekam er Wasserkühlung und zwei Vergaser, und das brachte tatsächlich knapp 50 PS.

Durch sehr viele Probleme mit dem Getriebe, aber auch durch dumme Kleinigkeiten (gerissener Gaszug, verlorener Getriebeöl-Verschluß u. a.) gab es Ausfälle und Pausen bei den Langstrecken-Rennen. Der Motor lief oft ohne Probleme, aber einmal flog das Lüfterrad weg, ein anderes Mal verklebten Dichtleisten, und die wassergekühlte Version sprang schlechter an. Aber es ist festzustellen, daß die Wankel-Rennmaschine trotz ihres Handikaps fast immer im Mittelfeld lag und ankam, und das gegen Motorräder mit über 40 PS mehr Leistung.

Der Versuchsingenieur Dieter Klaucke sei an dieser Stelle als Entwicklungsmann, auf dessen Arbeit vieles an der Maschine zurückgeht, genannt.

Zur Mitte des Sportjahres 1976 hin verschwand die Renn-Wankel wieder von der Bildfläche. Einige Erkenntnisse aus ihrem Einsatz wurden noch bei der Modellpflege in die Serie eingebracht. Um eine grundsätzlich notwendige Neukonzipierung mit allen gewonnenen Rennerfahrungen vorzunehmen, war es für den Markt und für Hercules doch zu spät. Schließlich war auch die FIM trotz aller Vorstellungen nicht dazu zu bewegen, die Einstufung von Wankelmotoren in günstigere Klassen für den Sport zu verfügen. („Mit Recht!" sagte Obering. Siegfried Rauch, MOTORRAD-Chefredakteur).

Hier die Einsätze der Rennmaschine mit Volker Briel und dessen Copiloten in den Jahren 1975 und 1976:

Langstrecken-Straßenrennen

27. 4. 1975
600 km von Zandvoort (NL)
Klasse 1000 cm³ = 21. Platz
inoffizielle Wertung Klasse
bis 750 cm³ = 14. Platz
bis 350 cm³ = 1. Platz

18. 5. 1975
1000 km von Le Mans (F)
Klasse 1000 cm³ = 18. Platz
inoffizielle Wertung
bis 750 cm³ = 5. Platz

5./6. 7. 1975
24 Stunden von Barcelona (E)
Klasse 1200 cm³ = 19. Platz
Serienmaschinen
bis 750 cm³ = 5. Platz

14. 9. 1975
1000 km von Mettet (B)
Klasse 1200 cm³ = 24. Platz
inoffizielle Wertung
bis 750 cm³ = 16. Platz

1975 waren die Fahrer Volker Briel und Hermann Wittor

17./18. 7. 1976
8 Stunden Nürgurgring
Klasse bis 500 cm³ = 11. Platz

1976 fuhren Volker Briel, Hansjoachim Dittberner und Norbert Kappes zusammen.

Bei vier Zuverlässigkeitsfahrten 1975 gab es vier Goldmedaillen und einen Klassensieg für Volker Briel mit der Serien-Hercules-Wankel W 2000.

Inzwischen war auch 1974 schon die Suzuki RE 5 auf dem Markt, die Engländer zeigten erstmals einen Zweischeiben-Prototyp mit Luftkühlung, der in den Häusern BSA und Norton entstanden war, und der Holländer Van Veen schickte sich an, seine Van Veen OCR 1000 in Deutschland zu produzieren.

Dieser Gang der Dinge stachelte unsere Neugier trotz allem weiter an, und so organisierten wir nicht nur Untersuchungen, die

Hercules Wankel W 2000 mit Seitenwagen zu fahren (der Hercules-Händler Joachim Schlechte in Garbsen bei Hannover bot die W 2000 mit dem MZ-Seitenwagen als komplettes Gespann an), sondern auch einen Langstrecken-Test über 50 000 Kilometer über normale Straßen und über die Nordschleife des Nürburgrings.

Die richtige Auswertung dieses Tests — zuletzt im Vergleich mit zwei Spitzenmodellen des Vier- und Zweitaktsystems (Honda 400 F, 408 cm^3, vier Zylinder, 37 PS, und Yamaha RD 350, 347 cm^3, zwei Zylinder, 39 PS), um festzustellen, wie sich denen gegenüber der Wankelmotor verhielt — diese Arbeit nahm Wochen in Anspruch. Wobei alle Werte von der Teststrecke, der Praxis und auch vom Prüfstand zusammengefaßt wurden. Angaben daraus und einige sehr interessante Diagramme möchte ich hier vorstellen, um zu zeigen, auf welchem technischen Niveau — nicht auf dem des Styling und der für Motorräder notwendigen Ausführung — die Hercules-Wankel W 2000 zum Schluß stand.

Nebenstehend finden sich in zwei Kästen Angaben über die Strecken-Zusammenstellung und eine Statistik der 50 000 Kilometer.

Als die noch verplombte Maschine den letzten der insgesamt 50 000 Kilometer zurückgelegt hatte, wurde der Motor geöffnet und nachgemessen. Der Sachs-Berater und Beobachter unseres Tests, Sachverständiger Ingenieur Helmut Werner Bönsch, war auch hier wie im Verlaufe der Testfahrten anwesend. Im dritten Kasten sind die Einzelheiten zusammengestellt.

Nur an zwei Stellen konnten meßbare Abnutzungserscheinungen beobachtet werden. Das waren die Dichtleisten und die seitlichen Bogenleisten. Dabei trat ein Verschleiß von nur 0,5 mm an den 7,5 mm hohen Dichtleisten auf. Man war der Ansicht, daß sich diese Leisten auch um 1,0 bis 2,0 mm hätten abnutzen können, so daß beim Testobjekt ein extrem geringer Verschleiß vorlag, und man rechnete danach eine Laufzeit von 100 000 bis 200 000 Kilometern aus. Für Motorräder extrem viel. Die seitlichen Bogenleisten zeigten kaum Abnutzung, und auch an allen anderen Teilen des Motors — Welle, Lager, Laufschicht — war kaum Verschleiß meßbar. Wo man auf 0,05 mm kam, rechnete man mit Wärmeverzug, nicht mit Materialabtragung.

Ein gebrochener Rollenkäfig am Hauptlager auf der Antriebsseite unterbrach den Testablauf bei Kilometerstand 36 000. Und da konnte man diskutieren, ob dies dem Motor oder dem Lagerlieferanten anzulasten wäre. Das hätte allerdings einen normalen Fahrer wenig interessiert, für ihn wäre das Motorrad zu diesem Zeitpunkt schlicht kaputt gewesen.

Wie dem auch war, im Vergleich mit vielen anderen Maschinen der 70er Jahre wurde bestätigt, was auch unsere Rennmaschine mit und ohne Kühlgebläse ab und zu demonstriert hatte: Daß nämlich der Wankelmotor der W 2000 ein zählebiger Dauerläufer sein konnte.

Die Verbrauchsmessungen am Nürburgring mit der Hercules und den zwei Vergleichsmaschinen wurden am Kraftstoffdurchfluß gemacht und durch einen x-y-Schreiber festgehalten. Auf einem bestimmten Teilstück des Nürburgrings — von der Auffahrt zum Karussell bei Kilometer 13 bis zur Hohen Acht bei Kilometer 15 — wurden die Werte der drei Maschinen übereinander gezeichnet (Diagramm 1).

Ganz oben wurde der Drehgriff der Maschinen nicht begrenzt und mit Vollast gefahren, auf dem mittleren Diagramm war der Drehgriff bei allen drei Maschinen so begrenzt, daß sie exakt nicht schneller als 112 km/h in der Ebene liefen. Im unteren Diagramm schließlich waren die Drehgriffe so begrenzt, daß jeweils nur 94 km/h in der Ebene zu erreichen waren.

Daraus konnte man sehen, daß an diesem Steigungsabschnitt bis zu 16 % der Wankelmotor allgemein gleichmäßiger und recht günstig lag. Nur im unteren Teillastbereich

waren die Unterschiede unwesentlich.

Natürlich spielte im oberen Diagramm die Leistung der beiden anderen Maschinen eine große Rolle, aber in den beiden unteren Diagrammen nicht mehr. Trug man den Verbrauch über der Fahrgeschwindigkeit ein (Diagramm 2), erkannte man daran die Lage des Wankelmotors bei einer Fahrstrecke von 100 Kilometern. Auch hier war der Teillastbereich ungünstiger, während im Vollastbereich bessere Werte herauskamen.

Interessant waren in diesem Zusammenhang auch die Temperaturmessungen am Kerzensitz (Diagramm 3), auch hier in den drei Leistungsbereichen über dieselbe Meßstrecke von Kilometer 13 bis Kilometer 15 hinweg aufgenommen. Im Wesentlichen lag der Wankelmotor zwischen der Honda und der Yamaha, und erst im 94 km/h-Bereich sank die Wankeltemperatur auf den besten Wert ab.

Auf dem Rollenprüfstand unternahmen wir dann noch einen Vibrationstest. Dabei wurden an Lenker, Fußrasten und Sitzbank Schwingungsaufnehmer befestigt, die in einem Bereich zwischen 30 und 250 Hertz die Frequenzen messen konnten (Diagramm 4).

Dazu wäre noch zu sagen, daß die W 2000 sehr günstig lag. Bei den Messungen der Abgase lag die Honda bei den Kohlenwasserstoffen am besten, die Yamaha am schlechtesten, der Wankelmotor pendelte zwischen beiden. Beim Kohlenmonoxydgehalt zeigte die Honda die schlechtesten Werte.

Bei diesen Untersuchungen, die von H. W. Bönsch im Zuge unseres Tests durchgeführt und ausgewertet wurden, spielte auch die Leistungsentwicklung im Zusammenhang mit der Gehäusetemperatur und der Wärmeableitung eine interessante Rolle, was F & S in die letzte Version der Rennmaschine einbringen konnte, die ca. 153 PS/Liter bringen sollte.

Dabei wurde sehr deutlich, daß die Wasserkühlung eine Leistungssteigerung von 15 % schon bei einem normalen W 2000-Motor erzielte, während die Temperatur im Ma-

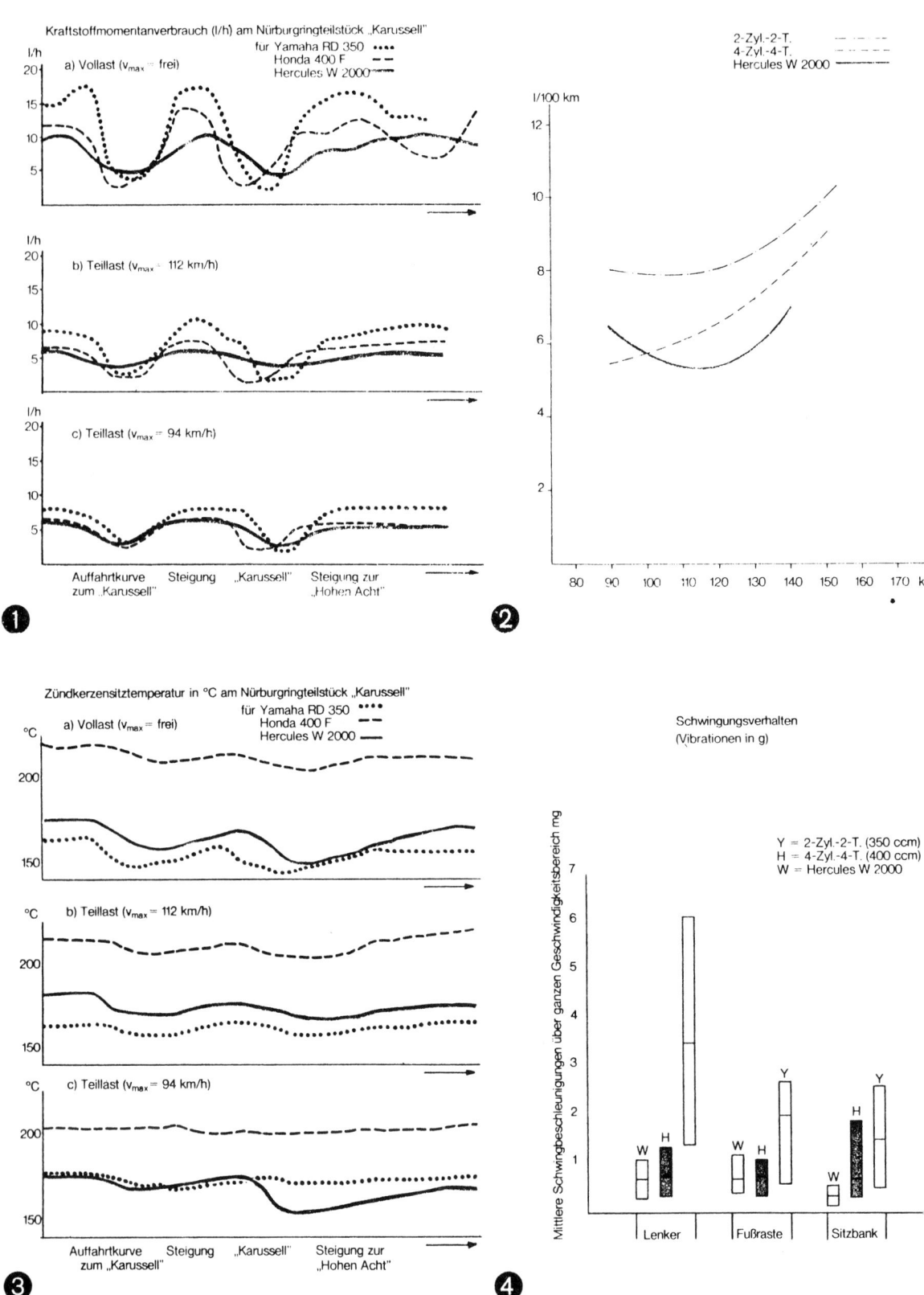

Kraftstoffmomentanverbrauch (l/h) am Nürburgringteilstück „Karussell"
für Yamaha RD 350 ••••
Honda 400 F — —
Hercules W 2000 ———

a) Vollast (v_max = frei)

b) Teillast (v_max = 112 km/h)

c) Teillast (v_max = 94 km/h)

Auffahrtkurve   Steigung   „Karussell"   Steigung zur
zum „Karussell"   „Hohen Acht"

1

2-Zyl.-2-T. ———
4-Zyl.-4-T. ———
Hercules W 2000 ———

l/100 km

2

Zündkerzensitztemperatur in °C am Nürburgringteilstück „Karussell"
für Yamaha RD 350 ••••
Honda 400 F — —
Hercules W 2000 ———

a) Vollast (v_max = frei)

b) Teillast (v_max = 112 km/h)

c) Teillast (v_max = 94 km/h)

Auffahrtkurve   Steigung   „Karussell"   Steigung zur
zum „Karussell"   „Hohen Acht"

3

Schwingungsverhalten
(Vibrationen in g)

Y = 2-Zyl.-2-T. (350 ccm)
H = 4-Zyl.-4-T. (400 ccm)
W = Hercules W 2000

Mittlere Schwingbeschleunigungen über ganzen Geschwindigkeitsbereich mg

Lenker   Fußraste   Sitzbank

4

Wankel-Prototyp mit horizontal drehender Scheibe, Luftkühlung. Sachsmotor in Hercules-Geländefahrwerk 1975/76.

terial der Trochoide direkt neben der Zündkerze um 60° C gesenkt wurde. Aus den weiteren Unterlagen ging hervor, daß man sich beim F & S-Wankelmotor auf die Wasserkühlung nur des Mantels beschränken konnte, da 70 bis 80 % der anfallenden Kühlwärme über den Mantel abgeführt wurden. Man kam mit einem einfachen Thermosyphonprinzip aus und konnte auf alles Zubehör wie Wasserpumpe, Thermostat, Dichtungen usw. verzichten.

Vorher hatten wir von einem Wankelmotor solche Messungen und Aufzeichnungen nicht vorliegen gehabt und diskutieren meist ohne solche Erkenntnisse. Nun wurde uns manches klarer, aber auch bei Fichtel & Sachs war man zu Erkenntnissen gekommen, und eines Tages 1976 lüftete man für uns den Schleier von zukünftigen Wankelmotorrad-Ideen, wobei man sich auch mancher Dinge bediente, die man in der Rennmaschine erforschte. Es waren keine Prototypen irgendwelcher zukünftigen Serienfahrzeuge, sondern Einzelstudien und Experimente.

Der Gedanke, den Rotor horizontal über dem Kurbelgehäuse drehen zu lassen, hatte einiges für sich, denn hier konnte man in der Art eines Baukastensystems das Gehäuse und das Getriebe eines Einzylinder-Hubkolbenmotors mit benutzen. Über ein Kegelrad-

paar wurde die Drehbewegung auf das Getriebe übertragen. Der Motor sollte in diesem Falle 30 PS bringen und die sieben Gänge der Hubkolben-Cross-Motoren von F & S haben. Das Kühlgebläse entfiel und war auch bei einer stärkeren Horizontalverrippung im kurzzeitigen Gelände-Einsatz nicht nötig, so wie es das Ausstellungsmodell zeigte. Im Grunde genommen wären auch die sieben Gänge bei der so günstigen Drehmomentlage des Wankelmotors nicht nötig gewesen, man hätte bestimmt mit fünf Gängen auskommen können. Tatsächlich fuhr diesen Motor Herbert Schek später im Gelände.

Natürlich hatte man schon früher erkannt, daß bei Wankelmotoren die Flüssigkeitskühlung im Grunde hätte obligatorisch sein sollen, F & S schien 1976 auch so weit zu sein, wie die letzte Rennmaschinen-Version andeutete. Auch sah man an den Beispielen der Wankelkonkurrenten Suzuki und Van Veen, daß mit mehr Motorleistung und mit einem größeren Motorrad der Markt wahrscheinlich lohnender sein würde.

Ob nun schon mit BMW verhandelt worden war oder nicht, was überhaupt markttechnisch und wirtschaftlich dahinter stand, die zweite Studie auf Basis einer BMW R 50/5 war zumindest hochinteressant. Es war auch ein kleines Anzeichen erkennbar,

51

Prototyp des Sachs-Wankelmotors in einem Fahrwerk der BMW R 50/5, Getriebe BMW, 1975/76.

vom Staubsauger-Styling wegzukommen und ein mehr Motorrad-gerechtes Aussehen des Antriebs zu finden. Die W 2000-Teile (mit Wasserkühlung) waren vor das BMW-Getriebe geflanscht, womit eine Umlenkung der Abtriebskräfte entfiel und man den zuverlässigen Kardanantrieb benutzte. Man verwendete den Bing-Gleichdruckvergaser, der Motor ließ sich mit Kick- und mit E-Starter anwerfen.

Der Kühlmantel sah dabei natürlich nicht so aus, wie man ihn stilistisch bei einem etwaigen Serienmotorrad vorgesehen hätte, aber es machte alles den Eindruck, als würde es gut zueinander passen. Wir sprachen sofort von einem echten Wankel-Motorrad der 80er Jahre.

Auf der rechten Seite erkannte man den Kardanantrieb, die große Luftfilterung und die Ansauggeräuschdämpfung. Beim Fahren war die Maschine ganz überraschend leise.

Aber —

— es kam nicht mehr zur Verwirklichung dieser so positiv wirkenden Studien. Im Jahre 1979 stand die Hercules-W 2000 zwar

noch einmal in den Statistiken, sie war sogar noch etwas weiter modifiziert worden mit einem Unterdruck-Vergaser, Getrenntschmierung und 27 PS, stellte aber nur noch einen Ausverkauf der produzierten Exemplare dar. In Anbetracht der fehlenden Finanzmittel für eine umfassende Neukonzipierung und Erstellung einer größeren Maschine, im Hinblick darauf, daß inzwischen alle großen Fahrzeughersteller von ihren Wankelexperimenten oder -produktionen mehr und mehr abgekommen waren und sie weiter bis zur Aufgabe reduzierten, gebrach es den F & S-Management letztlich an Mut und Entschlußkraft, die Sache fortzusetzen. Obwohl man in den vergangenen Jahren so viele Erkenntnisse im Versuch, bei Rennen, im Geländesport und im Serienbau und bei Kunden gewinnen konnte wie kaum ein anderer Konkurrent, um etwas ganz Neues und Tolles auf die Räder bringen zu können. 1980 wurde bei Hercules nur noch die K 125 Military als Motorrad angeboten. Ingenieur Dieter Klaucke durfte keine schlaflosen Nächte mehr um ein Wankel-Motorrad haben.

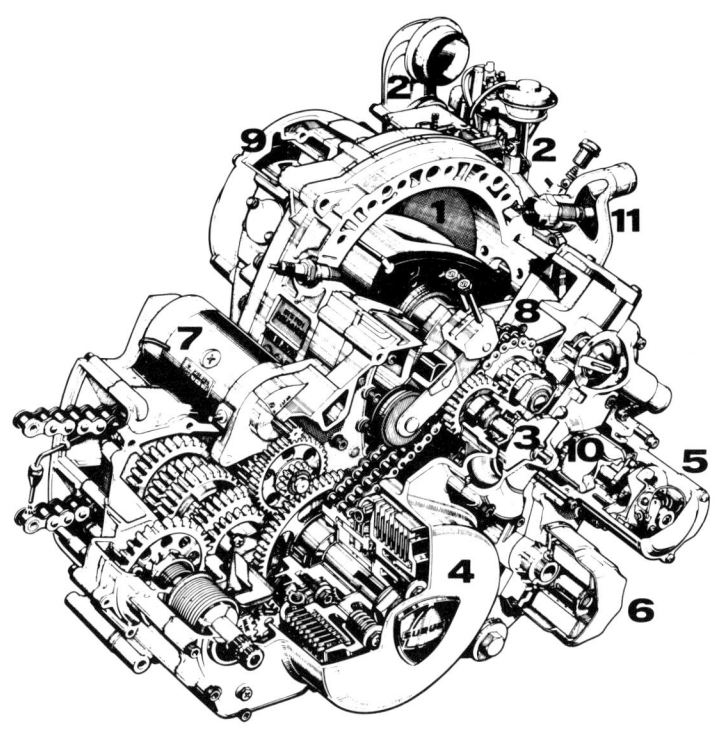

Suzuki Wankelmotor 1974. 1 = Rotor, 2 = Vergaser, 3 = Wasserpumpe, 4 = Kupplung, 5 = zwei Unterbrecher, 6 = Ölfilter, 7 = elektrischer Anlasser, 8 = Primärantrieb, 9 = Lichtmaschine, 10 = Unterbrecher-Steuerung, 11 = Thermostat.

Ich will es einmal so ausdrücken: Er durfte, sollte und mußte keine schlaflosen Nächte mehr um die Wankelprobleme haben, weil es nun andere Entwicklungen gab. Wie das eben in einem Industrieunternehmen so ist. Aber ich denke, er hat seine Arbeiten um das verflixte Wankelding immer noch nicht vergessen, das schließlich doch noch zu etwas Rechtem hätte werden können —! Dafür war er ein viel zu großer Motorradnarr.

Inzwischen hatte Suzuki die RE 5 als fertiges Serienprodukt verkauft, 1974 fuhr ich das erste Exemplar. Der in seinen Ausmaßen mit allen Nebenaggregaten sehr umfangreiche Motor nach NSU-Kreiskolben-Lizenz mit Wasserkühlung hatte eine Scheibe und ein Kammervolumen von 497 cm³. Er leistete 62 PS bei 6500/min (45,6 kW) und hatte sein maximales Drehmoment von 7,6 mkp bei 3400/min. Leergewicht 230 kg, Radstand 1500 mm.

Beim ersten Probegalopp im Herbst 1974 wirkte das Motorrad wie ein gewaltiger Eisenhaufen mit überhöhter Schwerpunktlage. Der Motor sah aus wie ein Gewirr von glattflächigen, ineinander geschachtelten Leichtmetalltöpfen unterschiedlicher Größen. Dabei war es verblüffend, wie alles doch harmonisch zusammenpaßte. Das Leergewicht mit 230 kg ohne Betriebsstoffe war schon hoch, mit Benzin, Öl und Kühlflüssigkeit (50 % destilliertes Wasser und 50 % Kühlmittel, insgesamt 4,5 Liter) erhöhte es sich auf fast 255 kg = fünf Zentner. War die Maschine mit dem dumpf klingenden Motorgeräusch aber in Bewegung, ließ sie sich sehr schön und mit sanftem Krafteinsatz des Wankelmotors als Tourenmaschine fahren. Der lange Radstand war natürlich nichts fürs Wenden in engen Straßen, und der hohe Schwerpunkt wirkte sich beim Bummeln im langsamen Stadtverkehr auch nachteilig aus.

Bei „PS" haben wir die RE 5 über mehr als 7000 km gefahren, wobei eine lange Griechenland-Tour drin war. Auch hier kam wieder die Zuverlässigkeit eines Wankelmotors zum Vorschein, denn außer normalem Verschleiß (eine neue Hinterradkette, neue Reifen [3.25-H-19 vorn, 4.00-H-18 hinten] und eine neue Zündkerze) war nur eine Gabeldichtung im rechten Holm defekt geworden.

Die mächtige Wankel-Suzuki RE 5, 1974. Beachtenswert die Lufteintritts-Öffnungen zur Kühlung an den Auspuffrohr-Flanschen.

Hinter den so abgerundet erscheinenden Fassaden der verschiedenen Motorteile verbarg sich ein — bei einem normalen Motorrad bis dahin ungewohnter — technischer Aufwand. Da scheuten die Japaner vor nichts zurück und verstanden es auch, das Ganze so zu koordinieren, daß Funktionsfähigkeit und Zuverlässigkeit nicht darunter litten.

Das Schmiersystem bestand aus einem Ölkreislauf aus dem Ölsumpf zur Innenkühlung des Rotors, zu allen Lagern des Rotors und des Exzenters. Um aber auch die Dichtleisten des Rotors schmieren zu können, wurde aus einem separaten Tank Öl in den Vergaser gefördert, wo es sich mit dem Benzin mischte. Überflüssiger Schmierstoff gelangte auf die Hinterradkette. Dazu waren zwei Pumpen, Druckregelung und Ventile notwendig. Sehr kompliziert war die Funktion des Zweistufenvergasers mit zwei unterschiedlichen Ansaugkanälen. Und auch die Kondensatorzündung, die von zwei Unterbrechern gesteuert wurde, war für manchen, der das genau erfassen wollte, beinahe eine Doktorarbeit.

Mit dem Gasdrehgriff wurde die Drosselklappe des kleineren Primärkanals im Vergaser bedient (siehe Zeichnung, Seite 55), während der größere Sekundäreinlaß über ein Unterdrucksystem gesteuert wurde, das durch die Stellung der Primärdrosselklappe beeinflußt war. Über ein Ventil im Sekundäreinlaß wurde das Volumen des Einlasses in dem Augenblick verringert, in dem sich Ansaug- und Auspufftakt einer Kammer überschnitten.

Bei der Zündung ging es noch diffiziler zu. Der eine Unterbrecher zündete pro Umdrehung der Exzenterwelle nur einmal. Er wurde von zwei Nocken bewegt, die Nockenwelle lief mit halber Drehzahl der Exzenterwelle. Beim Gaswegnehmen und bei „geschobenem" Motor schaltete der zweite Unterbrecher ein, der über einen Nocken etwas später als der normale Unterbrecher bewegt wurde. Letzterer funktionierte dann nicht mehr. Das geschah bei ca. 1700/min. Der über einen Nocken laufende Unterbrecher zündete dann nur jede zweite an der Kerze vorbeigleitende Kammer. Das diente dazu,

54

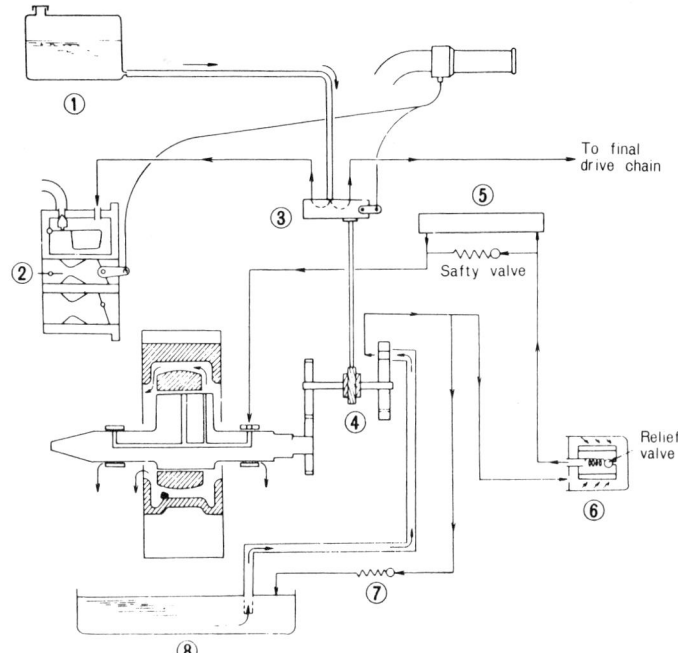

Schmiersystem des Suzuki-Wankelmotors

To final drive chain

Safty valve

Relief valve

um durch Gemischabmagerung jenes unangenehme Rucken im Lauf des geschobenen Aggregates auszuschalten, wie es bei anderen Wankelmotoren auftrat.

Die Unterbrecher-Umschaltung wurde durch ein drehzahlabhängiges Relais und durch einen Vakuumschalter bewerkstelligt, der vom Unterdruck im Vergaser abhängig war. Bei geschobenem Motor stieg dieser Druck oberhalb von 1700/min entsprechend an.

Tatsächlich gab es bei der RE 5 kein Rukken, wenn man das Gas wegnahm. Auf der anderen Seite setzte der Motor beim Gasgeben auch nicht so plötzlich ein, wie man das von Hochleistungsmotoren mit geringen Schwungmassen kennt. Er nahm das Gas bei jeder Drehzahl sauber an und zog weich durch. Vibrationen gab es nicht, so daß man schon von Laufkultur reden konnte.

Es gab noch zwei Eigenarten. Die eine war die spezielle Zündkerze NGK A 9 EFV mit zwecks besserer Abdichtung konischem Sitz. Das war insofern schlecht, weil es diese Kerze nur bei bestimmten Suzuki-Händlern gab und sie nicht gegen normale Zündkerzen austauschbar war. Also mußte

man immer eine, wenn nicht besser sogar zwei Reservekerzen mitführen.

Was wir schon beim F & S-Wankelmotor der W 2000 vor Augen hatten, die ungewöhnliche Hitze der Abgase, die spielte bei der Suzuki auch eine Rolle. Deswegen waren die beiden Auspuffrohre hinter einem sehr stark verrippten Verteilerstück ummantelt. Zwischen diesem Mantel und dem eigentlichen Auspuffrohr wurde kühle Fahrtwind-Luft durch je eine Einlaßdüse ins Krümmereck geleitet.

Wer bis hier begriffen hat, welche aufwendigen Details die Maschine zeigte, die ich hier nur grob und oberflächlich erkläre (ansonsten würde man ein Buch extra schreiben müssen), der wird sich schließlich auch nicht mehr über weitere Gags wundern, wie sie die Instrumentierung z. B. in der Trommel quer über dem Lenker mit Digitalanzeige des jeweils gefahrenen Ganges, Leuchtzeichen und anderen elektronischen Heckmeck darstellten. Wenn man statt dessen mehr Augenmerk auf ein besser und schneller demontierbares Hinterrad gelegt hätte, wären wir glücklicher gewesen. Auch die Endloskette zum Hinterrad kam uns unter diesen

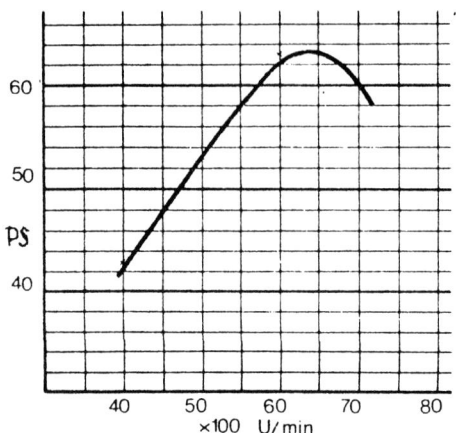

Die Leistungskurve des Suzuki-Wankel-Motors nach DIN 70020

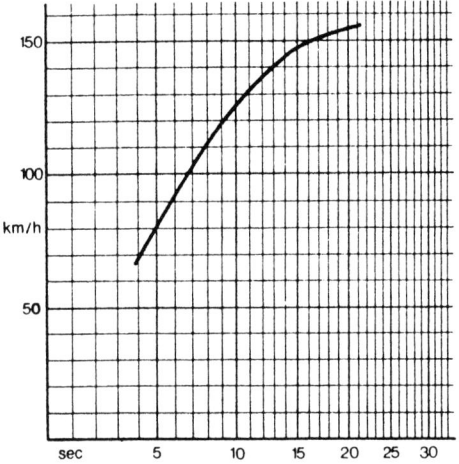

Die Beschleunigung wird ein wenig von dem hohen Gewicht beeinträchtigt.

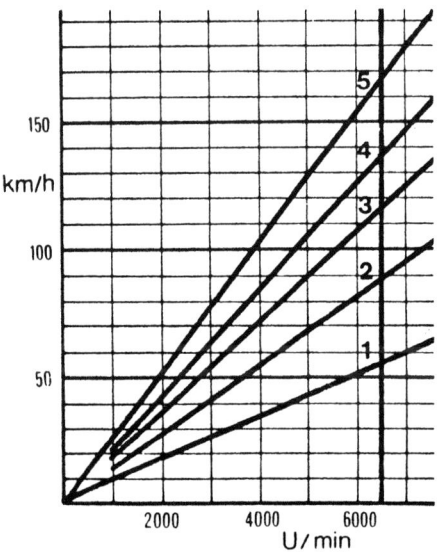

Das Gangdiagramm für die serienmäßige Gesamt-übersetzung

Umständen wie Anachronismus vor, und der 16 Liter-Kraftstofftank war bei einem Durchschnittsverbrauch von mehr als 8 Liter Normalbenzin auf 100 Kilometer bei langen Reisen ein Witz. Von den 16 Litern waren fünf Reserve, und so mußte man nach ungefähr 130 gefahrenen Kilometern schon nachtanken. Der Ölverbrauch lag bei einem Liter auf 1000 Kilometer.

Alte Tourenhasen nahmen auch stirnrunzelnd zur Kenntnis, daß man zum Austauschen der Hinterradkette die Schwinge ausbauen mußte (!), wenn man keinen Nietenöffner und keine Nietenpresse dabei hatte.

Die Wankel-Suzuki ließ sich recht flott fahren, im fünften Gang aufrecht sitzend drehte der Motor jedoch kaum über 6000/min hinaus und kam nicht auf 160 km/h. Durch die gute Drehmomentlage des Motors wären fünf Gänge auch gar nicht nötig gewesen, mit vieren hätte es immer gut gereicht.

1977 erschien die Suzuki RE 5 noch einmal — zum Ausverkauf — in den Katalogen, produziert wurde sie seit 1976 schon nicht mehr. Der Produktionsaufwand dürfte selbst in Japan nicht in gutem Verhältnis zum Verkaufserlös gestanden haben. Aber sie war ein einmaliges Beispiel für japanische Filigran-Baukunst und blieb ein wichtiges Motorrad der 70er Jahre bis heute.

Natürlich hatte die Wankel-Geschichte auch die Entwicklungskünstler von Honda beunruhigt, und so machten sie sich 1974 ebenfalls an eine Studie. Sie verwendeten dazu eine Serien-CB 125 und bauten einen kleinen Einscheiben-Kreiskolben-Motor mit Luftkühlung über das vorhandene Kurbelgehäuse. Etwa 14 PS bei 8000/min und 125 cm³ Kammervolumen werden heute von diesem Experiment genannt. Der Gleichdruck-Vergaser hatte 28 mm Ø.

Eine Kette besorgte die Kraftübertragung als Primärtrieb, das Ganze sah noch extrem unharmonisch aus. Es war auch ein Ölkühler nötig, denn mit Luft allein kam man natürlich auch nicht aus. Außerdem gab es zwei Zündkerzen nebeneinander.

Honda-Prototyp mit Versuchswankelmotor, 1974.

Das war die kleinste Wankelmaschine, die in diesen Jahren als Experiment untersucht wurde, und sie ist ein Beispiel dafür, daß die Japaner unbedingt bemüht waren, auf allen Klavieren zu spielen. Als sie aber — wie auch Yamaha schon 1972 — dahinterkamen, welche Nebenprobleme noch zu lösen waren und daß es garnicht sicher war, daß das Wankelsystem verkaufsträchtig sei, wurden die Versuche eingestellt.

Das Jahr 1974 war überhaupt das „Wan-

kel"-Jahr. Die Klusowski-Konstruktion bei Van Veen, Hercules, Suzuki und dann auch die BSA-Norton-Triumph-Versuche. Von Hercules und Suzuki sprachen wir, von den englischen Wankelplänen will ich nun erzählen, weil sie uns 1973 bzw. 1974 doch sehr überraschten.

In England hatten sich auch schon in den 60er Jahren die weißen Haare gekräuselt, als Wankelmotoren anfingen, in vielen Versuchsabteilungen der Fahrzeugindustrie

BSA-Wankelversuch 1969

herumzuspuken, und 1969 machte BSA mit einem umgebauten 18 PS-Fichtel & Sachs-Stationärmotor den ersten Schritt. Er hatte Gebläsekühlung und 18 PS.

Der in einem Fahrgestell der 250 cm³-Starfire sitzende Wankel lief fast ohne Vibrationen, bewirkte aber für das Motorrad einen viel zu hohen Schwerpunkt. Außerdem sah das Gebilde nicht begeisternd aus. Aber es funktionierte und war für Studien gut zu gebrauchen. (Bild 1, S. 57)
Bald aber merkte man, daß 18 PS nicht sehr verkaufsträchtig sein würden, daß es mit reiner Fahrtwind-Außenkühlung nicht gehen würde, daß Wasserkühlung zu voluminös wäre und daß es noch andere Widrigkeiten gab. Man beschloß, einen stärkeren Zweischeiben-Wankelmotor mit Luftkühlung zu bauen, bei dessen Wärmeableitung die Luft auch zur Innenkühlung herangezogen werden sollte. Also wirkungsvoller, als es bei dem Sachs-Wankel mit Gebläse praktiziert wurde.

In diesen Jahren gab es in der englischen Motorradindustrie viele Änderungen. Die BSA-Wankel-Entwicklung lief auch unter dem Markennamen Triumph in Kitts Green, Chef dieser Abteilung war David Gareside. Er unterstand der BSA/Triumph-Entwicklung, die noch von dem unermüdlichen Motoradingenieur der englischen Schule, Doug Hele, geleitet wurde. Als ich Mitte Dezember 1974 in diese Alchimistenküche in Kitts Green kam, sah die Situation der englischen Motorradindustrie recht verwirrend aus.

In Wolverhampton fertigten noch ca. 1100 Menschen die 850 cm³-Norton-Zweizylindermodelle. In Birmingham, in einem Teil des ehemaligen BSA-Werks Small Heath, beschäftigten sich ca. 1200 Seelen mit der Produktion der 750 cm³ Dreizylinder-Triumph „Trident", und in Kitts Green, in Birmingham, arbeiteten 125 Leute im zusammengefaßten Versuchszentrum der Norton-Triumph-Gruppe (Norton Triumph International Ltd.) u. a. an der Wankelmaschine.

Bei Norton Triumph Europe Ltd. in Andover bemühten sich 40 Kaufleute um den Absatz der Maschinen, um Verwaltung und Werbung.

Im alten Triumph-Werk, im Meriden-Werk von Coventry, blockierten indessen ca. 100 Arbeiter und Angestellte die Fabrik (die längst schon verkauft war), weil sie nicht einsehen konnten, daß man dort die Zweizylinder-Modelle von Triumph nicht mehr weiterbauen wollte. Diese Blockade verursachte für die englische Motorrad-Industrie 1974 nicht gerade geringe Schwierigkeiten. Die Lage war kompliziert und für Außenstehende undurchschaubar und schwer verständlich.

Aber in Kitts Green arbeitete man unverdrossen unter der gemischten Fahne von Norton und Triumph an einem neuen Wankelmotorrad weiter. Fichtel & Sachs aus Deutschland stand gewissermaßen noch Pate, was man an einigen Teilen des Versuchsmotors erkennen konnte. David Gareside war der Meinung, daß ein Wankelmotor in einem Motorrad bei weitem nicht zu aufwendig sein durfte, auf gar keinen Fall so wie bei einem Auto. Er hielt eine Gebläse- oder Wasserkühlung für viel zu raumfressend und schwer und sagte, daß es einfach unmöglich sei, damit ein Motorrad zu belasten, ganz abgesehen vom unschönen Baustil.

So hatte er 1971 eine eigene Zweischeiben-Studie gebaut, die zum Teil aus Sachs-Teilen entstand und deren sechs Kammern zusammen knapp 1800 cm³ Volumen ergaben. Man hatte zunächst eine Leistung von nur 40 PS gehabt und verwendete das Innenkühlsystem von Sachs, jedoch ohne Gebläse (Bild 2, S. 59). Im Laufe der weiteren Experimente aber entstand ein für den Einbau in ein Motorradfahrwerk gut gezeichneter und geeigneter Zweischeiben-Wankel. Man probierte das Fahrwerk der Dreizylinder-BSA, auch der 350 cm³ ohc-Triumph-Bandit Twin, bis aus dem Trident-Fahrwerk der Triumph ein entsprechend passender Rahmen entstand. 1974 war die dritte Ent-

wicklungsstufe erreicht, die ich nun fahren konnte.

Besonders raffiniert war zu diesem Zeitpunkt das Kühlproblem ohne Gebläse gelöst (Siehe Bild 6): Vorn durch das Luftfilter (1) trat die Luft ein und wurde sofort in der Trennung zwischen den beiden Trochoiden durch die Rotoren geblasen (2). Von dort ging die Ableitung der nun auf ca. 100° angewärmten Luft in die Kammern für die Ansauggeräuschdämpfung der beiden Amal-Concentric-Vergaser (31 mm Ø). Dort (3) kühlte die Luft auf etwa 75° ab und wurde — noch gut vorgewärmt — durch die beiden Vergaser angesaugt. Das aufbereitete Gas-Luftgemisch trat dann mit etwa 50° in den Motor ein.

Das notwendige Schmieröl wurde durch eine Pumpe und genau bemessen der einströmenden Luft noch vor dem Erreichen der Rotoren beigemischt, und die stark verrippten Außenwände des Motors stellten die Außenkühlung durch den Fahrtwind sicher.

Bei diesem Motor hatte eine Kammer ein Volumen von 294 cm^3 wie beim F & S-Motor, was darauf hinwies, daß Schweinfurt noch mit im Spiel war. Alle sechs Kammern kamen auf 1764 cm^3, vier von ihnen auf 1176 cm^3 und zwei auf 588 cm^3.

Die Leistung wurde mit 65 PS bei 8000/min angegeben. Gareside berichtete von 80 PS, die der Motor ohne besondere Geräuschdämpfung erreichen könnte.

**Unter den Zeichen
Norton/Triumph:
Dritte englische
Entwicklungsstufe
für ein Wankel-
motorrad, 1974**

Zwei neben-
einanderlaufende
Scheiben bilden
einen gewaltigen
Block. (3. englische
Stufe, 1974)

An der linken Seite
Ölpumpe mit
Regulierung
(3. englische Stufe,
1974)

Das Gewicht der Versuchsmaschine lag unter 190 kg, wir hatten also ein Leistungsgewicht von nur 3,0 kg/PS. Dies und das sehr gute Drehmoment zeigten sich bei Messungen auf der Versuchsbahn: Aus dem Stand in nur sechs Sekunden auf knapp 70 m. p. h. = 112 km/h. Endgeschwindigkeit bis 8000/min = 190 km/h, und dazu brauchte man keinen langen Anlauf. Ab 2000/min setzte die Kraft des Motors ein, er

zog blitzartig an und drehte ohne Vibrationen und ohne Rucken hoch.

Gegenüber den bis dahin bei Motorrädern erlebten Wankelmotoren war dieser Entwurf der am meisten Gewicht, Raum und Teile sparende. Obwohl es ein Zweischeiben-Wankel war, kam er mit insgesamt nur 300 Teilen aus (Bild 3). In der Zusammenstellung bedeuten 1 = Rotoren mit Dichtleisten, 2 = Trochoiden, 3 = Rotorenwelle, 4 = Öl-

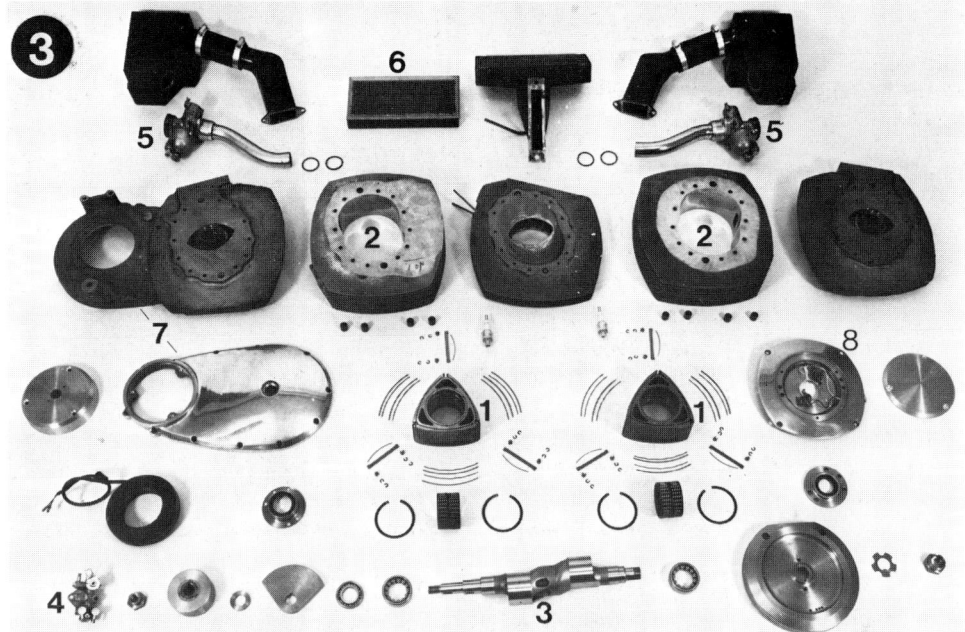

pumpe, 5 = Amal Concentric-Vergaser 626, 31 mm ⌀, 6 = Filter für die Ansaugluft, die zuerst zur Innenkühlung und zur Schmierölbeförderung herangezogen wird, 7 = Primärantriebsgehäuse für Duplexkette, 8 = Zündunterbrecher.

Besonders überrascht war ich darüber, daß der Motor nicht wie ein Fremdteil aussah, daß man der Not gehorchend in ein Motorradfahrwerk geschoben hatte. In seiner äußeren Auslegung wirkte er genau passend als Motorradaggregat, wogegen die bis dahin bekannten Wankelmotorräder zum Teil unschöne Kompromisse und verkrampfte Volumitäten waren.

Der Leistungscharakter, die Schnelligkeit, die Handlichkeit und Spurtreue, der völlig vibrationsfreie Lauf des Motors, sein geringer Raumbedarf, das nicht zu hohe Gewicht der Maschine — für einen Motorradnarren war das alles ideal. Der Kraftstoffverbrauch bewegte sich zwischen 9 und 10 Litern auf 100 Kilometer.

An dem Experiment war ein Fünfgang-Getriebe der Triumph Trident angebaut, was ich als unnützen Aufwand empfand und lieber ein Viergang-Getriebe der Bonneville

dort gesehen hätte. Aber dies sollte als leider nicht zu umgehende Berücksichtigung von Kundenwünschen gelten, sagte David Garside mir. Er hielte das für Blödsinn, denn bei dem hohen und gut plazierten Drehmoment und der Elastizität des Motors wäre man sogar mit drei Gängen ausgekommen, meinte er lächelnd.

Aber David sah sehr realistisch in die Zukunft. Ihm und uns war es völlig klar, daß die BSA-, Norton- und Triumph-Leute in das Wankelprojekt seit Ende der 60er Jahre so viel Geld, Arbeit und Mühen gesteckt hatten, daß ihnen nur noch der Weg weiter nach vorn offen war. Wenn es aber nicht gelang, Wankel-Motorräder mit ihren Motoren in irgendeiner annehmbaren Art und Weise in den sportlichen Wettbewerb mit ihren Konkurrenten zu bringen, dann würden weiter die Bezugspunkte fehlen. Es würde auch an Werbeargumenten aus dem Sportgeschehen heraus fehlen, und damit würden größere Verkaufserfolge in Frage gestellt sein. Auch bei der Norton-Triumph-Wankelmaschine waren 65 PS aus 1764 oder 1176 cm³ — wie sie lt. FIM-Reglement hätten eingestuft werden müssen — nicht überwältigend und ein hoffnungsloses Handikap im Sport.

Die alten, weisen Männer der FIM hatten es nicht begriffen, sie sahen 1974, daß der Wankelmotor bei den Automobilherstellern „out" war. Vielleicht war auch die Lobby der etablierten Vier- und Zweitaktproduzenten noch zu stark gegen den Wankelmotor gerichtet. Die Techniker diskutierten auch noch immer hin und her, ob ein Wankelmotor nun wirklich eine Verbesserung sei, und die Produktions-Experten zergrübelten sich noch immer die Köpfe über machbare rationelle Serienproduktion. Es war vieles noch nicht ausgegoren.

Und unter diesen Aspekten wagte sich noch niemand an eine endgültige richtige Einstufung dieser Motoren in das bestehende Reglement für den Sport, aber auch für Steuer- und Versicherungsfragen. Derweil verging die Zeit, und die Japaner nutzten das weiter auf allen Gebieten der Motorradtechnik, der -wirtschaft und des -sports aus. Die Suzuki RE 5 blieb das einzige japanische Serien-Wankelmotorrad und wurde alsbald in die Ecke geschoben, als auf diesem Gebiet sonst nichts mehr lief.

Die Engländer aber sind immer zähe Leute gewesen, noch bis in die 80er Jahre hinein experimentierten sie mit der Norton-Triumph-Wankel weiter, die dann mit Flüssigkeitskühlung unter dem Markennamen Norton 1983/84/85 bei Polizeieinheiten zum versuchsweisen Einsatz kam.

Für die Geschichte der Wankelmotorräder der 70er Jahre ist es nun wichtig, von dem Experiment zu berichten, das Ingenieur Hans-Jürgen Klusowski Ende 1968 begann und 1970 auf der Internationalen Fahrrad- und Motorradausstellung (IFMA) in Köln vorstellte. Das Motorrad konnte ich im Oktober 1970 auf dem Nürburgring fahren.

Es war nicht nur das erste Wankelmotorrad, das um die lange Nordschleife des Nürburgringes kreiselte; es war auch das erste Wankelmotorrad der Welt, welches einem Fachjournalisten für einen Testbericht zur Verfügung stand. Hercules war zu diesem Zeitpunkt auf keinen Fall bereit, die W 2000 der Fachpresse zum Fahren zu geben.

Hans-Jürgen Klusowski war ein VW-Versuchsingenieur in Kassel und hatte in seinem Bereich mit Wankelmotoren zu tun. Sein Gedanke war, daß ein Kreiskolbenmotor in einem Motorrad mit soliden 50 PS, mit einem Drehmoment von 7 mkp, mit vibrationsfreiem Lauf und sehr drehzahlfreudig, reizvoll wäre. Als er den NSU-Wankelmotor für den kleinen Sportroadster „Spider" sezierte und das Aggregat ohne Zusatzteile — also die Scheibe mit Trochoide, Exzenterwelle und Läufer — in seiner kompakten, ovalen Form vor sich sah, da hatte er sein Wankel-Motorrad im Geist schon halb fertig.

Aber so einfach gestaltete sich die Sache dann doch nicht. In den Rahmen einer alten Schwingen-BMW mußte das Gehäuse des NSU-Wankels hineinpassen, womit die lange, schwierige Arbeit an dem Motorrad

Klusowski-Wankelmotorrad, 1970. BMW-Schwingenfahrwerk der 50er und 60er Jahre, NSU-Wankelmotor, Getriebe BMW R 51/3, Hinterradantrieb BMW R 50, überarbeitete Horex-Telegabel.

begann. Als Getriebe war das der alten BMW R 51/3 vorgesehen, der Hinterradantrieb über Kardanwelle kam von einer BMW R 50.

Das NSU-Aggregat hatte eine Scheibe und Wasserkühlung, das Kammervolumen betrug 500 cm³. Rechnete man alle drei Kammern, also 1500 cm³, ergaben die 50 PS eine Hubraumleistung von 33 PS/Liter. Bei zwei Kammern, also bei 1000 cm³, kam man auf 50 PS/Liter, und bei einer Kammer war die Hubraumleistung 100 PS/Liter.

Wie man auch die Leistung bemessen wollte, schließlich kam es bei einem Motorrad darauf an, die Leistungsausbeute in ein Verhältnis zu dem für ein Wankelaggregat benötigten Raum zu bringen, dachte ich 1970. So gesehen war der Raumbedarf bei der Klusowski-Studie für 50 PS nicht sehr viel größer als bei einer 750 cm³ BMW R 75/5. Das Gewicht lag allerdings mit 230 kg etwas höher, wirkte sich auf die Fahrleistung aber kaum aus.

Auf der rechten Maschinenseite nahmen die Lichtmaschine und die Wasserpumpe, und auf beiden Seiten die Kühlerhälften viel Platz in Anspruch. Das störte beim Fahren nicht, dehnte aber die Maße ungünstig aus. Da der Motor mit Kupplung und Getriebe 15 mm länger als der für dieses Schwingenfahrwerk eigentlich vorgesehene BMW-Motor war, mußte die Vorderradschwinge durch eine Telegabel ersetzt werden. Eine überarbeitete Horex-Gabel tat dann auch prächtig ihren Dienst.

Einen Elektrostarter gab es aus Raum- und Gewichtsgründen nicht, aber der Kickstarter mit einem speziellen Zwischengetriebe funktionierte gut, der Motor sprang sofort an, wobei es mich überraschte, wie leise dieser Wankel lief. Er hatte den Klang einer alten DKW NZ 350 aus den 30er Jahren, was sich beim Gasgeben in ein ruhiges Surren verwandelte.

Die Leistungskurve gab als höchste Drehzahl 6000/min an, bei 1250/min wurden 10 PS, bei 2000/min knapp 20 PS und bei

Rechte Maschinenseite mit Lichtmaschine (neben dem Tankboden), Wasserpumpe und Ausgleichbehälter (unten am vorderen Rahmenbogen).

3000/min ca. 30 PS erreicht. Das höchste Drehmoment von 7,2 mkp lag bei 2750/min. Das alles bedeutete eine völlig andere Leistungslinie, als wir das z. B. bei den schon existierenden hochdrehenden japanischen Kolbenmotoren kannten, deren höchstes Drehmoment viel weiter oben zu finden war.

Da der Motor zum Anfahren etwas Gas

Linke Maschinenseite mit Ölfilter, Vergaser, Auspuffkrümmer, Fußschalthebel.

Trotz des kalten, nebligen und nassen Herbsttages erschienen viele interessierte Schlachtenbummler am Ring, um das erste große deutsche Wankelmotorrad zu sehen. Oktober 1970.

brauchte, drehte er rasch bis auf 3000/min hinauf. Demzufolge konnte man mit ganz schönem Dampf abzischen, in 10 Sekunden erreichte man 135 km/h, in 20 Sekunden 160 km/h. Im vierten Gang konnte man bis auf 60 km/h heruntergehen — das waren 2000/min — wo es dann mit dem unruhigen Lauf des NSU-Wankels losging.

Riß man dann ruckartig das Gas wieder auf, dauerte es ungefähr eine Sekunde, bis das Aggregat wieder „da" war — dann aber mit einem gewaltigen Spurt. Die Kupplung mußte schon eine Menge verkraften. Vibrationen waren nur im unteren Drehbereich spürbar und verschwanden nach oben zu völlig. Auf dem herbstlichen Nürburgring mit Nebel, Dunst, Regen, Schmiere und Baustellen gab es keine Rekordzeiten. Außerdem tuckerten Baufahrzeuge mit verdreckten Reifen um die Strecke, so daß es bei Durchschnitten zwischen 101,7 und 104,2 km/h blieb. Auf der Endgeraden lief das Motorrad 170 km/h, das gleiche im Fuchsröhren-Gefälle, und in der langen Steigung von Breidscheid hinauf zur Hohen Acht waren im vierten Gang noch 130 km/h und im dritten 140 km/h möglich.

Das Fahren im vierten Gang war insofern ungewöhnlich, als man infolge des turbinen-artigen Laufes des Motors den Eindruck wie an der Drehkurbel eines alten Straßenbahnwagens hatte. Der Geschwindigkeitsbereich zwischen 70 und 170 km/h wurde ohne Schalten ausgenutzt. Es mutete für einen Motorradnarren direkt merkwürdig an, als man nach diesem Erlebnis spontan sagte, daß die letzte Fahrkomfort-Stufe bei dieser Studie eine Getriebeautomatik oder ein stufenloses Getriebe sein müßte. Vielleicht hätten Wankel-Motorräder mit einer derartigen Kraftübertragung generell ausgestattet werden sollen, um einer so speziellen Leistungsabgabe noch weitergehend gerecht werden zu können. Bei dem Klusowskischen Motorrad lag der Gedanke 1970 auch deswegen nicht so fern, weil der Motor beim Gasgeben erst verzögerte, dann aber mit gewaltiger Kraft urplötzlich einsetzte, so daß man sehr mit der Gasdosierung und mit dem feinfühligen Loslassen der Kupplung aufpassen mußte.

Aber Klusowski war auch der erste, der ein ziemlich fertig gebautes Einspur-Wankelfahrzeug vorstellte, das so ziemlich wie ein richtiges Motorrad und nicht nur wie ein Krampf- und Kompromißdesign aussah. Er bewies, daß es gehen würde, wenn man bestimmte Regeln einhalten könnte.

Seine Maschine zeigte aber auch, daß der Vorteil des geringen Raumbedarfs zwar für den nackten Wankelmotor gegeben war, daß aber die notwendigen Hilfsaggregate diesen Vorteil schnell zunichte machten — siehe später z. B. bei der Suzuki RE 5. Auf alle Fälle war es 1970 eine Ausstellungs-Sensation in Köln, und als sie im Frühjahr 1971 im Zubehörladen von Otto Labitzke in Hilden im Schaufenster zum Verkauf stand, verweilte sie dort nicht lange.

Es ist bis heute nicht genau festzustellen, wo die Maschine landete. Jeder glaubte, ein Strohmann habe sie für Japan gekauft, was ja nicht ganz von der Hand zu weisen wäre. Es hätte im Timing zum Erscheinen der Yamaha- und der Suzuki-Wankel gepaßt. Es gibt aber auch Leute, die meinen, daß diese Wankelmotorrad-Studie nach Holland gegangen war. Im November 1972 wurde nämlich in Amsterdam der nächste Wankelmotor-Versuch präsentiert: Mit einem Zwei-scheiben-Mazda-Motor aus Japan im verlängerten Fahrwerk und am Getriebe der damaligen Moto Guzzi V 7 (Italien). Die Firma Van Veen, holländischer Kreidler-Importeur und bekannt von den Kreidler-Grand-Prix-Rennmaschinen 50 cm³, die dort entstanden, präsentierte die Maschine. Im Entwicklungsteam arbeitete auch Hans-Jürgen Klusowski mit —!

Dieser Zweischeiben-Kreiselkolbenmotor hatte mit sechs Kammern ein Volumen von 2940 cm³, leistete ca. 100 PS und hatte Öl- und Wasserkühlung. Es war aber nur ein Experiment, zeigte sehr deutlich die Arbeit von Klusowski, war aber auch nur ein Fahrzeug, um Erfahrungen zu sammeln. Van Veen war bereits mit Comotor S. A. in Luxemburg in Verhandlungen, einer Tochtergesellschaft von Citroen (F) und Auto Union/NSU im Bemühen, Wankelmotoren zu bauen. Da gab es nun den tollen Plan, einen speziellen Kreiskolben-Motorradmotor mit einer und mit zwei Scheiben für Van Veen zu entwickeln und ihn — zusammen mit Aggregaten für Autos — in Altforweiler im Saarland herzustellen. Man sprach 1972 auch schon davon, das dazugehörende Motorrad nicht in Holland bei Van Veen, sondern eventuell sogar in Deutschland zu produzieren.

Es klang uns etwas sehr zukunftsträchtig in den Ohren, daß Van Veen von 100 PS (73,6 kW) Motorleistung für die geplante Serie sprach, und die Versuchsmaschine, die offensichtlich in diesem Niveau angesiedelt war, machte deutlich, daß bei der Art des Wankelantriebes dabei gute und gefährliche Erscheinungen zutage traten. Denn diese Leistung setzte sehr plötzlich ein, katapultierte die 300 kg (!) unter fünf Sekunden aus dem Stand bis auf 100 km/h, hatte aber die Unart, daß er auch unerwartet bei hoher Geschwindigkeit aufhörte zu laufen. Bei erneutem Zupacken gab es jedesmal einen sehr gefährlichen Schlenker, außerdem mochte das die Kupplung gar nicht gern — !

Van Veen verließ im Verfolg der Entwicklung die Bauart mit den sich quer zur Längsachse der Maschine drehenden Kreiskolben und präsentierte auf der IFMA 1974 in Köln sein Modell OCR 1000 dem staunenden Publikum. Die Modellbezeichnung „1000" wählte er ostentativ zur Unterstreichung seiner Meinung, daß ein Wankelmotor nach dem Volumen einer von seinen drei Kammern zu bemessen und einzuordnen war. Er hielt damit sein Motorrad für eine Maschine mit einem 1000-cm³-Motor, für jede Scheibe 490 cm³ Volumen einer Kammer. Ihn störten andere Meinungen nicht, die das Aggregat mit 1960 cm³ (vier Kammern) oder gar mit 2940 cm³ Kammervolumen einstuften. Diese Diskussion ist ja bis heute nicht zu einem allgültigen Ende gekommen.

Die Vorbereitungen zum Serienbau, der 1976/77 in dem von der Firma Heidemann aus Einbeck erworbenen Werk in Duderstadt beginnen sollte, liefen dann auf vollen Touren. Mit großer Akribie wurde die Entwicklung der Maschine weiter betrieben, ein halbes Jahr lang gingen die Arbeiten auf der Porsche-Versuchsstrecke in Weissach unter Leitung von Hans Jürgen Klusowski im

Ganz abgesehen davon, daß die Van Veen Wankel OCR 1000 das größte Wankelmotorrad war, welches auch produziert wurde, war es eines der exklusivsten Modelle des Motorradbaues überhaupt. Dies ist der Bauzustand 1976.

Gesamtentwicklungsprogramm über die Bühne, und im Spätsommer 1976 konnte ich das gewaltige Motorrad in der Nähe von Duderstadt fahren.

Im Van-Veen-Team arbeitete auch der holländische Ingenieur Josephus Broekmans, und es dürfte auch nicht uninteressant sein, daß der holländische Grand-Prix-Fahrer Jan Schurgers das Äußere der OCR 1000 entworfen hatte. Van Veen vertrat die Ansicht, daß er ein Motorrad bauen müsse, das nicht nur den höchsten Anforderungen der Fahrer gerecht werden müsse, sondern daß modernste Technik mit exklusivster

Qualität der Details und der Fertigung vereinigt werden mußten. Das Motorrad kostete zuletzt im Jahre 1979 DM 24 198,— ! 1976 sprach man vor dem geplanten Beginn einer Serienfertigung von DM 22 000,—. Ich nehme an, daß keine 100 Exemplare in die Welt gekommen sind, denn 1979 stand die OCR 1000 zum letzten Mal in den internationalen Katalogen.

Nachdem wir den Fortgang des ganzen Wankelabenteuers von Van Veen kontinuierlich verfolgt hatten und in diesem Motorrad die Spitze aller nur erdenklichen Möglichkeiten sahen, konnte ich mir den Ausruf

Van Veen OCR 1000 Wankel, 1976. Rechte Maschinenseite mit Kardanantrieb des Hinterrades.

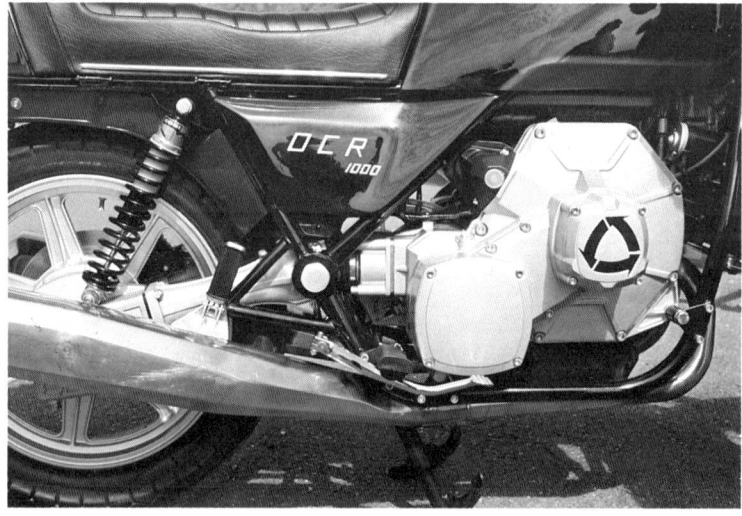

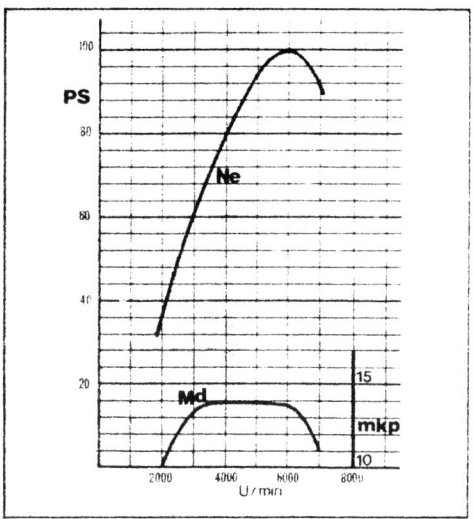

Leistungskurve des Motors mit Drehmoment-Verlauf.

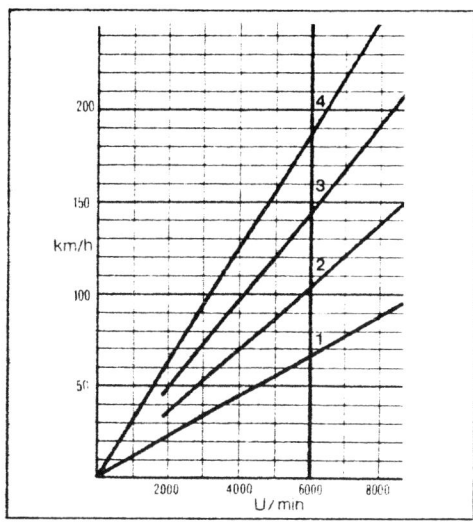

Gangdiagramm mit der neuen Gesamtübersetzung.

„Nun ist sie fertig!" nicht verkneifen, als sie endlich für einen Probegalopp zur Verfügung stand.

Der war natürlich nur kurz und ging über keine 100 Kilometer, aber ich habe den Eindruck nicht vergessen. Vor allem fiel auf, daß die 100 PS des Zweischeibenmotors bestimmt nicht das letzte Wort gewesen sind. Bei 2000/min 38 PS (28 kW), bei 3000/min 60 PS (44 kW), bei 4000/min 80 PS (58,8 kW) und bei 6000/min 100 PS (73,6 kW). Nach Van Veen wäre es eine Kleinigkeit gewesen, auf 150 PS oder mehr zu kommen, wenn sportliche Einsätze dies verlangt hätten.

Es war ohne weiteres möglich, den ersten Gang bis 6000/min = 65 km/h auszufahren, und den vierten Gang dort mit 2000/min anschließend zu lassen, ohne daß es ein Beschleunigungsloch gegeben hätte — ! Das Vierganggetriebe kam einem dabei völlig überflüssig vor, fast konnte man von einer Automatik sprechen, weil häufiges Schalten überhaupt überflüssig war. Das höchste Drehmoment des Motors reichte mit 14 mkp von 3500/min bis ca. 6000/min. Bei 2000/min waren bereits 10 mkp verfügbar!

Aus dem Stand bis 175 km/h in 11 Sekunden, wenn man es mit allen Tricks, Gängen und Mut drauf anlegte — !

Seitdem wir die OCR 1000 zum letzten Mal in Köln 1974 auf einer IFMA gesehen hatten, waren in zwei Jahren eine Menge Modifikationen vorgenommen worden, was vor allem auch auf die Tests im Porsche-Versuchszentrum zurückzuführen war.

Zunächst wanderte die Kupplung von der Kurbelwelle oben an den Getriebeeingang nach unten, und in das Antriebssystem wurden mehrere Dämpfer eingebaut. So zwischen Kupplung und Primärtrieb, dann am Getriebeausgang und schließlich in der Hinterradnabe nach den Kegelrädern des Kardanantriebes.

Die Kupplung — vier Scheiben mit Sinterbelag, Tellerfedern, trocken — wurde hydraulisch, sozusagen mit leichtem Fingerbiegen betätigt. Der Kardanantrieb im rechten Schwingenholm besaß ein Gleichlaufhomokinetisches-Gelenk. Die Schalldämpfer erhielten einen Mantel, in dem sich bei geringsten Drehzahlen und geringster Wärmeentwicklung bereits eine Durchlüftung aufbaute, womit man unerwünschter Aufheizung durch die sehr heißen Abgase vorbeugte. Die Zündung stammte von Impulstechnik Dr. Hartig, eine raffinierte Elektronik mit automatisch sich optimal einstellender Steuerscheibe für den Zündzeitpunkt. Narrensicher, absolut dicht, nie mehr nachzustellen und wartungsfrei.

67

Bundesrepublik Deutschland:
Die „Boom"-BMWs der 70er Jahre

Noch vor Beginn der 70er Jahre hatte BMW mit den Modellen R 50/5 (496 cm³, 32 PS/23,5 kW), R 60,5 (599 cm³, 40 PS/29,4 kW) und R 75/5 (745 cm³, 50 PS/36,8 kW) eine neue Bautendenz begonnen, die uns die nächsten zehn Jahre begleiten sollte. Die Zeit der Vollschwingen-Modelle war vorbei.

Wie schon die frühere R 51/3, die R 67 und die R 60 der fünfziger und sechziger Jahre war nun auch wieder die Behörde ein großer Kunde. Der Typ R 60/5 — später R 60/6 und R 60/7 — war hier besonders gefragt und wurde bis 1976 produziert. Das Modell R 75/5, R 75/6 und R 75/7 existierte bis 1977.

Es war also eine richtige Konzeption, die dann auch bei unseren Tests viele Erwartungen bestätigte, die man in sie gesetzt hatte.

Nach meinen Tests auf der Nordschleife des Nürburgringes und während einiger der ersten echten Langzeittests, die wir bei „Das MOTORRAD" nach dem Krieg mit Testmaschinen machen konnten, hatten diese neuen —/5— BMW-Motorräder gezeigt, was mit ihnen zu machen war (siehe „Die rasanten Motorräder der 60er Jahre", Seite 52—57).

In der zweiten Hälfte der 60er Jahre hatten wir aber auch Autobahntests mit einigen Motorrädern zwischen Hamburg und Wien gemacht, die interessante Aufschlüsse über Zuverlässigkeit und Dauerleistung ergaben. Dem Motorsport-Club Gefrees e. V. (DMV), der durch seine Geländeveranstaltungen und Motorradfahrer-Treffen in und um das

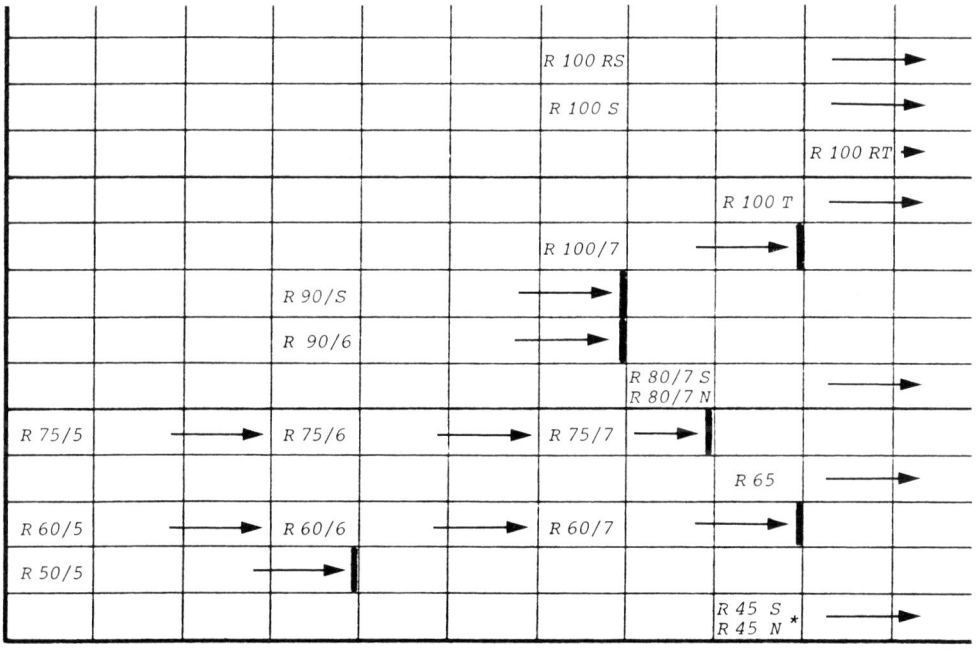

	1970	1971	1972	1973	1974	1975	1976	1977	1978	1979

MODELL-BEWEGUNGEN DER BMW-MOTORRADPRODUKTION

*S = Superbenzin
N = Normalbenzin

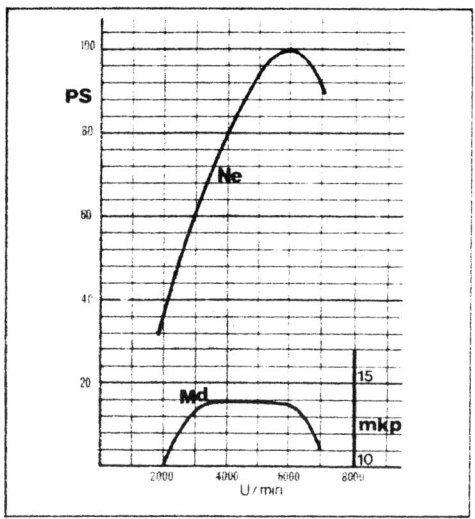

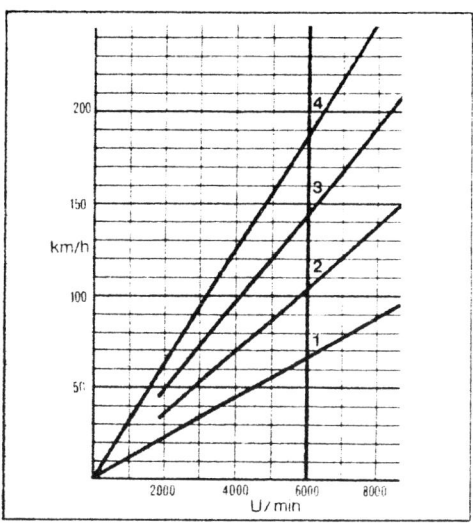

Leistungskurve des Motors mit Drehmoment-Verlauf.

Gangdiagramm mit der neuen Gesamtübersetzung.

„Nun ist sie fertig!" nicht verkneifen, als sie endlich für einen Probegalopp zur Verfügung stand.

Der war natürlich nur kurz und ging über keine 100 Kilometer, aber ich habe den Eindruck nicht vergessen. Vor allem fiel auf, daß die 100 PS des Zweischeibenmotors bestimmt nicht das letzte Wort gewesen sind. Bei 2000/min 38 PS (28 kW), bei 3000/min 60 PS (44 kW), bei 4000/min 80 PS (58,8 kW) und bei 6000/min 100 PS (73,6 kW). Nach Van Veen wäre es eine Kleinigkeit gewesen, auf 150 PS oder mehr zu kommen, wenn sportliche Einsätze dies verlangt hätten.

Es war ohne weiteres möglich, den ersten Gang bis 6000/min = 65 km/h auszufahren, und den vierten Gang dort mit 2000/min anschließen zu lassen, ohne daß es ein Beschleunigungsloch gegeben hätte — ! Das Vierganggetriebe kam einem dabei völlig überflüssig vor, fast konnte man von einer Automatik sprechen, weil häufiges Schalten überhaupt überflüssig war. Das höchste Drehmoment des Motors reichte mit 14 mkp von 3500/min bis ca. 6000/min. Bei 2000/min waren bereits 10 mkp verfügbar!

Aus dem Stand bis 175 km/h in 11 Sekunden, wenn man es mit allen Tricks, Gängen und Mut drauf anlegte — !

Seitdem wir die OCR 1000 zum letzten

Mal in Köln 1974 auf einer IFMA gesehen hatten, waren in zwei Jahren eine Menge Modifikationen vorgenommen worden, was vor allem auch auf die Tests im Porsche-Versuchszentrum zurückzuführen war.

Zunächst wanderte die Kupplung von der Kurbelwelle oben an den Getriebeeingang nach unten, und in das Antriebssystem wurden mehrere Dämpfer eingebaut. So zwischen Kupplung und Primärtrieb, dann am Getriebeausgang und schließlich in der Hinterradnabe nach den Kegelrädern des Kardanantriebes.

Die Kupplung — vier Scheiben mit Sinterbelag, Tellerfedern, trocken — wurde hydraulisch, sozusagen mit leichtem Fingerbiegen betätigt. Der Kardanantrieb im rechten Schwingenholm besaß ein Gleichlaufhomokinetisches-Gelenk. Die Schalldämpfer erhielten einen Mantel, in dem sich bei geringsten Drehzahlen und geringster Wärmeentwicklung bereits eine Durchlüftung aufbaute, womit man unerwünschter Aufheizung durch die sehr heißen Abgase vorbeugte. Die Zündung stammte von Impulstechnik Dr. Hartig, eine raffinierte Elektronik mit automatisch sich optimal einstellender Steuerscheibe für den Zündzeitpunkt. Narrensicher, absolut dicht, nie mehr nachzustellen und wartungsfrei.

Es gab eine Kombination zwischen Kühlung und Schmierung des Motors. Es war eine Zusammenlegung von Wasserkühlung für das Gehäuse und eine innere Ölkühlung- und -schmierung auch der Trochoiden-Laufbahn. Ölmenge: Fünf Liter. Der Gag: man brauchte kein Öl wechseln, man mußte es höchstens nachfüllen.

Im Zuge der Zielsetzung, eine unbedingt sichere Spurhaltung zu bekommen, hatten Hans-Jürgen Klusowski und seine Mitarbeiter ein neues Dreiecksverbund-Fahrwerk gebaut. Die Hinterradschwinge war ein einziges Gußstück, im rechten Holm lief die Kardanwelle (siehe oben). Die Telegabel wurde ganz neu konstruiert und auch selbst hergestellt, wobei der Standrohr-Ø 42 mm betrug. Im oberen Teil der Gabel befand sich ein auswechselbares Gasdruck-Dämpferelement, auch die hinteren Konifederbeine hattenene ähnliche Dämpfung.

Es waren noch eine Menge kleinerer Spezialitäten investiert worden. So hatte der 32-mm-Solex-Doppelvergaser eine Startautomatik und eine Beschleunigergruppe. Bei der ersten Bewegung des Gasdrehgriffs wurde die Automatik in Betrieb gesetzt: zwei Thermoelemente reduzierten, gesteuert von der ansteigenden Betriebstemperatur, die Startüberfettung des Gemisches.

Die Ronal-Gußräder trugen Brembo-Bremsscheiben mit hydraulischer Betätigung und besaßen doppelte Schrägkugellager. Sie waren so abgedichtet und geschmiert, daß sie praktisch für immer wartungsfrei sein sollten. Ebenso hatten Lenkkopf- und Schwingenlagerung wartungsfreie Kegelrollenlager.

Das alles hinterließ bei mir bis heute den Eindruck, daß hier so eine Art Jahrhundert-Motorrad im Entstehen begriffen war. In der Tat hat es Gleichartiges bis heute nicht noch einmal gegeben. Im April 1977 schien es dann endlich so weit zu sein, daß eine Produktion in Duderstadt aufgenommen werden sollte. Während der Frühjahrsrennen in Daytona (USA) sollte die Maschine für Amerika vorgestellt werden.

Aber es kreiste schon der Unglücksrabe über der OCR 1000. Die Produktion der Wankelmotoren bei Comotor war durch finanzielle Schwierigkeiten in Frage gestellt. Zwar war noch eine Spezialverkleidung zum Patent angemeldet und vorgestellt worden, zwar wurden noch einige Maschinen hergestellt und ausgeliefert, aber Hendrik Van Veen kam nicht mehr dazu, eine echte große Serienfertigung ausnutzen zu können. Es ging mit Hängen und Würgen, mit noch weiterer Modellpflege bis 1978/79 weiter, aber dann gab es keine OCR 1000 mehr. Die wenigen Exemplare, die in Kundenhände kamen, dürften bereits heute schon so unglaublich wertvolle Raritäten sein, daß man sie eigentlich einem Mercedes 300 SL mit Flügeltüren oder einem Rolls Royce Silver Ghost gleichstellen könnte.

Es gab einen Tachometer bis 280 km/h, es gab eine Batterie-Kontrolleuchte im Cockpit, es gab einen starken Outbord-Anlaser von Bosch und, und, und – – –!

Was störte, das war das hohe Gewicht von zuletzt 330 kg, doch ließ sich die Maschine kinderleicht auf den Ständer ziehen. Der Verbrauch bewegte sich im Bereich von 10 Litern auf 100 Kilometer und machte dem Wankelsystem alle Ehre. Der Motor lief fast vibrationsfrei mit einem ganz speziellen Ton.

Die OCR 1000 war der letzte großangelegte Wankelversuch im Motorradbau der 70er Jahre. Daneben sollte es ein Motorrad werden, welches von vornherein den japanischen 100 PS-Boliden Parole bieten könnte. Doch diese Träume und der Traum vom exklusivsten Serienmotorrad der Welt zerannen Ende dieses Jahrzehnts.

Wir waren auch hier wieder enttäuscht, manche hatten „es ja gleich gewußt", daß es in Europa nicht gelang, dem japanischen anonymen Massenerzeugnis etwas mit Charakter und Überlegenheit entgegenzustellen. Über die Gründe dafür diskutieren wir noch heute. Sie liegen in vielen Punkten versteckt, einer davon war die eklatante Vermassung von Produkten, Meinungen, Arbeits- und Handelsweisen. Motorräder, deren Konstrukteure zum Beispiel dem Endverbraucher bekannt waren, sollte es wohl nie mehr geben — !

WANKEL - MOTORRÄDER   (Zeittabelle)

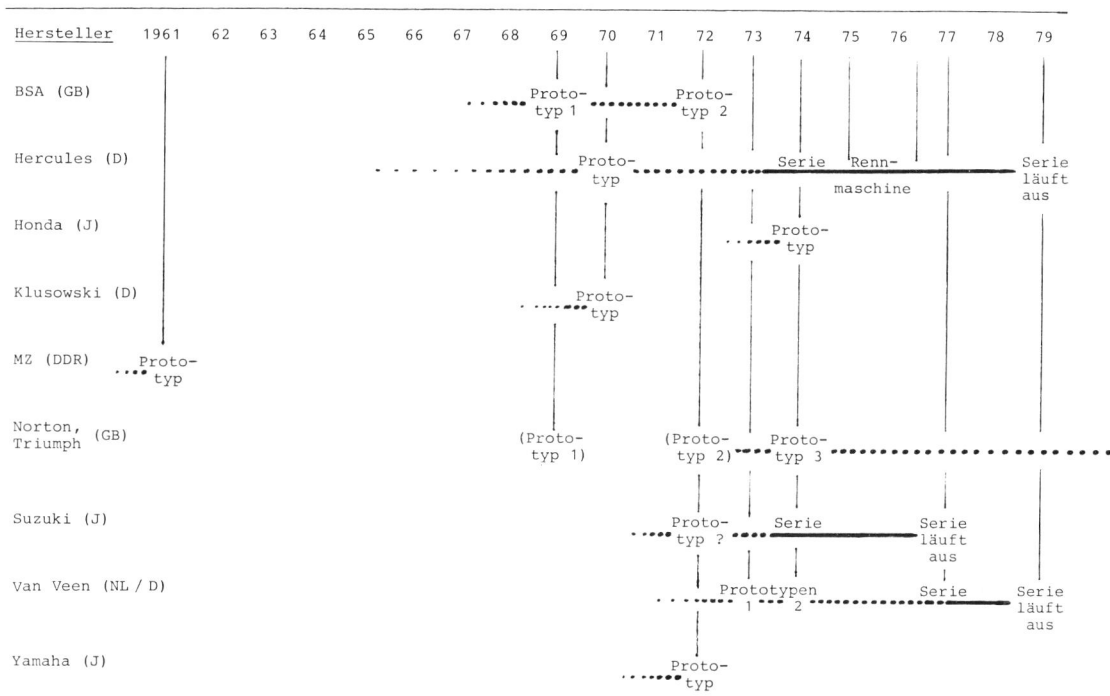

69

Bundesrepublik Deutschland:
Die „Boom"-BMWs der 70er Jahre

Noch vor Beginn der 70er Jahre hatte BMW mit den Modellen R 50/5 (496 cm³, 32 PS/23,5 kW), R 60,5 (599 cm³, 40 PS/29,4 kW) und R 75/5 (745 cm³, 50 PS/36,8 kW) eine neue Bautendenz begonnen, die uns die nächsten zehn Jahre begleiten sollte. Die Zeit der Vollschwingen-Modelle war vorbei.

Wie schon die frühere R 51/3, die R 67 und die R 60 der fünfziger und sechziger Jahre war nun auch wieder die Behörde ein großer Kunde. Der Typ R 60/5 — später R 60/6 und R 60/7 — war hier besonders gefragt und wurde bis 1976 produziert. Das Modell R 75/5, R 75/6 und R 75/7 existierte bis 1977.

Es war also eine richtige Konzeption, die dann auch bei unseren Tests viele Erwartungen bestätigte, die man in sie gesetzt hatte.

Nach meinen Tests auf der Nordschleife des Nürburgringes und während einiger der ersten echten Langzeittests, die wir bei „Das MOTORRAD" nach dem Krieg mit Testmaschinen machen konnten, hatten diese neuen —/5— BMW-Motorräder gezeigt, was mit ihnen zu machen war (siehe „Die rasanten Motorräder der 60er Jahre", Seite 52—57).

In der zweiten Hälfte der 60er Jahre hatten wir aber auch Autobahntests mit einigen Motorrädern zwischen Hamburg und Wien gemacht, die interessante Aufschlüsse über Zuverlässigkeit und Dauerleistung ergaben. Dem Motorsport-Club Gefrees e. V. (DMV), der durch seine Geländeveranstaltungen und Motorradfahrer-Treffen in und um das

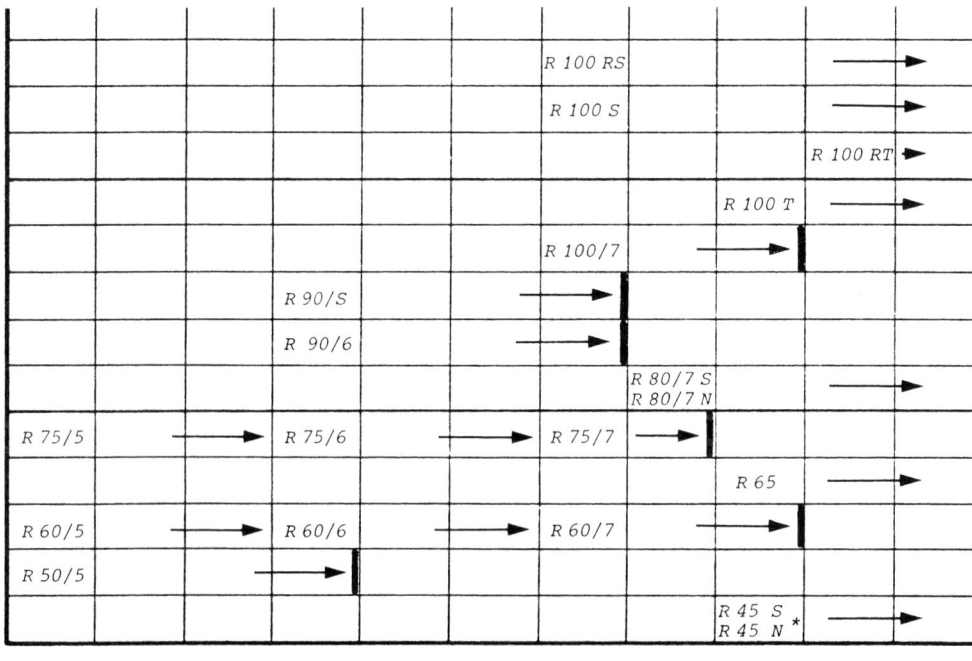

MODELL-BEWEGUNGEN DER BMW-MOTORRADPRODUKTION

* S = Superbenzin
N = Normalbenzin

Fichtelgebirge herum weithin bekannt war, juckte nun auch das Fell: Schon lange hatte in den Köpfen der Mitglieder gespukt, was anderen Leuten vor ihnen auch keine Ruhe gelassen hatte — der Autobahn-Vollgastest Hamburg — Wien. Aber diesmal nicht mit einer 250 cm³ Yamaha, einer 750 cm³ Moto Guzzi, einer 750 cm³ Triumph-Dreizylinder Trident, sondern mit einer BMW R 75/5. Sie waren wie wir der Meinung, daß so ein Test gerade mit dieser Maschine im Frühjahr 1970 schon lange fällig gewesen sei.

BMW selbst sträubte sich dagegen aus mancherlei Gründen, und so übernahmen der BMW-Händler Horst Zapf, der MSC Gefrees und „Das MOTORRAD" die Initiative. Und bei so vielen Fürsprechern rückten die Münchener dann doch eine R 75/5 aus der Serienproduktion heraus.

Der MSC Gefrees schlug keinen Allround-Test der Fahrer zusammen mit der Maschine vor, wie Ende September 1969 bei der 24-Stunden-Jagd der Moto Guzzi-Leute, die von Hamburg nach Wien fuhren, dort umdrehten und wieder zurück nach Hamburg jagten, wo sie dann nochmals nach Wien umdrehten (eine 750 cm³ Ambassador mit zwei Personen besetzt, Schnitt 123,23 km/h) — nein, die Gefreeser BMW-Leute wollten nur — und nur — die Maschine testen, wozu sie vier Mannen einplanten.

Fahrerwechsel sollte nach dem Start in Hamburg-Stillhorn zuerst in Kassel sein, weiter in Nürnberg-Feucht, nochmals in Bad Reichenhall, und in Wien sollte der Spaß dann enden. Eingeplant wurde ein Durchschnitt zwischen 145 und 150 km/h.

Als Fahrer waren Hans Hertel (Stillhorn—Kassel), Karl-Heinz Jung (Kassel—Feucht), Eberhard Riedel (Feucht—Reichenhall) und Karl Böhm (Reichenhall—Wien) vorgesehen. Es waren alles erfahrene und zuverlässige, erfolgreiche Sportfahrer.

Jeweils beim Fahrerwechsel sollte das Motorrad betankt werden, sicherheitshalber wurde aber ein Fünfliter-Kanister mitgeführt. Als Fahrtag wurde nach langen Überlegun-

gen der 12. Mai 1970 ausersehen, wobei man auf eine Nachtfahrt verzichtete. Um vier Uhr morgens sollte es in Stillhorn losgehen.

Unparteiische und Sportkommissare waren benachrichtigt, in Österreich waren wie immer bei diesem Test der ARBÖ-Wien mit Sportsekretär Reiter und bei Linz mit Sportkommissar Rolf Arnold auf dem Posten.

BMW schrieb: „ . . . dieses Motorrad — Fahrgestell-Nummer 2970255, pol. Kennzeichen M — DC 1956 — ist ein absolut der Serie entsprechendes Modell und wurde lediglich von uns eingefahren . . ."

Am 11. und 12. Mai 1970 war dem Kalender nach zwar Frühling, aber die Wirklichkeit entsprach mehr den Monaten März oder November, denn es herrschte Sturm, entsetzlicher Regen, Kälte und Nebel. Irgendein Wettergott hatte in diesem Jahre etwas gegen die wärmeren Monate, gegen die Motorradfahrer und diese BMW-Spezies im Besonderen. Aber besagter mißgünstiger Wettergott hatte dann doch nicht mit einem „Nunerst-recht", mit der Härte, Ausdauer und dem Mut dieser vier Männer gerechnet. Trotz fürchterlicher Wetterprognosen und schrecklichem Regen wurde der Test pünktlich um 4.00 Uhr nach Grand-Prix-Manier vom ADAC-Sportkommissar gestartet. Hans Hertel, der erste Reiter, stob ins Unwetter hinaus.

Er hatte ein Gefühl wie bei einem Reifenschaden, und das kam vom Wasser auf der Bahn. Das Motorrad schwamm zeitweise wie verrückt. Niemand konnte glauben, daß der vorgesehene Durchschnitt überhaupt nur annähernd gehalten werden könnte, die Maschine schoß mit einer langen Wasserfahne hinterm Heck wie ein U-Boot durchs Wasser. Um 6.00 Uhr bis 6.15 Uhr sollte Kassel erreicht sein, Distanz 300 Kilometer.

Tja — man hätte es nicht für möglich gehalten — um 6.03 Uhr war die Maschine in Kassel! Durchschnitt 148,8 km/h; Verbrauch 26,5 Liter Benzin, was bedeutete, daß Hertel unterwegs aus dem Kanister nachgetankt hatte, Aufenthalt dabei nur drei Minuten.

Karl-Heinz Jung (rechts) und Eberhard Riedel (links) mit der BMW R 75/5 beim Fahrerwechsel in Feucht während des Autobahntests 11./12. Mai 1970.

Auftanken und Fahrerwechsel in Windeseile. Um 6.06 Uhr Weiterfahrt, diesmal Karl-Heinz Jung. Das Wetter war keineswegs anders, in den Kasseler Bergen kam nun dichter Nebel dazu. Was die Leute aus Gefrees eigentlich gar nicht wollten, einen Fahrer- und Maschinentest — nun hatten sie's doch aufgezwungen bekommen. Doch sie nahmen die Herausforderung weiterhin mit Härte und Zähigkeit an.

Auch Karl-Heinz Jung mußte aus dem Kanister nachtanken, der 24-Liter-Tank der R 75/5 reichte doch nicht ganz. Vorgesehen waren Fahrerwechsel und Tanken in Feucht zwischen 8.00 und 8.30 Uhr. Ankunft: 8.14 Uhr — ! Durchschnitt 146,1 km/h, Verbrauch 26,6 Liter, Aufenthalt zum Nachtanken aus dem Kanister vier Minuten, gefahrene Kilo-

meter ab Kassel 319.

Auf dieser Etappe hatte außerdem noch sehr starker Gegenwind Probleme gebracht. Die Endgeschwindigkeit kam teilweise nicht über 150 km/h hinaus, und Jung fuhr lange Abschnitte nur im dritten Gang (bis zu 7500/min nach Drehzahlmesser).

Der Regen ließ nicht nach. Fahrerwechsel und auftanken, der nächste Mann war Eberhard Riedel. Inzwischen hatte der Tagesverkehr auf der Autobahn mit vielen LKWs begonnen, und es mußten mindestens zehn Baustellen eingerechnet werden. Immer weiter Regen, Regen, Regen und starker Seitenwind.

Zu allem Überfluß mußte noch eine trickreiche Stadtdurchfahrt durch München absolviert werden, weil 1970 keine Autobahnverbindung um München herum existierte. Das drückte natürlich auf den Durchschnitt. In Baustellen-Staus mußte wegen zweispurig dahinkriechender Lkw Slalom gefahren werden, und der während der Münchener Stadtdurchfahrt vorausfahrende Lotse fuhr bei der artistischen Kurverei durch dichten Stadtverkehr fast über den rotierenden Besen einer Kehrmaschine (!).

Und trotzdem: Um 10.24 Uhr war Eberhard Riedel in Bad Reichenhall. Durchschnitt 129,2 km/h seit Feucht, 5 Minuten Aufenthalt, die Lichthupe schaltete nicht mehr aus (Feuchtigkeit), Verbrauch seit Feucht 22,4 Liter, gefahrene Kilometer 279.

Blitz-Tanken, Fahrerwechsel, weiter. Für diese letzte Etappe war „Bultaco-Jim" Karl Böhm vorgesehen. Weil der Regen Anstalten machte, etwas nachzulassen, behielt der Karl sein enganliegendes Lederzeug an und verzichtete auf Regenzeug. Dabei kreierte er eine neue windschlüpfige Fahrerposition, indem er sich hinter den Tankrucksack duckte, den Kopf zur Seite geneigt auf einen Oberarm legte und mit einem Auge am Rucksack vorbei nach vorn peilte. So erreichte er auf den Gefällstrecken vor Wien bis zu 7000/min im vierten Gang, was ca. 190 km/h entsprach.

Zwischen Wels und Linz regnete es noch einmal, danach blieb es trocken. An der Grenze bei Salzburg gab es nur Sekunden Aufenthalt bei der Paßkontrolle, und das Nachtanken aus dem Kanister verschlang noch einmal ein paar Minuten, insgesamt waren es sechs. Der Durchschnitt von Reichenhall nach Wien betrug 159,1 km/h, Verbrauch 25 Liter, Ankunft um 12.16 Uhr. Ende der Jagd!

Ergebnis: Gesamtfahrzeit acht Stunden und 16 Minuten. Gefahrene Kilometer lt. Tachometer 1200, lt. Karte 1197. Gesamtverbrauch 100,5 Liter (8,37 Liter auf 100 Kilometer). Aufenthalte 18,5 Minuten insgesamt. Gefahrener Durchschnitt 145,16 km/h. Reifenabrieb (Metzeler-Reifen) für Hin- und Rückfahrt (3000 Kilometer) 3 mm. An der Maschine traten unterwegs ein Lichthupen-Schalterschaden infolge Feuchtigkeit auf, außerdem Ölnebel an Gehäusenähten und Kardanflansch.

Obwohl keiner der vier Fahrer privat eine BMW fuhr, sondern Bultaco, Honda, Maico und Yamaha, kamen sie mit der BMW zurecht. Wahrscheinlich trugen zur Erhaltung der Fahrerkondition der leise und vibrationsarme Lauf des Motors, das problemlose Fahrwerk und die Griffigkeit der Reifen bei. Auf der ganzen, 1200 Kilometer langen, Strecke wurde die Maschine von keinem anderen Fahrzeug überholt. Die Windverhältnisse — Gegenwind, Seitenwind — machten sich besonders störend bei Überholvorgängen von Lkw mit ihren Aufbauten bemerkbar.

Dieser Test über die Autobahn war übrigens einer der letzten seiner Art. In den folgenden Jahren wurde der Autobahnverkehr — auch nachts und bei Dunkelheit — von Woche zu Woche immer dichter. Stundenlanges Vollgasfahren war unmöglich, es wurde auch zu gefährlich. Außerdem stellten sich auf langen Strecken immer mehr Baustellen und Abschnitte mit Geschwindigkeitsbeschränkungen ein. Die Autobahn wurde immer weniger, was sie ursprünglich sein sollte

— die Schnellverkehrsverbindung zwischen weit voneinander entfernten großen Städten und Ländern. Während gleichzeitig moderne Fahrzeuge immer schneller und leistungsfähiger gemacht wurden, erschienen die Hauptverkehrswege immer langsamer.

Inzwischen diskutierte man weiterhin den Gedanken, mit größerem Hubvolumen und mit nur geringer Leistungssteigerung zu besserer Leistungsnutzung und größerer Zuverlässigkeit zu kommen. So hatte es schon nach dem ersten Auftreten der neuen Maschinen im Herbst 1969 auf der Hand gelegen, daß mit einem Hubraum von 745 cm^3 nicht die obere Grenze bei BMW erreicht sei. In der Tat war auch ein Modell R 90/5 im Versuch gelaufen. Aber bis zur Serienreife dauerte es bis 1973.

Trotzdem gelang es mir, eine „aufgebohrte" Experimentiermaschine im Frühjahr 1971 zu fahren, die äußerlich als R 75/5 deklariert war, deren Zylinder aber 90 mm Bohrung hatten. Irgendwer hat in irgendeinem schönen Buch 1984 geschrieben, daß ich dieses Versuchsmodell hätte fahren „dürfen". Das stimmt nicht, denn „gedurft" habe ich das auf keinen Fall — ! Man war bei BMW ungeheuer geheimnisvoll, und so fand die Begegnung mit diesem 898-cm^3-Motorrad unter dramatischen Top-Secret-Umständen statt, die nur möglich waren, weil ich die „Basis" der Motorrad-Besessenen im Hause BMW damals besser als die Chargen der ganz oben angesiedelten Etagen kannte. Wir trafen uns als Motorradfahrer eben immer wieder irgendwo auf den Straßen, bei Veranstaltungen und ringsum im schönen Europa.

Also sah ich eines Tages im Niederbayerischen diese R 75/5 am Rande einer schnellen Straße parken, und da ich wie immer Fotoapparat, Stoppuhr, Notizbuch und Taschentonband-Gerät in meinem Gepäck hatte, war ich sehr glücklich, einiges erfahren, messen und ablichten zu können. Der zu diesem Büffel gehörende Fahrer berichtete, daß er die Zylinder selbst aufgebohrt habe,

**Die auf 898 cm³ auf-
gebohrte R 75/5,
Frühjahr 1971.**

um einmal zu erleben, was das bringen
würde. Aber das dürfe man auf keinen Fall
bei BMW wissen — ?! Weil es nämlich derart
behandelte Zylinder im Motorradversuch
gäbe.

Aha!

Mir war's egal — Hauptsache, wir konnten
uns einen Leistungseindruck verschaffen
und konnten in „Das MOTORRAD" der in-
teressierten Gemeinde darüber berichten.
Die Spatzen pfiffen es doch seit Jahren von
den Dächern, dieses BMW-Geheimnis der
Konstruktion einer 900-cm³-Maschine R
90/5 auf der Basis der R 75/5. Zum Zeitpunkt meiner verruchten Testfahrt einer so
geheimnisvollen 900er hatte es aber den Anschein, daß der Vorstand der Bayerischen
Motorenwerke selbst nicht wußte, ob man
das Projekt forcieren, stagnieren, annullie-
ren, dementieren oder sonst -ieren sollte. Es
war nichts aus München zu hören, und nachdem es durchgesickert war, daß eine Sportversion der 745 cm³ R 75/5, eine neue „S",
und daß ein neueres Styling der Motorrad-
reihe R 50/5, R 60/5 und R 75/5 auf dem Plan
standen, schien eine „R 90/5" noch einmal in
den Hintergrund gerückt zu sein. Ganz ab-

gesehen davon, daß — infolge der noch be-
schränkten Produktionsmöglichkeit in Berlin-Spandau (seit 1969 wurden dort die
BMW-Motorräder gefertigt) — ein weiteres
Modell auf den Bändern eine nur noch
schwierig zu steuernde Belastung gewesen
wäre.

Aber das war — wie schon erwähnt — uns
bösen, aber fröhlichen Buben von „Das
MOTORRAD" einerlei, als wir so ein Pro-
totyp-Versuchs-Experimentier-Studier-Mo-
torrad erwischten und Messungen fuhren. In
München haben sie gewiß die Stirn ob gebo-
tener Frechheit gerunzelt, aber leider hatten
sie bis dato keine solche Maschine zum Kennenlernen für uns. Also waren wir auf die
Pirsch gegangen und waren über der Jagd-
beute höchst erfreut.

900-cm³-Motoren waren etwa 1962 schon
ins Gespräch gekommen, als man über den
„Büffel" sprach. „Büffel" — um es noch einmal richtig zu wiederholen — war ein Motorrad, dessen Hubraum unter dem Motto gewählt wurde „Je mehr cm³, um so geringer —
bei nur wenig Anhebung der Leistung — die
Hubraum-Leistung (PS pro Liter Hubraum),
um so größer das Durchzugsvermögen, um

so geringer die Drehzahl, um so länger die Lebensdauer usw". Gedachte Leistung auch wegen des Betriebs mit Seitenwagen, bei dem man nicht Mauerblümchen im immer schneller gewordenen Verkehr war (selbst ein gut gefahrener Käfer lief 1971 schon auf längerer Strecke einem der damaligen großen Motorradgespanne davon !), so um die 60 PS herum. Zunächst erprobte man einen 900-cm³-Motor im alten Schwingenfahrwerk, vor allem auch in einem Gespann, und man kam daraufhin bei BMW zu der Ansicht, daß das Gespannfahren mit einer solchen Leistung und mit dem dazugehörenden Drehmoment (schätzungsweise um die 8 mkp herum) ein nicht zu lösendes Problem sei. Weil nämlich beim Anfahren und bei jedem Gasgeben die Maschine gewaltig zur Seitenwagenseite hin ausbrechen würde — man müßte in diesem Falle das Seitenwagenrad mit antreiben, eine Unmöglichkeit im Hinblick auf die 1971 immer weniger werdenden Gespannfahrer. Eine Produktion sei niemals wegen zu geringer Stückzahlen möglich.

Da waren wir nun ganz anderer Meinung. Immerhin hatte ich eine Zeitlang eine 1200 cm³ Münch TTS-4 mit Seitenwagen gefahren und weder das eine — Ausbrechen der Maschine zur Seitenwagenseite — noch das andere — angetriebenes Seitenwagenrad — erlebt bzw. für nötig befunden. Heutige schnelle 100-PS-Gespanne bestätigen meine Meinung. Aber bei BMW war unter den richtunggebenden Leuten kein Gespannfahrer mehr, man wollte also gar nicht und suchte nach allen ablehnenden Argumenten.

Aber in der Solomaschine probierte man weiter, und als die neue BMW-Motorrad-Modellreihe 1969 erschien, wurde das 900-cm³-Projekt weiter verfolgt.

Das Versuchsmuster unterschied sich im Äußeren überhaupt nicht von der R 75/5, es hatte sogar deren Modellschild am Motorgehäuse. Wer aber genauer hinsah, konnte feststellen, daß die Zylinder bei gleichen Au-ßenmaßen der R 75/5 hinter den Kühlrippen andere Ausbuchtungen hatten, die Rippenzahl war gleich der des 745-cm³-Motors. Auch das Gehäuse entsprach der R 75/5, und die Ölbohrungen waren alle gleich. Die beiden Gleichdruckvergaser wurden unverändert benutzt, also auch die gleiche Ansaugweite.

Das Getriebe hatte unveränderte Übersetzungen, nur das Hinterradgetriebe wies die knappe Übersetzung 2,91 der ersten R 75/5 von 1969 auf.

Daß es eine R 90/5 war, bemerkte man aber spätestens beim Anlassen des Motors und natürlich beim Fahren. Schon der Kickstarter war schwerer zu bewegen als bei allen anderen BMW-Modellen, und nach 15 Anlasserbetätigungen bis zum Anspringen des Motors, ohne daß man anschließend fuhr, war die 12-Volt/15-AH-Batterie leer!

Verdichtung 9,5. Bereits im Leerlauf merkte man, daß der Motor mehr Vibrationen als andere BMW-Aggregate hatte, er schüttelte ganz nett. Wenn man im Stand Gas gab — hoppla, dann mußte man sich festhalten, mit den Füßen gut am Boden abstützen, sonst warf unter Umständen das auftretende sehr hohe Rückdrehmoment die ganze Fuhre um.

In knapp fünf Sekunden war man aus dem Stand auf 100 km/h, der zur Maschine gehörende Mann produzierte eine Beschleunigung in 4,6 Sekunden bis 100 km/h. Allerdings durfte dabei nicht die Kupplung durchrutschen, was häufig vorkam. In zehn Sekunden war man auf über 140 km/h, in 15 Sekunden erreichte man 160 km/h, und in 25 Sekunden waren wir bei 180 km/h angelangt. Als Endtempo ergab eine Messung mit langliegendem Fahrer 190 km/h.

Daraus schloß ich, daß man mit 60 bis 65 PS bei einem Gewicht von 200 kg rechnen konnte. Und das Drehmoment war im Vergleich mit anderen Maschinen schon gewaltig.

In der von mir gefahrenen Studie war der Kolbenhub gleich dem der R 75/5, nämlich

70,6 mm. Man hatte die gleiche Kurbelwelle genommen. Aber anstatt 82 mm betrug die Bohrung hier 90 mm. Und zwar war ein R-75/5-Zylinder aufgebohrt worden, ohne daß man Rücksicht auf die dadurch im Hinblick auf Wärmeverzug zu dünne Zylinderwandung nahm. Um Messungen zu machen und um kurze Fahreindrücke zu erhalten, wollte man wohl nicht gleich gänzlich neue Zylinder konzipieren. Zunächst glaubte man, mit einer übrig gebliebenen Wandstärke von 4,0 bis 3,5 mm des R-75/5-Zylinders, der ursprünglich 8,0 mm Wanddicke hatte, auskommen zu können.

Natürlich wurden später, als die 900er-BMW tatsächlich gebaut wurde, neue Zylinder konstruiert, doch reichten die aufgebohrten R-75/5-Zylinder bei der Studie aus, um wichtige Erkenntnisse vom Leistungsvermögen zu gewinnen. Das alles war leicht zu inszenieren, denn auch die Abstände der Zuganker zu den Zylinderwänden blieben unverändert.

Somit konnte für das Experiment auch das Motorgehäuse der R 75/5 verwendet werden.

Der Versuchsmotor drehte in den Gängen bis ca. 7000/min, im vierten Gang schaffte ich 6500 bis 6750/min. Bei der Probe, welche Auswirkungen das hohe Drehmoment auf die Laufcharakteristik des Motors hatte, ging ich im vierten Gang bis auf etwa 2500/min herunter und gab dann Vollgas. Dort unten ruckte der Motor noch nicht zu sehr und zog die Maschine schnell bis zur Endgeschwindigkeit durch, in gut einer halben Minute.

Aber es wurde mir etwas ängstlich bedeutet, diesen Versuch möglichst nicht noch einmal zu machen, weil nämlich bei dieser Gelegenheit schon Kurbelwellenzapfen abgebrochen wären. Überhaupt war man ein wenig vorsichtig und bat, nicht zu lange mehr als 6000/min in den Gängen stehen zu lassen, denn es sei kein „fertig gebastelter" Motor. Man möchte nicht so gern fern der Heimat mit zerbröselten Kolben liegenbleiben.

Die erzielten Geschwindigkeiten, die Vibrationen des Motors, das fühlbar höhere Drehmoment waren auch Gründe dafür, daß man sich um das Fahrwerk inklusive der Bremsen kümmern mußte. Auch den Lenkungswinkel sollte man neu studieren, die Dämpfung der Vorderradgabel und ein längerer Radstand wären zur Untersuchung angestanden. Wie würden auf die Dauer die Antriebsteile (Getriebe, Hinterradantrieb, Radspeichen, Lager u. a.) das Drehmoment aushalten? Was wäre für eine größere Zylinderbohrung zu entwickeln und für ein stabileres Gehäuse? Der Hinterradreifen der gefahrenen Maschine war bereits nach 1600 Kilometern glatt — !

Und noch ein Problem stellte sich m. E. schon 1971 bei mehr als 50 PS: Diese — für damalige Verhältnisse immens — schnelle und schnell beschleunigende Maschine würde manchen Fahrer glatt überfordern. Sie erschien mir auf keinen Fall als ein Motorrad für Anfänger geeignet. So haben wir in jenen Tagen unseren Freunden vom BMW-Motorradversuch Hals- und Beinbruch für das Projekt R 90 gewünscht, sie konnten es gewiß brauchen — !

Zwei Jahre später — im August 1973 — brachte BMW in einer neuen Modellpalette mit den Typen R 60/6 (599 cm^3, 40 PS/29,4 kW), R 75/6 (745 cm^3, 50 PS/36,8 kW) vor allem auch die 900er-Maschinen R 90/6 (898 cm^3, 60 PS/44,3 kW) und R 90 S (898 cm^3, 67 PS/49,3 kW). Das Modell R 50/5 fiel weg, auch in der Fortsetzung als eventuelle R 50/6.

So war es nun Wirklichkeit geworden, und wir erinnerten uns nicht nur unserer heimlichen Fahrt mit einem „gebastelten" 900er Prototyp, sondern auch an das Ergebnis einer Umfrage, die Dipl.-Ing. Alois Hezel 1963 — also schon zehn Jahre vorher — bei einem Elefantentreffen veranstaltet hatte. Er war damals zu folgendem Schluß gekommen:

„. . . betrachten wir die Typenverteilung bei BMW, dann kommt man zu dem Schluß, daß die 600 cm^3-, 42 PS- R 69 S für

den Verbraucher bereits zum 'Normalmodell' geworden ist, und daß folglich im Programm von BMW eine größere Maschine ganz eindeutig vermißt wird. Ein solches Motorrad müßte dann aber nicht nur in der PS-Zahl, sondern auch in der Zuverlässigkeit ein Spitzenmodell sein. Im Gebiet zwischen 800 und 1000 cm³ ließe sich so etwas sicher verwirklichen."

Das stand in „Das MOTORRAD" im Heft 4/1963 auf Seite 104 am Schluß der Hezelschen Marktanalyse.

Wir wußten, daß die BMW-Leute seit jener Zeit auch schon über eine größere Maschine Unterhaltungen pflogen, Vorschläge ausarbeiteten, diese wieder verwarfen, neue Gedanken hegten und das Thema immer wieder unter den verschiedensten Gesichtspunkten aufgriffen. Wir erlebten Versuchsmaschinen — sorgfältig getarnte „Serien"-Hobel mit größeren Hubräumen — also Solo- und Gespannmaschinen, wir fuhren unerlaubterweise sogar einen echten 900er Prototyp, bis es 1973 zwei Serienversionen mit 898 cm³ Hubraum gab. Allerdings — wieder einmal nicht für Seitenwagen-Betrieb gedacht, welch Letzteres sehr viele Motorrad- und BMW-Freunde nicht verstehen konnten. Es lag doch längst der Vorschlag bei BMW auf dem Tisch, eine kleine Gespannproduktion unter dem BMW-Zeichen mit BMW-Motoren und -Antrieben außerhalb des Hauses unter BMW-Kontrolle mit einer kleinen Fertigungseinrichtung anzufangen.

Aber es saßen halt Kaufleute ohne Gespannambitionen an den Hebeln des Geschehens, und die wollten einfach nicht glauben, daß BMW-Gespanne (trotz der unzähligen Weltmeisterschaften!) ein Plus für die Marke wären. Man wagte keine weiteren Investitionen neben denen für die neuen Solomaschinen.

Mit der 67 PS-R 90 S ging ich im August 1973 auf den Nürburgring und zum ersten Male erreichte eine Testmaschine von „Das MOTORRAD" eine Rundenzeit über die 22,3 Meßkilometer der Nordschleife unter 10 Minuten. 9:50 = 136,11 km/h Durchschnitt fuhr Alfred Halbfeld auf abgesperrter Strecke.

Bei der Entwicklung des 900er Zweizylindermotors mit gegenüberliegenden Zylindern war die Beherrschung der auftretenden Schwingungen eines der größten Probleme. Immerhin griffen da auf jeder Seite 449 cm³ Hubraum an (Bohrung 90 mm; Kolbenhub 70,6 mm). Die Kurbelwelle, mit Schwermetall ausgewuchtet, hatte eben nach wie vor kein Mittellager, jedoch war das Kurbelgehäuse gegenüber den vorhergehenden Modellen durch eingearbeitete Verstärkungen wesentlich versteift worden. Es hat uns dann sehr überrascht, daß bei der Testmaschine (Fahrgestellnummer 4070001 — also Serienbeginn) von fühlbaren Vibrationen nicht die Rede sein konnte. Es gab zwar einen Drehbereich um 5500/min, in dem man in den Lenkerenden merkte, daß „sich etwas rührte", aber die Schwingungen erschienen hier an härtere Sachen gewöhnten Handgelenken nicht „besonders stark". Die berühmte BMW-Laufkultur schien auch bei der R 90 S erhalten geblieben zu sein.

BMW R 90 S-Testmaschine, August 1973, Nürburgring.

77

67 DIN-PS (49,3 kW) bei 7000/min — das war die offizielle Leistungsangabe. Die auf der Endgeraden des Nürburgrings erzielte Geschwindigkeit von 196 km/h durch die Lichtschranke entsprach dem Katalog-Gewicht (210 kg leer). Hubraumleistung (75 PS/Liter) und Kolbengeschwindigkeit (16,47 m/s bei 7000/min) blieben in einem Bereich, in dem eine normale Lebensdauer des Motors noch nicht gefährdet erschien.

Elektrostarter war 1973 fast schon obligatorisch, der Kickstarter war noch zusätzlich vorhanden. Schon bei der ersten Berührung des Starterknopfes sprang der Motor an. Im Leerlauf bei 1500/min schüttelten die quer laufenden Massen die Maschine horizontal hin und her, bei höherer Drehzahl verschwanden die Schüttelbewegungen.

Das Laufgeräusch war gering, mechanischen Krach gab es nicht. Die Kipphebel bewegten sich auf Nadellagern, das Ansauggeräusch war optimal gedämpft. Die beiden Dell'Orto-Schiebervergaser (38 mm Ø) besaßen eine automatisch beim Anheben des Schiebers betätigte Beschleunigerpumpe, die bei größerer Schieberöffnung zusätzlich Kraftstoff einspritzte. Bei plötzlichem Gasaufreißen verschluckte sich der Motor nicht, es gab nirgendwo ein Loch, auch bei niedriger Drehzahl im großen Gang nicht.

Dies und die Lage des höchsten Drehmoments mit 7,6 mkg bei 5500/min waren Gründe für die überragende Fahrleistung, die ich auf dem Nürburgring aufzeichnen konnte.

Die neue Modellreihe /6 hatte ein ebenfalls neues Fünfgang-Getriebe. In den einzelnen Gängen betrug die Gangabstufung (einschließlich der Vorgelege-Übersetzung!) 4,4–2,86–2,07–1,67–1,5:1. Die Übersetzung des Hinterradantriebs war 3,0:1 (Zähnezahlen 11:33). Das ergab als Gesamtübersetzungen 13,2–8,58–6,21–5,01–4,5:1. Bei 7000/min waren das in den Gängen 66–100–137–172–192 km/h Geschwindigkeit.

Danach lag zwischen dem 2. und 3. Gang ein größerer Sprung als zwischen dem 1. und 2. und zwischen dem 3. und 4. Gang. Beim Fahren merkte man davon wenig, denn der Motor mit seinem günstigen Drehmoment und mit seiner großen Schwungmasse überbrückte diesen Sprung ohne weiteres. Schaltete der Fahrer bei 7000/min vom 2. in den 3. Gang, schloß dieser mit ca. 5000/min (= 52 PS und ca. 7,4 mkg Drehmoment) an. Das Motorrad machte dabei buchstäblich einen Sprung nach vorn, so daß das Vorderrad fast die Bodenhaftung verlor.

Bei 7000/min vom 3. in den 4. Gang geschaltet, der dort 5600/min (= 58,5 PS und ca. 7,6 mkg Drehmoment) anschloß, machte die R 90 S einen noch gewaltigeren Sprung. Sehr dicht beisammen lagen danach der 4. und der 5. Gang.

Auf dem Nürburgring wurde fast nur im 3. und 4. Gang gefahren, wobei die ausgezeichnete Beschleunigung von 0 bis 100 km/h in 4,8 und von 0 bis 160 km/h in 12,6 Sekunden voll ausgenutzt werden konnte.

Die Schaltwege der Fußschaltung waren kurz, und beim Heraufschalten vom 1. in den 2. Gang bei niedrigen Drehzahlen produzierte ich wieder das übliche BMW-Schaltgeräusch. Im höheren Drehbereich und bei der Ring-Jagerei bemerkte ich es aber nicht. Die Kupplung mußte nach mehreren Runden am Handhebel nachgestellt werden.

Beim Anbremsen von Kurven, beim Gaswegnehmen und Absinken der Drehzahl, also bei Schiebelauf des Motors, begann die R 90 S leicht zu pendeln. Als Abhilfe dagegen war sofortiges Herunterschalten und wieder hohe Drehzahl ein wirkungsvolles Mittel, so daß sich im Moment die Spurhaltung stabilisierte. Hartes und plötzliches Einfedern bei hohem Tempo — zum Beispiel im Grund der Fuchsröhre bei 180 oder mehr km/h — verbunden mit der Druckzunahme auf die Federung in Talsenken erzeugte ebenfalls ein Lenkerpendeln. Kurz nur, einem Könner und Routinier vielleicht kaum bewußt, den Neuling aber bestimmt recht sehr erschreckend.

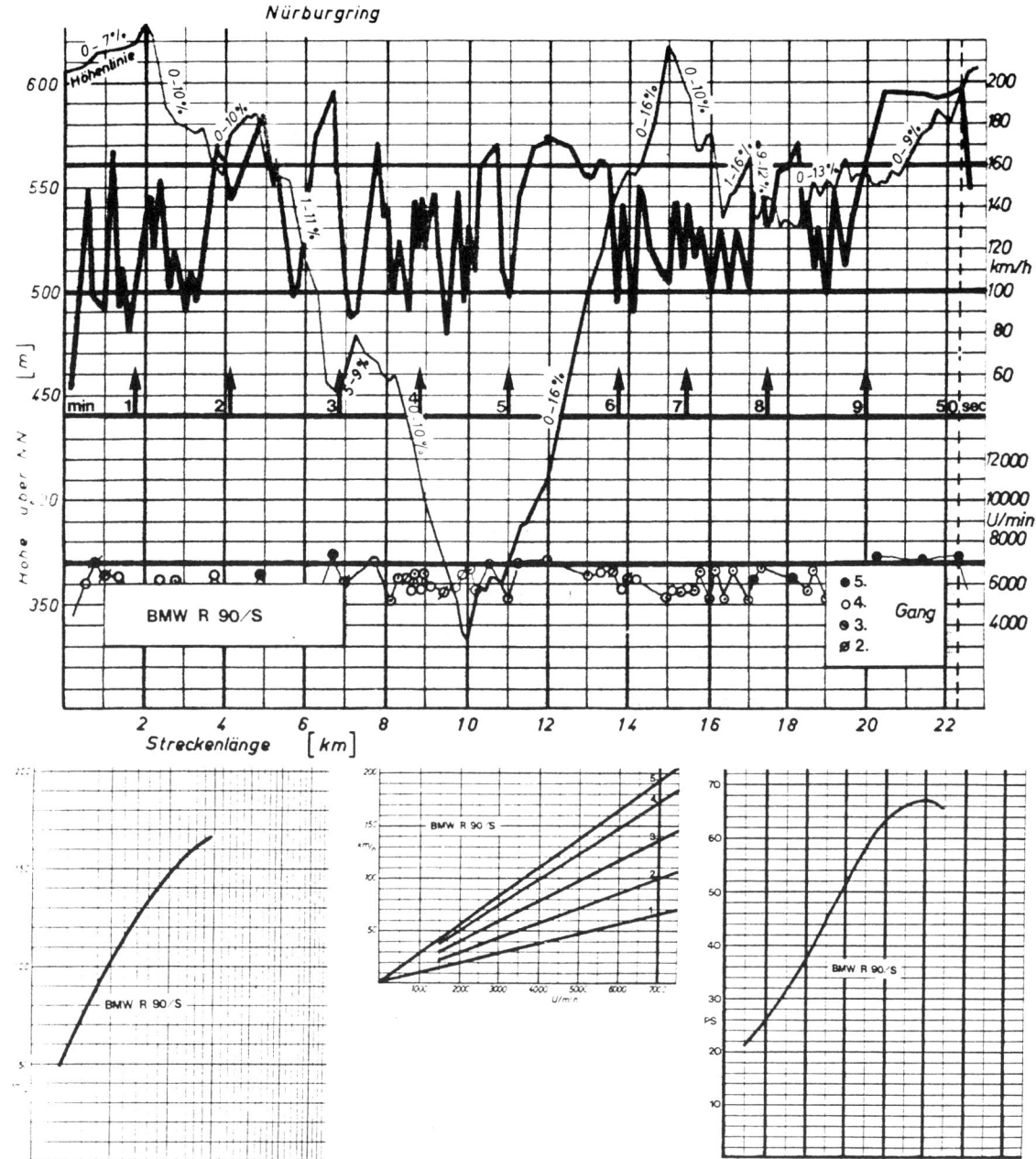

Oben: Nürburgring-Höhendiagramm mit Geschwindigkeits- und Drehzahllinien. Links: Beschleunigungsdiagramm. Mitte: Gangdiagramm für fünf Gänge. Rechts: Die R 90 S war mit einer Motorleistung von 67 PS bei 7000/min eine der stärksten Serienmaschinen im Jahre 1973.

Auf der Geraden bei über 190 km/h wurde die Maschine vorn „leicht", vielleicht durch die in diesem Geschwindigkeitsbereich wie ein kleiner Tragflügel wirkende serienmäßige Frontverkleidung. Die Lenkung fing an,

hin und her zu schwimmen, so daß ich das Gas etwas zurücknahm, obwohl noch genügend Kraft für mehr Tempo vorhanden war. Beim Gasgeben in Kurvenausgängen verhielt sich das Motorrad problemlos, und im

Bereich unterhalb von 180 km/h, in den Schlängelstücken und raschen Kurvenfolgen, fuhr ich schneller mit dem Einhalten höherer Drehzahlen als vergleichsweise mit ähnlichen Maschinen dieser Klasse.

Die Federung der Telegabel war wieder BMW-like: Sehr leicht ansprechend, bei weiterem Einfedern härter werdend, beim Ausfedern lange und ausreichend gedämpft. Die hinteren Federbeine zusammen mit der sehr schön breiten und über die gesamte Fläche hinweg ausgezeichnet gepolsterten Sitzbank gewährleisteten ermüdungsfreies und unverkrampftes Fahren auch über längere Strecken.

Über die Räder wäre zu sagen, daß sie die schmutzabweisenden Leichtmetallfelgen besaßen, die Bereifung entstammte einer 1973 neuen H-Serie von Metzeler mit Nylon-Unterbau, vorn 3.25 H 19, hinten 4.00 H 18 mit Block C 66-Profil. Auf dem Nürburgring überzeugten mich diese Reifen, obwohl es Anfang der 70er Jahre noch immer wieder Probleme mit falschen Gummimischungen und Unterbauschäden gab, denn die Reifenindustrie war der schnellen Leistungssteigerung der immer mehr aufkommenden großen, schweren und schnellen Motorräder bis dahin nicht überall mit ihrer Forschung und Produktion gefolgt.

BMW hatte zusammen mit Ate in Frankfurt eine neue hydraulisch betätigte Scheibenbremsanlage entwickelt, für die R 90 S zwei Scheiben am Vorderrad. Vom Handbremshebel führte ein Seilzug zum Druckzylinder unter dem Tank hinter dem Rahmen-Lenkkopf. Von dort aus gingen zwei Druckschläuche zum oberen Teil der Gabelrohre, zwei Rohrleitungen brachten den Druck der Bremsflüssigkeit an den Gabelholmen entlang zu den beiden Bremszangen.

Die beiden frei in der Luft zwischen Vorderrad und Rahmen schwebenden Druckleitungen waren mir unsympathisch und suspekt, außerdem unterstützten sie die ausgeglichene Linie der Maschine keinesfalls. „Gebastelt" sah das aus und war es auch.

Natürlich hielt ich meine Gedanken nicht zurück. Antwort aus dem BMW-Motorradversuch: „Ein Druckbehälter am rechten Lenkerende würde die Ausgewogenheit der Lenkung beeinträchtigen und ist zudem an dieser Stelle sturzgefährdet."

Es war mir vorher noch nie aufgefallen, daß dieser kleine – nur wenige Gramm wiegende – Bremsflüssigkeitsbehälter am rechten Lenkerende anderer Maschinen die „Ausgewogenheit einer Lenkung" beeinträchtigte. Und was sollte „sturzgefährdet" heißen? Wenn jemand derart auf die Nase fliegen würde, daß der Druckbehälter am Lenkerende zerquetscht würde, dann wäre es sowieso nichts mehr mit Weiterfahren gewesen.

Es gab schon manchesmal Kurioses aus dem Management einer Motorradfabrik zu hören –! Und so hatten wir nun also die „geniale" Lösung: Trotz Hydraulik gab es noch einen zusätzlichen Seilzug und zwei Schläuche frei pendelnd zwischen Vorderrad und Rahmen. Eigentlich war sowas nicht „BMW-like".

Die Wirkung der Testmaschinen-Bremsen reichte jedoch aus, an einer zweiten R 90 S aus der Versuchsabteilung war sie besser, dort kam schon bei leichtem Fingerdruck der Vorderradreifen zum Pfeifen.

Der Tank hatte ein Fassungsvermögen von 24 Litern, was für gut 300 Kilometer Aktionsradius reichte. Alle anderen -/6-Modelle hatten nur einen 18 Liter-Tank. Das Heckteil der Sitzbank enthielt einen kleinen Raum für Tagesgepäck, zusätzliches Werkzeug o. ä., unter der aufklappbaren Bank befand sich herausnehmbare Schale für Werkzeug, und man konnte von dort gut an die große 12 Volt-, 26 Ah-Batterie herankommen.

Hinter der Frontverkleidung fand sich eine Art Flugzeugpanel mit Drehzahlmesser, Tachometer, Voltmeter, elektrische Uhr mit Sekundenzeiger, Anzeigelampen für Generator, Öldruck, Fernlicht, Leerlauf, Blinkerfunktion, Bremsflüssigkeitsstand – alles

Moto-Meter-Instrumente. Ironisch meinte ich, daß nur noch Höhenmesser, Kompaß, Wendezeiger, Horizontalkreisel, VOR, ADF und DME fehlten. Aber dann wäre wahrscheinlich überhaupt keine Sekunde mehr Zeit zur Fahrbahnbeobachtung gewesen—?!

Hinter der Lenkerbefestigung gab es die Einstellung des in zwei Stufen regulierbaren hydraulischen Lenkungsdämpfers, und meine lästerliche Bemerkung, daß gute Fahrwerke keine zusätzliche mechanische Lenkungsdämpfung nötig hätten, war Anlaß zu langatmigen Erklärungen, warum die Dämpfung trotzdem eingebaut wurde.

Eine 280 Watt-Lichtmaschine war dagegen eine sehr begrüßenswerte Ausrüstung, nicht für die 60/65-Watt H 4-Lampe im 180 mm Ø Scheinwerfer allein, sondern überhaupt für reichliche Versorgung aller Stromabnehmer.

1973 zeigten die auf der Nordschleife des Nürburgrings erreichten Rundenschnitte, daß die R 90 S ein Motorrad war, das bei wechselnden Straßenverhältnissen ungewöhnlich hohe Reiseleistungen bieten konnte. 10:55, 10:52, 10:47 waren gefahrene Rundenzeiten bei nicht abgesperrter Strecke. Das übertragen auf die damals anzutreffenden Streckenverhältnisse bei einer Motorradfahrt durch Europa ordnete die Maschine unter die schnellsten Serienmotorräder ein.

Der Grund dafür war nicht nur im Durchzugsvermögen des Motors, sondern auch im Fahrwerk begründet. Bei einer erzielten Endgeschwindigkeit von 196 km/h war Alfred Halbfelds hoher Rundenschnitt von 136,11 km/h ca. 70 % davon, für die Spurtreue ein sehr hoher Beurteilungswert. 90 km/h schon in der Südkehre, 100 km/h in der Nordkurve, dann zwischen 90 und 110 km/h in den kritischen Ecken des Hatzenbachs — so ging es weiter. Am Schwedenkreuz 185 km/h, Arembergkurve mit 100 km/h, Fuchsröhren-Gefälle über 200 km/h, Wehrseifen-Ecke 80 km/h, Bergwerkkurve 100 km/h, bei Kilometer 12 an der langen Steigung im Kes-

TECHNISCHE DATEN

	BMW R 60/6	R 75/6	R 90/6	R 90 S
Bohrung mm	73,5	82	90	90
Hub mm	70,6	70,6	70,6	70,6
Hubraum ccm effektiv	598,8	745	898	898
nach Steuerformel	595	740	892	892
Zylinderbauart (Material)	Verbundzylinder (Material: Grauguß/Leichtmetall)			
Verdichtung	9,2:1	9:1	9:1	9,5:1
Max. Leistung PS	40	50	60	67
bei U/min	6400	6200	6500	7000
Max. Drehmoment m/kg	4,9	6	7,3	7,6
bei U/min	5000	5000	5500	5500
Vergaser (Fabr. u. Typ)	2 Bing-Schieberverg.	2 Bing-Gleichdruckverg.	2 Bing-Gleichdruckverg.	2 Dell'Orto-Schieberverg.
Durchlaß	Ø 26 mm	Ø 32 mm	Ø 38 mm	Ø 38 mm
Schmierung	Druckumlaufschmierung durch Eatonpumpe			
Zündsystem (Fabr. u. Typ)	Bosch: Batteriezündung mit autom. Zündverstellung durch Fliehkraftregler			
Generator (Fabr. u. Typ)	Bosch: Drehstrom			
Spannung/Leistung	12 V 280 W			
Anlasser (Fabr. u. Typ)	Elektr. Bosch Schub-Schraub-Trieb-Anlasser			
Leistung	0,5 PS			
Primärkraftübertragung	direkt (Vorübersetzung im Getriebe 1:2,07			
Bauart	Angabe in Getriebe-Stufung bereits enthalten)			
Übersetzung	1:1			
Kupplung	Einscheiben-Trockenkupplung mit Tellerfeder			
Getriebe (Bauart)	Fünfgang-Klauengetriebe			
Gangstufen	I. G. = 1:4,4; II. G. = 1:2,86; III. G. — 1:2,07; IV. G. = 1:6,7; V. G. = 1:1,5			
Hinterradantrieb (Bauart)	Kardan-Gelenkwelle			
Übersetzung	1:3,36	1:3,2	1:3,09	1:3,0
Räder:	vorn: 1,85 B x 19; hinten: 2,15 B x 18			
Felgen (Dimensionen)	vorn: 3,25 S 19		hinten: 4,00 S 18	
Bereifung (Dimensionen)	3,25 H 19		4,00 H 18	
Bremsen vorn	Vollnaben-Duplex-Innenbacken-bremse	Einfachscheibenbremse		Doppelscheiben-bremse
hinten	Vollnaben-Innenbackentrommelbremse Ø 200 mm			
Kraftstofftank (Fass.-Verm.)	18	18	18	24
Eigengewicht in kg (DIN Leergewicht mit 80% Tankfüllung)	210	210	210	215
Höchstgeschwindigkeit km/h				
liegend	167	177	188	über 200
sitzend	158	168	178	195
BMW-Preise 1973 (empfohlene Richtpreise)	5745,—	6650,—	7150,—	8510,—

selchen über 170 km/h, Karussell 90 km/h, Hohe Acht-Kurve 105 km/h, Brünnchen 100 km/h, Pflanzgarten 170 km/h, Galgenkopf-Kurve 115 km/h, Endgerade 196 km/h. Das waren einzelne Stationen der schnellsten Runde.

Mir ist immer in Erinnerung geblieben, daß ich nicht das Gefühl hatte, auf einem besonders diffizilen, hochgezüchteten Renner zu sitzen, denn das Erstaunlichste war das weiche Einsetzen des Motors, seine Gutmütigkeit, sein Durchzug. Daß man mit hoher Drehzahl Schaukeleien abbauen konnte, habe ich schon erwähnt. Man mußte sich aber trotz allem bewußt bleiben, daß es eine Fahrwerksgrenze gab, wenn in Schräglage hartes Durchfedern bei hoher Kurvengeschwindigkeit auftrat. Der erfahrene Mann wußte das und hatte entsprechend Straßenoberfläche und Kurvencharakter im Blick und im Gefühl.

Was wir bei unseren Tests auf dem Nürburgring trieben, das war schlicht die Bemessung, Einstufung und Feststellung von Leistungsgrenzen, ohne das alles niemand zu einem objektiven Urteil gelangte. Auf normalen Straßen, im normalen Verkehr und bei normalem Alltagseinsatz war eine solche elende Räuberei 1973 nicht mehr möglich, in kaum einem Land Europas. Und selbst auf den Autobahnen wäre eine Geschwindigkeit von 200 km/h nur noch sehr kurz durchzuhalten gewesen.

Die R 90 S hatte so gesehen mächtige Reserven an Leistung und im Fahrwerk. Die restlose Ausnutzung aller PS war beim Beschleunigen nur Könnern möglich. Es konnte aber der Sicherheit dienen, um schwierigen Situationen raketenartig einfach wegzufahren. Ganz allgemein hatte man immer noch etwas an Kraft und Möglichkeit im Keller, und die Lebensdauer mußte erwartungsgemäß darum sehr hoch sein.

So war es auch. Mit den Typen R 90/6 und R 90 S betrat BMW ein neues Motorradfeld, dessen positive Möglichkeiten man vorher wahrscheinlich garnicht richtig erkannt —

höchstens bei den Diskussionen um das Thema „Büffel"-Motorrad — im Auge gehabt hatte.

Schon in den ersten 18 Monaten der Existenz der BMW -/5-Modelle seit 1969 war laufend an der Modellpflege gearbeitet worden. Nicht nur die eigenen Versuchskilometer, sondern auch die Mitteilungen der Kunden waren dabei ausgewertet und berücksichtigt worden, so daß die Typenreihe -/6 und die R 90 S klar als „neue" Motorräder in den Verkehr kamen.

Der Radstand war schon 1972 von 1385 mm auf 1465 mm verlängert worden, was einer besseren Spurhaltung in sehr schnellen, langgezogenen Kurven mit leichten Querwellen oder anderen Unruhestiftern bei Schräglage zugute kam, und bei den beiden neuen 898 cm^3 Maschinen R 90/6 und R 90 S war so etwas sowieso geboten.

Seit Urzeiten der großen BMW nach dem Krieg gehörte zum geräuschlosen Schalten ein eingefuchstes Feingefühl. Um dieses Schaltgeräusch abzubauen, war die Drehzahl der Getriebehauptwelle schon bei den -/5-Maschinen durch eine entsprechende Eingangsuntersetzung verringert worden. Nun änderte man sie noch einmal, um die Getrieberäder noch langsamer laufen zu lassen. Es brachte nicht viel, immer noch war geräuschloses Schalten eine Schulaufgabe für grobe Füße — !

Es gab einen neuen Gehäusedeckel mit besserer Belüftung für die 280 Watt-Drehstromlichtmaschine, und das Kurbelgehäuse hatte eine günstige Öffnung zum Ausbau der Welle sowie Versteifungen erhalten. Die Auswuchtung der Kurbelwelle wurde durch den Einsatz von Schwermetallstopfen verbessert, weil das vordere Gegengewicht wegen der geänderten Ausbauöffnung im Gehäuse auf 130 mm Ø verringert worden war.

Dies sei als Beispiel dafür genannt, um welche Modifizierungen es sich handelte. Es wurden noch eine ganze Menge mehr am Ventiltrieb, an der Kraftübertragung und am

Fahrwerk unternommen. Der Dell'Orto-Schiebervergaser der R 90 S hatte eine Beschleunigungspumpe.

Der im Vergleich zu japanischen Motorradherstellern relativ kleine Motorradbau von BMW war aber in seinen Bemühungen um Weiterentwicklungen und Modellpflege im Maximum so aktiv, wie es bei den Japanern auch gehandhabt wurde. Man hatte begriffen, daß es letztlich gleichgültig war, ob man in riesigen oder in kleinen Stückzahlen produzierte — je höher der Aufwand für Forschung, Entwicklung und Modellpflege war, umso besser die Qualität des Produkts. Natürlich spielte das günstige oder ungünstige Verhältnis der drei Aufgaben zum Ertrag aus der Produktion eine gewaltige Rolle, aber die Münchner gingen bis an den Rand der finanziellen Möglichkeiten, um den BMW-Qualitätsnimbus so hoch halten zu können, daß er höhere Preise auf dem Weltmarkt rechtfertigte. Gleichstarke und in ihrer Leistung gleiche japanische Maschinen blieben stets billiger als die BMW-Modelle.

Auf Qualität und hohes technisches Niveau wurde bei BMW weiter gesetzt, und 1976 wurde mit einem bislang ungewohnt hohen Kostenaufwand der internationalen Fachpresse eine nochmals weiterentwickelte und erneuerte Motorrad-Modellpalette präsentiert.

Ich war nicht der einzige, der der Meinung war, daß statt mancher uns unnütz erscheinenden frugalen Beigabe ein Tag mit noch mehr Fahrmöglichkeiten der neuen Typen besser gewesen wäre. So mußte man sich mit wenigen Kilometern zum Kennenlernen begnügen und später erst den Fahrcharakter der R 60/7, R 75/7, R 100/7, R 100 S und R 100 RS ergründen.

Da hatten wir also nun bei dem traditionsreichen BMW-Zweizylinder-Boxermotor auf jeder Seite einen Hubraum von 490 cm³! Die Zylinderbohrung betrug 94 mm, so daß es mit den großen Kolben ganz schön hin- und hergehende Massen gab. Dazu hatte die Kurbelwelle wieder kein Mittellager — also

konnte man wohl doch einige Schütteleien und Vibrationen erwarten.

Als wir zum ersten Mal von der Existenz eines „1000er" Motors bei BMW in der uralt-bewährten Bauweise hörten, diskutierten wir darüber, wie man dann wohl mit den Kurbelwellen-Schwingungen fertig werden würde. Wir waren auf einen rauhen Lauf des großen Motors gefaßt, bevor wir die Gelegenheit zu einer Fahrt mit der R 100/7, der R 100 S und der R 100 RS bekamen.

Natürlich war man nicht auf Anhieb mit allen auftretenden technischen Problemen fertig geworden, und es war sehr viel Entwicklungsarbeit, sehr viel im Versuch zu tun, und es waren sehr viele Feinheiten auszufeilen, um das Niveau zu erreichen, das zum BMW-Image gehörte.

Dieses Image war am Dienstag, dem 8. Juni 1976, auf der Isle of Man beim Serienmaschinen-Rennen der Klassen bis 250 cm³, bis 500 cm³ und bis 1000 cm³ gewaltig aufpoliert worden, und davon wäre hier zu berichten.

Bei schönstem Wetter waren wir an die Strecke bei Union Mills gefahren, wo es eine sehr schnelle, langestreckte Rechts-Links-Kurvenfolge durch den Grund des River Dhoo und der ehemaligen Eisenbahnlinie gab. Denn hier federn die Maschinen in Schräglage tief ein, und beim Ausfedern muß die Dämpfung optimal funktionieren. In den kurzen Querwellen der Linkskurve wurde eine eventuell vorhandene Pendelneigung unerbittlich, knallhart und urplötzlich eingeleitet — eine feine Stelle am TT-Kurs, um Fahrwerke studieren zu können.

Am extremsten schlugen eine 500er Kawasaki und die 1000er Laverda aus, überraschend gut lagen durchweg die 400-4-Honda (!), Hans-Otto Butenuths und Helmut Dähnes BMW R 90 S, die 900 cm³-Ducati SS, die 250 cm³- und die 400 cm³-Yamaha.

Nach der Klasse bis 250 cm³ (Sieger nach neun Runden [= 547,8 km] das Team Simpson/Mortimer [Yamaha] mit 139,8 km/h Durchschnitt) und der Klasse bis 500 cm³

Helmut Dähne schiebt seine BMW R 90 S im Renntrimm zur Abnahme. Tourist Trophy, Isle of Man, Serienmaschinen-Rennen, Klasse bis 1000 cm³, Juni 1976.

(Sieger über 10 Runden = 607 km mit 146,7 km/h Durchschnitt) wurde um 11.20 Uhr die Klasse bis 1000 cm³ für zehn Runden = 607 Kilometer (!) gestartet.

Die teilnehmenden Marken mit 25 Fahrerteams waren wie folgt aufgeteilt: Eine Benelli-Sechszylinder, drei BMW — darunter Hans-Otto Butenuth zusammen mit Helmut Dähne auf einer R 90 S — sechs Ducati, fünf Honda, drei Kawasaki, eine Laverda 980 cm³, eine Moto Guzzi und drei Triumph.

Helmut Dähne legte mit der BMW einen Blitzstart hin und kam nach ca. 6,5 Kilometern bei Union Mills mit über 20 Sekunden Vorsprung vor dem nächsten Fahrer vorbei. Die Maschine lag astrein auf der Straße und zeigte keine Unruhe in der Spur. Im Training war durch einen defekten Ventilsitzring der Zylinderkopf beschädigt worden, was deshalb große Probleme aufwarf, weil Helmut Dähne — wie oft schon (!) — die benötigten Ersatzteile vom Werk nicht erhalten hatte.

Man behalf sich schließlich mit Teilen eines Zylinderkopfs, der für ein anderes Rennen vorgesehen war, bekam dann aber noch Schwierigkeiten mit dem Bruch eines Vergaserstutzens. Bis zum Rennen jedoch wurde alles geregelt, und es war ein Glück, daß diese Improvisationen durchhielten.

Dähnes erster Vorsprung änderte sich aber bald, denn das Ducati-Team Steve Tonkin/Roger Nicholls mit der 900er SS legten ein irrsinniges Tempo vor und überholten Dähne in der zweiten Runde, obwohl dieser keine Runde unter 160 km/h Durchschnitt (!) fuhr.

Es war uns klar, daß die BMW nur dann gewinnen würde, wenn sie durchhalten könnte

Helmut Dähne in der siebten Runde bei Union Mills.

Hans Otto Butenuth in der zehnten Runde bei Union Mills. Zu diesem Zeitpunkt kam die Nachricht, daß die rivalisierende Ducati 900 SS ausgefallen und der Teamsieg für BMW wahrscheinlich war. 8. Juni 1976.

und wenn die Ducati die Hetzjagd nicht durchstände. Nach drei Runden ging Dähne zum Nachtanken und Fahrerwechsel das erste Mal an die Boxe, und nach nur wenigen Sekunden setzte Hans-Otto Butenuth mit der Maschine das Rennen fort. Er blieb unter dem Durchschnitt von Dähne, aber es war zu erkennen, daß das Motorrad sauber und ohne Mucken lief.

Die Ducati hatte noch mehr Boden gewonnen, und man hätte sie bereits als Siegermaschine erwarten können. Da wurde in der letzten Runde bekannt, daß Steve Tonkin mit der 900 SS bei Waterworks hinter der Stadt Ramsey nach ca. 490 gefahrenen Kilometern mit einem schweren Motorschaden aufgeben mußte. Hans-Otto Butenuth, der die letzten beiden Runden mit der BMW übernommen hatte, kam als Schlußfahrer des siegreichen Teams über die Ziellinie.

Also in der Zuverlässigkeit der R 90 S hatte des Pudels Kern gelegen, vielleicht auch in der Taktik der beiden Fahrer, von denen Helmut Dähne als der schnellere den beiden Engländern und deren Ducati immer soweit im Nacken blieb, daß diese ein solches Höllentempo vorlegten.

Das Ergebnis der Klasse bis 1000 cm³ lautete: 10 Runden = 607 Kilometer. 1) Butenuth/Dähne (BMW) 3:48:50,8 = 159,16 km/h. 2) M. Sharpe/A. Alexander (BMW) 3:57:02,4 = 153,65 km/h. 3) R. Knight/M. Hunt (Laverda) 3:59:36 = 152,06 km/h und drei weitere Maschinen mit Wertung ins Ziel, 19 ausgefallen oder nicht gewertet (!).

Eine eigenartig reglementierte Gesamtwertung aller drei Klassen läßt die kleineren Maschinen schneller sein und das Team Butenuth/Dähne auf dem fünften Platz erscheinen. Und es erklärt, warum Tonkin und Nicholls die Ducati praktisch totjagten — sie wollten auch im Gesamtergebnis das erfolgreichste Team sein.

Das schmälerte aber nicht den BMW-Erfolg, es war ein echter TT-Sieg. Nach 37 Jahren hatte auf der Isle of Man wieder eine Solo-BMW eine Klasse gewonnen! Ewald Kluge 1938, 250-cm³-Klasse mit einer Ladepumpen-DKW; Georg Meier 1939, 500-cm³-Klasse mit einer Kompressor-BMW; Werner Haas 1954, 250-cm³-Klasse mit einer NSU; Dieter Braun 1970, 125-cm³-Klasse mit einer Suzuki. Das waren die deutschen TT-Siege in verschiedenen Soloklassen vor diesem denkwürdigen Erfolg 1976.

Was ich aber bis heute nicht verstanden habe, das ist die Tatsache, wie gering das Echo im Hause BMW und auch bei der Obersten Motorradsport Kommission (OMK) in der Bundesrepublik Deutschland war. Als bei BMW im Winter 1976 ein großes Fest zu Ehren der erfolgreichen BMW-Sportfahrer in München stattfand, wurde Helmut Dähnes großer Erfolg, sein TT-Sieg, mit *keinem* Wort erwähnt — ! Dafür aber der kleinste Dorferfolg der Wagensportler mit vielen Worten gewürdigt. Der vom Fernsehen für die Siegerehrung engagierte Star-Sportreporter wußte, als ich ihn darauf ansprach, offensichtlich garnicht, was die TT war — ! Demzufolge habe ich wegen seelischen Unwohlseins das Superfest verlassen und nicht versäumt, den Grund der Abreise den verantwortungsvollen Chargen von BMW zu erläutern.

Es sollte aber einmal deshalb erwähnt sein, weil es ein wunderbares Beispiel dafür ist, welchen Interessengrad das Motorrad unter den maßgebenden Göttern von Gesamt-BMW 1976 genoß und wie weit das Interessenumfeld des am Motorrad arbeitenden Managements reichte. TT — ? Was war denn das — ? Irgend so'n Kirchturm-Rennen — ?

So war es auch nicht drin, Hans-Otto Butenuths und Helmut Dähnes TT-Sieg publizi-

stisch und werbetechnisch auszunutzen. Man wußte offensichtlich überhaupt nicht, welchen hohen Rang ein solcher Erfolg auf der Isle of Man im In- und Ausland, besonders aber in England und in den USA, bei Motorrad-Enthusiasten einnahm. Ein TT-Sieg über die schwerste Rennstrecke der Welt galt dort ebensoviel wie ein Weltmeisterschaftserfolg. Und es orientierte sich auch die Fachwelt an einem solchen Sieg über die Qualität einer Maschine und eines Fahrers, ganz besonders noch dazu bei einem Serienmaschinenrennen.

Auch die OMK erwähnte Butenuths und Dähnes TT-Sieg bei der Jahresfeier kaum, und ich bin nicht der einzige, der das bis heute nicht begreifen kann. Es war nur gut, daß ein paar Fachjournalisten davon etwas mehr wußten und entsprechend darüber weltweit schrieben. So sickerte es doch überall durch und brachte der Präsentation der neuen -/7-Maschinen im Herbst 1976 Sympathien und Erwartungen entgegen.

Vor allem unsere englischen Kollegen waren nach dem TT-Sieg mit Neugier ins Voralpengebiet nach Murnau gekommen, wo die Vorstellung der R 100/7, der R 100 S und der R 100 RS stattfand. Es standen einige Vorserien-Exemplare zum Fahren bereit, wobei wir — wie schon oben erwähnt — sehr gespannt auf etwaige Vibrationen und Kurbelwellen-Schwingungen waren mit jeweils

Die Serienverkleidung der neuen BMW R 100 RS 1976 wurde ausgiebig im Windkanal getestet und entsprechend entwickelt.

490 cm³ Hubraum rechts und links — !

Außerdem war das Modell R 100 RS serienmäßig mit einer Kunststoff-Verkleidung ausgestattet, die mit sehr viel Sorgfalt im Windkanal entwickelt worden war. Dabei hatte man sich bemüht, keine „Segelfläche" daraus zu machen. Da man über Geschmack nicht streiten soll, lasse ich es dahingestellt, ob diese Verkleidung gut aussah oder nicht — es gab genausoviele Freunde von Verkleidungen an Motorrädern wie Fahrer, die lieber ohne „Blech vor der Nase und kaltem Sog im Rücken" unterwegs waren. Aber es stand eines fest: Die Verkleidung wurde in der Hauptsache funktionell konstruiert, damit guter Windschutz, beste aerodynamische Form, beste Handlichkeit des Motorrades, sehr große Stabilität der Schale und vor allem extreme Bodenhaftung der Maschine bei hoher Geschwindigkeit gegeben waren. Das Letztere wurde durch entsprechend angestellte, eingearbeitete Spoilerstege erreicht. Außerdem war die Aufgabe gestellt worden, einen Strömungsabriß zu erreichen, der den Rückensog möglichst gering hielt. Bei über 180 km/h auf der Autobahn war jedoch noch soviel Sog vorhanden, daß meine in der rechten Außentasche meines Fahranzuges steckende Mütze herausgezogen und in den Innenraum der Verkleidung in Höhe des rechten Gabelholmes gesaugt wurde (!). Knapp über dem Rand der Scheibe entstand eine „luftleere" Zone, in der Regentropfen nicht ins Gesicht des Fahrers gelangen.

Auf alle Fälle lag die RS bei knapp 200 km/h (Tachometerangabe) ohne Schaukeln und ohne Pendeln des Lenkers fest in der Spur, und das schräge Überfahren der Längsrille auf der Autobahn verleitete sie nicht zu irgendwelchen Lenker-Unarten. Von einem „Leichtwerden" des Vorderrades konnte man nicht sprechen. Tatsächlich drückte die Verkleidung das Vorderrad an den Boden, die Spur- und Schwerpunktlage blieb stabil.

In den engen Kurven am Ettaler Berg war

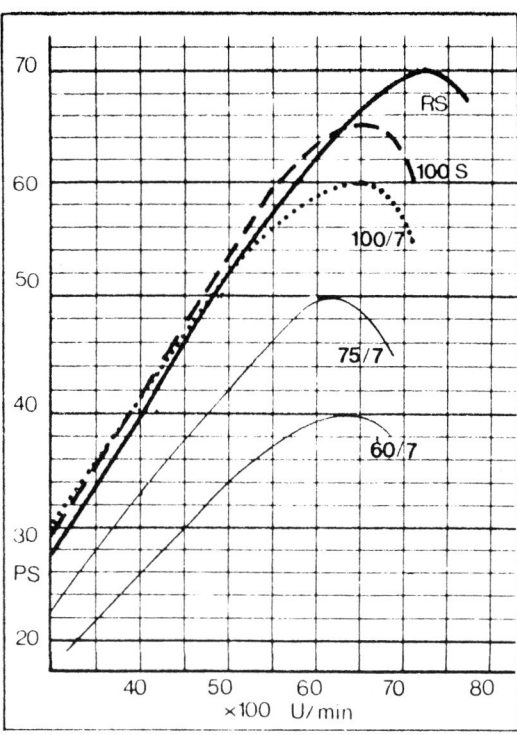

Das sind die Leistungskurven der neuen BMW-Modelle. Bei den 1000er Typen liegt der Verlauf ziemlich genau übereinander bis etwa bei 5000 U/min.

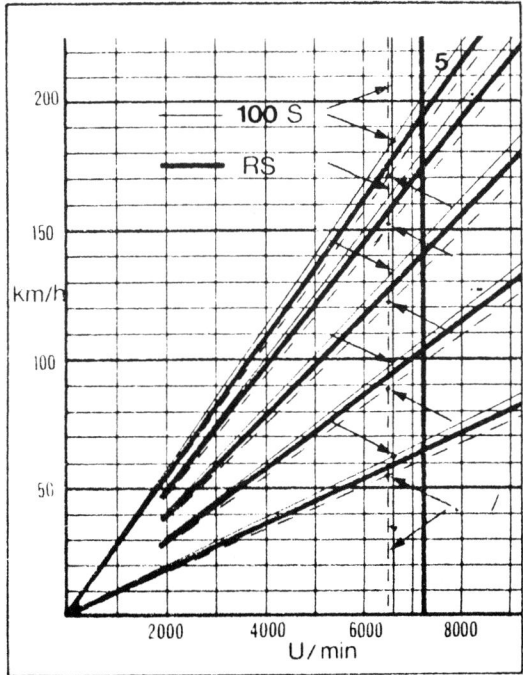

Die Gangdiagramme der drei 1000er Modelle. Jeweils mit Grenzlinie an der Nenndrehzahl.

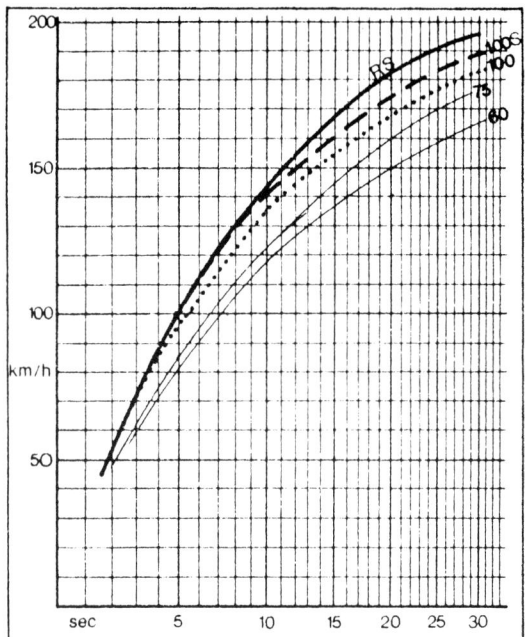

Der Vergleich der Beschleunigungen ergibt für die 100 S und die RS gleichen Verlauf bis 130 km/h. Dann zieht die RS davon — hauptsächlich durch die Auswirkungen der Verkleidung.

die Verschalung nicht hinderlich, man konnte mit ganz schön Dampf und großer Schräglage fahren, und im Eifer des Gefechts stellte ich erstaunt fest, daß ich das Vorhandensein einer Verkleidung überhaupt „übersah".

Damit waren wir schon mitten in der Fahrt. Den Start zu schildern, konnte man für überflüssig halten, weil der Motor mit dem E-Starter sofort ansprang, weil die Kupplung sehr leicht ging, weil der erste Gang ohne Knall einrastete und alles so problemlos erschien. Bei dem Modell RS mußte erwähnt werden, daß schon beim ersten Sitzen die Lage des Lenkers angenehm auffiel, daß der Blick in das Cockpit hinter der Verkleidung gute Übersicht über alle Instrumente bot. Die Schalterarmaturen fand ich gut angeordnet und anatomisch richtig. Rechts der Starterknopf, der Blinkerschalter und der Unterbrecher-Schalter — genau meiner Fingerlage und -bewegung entsprechend. Links Signalknopf, Lichtschalter, Abblend-

schalter und Lichthupe. Zündschalter vorn in der Mitte zwischen Voltmeter und elektrischer Uhr. Alles so bemessen, daß man auch mit Lederhandschuhen keine Enge empfand.

Dann fiel der Blick noch einmal nach unten, und man hatte den Tankverschluß vor sich. Er war extrem flach, so daß eine Tanktasche gut drüberliegen konnte, er war abschließbar und in die Tankfläche eingelassen.

Solche Kleinigkeiten ließen erkennen, daß hier nicht „auf Show" gebaut worden war. Allerdings gab es später in der Serie klemmende Verschlüsse, die zeigten, daß zwischen optimal gebautem Einzelstück und rationeller Serienfertigung im Zeittakt doch noch ein Unterschied ist.

Die beiden Rückspiegel, der Verkleidungsform angepaßt gestaltet und angebaut, wurden nochmals in ihrer Einstellung korrigiert, bevor es auf die Landstraßen und von der Autobahn herunterging. Übrigens zeigten die Rückspiegelgläser doch Vibrationen an, die sich — durch die Verschalungsfläche intensiviert transportiert — bemerkbar machten.

Hinter der Autobahn auf den schönen, schwungvollen Bundesstraßen gab es schnelle und langgezogene Kurven. Das Motorrad zog dort gut durch, und bei den nächsten Biegungen tastete man sich etwas weiter an mögliche Schräglagen heran. Das Tempo lag um und über 100 km/h, und es war wohl der besonderen aerodynamischen Form der Schale zuzuschreiben, daß ich in diesem Tempobereich Seitendrücke von auftretenden Windböen stärker verspürte als auf der Autobahn bei über 160 km/h. Dieser Seitendruck erinnerte mich plötzlich an die Verkleidung, die ich schon fast „vergessen" hatte.

Beim Herunterschalten knallte es nicht im Getriebe, es knackte höchstens, und dieses Geräusch war offensichtlich auch nur hinter der Schale zu hören, die einem die mechanischen Laufgeräusche des Motors deswegen

BMW R 100 RS, Herbst 1976.

auch hörbar machte, weil der Fahrtwind an den Ohren fehlte. Das war auch der Grund, weshalb ich die ersten Kilometer auf der Autobahn viel schneller fuhr als mir mein Gefühl das sagte. Die Tachonadel war aber unbestechlich — ! Hoppla — 180? Das hatte ich überhaupt nicht empfunden.

Nun ging es durch die Kurvenpartien im dritten und im vierten Gang. Nach dem Drehmoment des Motors (7,0 mkp bei 3000/min; 7,6 mkp bei 5500/min; 6,5 mkp bei 7250/min) konnte man auch im fünften Gang durch diese Partien flitzen, denn bei 110 km/h betrug die Drehzahl 4000/min = 40 PS und 7,25 mkp Drehmoment, was genügend Kraftreserven für das Tempo und für ein Herausbeschleunigen bedeutete. Aber im dritten Gang bei 110 km/h mit 5600/min = 58 PS und 7,6 mkp Drehmoment ließ sich die Kurvenausfahrt wie von einem Katapult abgeschossen gestalten — !

Aus 2000/min im fünften Gang = 65 km/h = 6,4 mkp Drehmoment war es möglich, die R 100 RS voll aufzudrehen. Etwas ruckelig nahm der Motor bei ganz geöffnetem Drehgriff das Gas an, aber er verschluckte sich nicht, was auf den Gleichdruckvergaser (40 mm Ø) zurückzuführen war. 2500/min — der

Lauf wurde ruhiger, das Schütteln hörte auf. 3000/min — ab da wurde der Motor schon sanft. 3500/min — 95 km/h, ca. 34 PS und 7,1 mkp Drehmoment, das Ding zog schon nach ca. 14 Sekunden, auf der Armbanduhr gestoppt, los. Es ging mit 6500/min und guten 175 km/h dahin wie eine Rakete. So jedenfalls hatte es sich auf der Autobahn dargestellt. Wobei übrigens die R 100 S bis 130 km/h mühelos mitkam — auch ohne Gesamtverkleidung.

Die Sitzposition auf der Einmann-Bank der R 100 RS war einwandfrei, und man rutschte bei hartem Bremsen nicht ins Cockpit, man blieb auch bei starker Beschleunigung sicher nach hinten abgestützt. Fuß-

BMW-Boxermotor 1976.

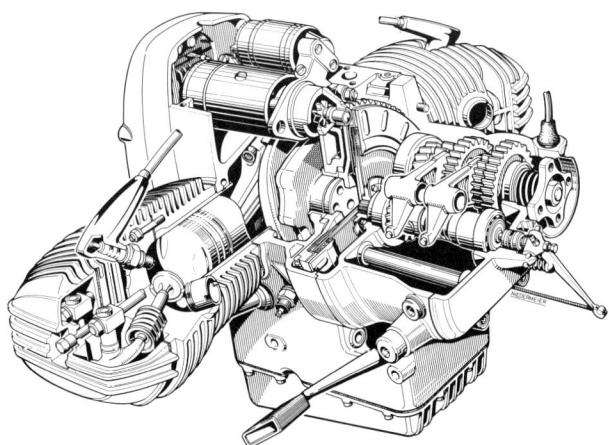

schalthebel und Fußbremshebel waren Zehenspitzen — gerecht in der richtigen Position. „Gesammelt" und konzentriert konnte man fahren.

In den nächsten Streckenabschnitten durch Ortschaften, später in die Berge über Serpentinen, brauchte man diese Konzentration. Schalten, Bremsen, Schalten — es ging wie beim Orgelspiel mit allen Bedienungselementen. Manchmal reizte es mich, den zweiten Gang bis über 100 km/h (= 7000/min und knapp 70 PS) ausdrehen zu lassen. Aber was sollte das? Im Bereich zwischen 3500 und 5500/min hatten wir ebensoviel Dampf.

Bis auf die Fußrasten legte ich das Motorrad nicht. Weil ich immer weiter und weiter versuchte und trotzdem nichts bei so großen Schräglagen auf der Straße schliff, gab ich es endlich auf. Das berühmte Kratzen — noch bei -/6-Modellen oder bei anderen Maschinen war es in geringerer Schräglage zu hören — blieb aus. Das wollte ich dann lieber auf dem Nürburgring weiter probieren als auf einer vom Touristenverkehr belebten Reisestraße.

Aber ich wollte noch etwas wissen: Schlagloch-Serien, Teerkanten, Buckel, Kuppen, Längsrillen und schräge Belagabrisse. So richtig alles, um ungute Fahrwerke zum Vergraulen von armen Motorradfahrer-Gemütern zu benutzen. Es fand sich auch eine Straße, sogar mit noch frischen Teerausbesserungen.

Vor mir fuhr einer, dessen Inneres sich einem Unmut des Lebens zu nähern schien. Das war der damalige Fahrwerk-Versuchsleiter von der Marwitz auf einer anderen RS. Er ließ das Gas unbarmherzig stehen. Ich will hier nichts von der Geschwindigkeit verraten, aber an dem Marwitz konnte ich dranbleiben — mit einer anderen Maschine hätte ich es vielleicht nicht gewagt. Da war z. B. so eine Art Sprunghügel, über den die RS wie eine Rakete hinausschoß — „nur Fliegen war schöner" — und der kleine graue Computer unter meiner Hirnschale schaltete auf

„Aufsetzen, Hakenschlagen, Rausfliegen".

Die 230 Kilogramm der noch gut betankten Maschine plus 85 kg Gewicht des Fahrers samt Ausrüstung, also zusammen ca. 315 Kilogramm (= über sechs Zentner), setzten mit beiden Rädern gleichzeitig auf — von „Hinkrachen" konnte keine Rede sein. Die Gabel tauchte mit einem richtigen Schock tief ein, die Federbeine hinten im selben Augenblick auch. Irgendwie saß mir aber das Herz im Hals — doch die Brave tat garnichts, sie schüttelte sich nicht einmal in der Spur, sondern lief wie auf einer Schiene geradeaus weiter.

Das überraschte mich sehr, und ähnlich verhielt sich das Fahrwerk auch bei starkem Bremsen.

Die gefahrene Maschine hatte 1976 serienmäßig noch Speichenräder, Gußräder gab es vorerst (und mit Wartezeit) auf Sonderbestellung, ebenso die vorgesehene Hinterrad-Trommelbremse mit Belüftung.

Bis in die 80er Jahre wurde das Modell R 100 RS, wurden auch die anderen 1000-cm^3-Modelle gebaut, 1976 hatten wir damit etwas ganz Neues bei BMW erlebt. Wenn die Motoren leistungsmäßig auch unter denen der japanischen Weltkonkurrenz blieben und nicht mit technischen Gags wie obenliegenden Nockenwellen glänzten, so war die gebotene Rundum-Qualität und waren die möglichen Fahrleistungen im Gesamtbild der Motorradszene doch so interessant, daß die geplante Produktionszahl aufgrund der Nachfragen erhöht werden mußte.

Damit wurde klar, daß BMW offensiv in die Marktauseinandersetzung mit den Japanern eingegriffen hatte. Man hatte nicht mehr das Gefühl, daß Motorräder im Gesamtkonzern von BMW eine weniger beachtete Rolle spielten oder eines Tages aus dem Programm verschwinden würden, was uns bei den vorhergehenden Modellen immer zweifelhaft gewesen war.

Doch war der BMW-Einsatz zunächst noch lange nicht für einen großen finanziellen Gewinn gut, die Konkurrenz faszinierte uns erst einmal weiter mit starken und mehrzylindrigen ohc-Motoren für weniger Geld, als für die Zweizylinder-ohv-BMW-Modelle hinzublättern war. Hier ein paar Beispiele aus dem Jahr 1977 zum Vergleich:

Leistung PS/kW	Marke, Typ	Zyl. Zahl	Preis DM
40/29,5	BMW R 60/7 ohv, Kardan	2	6850,—
42/30,9	Honda CB 500 T 2 x ohc	2	4468,—
46/33,8	Ducati 500 S ohc, Desmo	2	6500,—
50/36,8	BMW R 75/5 ohv, Kardan	2	7985,—
50/36,8	Honda CB 550 F 1 ohc	4	5868,—
50/36,8	Kawasaki Z 750 2 x ohc	2	6500,—
60/44,1	BMW R 100/7 ohv, Kardan	2	8590,—
63/46,4	Suzuki GS 750 2 x ohc	4	6990,—
64/47,1	Yamaha XS 750 2 x ohc, Kardan	3	7252,—
65/48,0	BMW R 100 S ohv, Kardan	2	10190,—
65/48,0	Ducati 850 GTS ohc	2	7900,—
67/49,3	Honda CB 750 F 1 ohc	4	6766,—
70/51,6	BMW R 100 RS ohv, Kardan	2	11210,—
82/60,3	Honda GL 1000 ohc, Kardan	4	8278,—

Diese Zusammenstellung könnte man in den Hubraumklassen zwischen 500 und 1000 cm^3 noch vervollständigen, doch zeigen die hier genannten Motorrad-Modelle bereits sehr deutlich die Differenzen.

BMW hatte diesen Tatsachen außer dem Kardanantrieb und dem kultivierten Lauf seiner Motorradmotoren nur noch den Hinweis auf hohe Qualität und lange Tradition entgegenzusetzen. Es gab aber zu viele Enthusiasten, die das nicht in Einklang mit höheren Preisen brachten. Umso unverständlicher blieb uns — um es noch einmal zu sagen — der seitens BMW nicht genutzte TT-Sieg von 1976.

Die eisernen BMW-Fans rund um den Erdball waren in ihrer Zahl und ihrem Kaufpotential nicht in der Lage, sehr viel Hilfe in diesem weltweiten Konkurrenzkampf zu geben. BMW mußte sich doch noch mehr einfallen lassen, um besser abschneiden zu können.

Seit Jahren waren wir der Meinung gewesen, daß der berühmte Zweizylinder-Rennmotor mit seinem ohc-Königswellenventiltrieb bestens geeignet gewesen wäre, in einer zivilen Ausgabe (und dann auch mit einem bestimmt von der Kundschaft akzeptierten entsprechend höheren Preis!) ein Verkaufsrenner zu werden. In diesem Fall wäre die Typenbezeichnung „RS" ein Magnet gewesen. Es lagen so viele Erfahrungen mit diesem Motor vor, daß eine Zivilentwicklung u. E. nicht mehr finanzielle Mittel erfordert hätte als z. B. die Entwicklung der neuen -/5-, -/6- oder -/7-Modelle.

Doch wurden solche Vorschläge wieder mit dem Argument abgeschmettert, daß dafür die Produktionskosten im Serienbau viel zu hoch wären. Wir glaubten das deshalb nie, weil andere Marken den Königswellen-Ventiltrieb sogar desmodromisch zu einem vertretbaren Preis seit Jahren herstellten.

Wir waren überzeugt, daß eine solche zivile Serien-ohc-„RS" ein derartiger Renner — besonders in den USA — geworden wäre, daß es die Japaner nicht so leicht geschafft hätten, für BMW auf dem Markt so gefährlich zu werden.

Wie dem auch war — ob tatsächlich die Kostenfrage, ob fehlendes Wissen von der Marktbasis oder irgendwas anderes der wirkliche Grund war, den faszinierenden „ohc-RS"-Gedanken nicht aufzugreifen — dieser TEE-Zug war zunächst für BMW abgefahren, man ließ sich andere Dinge einfallen.

Im Frühsommer 1978 kam eine neue Modell-Palette in die Listen: R 45 (473 cm^3/ ohv/20 kW bzw. 27 PS oder 26 kW bzw. 35 PS), R 65 (650 cm^3, ovh, 33 kW bzw. 45 PS), R 80/7 (785 cm^3/ohv/37 kW bzw. 50 PS oder

40 kW bzw. 55 PS) und zu den drei 972 cm^3 Modellen gesellte sich die R 100 T (972 cm^3/ohv/47 kW bzw. 65 PS) hinzu.

Also keine obenliegende Nockenwelle, nur eine Erweiterung des Angebots im bewährten Stil — Zweizylinder-ohv-Boxermotor, Kardanantrieb — wie seit 1925, als der erste ohv-Boxermotor in der R 37 hing.

Die 27 PS (19,8 kW) R 45 regte sogar zum Vergleich mit dem R 50 Schwingenmodell an (gebaut von 1955 bis 1960), 26 PS (19,1 kW), 490 cm^3. Dabei hatte die alte R 50 sogar günstigere Leistungsdaten, weil der Motor nicht so hoch drehte und ein besseres Drehmoment besaß.

Damit hatte man das Motorrad-Angebot bis in die 27-PS-Versicherungsklasse erweitert. Daß die R 65 nur 45 PS bekam (Versicherungsklasse bis 50 PS), und daß auch die R 45 für Superbenzin mit 35 PS (ebenfalls Versicherungsklasse bis 50 PS) im Reigen des Marktkampfes irgendwie unglücklich angesiedelt war, beruhte auf irgendwelchen Fehleinschätzungen.

Nun muß ich aber zur Ehrenrettung eines über Stoßstangen bewegten Ventiltriebs sagen, daß er 1978 für ein Alltagsmotorrad durchaus akzeptabel war, auch Honda hatte mit dem Modell CX 500 einen Viertakt-V-Motor mit Stoßstangen-Ventiltrieb auf dem Markt. Nur fehlte ihm trotz aller technischen Vorteile (schnellere und billigere Montage bei Reparaturen, weil unkomplizierter) die Anlehnung an das, was ich mit dem „schnellen Flair" bezeichne und der nun einmal bei Motorradfahrern immer ankommt und somit auch ein Kaufmagnet ist. Und dieses Tüpfelchen fehlte eben 1978 noch bei den BMWs, wenn man sie im Kreise der Konkurrenten sah. Es enttäuschte deshalb manche Motorradenthusiasten, weil es eben ein berühmtes RS-ohc-Modell viele Jahre mit ungeheuren Sporterfolgen gegeben hatte. Erst 1983 kamen zwei obenliegende Nockenwellen im Vierzylindermotor der K 100 als ohc-Ventiltrieb bei BMW-Serienmotorrädern auf den Markt.

1978 gab es mit den Modellen R 45 und R 65 die Hoffnung, einen Käuferkreis zu animieren, der schon bei einer Motorleistung von 27 PS von einer Zweizylinder-Kardan-BMW träumte, oder dem 35 PS (R 45 mit Superkraftstoff) bzw. 45 PS (R 65 mit Superkraftstoff) erstrebenswert erschienen, ohne eine „schwere" BMW kaufen zu müssen.

Interessant ist es wohl, wenn man heute die Eindrücke wiedergibt, die uns auf den ersten Kilometern mit der „kleinen" BMW geboten wurden. Auf der BMW-Versuchsbahn am Speichersee im Norden von München fanden die Probefahrten statt, und es handelte sich um einige Exemplare der 0-Serie, die aber der kommenden Produktion genau entsprachen. Es ist wichtig zu wissen, daß diese einzeln optimal zusammengebauten Maschinen noch keine Produktionsprobleme zu durchlaufen hatten und in einem geradezu 100 % korrekten Zustand waren.

So brauchte man mit keinem Betriebsfehler zu rechnen, und die Motoren sprangen auch auf Knopfdruck an, einen Kickstarter gab's nicht mehr. Der Leerlauf war so leise, daß man genau hinhören mußte, um das Auspuffgeräusch zu vernehmen. Beim Anfahren nahm der Motor sofort Gas an und verschluckte sich nicht.

Damit begann zuerst mit der 27 PS-R 45 mein Kontakt. Die Zylinderbohrung betrug 70 mm, der Kolbenhub 61,5 mm, der Hubraum 473,4 cm^3, die Verdichtung 8,2. Der kleinere Durchlaß (26 mm) der Gleichdruckvergaser (die Vergaser der Superkraftstoff-R 45 hatten 28 mm Ø) und eine größere Hinterradübersetzung von 4,25 (Superkraftstoff-R 45:3,89) waren Unterschiede zur 35 PS-Version für Superbenzin.

Wer die R 50 von 1955 noch kannte, war automatisch geneigt, mit den 27 PS der R 45 Vergleiche zu ziehen, wobei grundsätzlich auffiel, daß die R 50 eine wesentlich bessere Laufcharakteristik aufzuweisen hatte, die auf einer *gesünderen Lage* des Drehmoments beruhte. Die R 45 mußte man erheblich hoch drehen lassen, um immer flott vorwärts zu kommen — was bestimmt eine Folge der Reduzierungsmaßnahmen an diesem Motor (von ursprünglich 35 auf 27 PS) war. Deshalb neigte ich dazu, den Motorenentwicklern keine gute Note zu geben.

Aber in der ersten Kurvenfolge schon merkte man, daß die R 45 ein recht handliches Motorrad war, es war nach der letzten 250 cm³ R 27 (1960 bis 1967 gebaut, 165 kg Leergewicht, 18 PS/13,2 kW) die „griffigste" BMW, die ich gefahren habe. In Schräglagen so spurtreu — das war ein Genuß!

Aber es war nicht etwa weniger Gewicht (205 kg fahrfertig), es war der kürzere Radstand (1390 mm) gegenüber den -/7-Modellen (1465 mm) und die geringere Breite des Motors, der um 56 mm schmaler als seine größeren Brüder war. Der Kolbenhub von 61,5 mm und ein kurzes Pleuel waren die Voraussetzung dafür.

Gleich hinter den ersten Kurven kam eine längere Gerade, auf der ich das Drehmoment des Motors testen wollte. Unterhalb von 3000/min im fünften Gang (3000/min = 13 PS/9,5 kW) war nichts zu holen, nur Schüttelei und asthmatisches Keuchen. Drüberweg jedoch bequemte sich der Motor, langsam durchzuziehen. Tempo: ca. 60 km/h. Nach Vollgasgeben dauerte es etwa 600 m, bis der Drehzahlmesser auf 5200/min (= 23 PS/16,9 kW = ca. 100 km/h) geklettert war, ohne daß es ein Leistungsloch gab. Bei 5000/min war ein Drehmoment von 3,2 mkp angegeben. Eine Beschleunigung im dritten Gang von 50 km/h bis 100 km/h in weniger als fünf Sekunden ließ ein überlegenes Verhalten im Verkehr erwarten.

Bei derartigen Versuchen drehte der Motor bis über 7000/min und fing oberhalb von 5500/min (24 PS/17,7 kW) erst an, richtig Spaß zu machen. Dieses Aggregat war also ein „Dreher", und man mußte (und konnte) den Motor ohne Skrupel immer oberhalb des Minimums von 5000/min laufen lassen.

Der verkürzte Kolbenhub von 61,5 mm blieb noch bei 7500/min weit unter 16,0 m/s Kolbengeschwindigkeit, der kritischen Ver-

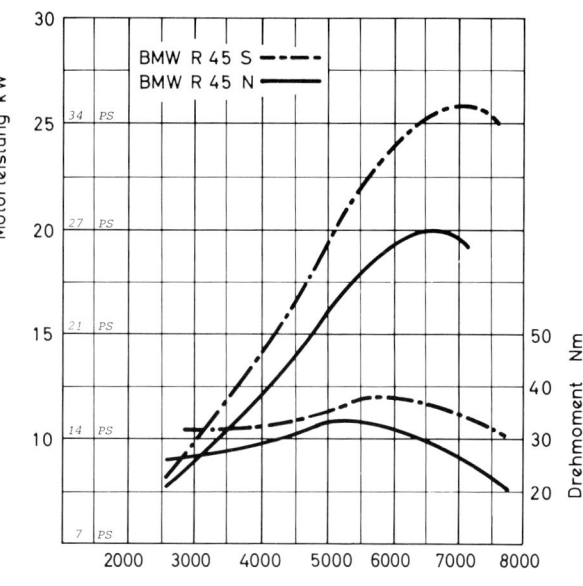

Leistungskurven der R 45 S (für Superbenzin) und der R 45 N (für Normalbenzin), Frühjahr 1978.

schleiß- und Belastungsgrenze, nämlich bei 15,38 m/s. Als höchste Dauerdrehzahl waren 7000/min erlaubt, was einer Geschwindigkeit von ca. 135 km/h entsprach. Bei einer Drehzahl von 7500/min kletterte das Tempo auf knapp 143 km/h. Eine Höchstgeschwindigkeits-Messung mit langliegendem Fahrer in engem Lederzeug auf ebener Bahn, ausgemittelt aus mehreren Messungen von Hin- und Rückfahrt, zeigte im Durchschnitt 143 km/h an, was gut 7600/min bedeutete, 7650/min waren als höchstmögliche Drehzahl genannt, dort begann auch der rote Bereich am Drehzahlmesser. Beschleunigungsmessungen lagen aus dem Stand bis 100 km/h zwischen 11 und 14 Sekunden.

Das Leistungsgewicht von 7,6 kg/PS war eben nicht zu übersehen und zeigte Grenzen bei dieser „gedrosselten" 27-PS-BMW. Trotzdem war das Motorrad zu beachtlichen Leistungen fähig, wie wir später dann erlebten. Jetzt — beim ersten Kennenlernen — war ich doch etwas gedämpft in meinen Vorstellungen von der Leistungsfähigkeit einer „kleinen" BMW von 1978. So versuchte ich, die positiven Fakten zu erkennen, die

BMW R 65, 1978.

das Bild aufpolieren mußten, wenn man den sehr hohen Preis und die Konkurrenz im Auge hatte.

Vibrationen waren oberhalb von 5000/min nicht mehr bemerkbar, dafür aber mechanische Geräusche vom Motor her. Irgendwelche Querbeschleunigungen erkannte man nur, wenn man im Leerlauf Gas gab und die Maschine dann die leichte Dreh-Anlehnung um ihre Längsachse (Kurbelwellen-Einbaurichtung) machte — typisch BMW. Beim An-

fahren und beim Beschleunigen, beim Gaswegnehmen und Herunterschalten vor Kurven gab es keine Unruhe in der Spur.

Das Schalten war aufwärts ohne Geräusche und „BMW-Klacken" möglich. Beim Herunterschalten — vor allem vom dritten in den zweiten Gang, was ja bei vielen BMW-Motorrädern sehr geräusch-„sicher" war — blieben irgendwelche Kratz-, Knall- oder Schlagtöne im Getriebe ziemlich gedämpft.

Was mir bei der kurzen Fahrt neben der Handlichkeit und dem runden Lauf bis in den höchsten Drehbereich auffiel, war die mögliche, genau passende Sitzpostition. Fuß- und Handhebel lagen anatomisch genau richtig, auch die Licht- und Signalbetätigungen waren praxisnah positioniert.

Nachdem die 27 PS-R 45 unser erstes Probierstück gewesen war, machte ich die nächsten Versuche mit der 35-PS-Version und anschließend mit der R 65 und deren 45-PS-Variante.

Natürlich waren 35 PS gegenüber 27 Pferdchen schon ein Schritt weiter. Temperament, Beschleunigung und Drehmoment waren lebendiger und verliehen der R 45 mehr Spritzigkeit. Die nächste BMW-„Stufe", die R 65 mit ihren 45 PS/33 kW, bot dann noch ein Quentchen Fahrfreude mehr. Dieses Modell wurde dann wegen der höchsten Leistung aller drei Motorräder, die äu-

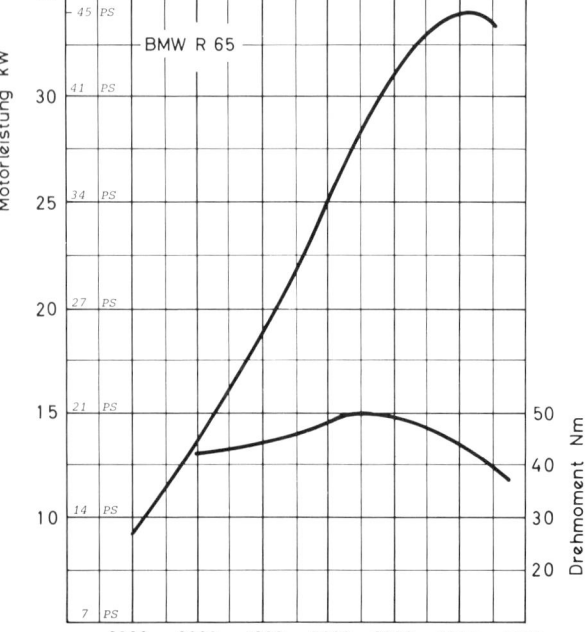

Leistungskurve der BMW R 65, 1978.

BMW R 65 im Vergleich

Fabrikat/Typ	Hubraum (ccm)	Leistung (kW bei U/min)	Zyl. Anzahl/ Arbeits- weise	Gewicht (kg)	Anzahl der Gänge	Preis (DM)
BMW R 65	650	33/7.250	2/4	205	5	7.290,–
Ducati 500 S D.	496	32/8.000	2/4	186	5	6.740,–
Honda CB 550	544	37/8.500	4/4	205	5	6.290,–
Honda CX 500	496	37/9.000	2/4	221	5	5.620,–
Kawasaki Z 650	647	48/8.500	4/4	230	5	6.800,–
Moto Guzzi V 50	486	29/7.400	2/4	175	5	6.800,–
Suzuki GS 550	549	36/9.000	4/4	218	6	6.085,–
Yamaha XS 650	653	37/6.800	2/4	230	5	5.598,–

Motor
Bauart   Zweizylinder-Viertakt ohv
Zylinderbauart   Aluminium
    mit Gußlaufbahn
Bohrung   82 mm
Hub   61,5 mm
Hubraum   650 ccm
Verdichtung   9,2
max. Leistung: 33 kW bei 7250 U/min
max. Drehmoment   50 Nm
    bei 5.500 U/min
mittl. Kolbengeschwindigkeit
    14,86 m/sec bei 7250 U/min
Vergaser: zwei Bing V 64/II, 32 mm ⌀

Kraftübertragung
Primärantrieb   Vorgelegewelle
    (2,07)
Kupplung   Einscheiben-
    Trockenkupplung
Getriebe: klauengeschaltet, 5 Gänge
Sekundärantrieb   Kardan (3,44)
Gesamtübersetzung   15,10/9,84/
    7,12/5,74/5,16

Elektrische Anlage
Lichtmaschine: Drehstrom, 12 V 280 W
Zündanlage   kontaktgesteuert
Batterie   12 V 16 Ah
Zündkerze   Bosch W 225 T 30
Scheinwerfer   asymmetrisch
    H 4 55/60 W, 160 mm ⌀

Fahrwerk
Rahmen   Doppelschleifrahmen
Federung vorn   Telegabel, 175 mm
Federung hinten   Schwinge mit
    3fach verstellbaren
    Federbeinen, 110 mm
Räder
Bauart   Leichtmetall-Druckgußräder
Bereifung vorn   Metzeler 3.25 S 18
Bereifung hinten   Metzeler 4.00 S 18
Bremse vorn   hydraulisch betätigte
    Scheibenbremse, 260 mm ⌀
Bremse hinten   gestängebetätigte
    Simplex-Trommelbremse,
    200 mm ⌀
Füllmengen
Kraftstoff   22 l incl. 2 l Reserve
Motoröl   2,5 l
Gewicht
Eigengewicht   205 kg leer
max. Zuladung   193 kg
Preise
Anschaffung   7.290,– DM
    + Nebenkosten
PS-Ersatzteilkorb   353,29 DM
Meßwerte
Höchstgeschwindigkeit   160 km/h
Beschleunigung 400 m   15,2 sec/
    138,5 km/h
Testverbrauch   4,96 l Super/100 km

ßerlich genau gleich erschienen und auch in der Fahrwerkauslegung keine Unterschiede zeigten, ein wenig genauer auf sein Fahrverhalten beobachtet.

Durch die geringere Baubreite konnten sehr große Schräglagen gefahren werden, und auch in Schräglage auf den Pflasterabschnitten der Versuchsstrecke und über Wellen hinweg pendelte der Lenker nicht und zeigten sich keine Schlangenlinien. Dabei fiel auf, daß das rationeller herzustellende Fahrwerk mit runden statt mit oval geformten Rohren (wie bei den -/7 und anderen vorhergehenden großen BMW-Motorradtypen) keine nachteiligen Unarten erkennen ließ.

Nach diesen Proberunden wollte ich eigentlich ungern bei der 27 PS-R 45 von einer „Spar"-BMW sprechen, die auf der anderen Seite so teuer im Anschaffungspreis war. Sie konnte bestimmt keine scharfe Waffe auf dem Markt gegen die japanische Konkurrenz darstellen, hatte aber offensichtlich bald einen Freundeskreis unter den eisernen BMW-Fans gefunden.

Das kam am 30. September 1978 zum Ausdruck, als einige Motorradfahrer unbedingt untersuchen wollten, wie leistungsfähig der „kleine" 1978er BMW R 45 wohl sei. Die von uns vorgenommene früheren Autobahn-Vollgastests waren ja schon lange nicht mehr möglich, aber die Neugier war geblieben, Leistungsgrenzen- und Zuverlässigkeitsuntersuchungen weiterhin durchzuführen.

Zu einem solchen Unterfangen bot sich die Versuchsstrecke der Continental Gummi-Werke AG in Jeversen, im Contidrom nördlich von Hannover, an. Auf dem 2,8 Kilometer langen Rundkurs planten dieselben Fahrer, die 1970 den letzten großen Autobahn-Vollgastest mit einer BMW R 75/5 Hamburg — Wien absolviert hatten, mit einer R 100 T und einer 27 PS-R 45 mindestens 1000 Kilometer Vollgas zu meistern. Alle 70 Runden (!) sollte Fahrerwechsel sein, bei schlechter Witterung auch schon eher und in häufigeren Intervallen.

Bei BMW zeigte man Pflicht-Interesse, bei Conti wegen des damit verbundenen Reifentests schon mehr, schließlich erhöhte sich ja

bei jeder Durchfahrt der beiden Steilwandkurven im höchsten Tempo der Anpreßdruck der Reifen gewaltig. Mit von der Partie war der BMW-Motorradhändler Horst Zapf aus Rehau/Fichtelgebirge, und nach einigen Überlegungen und Vorbereitungen konnte der MSC Gefrees e. V. (DMV) als Organisator des Unternehmens am 7. Oktober 1978 mit einer 65 PS-R 100 T und einer 27 PS-R 45 das Abenteuer beginnen.

Aus der folgenden Tabelle lassen sich die erreichten Durchschnitte und protokollierten Daten entnehmen.

Die R 45 wurde mit einem Durchschnitt zwischen 01:10 und 01:14 pro Runde um die Strecke gejagt, das war eine Geschwindigkeit zwischen 135,48 und 143,59 km/h. Nach sieben Stunden und 10 Minuten waren 1002,8 Kilometer zurückgelegt, was einen

Fahrtprotokoll 1000 Meilen-Fahrt BMW R 100 T   Contidrom   7.10.78

Fahrer	zuruckgel. Runden	ca ⌀	Storungen	Sonstiges	Standzeit/Service
Przybilowitz Norbert	71	56	ohne	st. Wind	1,41 tanken, Öl, Kerzen- und Reifenkont.
Jung H.-Rainer	68	35	ohne	st. Wind	1,15 tanken, Öl- und Reifenkontrolle
Muller Albert	71	54	ohne	st. Wind	5,15 tanken, Öl nachfullen, Reifenwechsel, Duse wechseln
Przybilowitz Norbert	59	54,5	ohne	Regen stw.	0,50 Regenanzug ab, Kerzenkontrolle 1,33 tanken, Öl- und Reifenkontrolle
Jung H.-Rainer	52	53,5	ohne	Regen stw	0,30 tanken
Muller Albert	33	52,5	ohne	Regen stw.	0,32 tanken
Przybilowitz Norbert	60	54,5	ohne	nasse Bahn stellenweise	1,40 tanken, Öl- und Reifenkontrolle
Jung H. Rainer	60	53,5	ohne	nasse Bahn stellenweise	2,39 tanken, Öl nachfüll., Reifenwechsel
Jung K.-Heinz	32	54,2	ohne	nasse Bahn stellenweise	0,41 tanken
Muller Albert	60	52,5 (65)	Lima-Kontrolle glimmt auf	Dunkelheit gegen Ende	16:36 min Gesamtstandzeit

Streckenlange: 1604 km, Fahrtzeit 8 Std. 55 min 16 sek. Durchschnittsgeschwindigkeit = 179,8 km/h brutto
Durchschnittl. Fahrzeit pro Rd = 54,98 sek., durchschnittl. ⌀ pro Rd = 185,5. Start 9.54 Uhr, Testende 18.49 Uhr.

Fahrtprotokoll 1000 km-Fahrt BMW R 45/27 PS   Contidrom   7.10.78

Fahrer	zuruckgel. Runden	ca ⌀	Storungen	Sonstiges	Standzeit/Service
Schaller Theo	73	72	ohne	st. Wind	
Riedel Eberhard	76	71	ohne	st. Wind	1,04 tanken, Öl- und Kerzenkontrolle
Jung K.-Heinz	71	72	ohne	st. Wind	1,13 tanken Öl-Kontrolle
Raithel Dieter	39	74 (72)	ohne	Regen stellenweise	1,13 tanken, Öl-Kontrolle
Schaller Theo	45	69,5	ohne	Regen stellenweise	0,25 tanken
Raithel Dieter	51	72	ohne	Regen stellenweise	0,37 tanken 4.32 min Gesamtstandzeit

Strecke: 1002,8 km, Startzeit: 9.54 Uhr, Testende 17.04 Uhr, Fahrtzeit 7 Std. 10 min, durchschnittl. ⌀ pro Rd = 141,3 km/h
Brutto ⌀ = 139,8 km/h

Gesamtdurchschnitt von 139,925 km/h ergab — trotz des Regens und der nassen Bahn in der zweiten Hälfte der Strecke.

Das bedeutete, daß die R 45 ununterbrochen im hohen und höchsten Drehbereich gejagt worden war, wobei keinerlei Defekte auftraten.

Die R 100 T erweiterte das Programm von den ursprünglich geplanten 1000 Kilometern auf 1000 Meilen = 1604 Kilometer in acht Stunden 55 Minuten = 179,887 km/h Durchschnitt.

Für mich war das Ergebnis der R 45 deshalb wichtiger, weil deren 27-PS-Motor ohne hohe Drehzahl nicht viel Temperament zeigte, so daß man schon jeder normalen Fahrt im oberen Drehbereich bleiben mußte. Sie schien mir darum anfälliger zu sein, was aber durch diesen Test im Contidrom ad absurdum geführt wurde.

Aus Leserbriefen bei der Motorradzeitung „PS", beim „MOTORRAD" und durch Kontakte mit vielen Motorrad- und BMW-Fahrern wußte ich, daß es in der Serienproduktion immer wieder „Montags"-Maschinen gab. So nannten wir Exemplare, die mit irgenwelchen — manchmal sogar immer wiederkehrenden — Mängeln in den Handel kamen. Sie waren — so sagten wir scherzhaft — unter der Müdigkeit anstrengender Wochenenden montags gefertigt worden. So etwas gab es bei jeder Marke und bei jedem Typ, nicht nur bei BMW.

Solche Qualitätsausreißer sägten natürlich am Nimbus der BMW, und umso interessierter waren wir, Testmaschinen aus normaler Produktion zu bekommen — ohne daß diese erst noch einmal in der Versuchsabteilung vor der Auslieferung an uns durchgesehen worden waren. Es gelang nicht immer, und es kam vor, daß sich unsere Testerfahrungen und Messungen nicht in jedem Fall mit den Erfahrungen dieser oder jener Freunde, Leser und Besitzer angesprochener Testobjekte deckten.

Es spielte dabei aber auch die Behandlung der Maschinen durch Fahrer, Werkstätten und Kundendiener eine erhebliche Rolle, und so blieben meine persönlichen Erkenntnisse, immer auf objektiven Messungen mit Hilfe moderner Elektronik, Nürburgring-Vergleichsfahrten und Langstrecken bis zu 20 000 und mehr Kilometern beruhend, für meine Urteilsfindung maßgebend.

Ab 1980 hatte die R 65 endlich einen Motor, der die Möglichkeiten in der Versicherungsklasse bis 50 PS auch tatsächlich ausnutzte, bis dahin hatten ihm ja fünf PS gefehlt. Das war dann auch der immer wieder kritisierte Punkt an der Maschine, schon bei der ersten Vorstellung und dann weiter während unserer Testfahrten bis 1980. Punkt 2 war, wie bei der R 45 und anderen BMW-Typen, der relativ hohe Preis im Vergleich zur Konkurrenz.

Mir ist es nie richtig klar geworden, warum fünf PS bis zur Ausnutzung der Versicherungsspanne fehlten — das war doch auch irgend ein Denkfehler. So kam es eben, daß man auf der Autobahn auch diesen „kleineren" BMW-Boxermotor des Jahres 1978 gewaltig drehen lassen mußte, wenn man nicht hinter normalen, gut gefahrenen Mittelklasseautos Mauerblümchen bleiben wollte. Die Endgeschwindigkeit um 160 km/h herum war angebracht, war auch stundenlang ausnutzbar — der Motor machte das ohne Ärger über mehr als 20 000 Kilometer mit — aber manchmal wurde ein Überholvorgang zäh und zäher — !

Auffallend war das Ansauggeräusch, auffallend aber war auch die Handlichkeit der Maschine. Das gleiche spritzige Fahrwerk wie das der R 45, aber ein paar PS mehr Leistung — das ergab eine sehr erfreulich sportliche Fahrweise auf kurvenreichen und bergigen Landstraßen. Hier brauchte man sich nicht vor gleichstarker Konkurrenz zu verstecken. Das Leistungsgewicht von 4,5 kg/PS entsprach dieser Freude, und die möglichen großen Schräglagen ließen das Herz höher schlagen.

Die sehr weiche Federung der von Fichtel & Sachs in Schweinfurt hergestellten Telegabel und der hinteren Federbeine war ebenfalls auffallend und war auf langen Strecken und auch auf schlechten Straßen willkommen. Die Gabel knallte sogar beim Ausfedern ganz aus, und die Federbeine neigten auf schlechtem Untergrund zum vollkommenen Durchschlagen. Hier wäre noch eine Abstimmung der Dämpfung vorn und der Federhärte hinten einer nachträglichen Verbesserung wert gewesen.

Was mir im mittleren Drehbereich des Motors auffiel, waren zeitweilige Vibrationen, die dafür sorgten, daß man in den Rückspiegeln nur noch eine verwischte Landschaft à la Picasso erkennen konnte. Vielleicht war es deshalb gut, daß das Motorgehäuse Verstärkungen hatte.

Die R 65 machte trotz ihres hohen Preises bis in die Mitte der 80er Jahre ihren Weg, und auch die R 45 blieb bis dahin in Produktion. Die fünf PS der R 65 von 1980 gegenüber der Version mit 45 PS von 1978 gewann man später durch größere Ventile, geänderte Brennräume, geänderte Kolben und geänderte Auspuffanlage.

Noch etwas wäre zu den letzten BMW-Modellen der 70er Jahre am Beispiel der R 65 zu sagen. Man konnte für die Maschinen mit Elektrostarter einen Kickstarter als „Extra" ordern, und das war nicht dumm. Denn die 12 Volt/16 Ah-Batterie ließ bei Kälte in ihrer Kapazität bald nach, wenn aus irgendeinem Grund der Motor nicht gleich ansprang. Da konnte man mit dem Kickstarter vor Betätigen des E-Starters den kalten Motor mehrere Male durchdrehen und „aufweichen". Und man hatte mit einem Kickstarter noch eine kleine Chance, den Motor zu starten, wenn die Batterie den Anlasser nur noch unter Qualen zum Durchdrehen brachte. Wenn aber nach mehreren vergeblichen Kaltstartversuchen mit dem Anlasser die Spannung zu gering geworden war, dann rührte sich garnichts mehr. Es war dann auch kein Zündfunke mehr da, so daß selbst Anschiebe-Versuche nichts mehr fruchteten — !

Deshalb achteten wir immer darauf, daß die Batterie bei einer BMW stets voll geladen war. Besonders dann, wenn so ein gutes Stück kalte Nächte im Freien stehen mußte.

Schon im Sommer 1977 war der Typ R 80/7 (785 cm³/ohv/37 kW bzw. 50 PS oder 40 kW bzw. 55 PS) vorgestellt worden, der ab 1978 zu der BMW-Palette mit insgesamt neun Modellen gehörte. Es geschah nicht gerade „unter der Hand", das Modell war auch nicht sofort im Handel und kam erst nach dem Auslaufen der R-75/7-Serie richtig zum Tragen.

Man versprach sich durch die Vergrößerung des Hubraums gegenüber der R 75/7 eine bessere Leistungslinie, was aber — legte man beide offizielle Diagramme übereinander — nicht sichtbar war. Im Gegenteil, danach war das Drehmoment der R 75/7 sogar um ein Quentchen besser — !

So stellte man sich unwillkürlich die Frage, warum eine R 80/7 überhaupt sein mußte.

Die Antwort: Es sollte auch eine 800er gebaut werden, deren Leistung mit Superbenzin 55 PS ergab, so daß man die 50-PS-Version bei 785 cm³ Hubraum „mitnehmen" konnte.

Wenn man mich heute fragt, dann ist zur 80/7 zu sagen, daß beide Typen die Leistungspalette zwischen 27 und 70 PS in einer mittleren Klasse ausfüllen sollten. Dazu wollte man den 750er Motor nicht noch um fünf PS aufpumpen.

Die Fahrleistung war der 750-cm³-Maschine mit 50 PS absolut gleich, es gab aber einige Modifikationen. So wurde der Weg des Fußschalthebels, dessen Drehpunkt weiter nach hinten kam, etwas länger. Über ein Zwischengestänge wurde der Hebel am Getriebe bewegt. Diese Maßnahme galt auch dem immer noch vorhandenen Schaltgeräusch, das damit jedoch auch nicht vermieden werden konnte. Erst längere BMW-Eingewöhnung brachte etwas leisere Schaltgeräusche. Die Bing-Gleichdruckvergaser waren weiterentwickelt worden, bei vorsichtiger Betätigung des Drehgriffs konnte man im fünften Gang bereits bei knapp 2000/min langsam Vollgas geben, ohne daß der Motor sich verschluckte.

Noch einige Verbesserungen mehr bei den Armaturen und Instrumenten waren zu erwähnen, unter anderem auch ein „Erinnerungssignal" an eingeschaltete Blinker. Irgendwie empfand ich die R 80/7 im Jahre 1977 noch für überflüssig, doch war das Modell eine Folge der hektischen Motorradentwicklungen, die am laufenden Band bei der Konkurrenz erfolgten und die Markttendenzen beeinflußten. Wollte BMW weiter am Kunden-Ball bleiben, mußte man immer mit von der Partie sein, auch dann, wenn es überflüssig erschien. Es kam hinzu, daß die Produktionsanlagen in Berlin-Spandau richtig und rationell ausgelastet wurden.

So durchstand BMW die Jahre zwischen 1970 und 1979 mit viel Aktivitäten, man wollte unter allen Umständen das Motorrad halten, um in den 80er Jahren vielleicht endlich die richtige Ausgangsposition für ein Abbremsen der japanischen Invasion auf dem europäischen und auf dem Weltmarkt zu gewinnen. BMW-Motorräder sollten unbedingt überleben und eines Tages wieder so attraktiv wie in den großen Glanzjahren von BMW werden.

Mit neun Modellen ging man in das achte Jahrzehnt des 20. Jahrhunderts, und um diese Zeit liefen bereits die Versuche, nicht nur die Boxermotoren für die Traditionalisten unter den Kunden zu erhalten und zu kultivieren, sondern mit Drei- oder Vierzylinder-ohc-Triebwerken und mit großem Flair einer erwarteten Motorradkultur die BMW-Motorräder weltweit tiefer im Marktgeschehen zu verankern.

Die englische Motorradindustrie hatte das nicht geschafft, die italienischen Hersteller aber besser als mancher erwartet hatte, BMW hatte die Absicht, in den 80er Jahren das beste Angebot von allen „Überlebenden" gegen die Japaner zu stellen.

BMW R 80/7, Sommer 1977.

Leistungskurven der R 75/7 und der R 80/7, Sommer 1977.

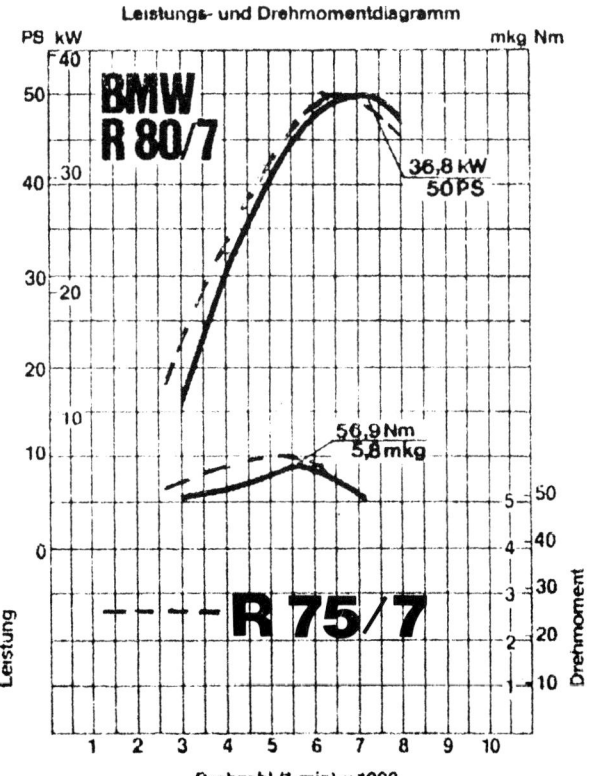

Das „KRAD"

Tja, in der Bundesrepublik Deutschland: Elf Motorrad-Modelle (also Maschinen über 50 cm³ Hubraum) standen im Frühjahr 1971 für Straßenbetrieb in der Frühlingsliste. In Zahlen 11. Alles in Deutschland produzierte Maschinen, keine importierten ausländischen Konfektionstypen mit deutschem Markennamen. Im Herbst 1985 — man glaubt's kaum — waren es immer noch nicht mehr als ca. 16, selbst wenn man die 80-cm³-Modelle hinzurechnete. Wie gesagt, es handelt sich um Maschinen, deren Fahrwerke und Motoren ausschließlich aus bundesdeutscher Fertigung stammten.

Das klang schon 1971 nicht besonders gut, wenn man weiß, daß es 1953 stolze 153 Modelle waren, die katalogisiert wurden. In Worten: einhundertdreiundfünfzig — ! Da wird man dann kaum begreifen können, daß sich bei dieser Gefechtslage ein Motorrad inzwischen unverändert in seiner Konzeption und in Details 15 Jahre (!) in der Produktion gehalten hat und, so wie man den Laden kennt, noch ein paar Jahre überdauern wird. Sozusagen sowas wie ein Eiserner Gustav oder wie ein letzter Mann — !

Die Geschichte dieses sagenhaften Superdings der 70er Jahre kann bei der Betrachtung des Motorrad-Jahrzehnts nicht fehlen. Zumal —

— es alles andere als ein Superding war (und ist). Ich sehe darin aber ein geradezu wunderbares Merkmal dieser Zeit, die uns so viele Gags (von technischem und anderem Fortschritt sollte man sehr, sehr vorsichtig reden — !) in einer bis dahin unbekannten Hektik, Rücksichtslosigkeit, Show-Manier und pausenlosem Modellwechsel präsentierte.

Dieses Motorrad sah ich zum ersten Mal Anfang Januar 1971. Heimlich, weil ich's offiziell nicht sehen, fahren und testen sollte. Das neue „Krad" für die Bundeswehr: Hercules 125 „Military".

Schon viele, viele Monate vorher war das Thema unter uns über ein neues Motorrad für die Bundeswehr aufgetaucht. 1971 gelangte ein Vorexemplar an das Deutsche Verkehrspädagogische Institut in Schorndorf, wo man sich mit der Weiterbildung von Bundeswehr-Fahrlehrern beschäftigte und Maschinen besonders in der Richtung von Fahrausbildung untersuchte und testete. Auf der IFMA 1970 war die Hercules „Military" erstmals der Öffentlichkeit gezeigt worden, aber es war für zivile Institutionen und vor allem für Fachjournalisten unmöglich, eine Maschine für Testfahrten zu erhalten.

Diese D.V.P.I.-„Military", mit Zivilkennzeichen zugelassen, aber im serienmäßigen Bundeswehrdress und -color, traf ich im Wald und konnte damit ausgiebig probieren, wie es einem armen Kradmelder im Ernstfall gehen würde. Meine eigene Kradmelderzeit war noch nicht in der Erinnerung verblaßt, und umso neugieriger war ich auf das mit soviel geheimnisvollen Vorschußlorbeeren versehene „Military"-Dings.

Wenn die Bäume in den Wäldern kreuzweise durcheinandergefallen sind, wenn es keine Brücken mehr gibt und man durch jeden Bach waten muß, wenn feste Straßen zu Wunschträumen, heile Wege zu Utopien werden, wenn die Äcker grundlos oder hart gefroren sind, wenn Hänge mit nassem und spiegelglattem Gras den Kurs kreuzen, wenn alles umgepflügt, zerlöchert und zer-

schmissen ist, wenn man sich wie ein Wilddieb in der Nacht durchs Unterholz schleichen muß, wenn man dennoch ein schnelles Transportmittel braucht, das dort noch fahren kann, wo alles andere aufgeschmissen ist — wenn es also ringsum im Umfeld so aussehen würde, wie es ein Krieg produziert oder wie es Katastrophen jeder Art hinterlassen — ja, dann sollte dieses „Military"-Modell genau das Richtige sein?

Das mußte ich untersuchen, zumal der anspruchsvolle Name des in Nürnberg bei Hercules produzierten Motorrades einen genauen Test für jemanden herausfordert, der solche Maschinen in eben solchen Katastrophen- und Chaos-Situationen schon vor Jahrzehnten bewegen mußte — ! Ob es diese Typenbezeichnung „Military" zu Recht führte — ?

Der Motor war ein 123 cm³ luftgekühlter Einzylinder-Zweitaktmotor, schlitzgesteuert, von Fichtel & Sachs (hoffentlich nicht mit so vielen Distanz-, Ausgleichs- und Beilagscheibchen im Inneren versehen, wie das bei den Sachsmotoren damals üblich war!). Leistung 12,5 PS bei 7000/min. Höchstes Drehmoment von 1,4 mkg erst „hoch oben" bei 6500/min. Bohrung 54 mm, Kolbenhub 54 mm. Kolbengeschwindigkeit bei 7000/min = 12,6 m/s. 101,5 PS/Liter Hubraumleistung. Bing-Kolbenschiebervergaser 24 mm Ø. Kerzenwärmewert 260.

Der Motor wurde aus den Erfahrungen im schnellen Motorrad-Geländesport entwickelt. Das Getriebe hatte fünf Gänge; Gesamtübersetzungen mit der bei unserer Testmaschine vorhandenen Hinterradübersetzung 13:48 (es gab auch eine Hinterradübersetzung 14:50) in den Gängen 35,8/21,25/14,4/10,8/9,95. Mit der Gelände-Trialbereifung 3.25/3.50–18 auf dem Hinterrad (Abrollumfang 1,95 m) ergaben sich bei 7000/min folgende Geschwindigkeiten: 22,9/38,5/56,8/75,9/91,5 km/h.

Die Leistungsdaten dieses Motors entsprachen fast einem Cross- oder getunten Geländespezial-Motorrad, wobei man ihn noch von ursprünglich heißen 15 auf 12,5 PS gedrosselt hatte.

Also — schon das war ja wohl irgendwo an einem Taktiker- oder Lobby-Schreibtisch und nicht bei einem erfahrenen Praktiker entstanden. Oder — ?! Was eine „Military" notwendig gehabt hätte, wäre viel mehr

101

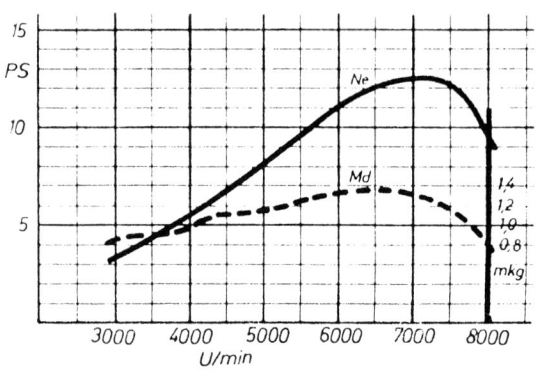

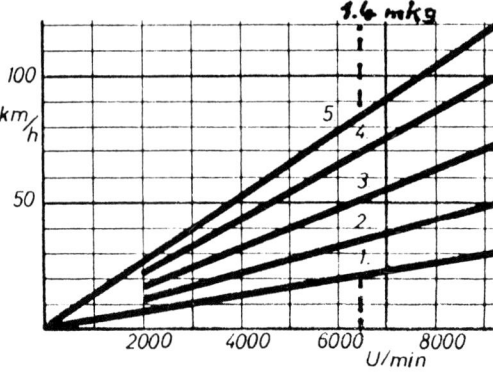

Leistungskurve und Drehmomentverlauf des „Military"-Motors, dessen Ursprung im schnellen Geländesport (= Langstrecken-Moto-Cross) zu suchen ist. Höchstes Drehmoment nur 500 U/vor der Nenndrehzahl!

Gangdiagramm der „Military" mit der Hinterrad-Übersetzung 13:48. Ein so kleines Ritzel setzt der Kette nur halbe Lebensdauer —!

Kraft im unteren Drehbereich (nicht unter 2,0 mkg bei ca. der Hälfte der höchsten Drehzahl!) und nicht eine fast rennmäßige Drehmomentlage mit nur 1,4 mkg, die damit ein Getriebe für mehr als vier Gänge erzwang.

Ein zugkräftiger, ruhiger Motor wäre ohne weiteres realistischer gewesen, denn die hauptsächlichsten Benutzer solcher Fahrzeuge — die Behörden — brauchten doch keine Rücksicht auf Hubraum-Steuer zu nehmen. Günstiger wären folgende Daten gewesen: 200 bis 250 cm³ Hubraum, 18 bis 20 PS bei nicht mehr als 6000/min. Oder aber 15 PS bei 5000/min. Bohrung 64 mm, Kolbenhub 62 mm, Hubraum 199 cm³, Kolbengeschwindigkeit bei 5000/min = 10,1 m/s. Hubraumleistung nur 75 PS/Liter. Getriebe: Drei — höchstens vier — Gänge (von einer Automatik wie später bei der Hägglund wußten wir 1971 noch nichts). Gesamtaufbau durch horizontal geteiltes Motor-Getriebegehäuse äußerst simpel. Keinerlei Spezialwerkzeug (!). Verwendung von nur drei Schrauben- und Bolzengrößen (nur drei Schlüsselweiten). Das war so meine Vorstellung von einem „Military"-Motorrad, das man übrigens auch gut für zivile Verwendung hätte konzipieren können.

Der Hercules-Military-Motor von Fichtel & Sachs hatte im unteren Drehbereich keine richtige Leistung, man mußte ihn also immer tüchtig drehen lassen, unterhalb von 5000/min war nichts los. Hei, wie das Zweitakt-Kreischen durch den Wald hallte und

den Weg des Fahrers aufmerksamen Ohren verriet! Da gab es zu jener Zeit den kleinen Honda-S-90-Viertakter, der leise wie ein Schnüffelventil tönte, aber den kannte wohl niemand als Beispiel und Muster für leise Motoren.

So etwa ab 6000/min kamen dann die PS bei dem Fichtel & Sachs-Aggregat, und das sogar ein bißchen unangenehm plötzlich, und wer nicht aufpaßte und kein Kupplungskünstler war, der konnte auf glattem Untergrund — ruckzuck! — quer stehen.

Sanftes Anfahren mit packendem Reifen auf Nässe, Schmiere und Glätte war so einfach nicht möglich. Im Schnee sowieso nur mit Raffinesse. Also — tucke, tucke durch einen Bach, durch Schlamm und Geröll — das blieb ein Kunststück.

Die Maschine hatte mehrere Nächte bei klirrender Winterkälte im Freien gestanden, nach ein paar Tritten mit der Starthilfe kam der Motor aber sehr gut. Die Getriebeabstufungen entsprachen schneller Straßenfahrt, der nur schmale Leistungsbereich verlangte nach einem solchen Getriebe. Das ließ sich etwas hart, aber exakt und stets genau schalten, und der notwendige Schaltraum war auch für Knobelbecher der Marke Flurschadenbretter groß genug.

Zunächst fuhr ich einige Kilometer auf kurvenreichen Winterstraßen durch die verschneiten Waldberge, um mich an das Motorrad gewöhnen zu können. Danach kamen erste Proben in leichtem, mit Schnee bedecktem Gelände. Schließlich brach ich zu einem Querfeldein-Ritt (mit Forstbehörden-Genehmigung!!) schnurgeradeaus à la Luftlinie zu einem gedachten Ziel auf, welches ich möglichst schnell, schonend für Roß und Reiter, sicher und möglichst ohne unnötig lautes Geräusch in Feld und Wald erreichen wollte. Es sollte dem möglichen Extrem eines echten Einsatzes nahe kommen. Es ging über Äcker (ohne Wintersaat!!), durch verschneiten und verwehten Wald, über Rillenwege und durch alte Steinbrüche. Das alles unter Zeitdruck.

Zunächst enttäuschte mich die Vorderradschwinge. Sie mochte ja sicher sehr stabil bemessen sein und den Wurf aus einem Hubschrauber heraus oder auch als Fallschirmlast einen ordentlichen Bums aushalten können, aber beim Fahren pendelte das Motorrad in Rillen hin und her und stieg nur schwer wieder dort heraus. Beim Bremsen richtete sich die Gabel auf, da sie keine parallel geführte Bremsankerplatte besaß, und bei starkem Lenkereinschlag wurde sie öfter zuerst in Fahrtrichtung weiter geschoben, was auf den verschneiten Waldwegen immer wieder passierte.

Eine gleichzeitig mit auf den Weg genommene 125er Yamaha in leichtem Geländetrimm war unter einem dieses Motorrad nicht gewohnten anderen Fahrer immer eher am nächsten Hindernis und schließlich am Ziel. Es war lange nicht so anstrengend gewesen, damit zu fahren, wie mit der Military.

Diese Letztere also bedingte ganz bestimmt eine spezielle Fahrausbildung wie alle Cross- und hochgezüchteten Geländerenner, bis einer damit durch unwegsame Landschaft sicher *toben* konnte.

Auf dem Schneeuntergrund und in Schlammstellen drehte das Hinterrad viel zu schnell durch, denn das leichte Trial-Reifenprofil packte auf Schmiere nicht so gut, während das grobe Profil auf dem Yamaha-Hinterrad besser griff. Außerdem kittete halbgefrorener zäher Dreck die Räder an den Federbeinen fast völlig fest. Störend war der

seitlich herausragende Schalldämpfer, und ich fragte mich, warum man sich nicht die Erfahrungen mit Trialmaschinen und deren verlegten Auspuffanlagen zunutze gemacht hatte.

Auch die Batterie, die offen an der linken Seite hing, störte bei dieser Fahrerei sehr und war bei Unfällen garantiert durch Schlagbeschädigungen gefährdet, wobei wohl ihre Position wegen besserer Zugänglichkeit gewählt wurde.

Der breite Lenker war einerseits im Gelände gut, andererseits hing er sich durch die Schleifen der Seilzüge gern an Zweigen auf. Er hätte ein wenig schmaler und nicht ganz so hoch sein sollen. Der seitlich herausragende Auspufftopf mit seinem Hitzeschutzgitter verhinderte im Übrigen ein Stehen auf den hinteren Fußrasten, was in einigen Situationen sehr von Vorteil gewesen wäre.

Wir waren immer der Meinung, daß so eine Military-Maschine äußerst leicht sein sollte — 100, 110 Kilogramm, nicht mehr. Die Schweden bauten eine 200er mit 75 kg und eine 250er mit 92 kg Leergewicht, wobei die Rahmenrohre aus Fliegwerkstoff waren. Es wäre also gegangen. Warum mußte diese Hercules Military 130 kg leer wiegen? Das konnte doch ein Mann allein nicht durch einen Bach tragen oder aus einem Loch herauswuchten. Solche Dinge waren aber nunmal bei einem harten Einsatz drin. Auch das Herauftragen oder Anheben zum Verladen. Mit Ausrüstung und Kraftstoff waren da schnell mehr als 150 kg zusammen. Fazit: Zum zivilen Einsatz, für Verkehrsbegleitung, Kurierdienste auf festem Grund und Ähnlichem durchaus noch handlich und brauchbar, für den Einsatz unter Katastrophen-Bedingungen, Hetze, Eile usw. im schlechten Gelände aber viel zu schwer. Warum nur? Man hatte doch die Hercules Military nicht zuletzt auch entwickelt, um von den Supergewichten vorheriger Military-Modelle anderer Marken herunterzukommen.

Irgendwelche Ösen zum schnellen An- und Aufhängen des Motorrades an Transportfahrzeuge, an Geländewagen, Lkw usw. waren nicht vorhanden. Es gab einen Gepäckträger und eine Packtasche zum Transport von Gerät und Gepäck. Zulässiges Gesamtgewicht 300 kg, also ca. 170 kg Zulademöglichkeit, inklusive Fahrer mit Bewaffnung und Ausrüstung.

Meiner Meinung nach sollte das Motorrad einen Mann doch möglichst schnell, sicher, zuverlässig, unauffällig (!), mit einfachster Bedienung und größter Handlichkeit im unwegsamsten Gelände befördern können. Meldereiter — ! Ja, im Notfall hätte sich darauf auch ein des Motorradfahrens nicht besonders Kundiger zurechtfinden und sicher fahren müssen. Wäre das mit einem Crossähnlichen Motor, fünf Gängen und 130 Leer-Kilogramm gegangen — ?

Auffallend war, daß die Maschine den Eindruck erweckte, sie würde bei Schräglage von selbst in die Kurve fallen. Daran mußte man sich sehr gewöhnen. Hatte man sich schließlich ein wenig Wurschtigkeit gegenüber Unebenheiten zugelegt, so konnte man auch ganz schön mit Dampf über selbst unruhigen Boden fetzen, sie blieb in der Spur, man mußte sich nur vor Längsrillen hüten. Plötzliches Bremsmanöver, hartes Herumreißen, schnellstes Wenden mit durchdrehendem Hinterrad um das Standbein herum waren möglich, aber man mußte sich auch hier erst an das Gewicht gewöhnen.

Mußte man das Pferd einmal aus irgendeinem Grunde urplötzlich wegwerfen — sowas kommt durchaus beim Military-Spielchen vor, wenn die Luft eisenhaltig ist — konnte man das eigentlich ruhig machen, denn Scheinwerfer, Fußrasten usw. waren durch Bügel geschützt. Nur die Batterie hätte dann nicht gerade auf einen Stein klatschen müssen, und der Superlenker hätte dann auch nicht zu sehr verbogen sein sollen. Beim Wiederaufrichten würde man erst wieder über die 130 Kilogramm schimpfen und merken, daß das Motorrad eine hohe Schwerpunktlage hatte. Dafür bot es aber auch eine sehr willkommene Bodenfreiheit mit einem

Kurbelgehäuseschutz.

Was unter anderem vermißt wurde, waren Knebel an den wichtigsten Bolzen und Muttern, z. B. für Radausbau, Sitzbank-Hochklappen, Scheinwerfergehäuse-Öffnen u. a. So, wie das von den Sixdaysmaschinen seit Jahrzehnten bekannt war, um nicht erst für solche einfachen Handgriffe das Bordwerkzeug rauspuhlen zu müssen. Außerdem war nur *ein* Seilzug durch Gummitülle und Feder gegen Dreck und Feuchtigkeit von außen und vor Abknicken geschützt — das war der Gaszug. Kupplungszug und Bremszug waren an den Handhebeln nicht gegen Eindringen von Wasser und Schmutz geschützt — da hätten die H-48-Hebel von Magura hingehört. Dazu auch der Profilgasgriff, von dem lehmverschmierte und nässeglatte Handschuhe nicht abrutschen konnten. Vergessen: Fertig zum Einhaken vorbereitete und schon verlegte Reservezüge. Alles bei Sechstage-Maschinen ein uralter Hut, aber hier nicht vorhanden.

Auch das Trum von Rückspiegel empfand ich hindernd und überflüssig — ein kleinerer (wenn überhaupt einer) hätte es auch getan. Dazu waren auch noch diese volumigen Blinker-Ochsenaugen an den Lenkerenden massige und unschöne Details. Der Tankverschluß war nicht dicht, solche Verschlüsse auch für sehr weite Tanköffnungen, die dicht waren, kannte man auch nicht. Dafür lief der Saft an der Maschine lustig raus.

Wie wäre es wohl auch mit einem wasserdichten und salzwasserfesten (!) Silicon-Kerzenstecker gewesen? Kannte man auch nicht?

Was kannten die Macher, Lobbyisten, Beschaffer dieser Military überhaupt von einem echt brauchbaren Military-Motorrad? Oder sollte das alles etwa zu teuer gewesen sein?

Wenn ja, dann mußte ich die Frage stellen, wieso man dann den hochtrabenden Namen Military für so ein Train- und Etappenroß gebrauchte?

Der Rahmen bestand aus dem Einrohr-

Gebilde von Hercules mit zwei dünnen Unterzügen vom Lenkkopf aus unter dem Motor durch. Verwindungen wurden nicht bemerkt, und es hatte den Anschein, daß er allen Festigkeitsanforderungen gerecht wurde. Die Federbeine waren geländemäßig hart – gut, es war ja kein Alleenbummel-Gerät à la Harley oder so.

Die Hinterradkette war nach außen zu offen, zum Rad und nach oben hin abgedeckt und im unteren Trum durch zwei Führungsrollen gesteckt – naja –. Wenn man den rechten Gehäusedeckel mit vier langen Schrauben entfernt hatte, konnte man an das Getrieberitzel, den Tachoantrieb und an das 6-Volt-E-Werk herankommen. Ja, 1971, noch sechs Volt und eine 25/25-Watt Scheinwerfer-Funzelbirne – ! Für schnelle Nachtfahrt und Geländesuche? Das ganze E-Werk hätte man aber sowieso besser machen können.

Wie wäre es mit einer wartungsfreien, ewig lebenden Nickel-Kadmium-Batterie gewesen, wenn überhaupt eine Batterie bei Magnetzündung nötig war? Warum hingen die Kabel so frei in der Luft außen am Rahmen hinter dem Tank? Da freute sich seine Hoheit Vater Gammel von und zu Rost. Und wären Kabel mit einem Querschnitt von 2,5 mm^2 nicht besser in genügend langen Isolierschläuchen? Hätte es eine simple Ballhupe ohne Strombedarf bei einer Military nicht besser getan? Wo hatte man nur bei Hercules die vielen erfolgreichen Trial- und Geländeerfahrungen gelassen?

Die Beschleunigung war etwa der 125 cm^3 Puch gleich, aus dem Stand in zehn Sekunden auf 75 km/h. Endgeschwindigkeit bis Tachoanzeige 110 km/h = 94,3 „echte" km/h. Aber das erschien mir garnicht so wichtig, denn ein Nürburgring-Superwetzhobel sollte es ja nicht sein.

Nun mochte sich ja mancher wundern – besonders vielleicht jemand, der überhaupt nicht wußte oder wissen konnte, wie die gute, alte Erde bei einer Naturkatastrophe oder, was ja viel schrecklicher ist, während

und nach kriegerischen Auseinandersetzungen aussehen kann – also, da wunderten sich vielleicht manche über diese Kritik an der Military und über das, was sie eigentlich hätte bieten sollen, aber nicht tat.

Männer meiner Generation waren der „naiven" Meinung, daß zu einem solchen Fahrzeug eben mehr gehört als zu einem normalen Motorrad. Ja, es gehörte fast noch mehr Gewußt-Wie und Qualität dazu als zur besten Sechstage-Geländesport-Maschine. Bei der schwedischen Hägglund wurde unsere Ansicht ein Jahr drauf bestätigt. Man frage einmal einen Reiter, was zu einem Military-Pferd gehört!

Da waren jedoch Möglichkeiten, für die diese Hercules in ihrer 1971er Form durchaus Dienst tun konnte: Einsatz im Hinterland eines durch Katastrophen oder Kampfhandlungen durcheinander geworfenen Geländes, Fahrschul-Einsatz, Zivil-Einsatz, Landgendarmerie-Untersatz, Förster-Fahrzeug, Fischer-Untersatz, Postvehikel bei entsprechenden Geländeverhältnissen zum Beispiel auf Wegen zu Berghöfen oder anderen Orten, Grenzüberwachung, zum Hochspannungsleitungenverlegen und vieles mehr. Nur eben nicht mit aller notwendigen Konsequenz für das, was der Begriff „Military" ausdrücken wollte.

Es gab also Abnehmer, denen das Motorrad in der vorhandenen Konzeption durchaus genügen mochte. Unter verschiedenen Gesichtspunkten, wobei ein möglichst geringer Preis auch eine große Rolle spielte. Eine finanzängstliche Behörde, in Unkenntnis der Möglichkeiten eines Motorrades, gab eben für ein 125-cm^3-„Krad" nicht gern mehr als DM 1600,— aus. Der Listenpreis für Zivilbedarf sollte 1971 DM 2450,— betragen. Selbst dann, wenn es ein Gerät für Notfälle sein konnte — überlebenswichtig ! — war keine staatliche Institution bereit, mehr als DM 1600,— dafür auszugeben.

Man hatte den Eindruck, daß diese Military zuerst ganz anders geplant war, dann aber nach dem Motto „viele Köche verderben den besten Brei", „es darf auf keinen Fall etwas kosten", zerredet und zer„lobbied" wurde. Es wurde bekannt, daß selbst ein Konstrukteur dieses Motorrades nicht damit fahren durfte — wo gab's denn sowas?

Dafür hätten sich aber 1971 die Steuerzahler interessieren sollen, die das Gerät ja letztlich bezahlen mußten.

Fest stand, daß eine *echte* Military-Konzeption, die von der Zeitschrift „Das MOTORRAD" ausgegangen wäre, ganz anders ausgesehen hätte. So wie es ein möglicher extremer Einsatz unter schwersten Bedingungen fordern würde. Allerdings — das wäre teurer geworden, wofür aber der Grundsatz galt, daß für solche Zwecke nur das Beste vom Besten hätte sein sollen. Schon wegen der Menschen, die damit fahren mußten.

Eine Military nach unseren Vorstellungen war diese Hercules — um es noch einmal zu sagen — auf keinen Fall. Sie war ein normales, für Straße und leichtes Gelände taugliches Motorrad (den späteren Enduro-Maschinen ähnlich). Sonst nichts.

*

Na, mit dieser Aussage in „Das MOTORRAD" hatte ich aber ins Fettnäpfchen getreten! Sofort meldete sich das Bundesministerium der Verteidigung, hatte unsere Meinung überhaupt nicht richtig gelesen, erfaßt und motorradtechnisch begriffen, ließ aber den Informations- und Pressestab einen Brief verfassen, der in sich widersprüchlich war, der an den Kernpunkten vorbeiging und auch jegliches Gefühl für das Thema eines Military-Motorrades vermissen ließ. Man schrieb:

„Die Zeitschrift Das MOTORRAD, Heft 2, vom 23. Januar 1971, Verfasser Klacks, geht bei der Beurteilung des Krades Hercules „Military" 125 cm³ als Bundeswehr-Krad von falschen und überholten Vorstellungen aus.

Die Forderung nach möglichem „extremen Einsatz unter schwersten Bedingun-

gen" und „mehr Qualität als bei der besten Sechstage-Maschine" läßt sich weder vom Fahrermaterial, das in der heutigen Zeit durchschnittlich zur Verfügung steht, noch vom Einsatz, wie er unter jetzigen und zukünftigen Verhältnissen zu erwarten ist, rechtfertigen.

Bei der Auswahl eines Bundeswehr-Krades darf nicht, wie es bei der bisher eingeführten, gewiß ausgezeichneten Geländemaschine Maico der Fall war, die Eignung für ein Geländesport-Rennen Hauptkriterium sein.

Die Bundeswehr-Kraftfahrer, die mit Lust und Liebe auf „Luftlinie-Reisen schnurgeradeaus durch Wald und Feld" fahren, ohne Rücksicht auf Schmutz und körperliche Anstrengung, sind heute in der Minderzahl.

Eine Ausbildung auf diesen extremen Einsatz ist in der normalen Dienstzeit nicht möglich und auch nicht vorgesehen.

Unter Einsatzbedingungen betrachtet spielt das Krad nicht mehr die Rolle wie im letzten Weltkrieg. Die Verbesserung der Kommunikationsmittel macht den Krad-Melder entbehrlicher. Die verbesserten Straßenverhältnisse (grüner Plan — besonders im mitteleuropäischen Bereich) machen es empfehlenswert, nicht mehr über Stock und Stein querfeldein zu fahren, sondern schnelle, wenn auch längere, gut zu befahrene Wege zu benutzen.

Der wesentliche Einsatz von Krädern wird sich auf Straßen und Wegen abspielen, besonders als Fortbewegungsmittel auf verstopften Straßen, wobei auch kurzweilig abseits der Straße gefahren werden muß.

Aus den Erfahrungen des Kfz-Typen-Wirrwarrs des letzten Krieges ist die Bundeswehr gezwungen, möglichst Kfz-Familien mit gleichen Baugruppen, Baukastenteilen und Verschleißteilen zu entwickeln. Diese Kfz- und Bauteile sollen ihrerseits wieder mit dem Angebot auf dem zivilen Markt konform gehen. Unter diesem

Gesichtspunkt betrachtet boten sich auf dem deutschen Markt in der 125-cm³-Klasse nur die Kräder Hercules/DKW und Zündapp an. Beide Fabrikate hatten, ohne daß dies das Hauptkriterium sein sollte, viele nationale und internationale Erfolge gerade in der 50er, 100er und 125-cm³-Klasse aufzuweisen . . .

. . . Das Krad 125 cm³ Hercules stellt daher unter den gegebenen Verhältnissen die optimale technische und wirtschaftliche Realisierung der militärischen Forderung für eine Folgegeneration von Krädern der Bundeswehr dar."

So weit dazu die Bundeswehr 1971 aus Bonn.

Es war offensichtlich, daß niemand dort unsere Überlegungen richtig gelesen und erfaßt hatte. Keiner hatte ein „Motorrad für Geländerennen" verlangt (wo stand das?) — im Gegenteil. Außerdem war die Maschine als einsatzfähig im Hinterland klassifiziert worden. Unüberlesbar — !

Also gut, da hatten die hohen Dienstgrade von der Hardthöhe die Gläser ihrer Dienstbrille nicht richtig geputzt. Und nun meldete sich die „Front". Hier einige Auszüge aus veröffentlichen Briefen:

„. . . die neue Hercules ist bestimmt gegenüber der alten Maico ein Fortschritt, aber ob sie die ultima ratio ist, weiß ich nicht. Mir ist sie noch zu schwer, und eine Kettenkapselung müßte ja auch endlich mal möglich sein — wenn man sich fleißig drum bemüht . . . gehen Sie hart mit ihr ins Gericht. Schönrederei hilft da keinem . . . auf das Melder- und Kurierkrad ist . . . bei Ausfall aller Drahtverbindungen, bei gestörtem und verbotenem Funkverkehr, bei zerstörten und verstopften Straßen, bei Flug-Unmöglichkeit für Hubschrauber, als wendigem, leichten, technisch und logistisch extensiven schmalen Einspurfahrzeug garnicht mehr zu verzichten . . ."

Hasso Erb, Oberstleutnant im Führungsstab des Heeres, Bonn.

Ein Major der Reserve schrieb:

„. . . so eine an den Anforderungen vorbeikonstruierte Maschine ist das beste Mittel, das Zweirad für die Bundeswehr und ähnliche Zwecke endgültig totzumachen. Mit dem Erhalt einer Testmaschine hatte ich leider kein Glück: Nicht eingehaltene Zusagen — und schließlich auf einer Erprobungsstelle der Bundeswehr das Verbot, so eine Offenbarung zu fahren. 'Der Kolben, Herr Major, geht so blitzschnell fest, daß Sie das garnicht aushalten', war die Begründung des offenbar zuständigen 'Fach'mannes. (Nebenbei: Ich war mit einem 450 PS/Fz. dort — !) . . .

. . . es muß noch Möglichkeiten geben, Murks zugunsten Besserem mieszumachen und ihn schließlich auszuschalten . . ."

Der Meetscher.

Ein Hauptmann und Technischer Offizier meinte:

„. . . erste und einzige Forderung der Truppe ist Zuverlässigkeit und hohe Lebenserwartung. Wie hätte das neue Krad aussehen können? Nach 'Dr. Benutzky' nehme man das Fahrgestell der Maico 125 GS, passend gemacht für den Motor der alten DKW 175 cm³. Kettenabdeckung wie MZ . . . schon beim Betrachten der Hercules ist festzustellen, daß dieser Punkt nicht gesetzt wurde (Batterie, offener Kettenkasten, Fahrtrichtungsanzeiger, nervöser Motor usw.). Hinzu kommen Mängel in der Fertigung . . ."

Der Postberg in Sachen Hercules Military wuchs und wuchs. Dann griff das Nachrichtenmagazin DER SPIEGEL die Geschichte auf und sorgte für neue Diskussionen, die immer wieder die Frage stellten, wieso man ein solches Kompromißfahrzeug einführte.

Da meinte Heinz Metzmaier, Schlossermeister in Baden-Baden:

„Es gibt überhaupt nur zwei Punkte, die für die Anschaffung von Bundeswehr-Motorrädern sprechen: 1) Eine gute Einnahmequelle während der „Wartungszeit" für

BUNDESWEHR

MOTORRÄDER

Hei, wie das hallt

„Kradmelder müssen gute Geländefahrer sein", warb Deutschlands Bundeswehr im „Bundeswehr-Bildkalender 1971" für ihre Motorradfahrer-Laufbahn, die Fahrer müßten „mit ihren flinken Maschinen jedes Gelände nehmen können".

In Wahrheit aber müssen, sollen und können die Bundeswehr-Kradmelder das alles überhaupt nicht.

Denn im Gegensatz zu den Vorstellungen der Bundeswehr-Werber über die Aufgaben eines militärischen Kradfahrers verkündete der „Informations- und Pressestab" des Verteidigungsministeriums vor kurzem, es sei eher „empfehlenswert, nicht mehr über Stock und Stein querfeldein zu

Neues Bundeswehr-Krad „Military"*
„Zu schwer, zu kompliziert, zu laut"

fahren, sondern schnelle, wenn auch längere, gut befahrbare Wege zu benutzen". Eine „Forderung nach möglichem ‚extremem Einsatz unter schwersten Bedingungen'" lasse sich „weder vom Fahrermaterial, das ... zur Verfügung steht", noch vom zu erwartenden „Einsatz" her rechtfertigen.

Mit dieser strategischen Kehrtwendung suchte Deutschlands größter Motorradaufkäufer einen schlimmen Vorwurf des Stuttgarter Fachblattes „Das Motorrad" zu parieren: Die zivilen Motorradtester bescheinigten den Militärs, sie hätten mit einem erst seit wenigen Monaten an die Truppe ausgelieferten neuen Motorrad ein für Militärzwecke nicht voll geeignetes Fahrzeug beschafft. Nach einer ausgiebigen Testprozedur befand die Zeitschrift: „Ein normales, bedingt geländetaugliches Motorrad". Als Verwendung komme ehestens „militärischer Einsatz im Hinterland" in Frage.

Der Vorwurf galt einem Gefährt, das unter dem anspruchsvollen Namen

* Hercules-Geschäftsführer Brunner (r.) bei der Übergabe des 2900. Krads an Brigadegeneral Klennert.

„Military" von den Nürnberger Hercules-Werken nach den Spezifikationen der Bundeswehr entwickelt wurde. Die „Military" sollte im Ernstfall ein „unverwüstliches Zweckgerät", im Frieden ein vollwertiges Straßen-Krad sein und zugleich dem Preis nach einem zivilen Serienfahrzeug entsprechen — laut „Military"-Konstrukteur Richard Heydenreich „ein Widerspruch in sich", der „jede Optimallösung zunichte" machte. Überdies sollte das Fahrzeug ungewöhnlich klettern, schnell fahren, gewaltige Lasten schleppen können, dabei aber möglichst leichtgewichtig sein.

Resultat war ein Motorrad mit einem 125-ccm-Zweitaktmotor (12,5 PS; 94,3 km/h), Doppelsitzbank und Packtasche, das als Zivil-Krad 2450 Mark kostet und in 16 000 Exemplaren an die Bundeswehr geliefert werden soll — über 3000 Stück sind derzeit schon in Dienst gestellt.

Die neue „Military" geriet mit einem Leergewicht von 130 Kilogramm offenkundig zu schwer und erwies sich beim Test der Stuttgarter Zeitschrift als zu kompliziert. „Motorrad"-Cheftester Ernst Leverkus, ein erfahrener Weltkrieg-II-Kradmelder, fuhr mit dem „Military"-Krad „quer über Äcker, durch verschneiten und verwehten Wald, über Rillenwege und durch Steinbrüche". Der Prüfer befand, die Fahreigenschaften seien im Gelände ungenügend für Ungeübte, der Motor zu laut: „Hei, wie das durch den Wald hallt und den Weg des Fahrers ... verrät!" Wer im Schlamm steckenbleibe, sei ohne fremde Hilfe verloren, denn „das trägt ein Mann allein nicht".

Leverkus entdeckte eine Fülle verhängnisvoller Detailschwächen: Er vermißte etwa Knebel (an wichtigen Verschraubungen) und Reservezüge; wichtige Teile wie Vergaser, Antriebskette und Batterie seien ungeschützt; die karge 6-Volt-Elektroanlage und 25-Watt-Birnen spenden „Funzellicht". Fazit: „Eine ‚Military'-Maschine nach unseren Vorstellungen ist diese Hercules nicht."

Im Verteidigungsministerium freilich gelten nach der neuen Krad-Strategie solche Vorstellungen als „falsch und überholt". Verbesserte Kommunikationsmittel hätten „den Kradmelder entbehrlicher" gemacht. Krad-Einsatz käme vornehmlich „als Fortbewegungsmittel auf verstopften Straßen" in Frage, „wobei auch kurzzeitig abseits der Straße" gefahren werden müsse.

Doch selbst unter höheren Bundeswehr-Chargen galt von jeher als ausgemacht, daß die Heeresmotorräder „dem Entwicklungsstand moderner Geländesportmaschinen" angepaßt sein sollten, wie Krad-Kenner Hasso Erb, Oberstleutnant im Führungsstab des Heeres, in einer Motorrad-Expertise befand. Erb: „Auf das Melder- und Kurierkrad" sei „bei Ausfall aller Drahtverbindungen, bei gestörtem und verbotenem Funkverkehr, bei zerstörten und verstopften Straßen, bei Flugunmöglichkeit für Hubschrauber ... gar nicht mehr zu verzichten".

Es fragt sich freilich, was der motorisierte Bote in derart desolater Lage noch zu melden hat.

zivile Betriebe. 2) Daß die mit Depot-Kondenswasser gefüllten Böcke nach einiger Zeit zu Schleuderpreisen verkauft werden können."

Erwin Ketelhut, Monatshausen, Kradschütze a. D., lachte:

„. . . gestatte ich mir einige Vorschläge: Das Bundeswehr-Motorrad muß m. E. zunächst als Freizeitgerät geeignet sein, das im Frieden zur Balz, zur Anlockung von Rekruten sowie zur Belebung des Gammelbetriebes Verwendung findet.

Im Kriege ist vor allem volle Rückzugstauglichkeit zu fordern, d. h. die Fähigkeit, durch geräuschloses Entweichen querfeldein den Gegner zu überraschen und zu verwirren.

Für die anschließende Phase sollte die freie Umtauschmöglichkeit an der grünen Front die Konstruktion bestimmen: Gegen Zivilkleidung, Butter, Eier und Bratkartoffeln. Als Voraussetzung muß für die leichte Umstellung auf Holzgasantrieb gesorgt sein sowie die Verwendung als Notstromaggregat, Schaumlöscher, Wasserpumpe, Destillator für Trink- und Feuerwasser.

Sollte sich jedoch der zivile Markt zu diesem Zeitpunkt als nicht mehr aufnahmefähig erweisen, könnte die Konvertierbarkeit in einen Samowar von beträchtlichem Nutzen sein sowie die zweisprachige Abfassung der Betriebsanleitung."

Also auch Ironie wurde angeheizt. Der Schüler Tobias Lelle aus Baden-Baden gab schließlich die folgende Information:

„. . . diese Herren 'da oben' denken wohl, sie könnten uns für dumm verkaufen!? In unserem Klassenzimmer hängt ein schöner Bundeswehrkalender, in dem auch die Seite war, die ich Ihnen zu diesem Brief dazulege. Komisch, auf diesem Werbeblatt für die Bundeswehr haben diese Herren eine ganz andere Meinung von einem Krad und dessen Fahrer als in ihrer Zuschrift an „Das MOTORRAD". Wenn es wirklich so ist, wie es das Bundesministerium der Verteidigung in seinem Brief an Sie geschrieben hat, dann darf man nicht solche Kalender für die Öffentlichkeit, vor allem nicht für die Jugend, für die dieser Kalender ja wohl herausgegeben ist, freigeben! Man kann diese Herren ja dann überhaupt nicht mehr ernst nehmen."

Das stand auf diesem Kalenderblatt eines Bundeswehr-Werbedruckerzeugnisses (s. u.!):

1970 entstand die Hercules Military als klägliches Kompromiß-Konzept. Spricht es dann wohl *für* oder *gegen* diese 70er Jahre, wenn so ein Motorrad noch 15 Jahre (und vielleicht noch länger) fast unverändert in den Angebotslisten existiert?

Wie war das noch? — „Kompanieee! Stillg'stand'n! Obergefreiter Klacks, grinsen Se nich' — !"

In vorbildlicher Haltung nimmt er die Furt. Wasser spritzt auf; Tropfen glänzen wie Perlen in der Sonne; Dampf zischt vom Motorblock hoch. Im typischen Trial-Stil — zwei Finger am Kupplungshebel, fest in die Fußrasten gestemmt, Schenkelschluß am „Spritkasten", Körper und Maschine eine Gewichtseinheit — meistert der Kradmelder in zügiger Fahrt die Furt durch ein Bachbett. Kradmelder müssen gute Geländefahrer sein und mit ihren flinken Maschinen jedes Gelände nehmen können. Sie sind meist auf sich allein gestellt, orientieren sich nach Karte, Kompaß oder Wegskizze und müssen sich in jeder Lage selbst zu helfen wissen. Nicht immer führt eine Straße oder ein auch noch so kümmerlicher Weg dorthin, wo sie ankommen sollen. Und sie müssen ankommen, wenn andere Verbindungen abgerissen sind oder nicht zur Verfügung stehen, wenn für den Funk „Sendeverbot" befohlen ist, wenn Befehle und Meldungen oder Karten, Pläne und sonstige schriftliche Führungsunterlagen zu überbringen sind. Kradmelder entlasten oder ergänzen die Fernmeldeverbindungen. Sie sind manchmal das einzige und damit ein wichtiges und sicheres Verbindungsmittel in den Kompanien, Bataillonen und Brigaden. Denn die schlechtesten Befehle und Meldungen sind solche, die den Empfänger nicht erreichen.
Kradmelder erhalten eine gründliche Ausbildung. Neben der Allgemeinen Grundausbildung, die jeder Soldat durchläuft, sind die wichtigsten Stationen die Fahrschule, der Technische Dienst und die vielen Prüfungen, die Wettbewerbe und Konkurrenzen mit und an den Maschinen.

Kleine Flitzer und große Prototypen

Der deutsche „Rest"

Noch zu Anfang der 70er Jahre versuchten Hercules, Maico, Zündapp und die noch firmierende Zweirad-Union (später in Hercules aufgegangen) mit kleinen, schnellen Straßenflitzern Marktanteile bei Motorrädern (bei Maschinen *über* 50 cm³) für sich zu erhalten.

Sie waren nicht sehr erfolgreich, ihr Geschäft verlagerte sich mehr und mehr auf Kleinkrafträder 50 cm³, auf Mofas (bis 25 km/h), Mokicks und Mopeds (bis 40 km/h). Die italienische und vor allem japanische Konkurrenz bei 75, 100, 125, 150 und 175 cm³ Motorrädern war nicht nur im Preis, sondern auch mit mancherlei technischen Gags (z. B. Zweizylinder-Viertakter ohc) im Vorteil. Trotzdem aber standen 125er aus deutscher Produktion bis 1979 in den Programmen — bei Zündapp, neben einer luftgekühlten 125er, ab 1977 auch noch eine wassergekühlte 175-cm³-Maschine.

Nachdem es bei Fichtel & Sachs nicht nur den 123-cm³-Einzylinder-Zweitakt-Einbaumotor gab (ab 1970), der in das unglückliche Kompromiß-Konzept der Hercules Military eingebaut wurde, war aber auch ein anderer Zweitakter mit gleichem Hubraum für ein Straßenmotorrad entwickelt worden.

Das war ein sehr hochdrehendes, engbrüstiges Hochleistungsaggregat für eine sehr sportlich ausgelegte kleine 125er, die wie eine größere Straßensportmaschine aussah, jedoch so zierlich wie ein 50-cm³-Kleinkraftrad erschien.

Obwohl 1972 und 1973 ringsum der Interessentrend der Motorradfreunde mehr und mehr zu größeren Leistungen und großen, schnellen Maschinen ging, wollte ich diesen Winzblitz nicht übersehen. Ich wurde nicht enttäuscht und hatte eine Menge Spaß.

So mag die Beschreibung des flinken Flitzers für die Gruppe dieser noch bis 1979 existierenden deutschen Modelle gelten.

Als die Hubraumleistung bei Motorradmotoren über 100 PS/Liter anstieg, bekamen doch eine Menge Leute Angst, daß die Zuverlässigkeit mehr als vertretbar leiden würde. Anfangs der 70er Jahre waren wir bereits bei jenseits von 130 bis 140 PS/Liter angekommen.

Der Sachsmotor 123 cm³ (Typ 1251/6 C) für die DKW RT 125 E und für die Hercules K 125 T hatte eine Hubraumleistung von 138,2 PS/Liter („Hubraumleistung" ist die Leistung eines Motors, bezogen auf einen Liter Hubraum. Bei 123 cm³ sind 17 PS — Formel: $\frac{17 \times 1000}{123}$ — für 138,2 PS/Liter notwendig).

„Rennmotor" mit einem viel zu schmalen Leistungsband und viel zu hohen Drehzahlen, war der logische Kommentar. Bei 4500/min zeigte das Leistungsdiagramm 6,5 PS und 1,0 mkg Drehmoment. Danach sackten die PS etwas nach unten weg und stiegen ab 5000/min steil an. Das beste Drehmoment lag mit 1,66 mkg bei der Nenndrehzahl von 7500/min. Dort war auch die Höchstleistung von 17 PS zu finden. Bei 5500/min hatten wir 8 PS und 1,0 mkg. Unterhalb von 4000/min spielte sich nichts ab und wurden auch keine Angaben gemacht.

In der Tat — unterhalb von 5000/min war keine nennenswerte Kraft nutzbar, erst oberhalb davon wurde die Sache lustig. Da ging dann aber auch eine steile Musik los, und es war erstaunlich, daß dabei die gesetzlich vorgeschriebenen Werte für die Geräuschdämpfung nicht überschritten wurden. Doch solche Klimmzüge war man von den 50-cm³-Motoren, deren Leistung bei 6,25 PS lagen, schon lange gewöhnt, so daß genügend technisches Wissen vorlag, um den 125-cm³-Motor auch geräuschmäßig bei so hoher Leistung in den Griff zu bekommen.

Es ging kein Weg drumrum: Hohe Leistung war nun einmal mehr als früher Trumpf bei Motorradkäufern, danach richtete sich das Wohl oder Wehe einer Fabrikexistenz. Ein 125-cm³-Motorrad unter 15 PS wäre 1973 auf keinen Fall mehr interessant gewesen, weshalb z. B. eine tschechoslowakische CZ 125 mit 11 PS trotz ihres geringen Preises in den westlichen Ländern kein begehrenswertes Motorrad war.

Die Charakteristik der Leistungsabgabe jedoch blieb ein Diskussionsthema, obwohl man mit der K 125 T wie mit einer kleinen Rennmaschine für eine 125er mächtig Dampf machen konnte. Das schmale Leistungsband gefiel uns im Grunde wenig, bei aller Anerkennung der PS-Ausbeute aus einem Achtel Liter Hubraum des Serienmotors.

1953 hatten wir bei der berühmten 350-cm³-Dreizylinder-Rennmaschine von DKW gedacht, daß das die letztmögliche Entwicklungsstufe für einen schlitzgesteuerten Zweitakter sei. 1973 schien die Industrie da erst mit neuen Leistungen anzusetzen — siehe die japanischen Motoren.

Das Know-How für die Jagd nach Zweitakt-PS sammelten Fichtel & Sachs und DKW/Hercules im Sport, und wenn eine 125er in Serie ging, die 1973 in der Ebene mit einem 1,80 m großen, schlanken Fahrer im engen Lederzeug sportlich klein gemacht knapp 120 km/h fuhr (Lichtschrankenmessung 119,21 km/h; Fahrergewicht 68 kg), wenn man über 400 Kilometer mit zwei Tankpausen — 210 Kilometer Autobahn, und das weitere Streckenstück gute Bundesstraßen — einen Durchschnitt von 80 km/h in vier Stunden, 59 Minuten schaffte, dann waren das Resultate, die nur eben mit Hilfe der Sporterfahrungen und der Entwicklungsarbeiten vorliegen konnten.

Natürlich war dazu ein Getriebe mit sechs Gängen notwendig — so weit waren wir also bereits. Denn die Leistungsspitze zwischen 7000 und 8000/min durfte nicht verloren gehen und mußte ständig ausgenutzt werden. Wer das nicht wollte oder konnte, brachte mit einem solchen Winzrenner keine tollen Durchschnitte zuwege.

So eine Fahrerei entsprach fast genau dem, was ein astreiner Rennmotor lieferte. Nur war hier glücklicherweise der 123-cm³-Sachsmotor beileibe nicht so empfindlich wie ein Rennaggregat. Letzteres war inzwischen längst im aktiven Einsatz um hohe Ehren bei der doppelten PS-Zahl, nämlich 34 im internationalen Rennsport angelangt — 276 PS/Liter!

Leute, die in jenen Jahren eine so fixe 125er kauften, die waren vom Sport fasziniert und fragten nicht nach einem hohen Drehmoment im mittleren Drehbereich. Die *wollten* ein schmales Leistungsband und sechs, am liebsten sieben, Gänge und anständig Temperament. Die K 125 T strahlte wirklich etwas vom Straßenrennsport aus. Ihre Linienführung, die Abmessungen, das Gewicht.

Und das Fahren!

Einem Sportfan mußte sie Spaß machen. Für gemächliches Touren oder stilvolles Zirkeln im Gelände gab es im Angebot genug andere Modelle.

Bis zu den gesetzlichen 100 km/h auf den Bundesstraßen war man König. Da spielten die Beschleunigung, die Handlichkeit und Wendigkeit, der geringe Bedarf an Verkehrsraum (den man 1973 lt. StVO noch hervorragend ausnutzen konnte!), eine gewaltige Rolle. Auf der Autobahn konnte man stundenlang aufrecht sitzend mit Vollgas dahin „touren", mit der Gepäcktasche auf dem Tank, nach Tachometer gleichbleibend in der Ebene 110 km/h, auch noch bei etwas Gegenwind. Bergab an langen Gefällen 8500

Die Hercules K 125 T, 1972. Am berühmten Rheinübergangs-Denkmal der Rheinüberquerung durch preußische Truppen am 31. 12. 1813 unter Feldmarschall Blücher. Genau 159 Jahre danach.

bis 9000/min nach dem elektrischen Drehzahlmesser, der allerdings schwer ablesbar war und eine zu enge Unterteilung der Skala hatte. Das waren echte 120 bis 128 km/h.

An langen Steigungen im fünften Gang bis 9000/min = 110 km/h. Damals war so ein Tempo auf den noch nicht so schrecklich vollen Autobahnen mit einem Motorrad nicht so quälend wie zehn Jahre später.

So kriegte man die hohen Durchschnitte zusammen. Mit allen fahrerischen Tricks jede sich bietende Gelegenheit zum Tempo ausgenutzt. Nirgendwo gebummelt oder nachgelassen. Aber — alle 150 Kilometer mußte man nach einer Tankstelle spähen, denn dann waren schon wieder von den 10,5 Litern Kraftstoff/Öl-Mischung 25:1 im Tank viel zu viele verbraucht. Es fing damals schon langsam an, daß die Tankwarte an der Autobahn erst Dosen mit Vorgemisch-Öl suchen mußten, weil Motoren mit Mischungs-Schmierung schon weniger wurden. Also stellten wir die Forderung, daß auch diese kleinen Renner Pumpenschmierung haben sollten. Wir legten uns Vorgemischdosen mit dem Sachs-Rizinus-Son-

derduft in die Tanktasche. Sowas gab's bei den Sachs-Werkstätten. Dann ging das Tanken schneller, und niemand brauchte im Ölschrank nach Spezialvorgemischöl für Zweitakter zu suchen — !

Mit einer Kolbengeschwindigkeit von nur 13,5 m/s bei 7500/min war man noch nicht an der Zuverlässigkeitsgrenze. Bei 9000/min waren es 16,2 m/s — auch noch nicht so schlimm. Der kleine Motor wurde über mehr als 2000 Kilometer buchstäblich nur gedroschen, nichts ging in die Binsen!

Mit gezogenem Fingerstarthebel am Lenker sprang der Zweitakter auch nach längerem Stehen in größerer Kälte immer sofort an. Ich fuhr ihn zur Zeit des Elefantentreffens und war damit am Nürburgring trotz vereister Straßen, Schnee, Glätte. Doch gab es noch viele, viele Kilometer frei von Eis und Schnee bei klirrendem Frost. Der Vergaser vereiste nie, er war für Reinigungsarbeiten und Einstellungen sehr gut zugänglich. Die Zündkerze steckte tiefer in den Rippen des Zylinderdeckels, und man brauchte eine Steckschlüsselkombination, um sie rausdrehen zu können. Sowas war im Bordwerkzeug. Ein wasserdichter Entstörstecker war selbstverständlich montiert.

Die extrem breite Zylinderverrippung war bei allen diesen luftgekühlten kleinen Zweitaktern mit vielen PS obligatorisch. Aber die Zylinder brauchten Versteifungsstege oder temperaturunempfindliche Gummi- oder Kunststoffpolster zwischen den Rippen, damit diese den Geräuschpegel nicht durch ihr Schwirren ansteigen ließen. Der Zylinder wirkte sehr voluminös, er brauchte eine sehr große Kühlfläche.

Um bei solchen Hubraumleistungen nicht nur ausreichende Kühlung zu garantieren, sondern um auch die mechanischen Geräusche besser abdecken zu können, baute Zündapp später Motoren mit Wasserkühlung.

Die Kurbelwelle des Sachsmotors drehte sich in drei Kugellagern, Pleuelfuß und Kolbenbolzen liefen in Nadellagern. Unterhalb von 3000/min war der Lauf etwas unruhig, beim Gasgeben verschwand diese Unruhe.

Es waren sehr große Spülkanäle vorhanden, und eine weitere Laufcharakteristik zeichnete sich dadurch ab, daß es nicht möglich war, den Motor über 9000/min zu drehen. Bei einer Verdichtung von 11,8 kamen wir mit einer Bosch-Kerze W 290 T 16 gut hin. Sie paßte für Stadt- und schnelle Überlandfahrten.

Wie bei fast allen derartigen Hochleistungsmotoren merkte man auch hier sehr deutlich, daß Bummelfahrten über längere Strecken mit einem Leistungsverlust quittiert wurden. Dann ging es kaum bis 7000/min, und man brauchte ca. 20 bis 30 scharf gefahrene Kilometer, um wieder bis auf 8000/min drehen zu können. Drehzahlen gefielen dem Aggregat, und wir fuhren selten unterhalb von 5500/min. An die sechs Gänge gewöhnte man sich schließlich auch deshalb, weil der Drehzahlmesser immer der Mahner war, daß die Leistung nicht in den Keller fiel. Oft wußte man überhaupt nicht, welchen Gang man gerade fuhr — !

Hercules K 125 T im Vergleich

(Importeur- bzw. Werksangaben ohne Gewähr!)	Hercules K 125 T (auch DKW RT 125 E)	CZ 125	Honda CB 125	Maico MD 125 SS	Motobécane 125 LT	Yamaha AS-3	Zündapp KS 125 Sport
Motor: 2-/4-Takt	2	2	4	2	2	2	2
Zylinderzahl	1	1	2	1	2	2	1
Ventilsteuerung bzw. Gassteuerung (Schl = Schlitze, Dr = Drehschieber)	Schl	Schl	ohc	Dr	Schl	Schl	Schl
Kühlung (L = Luft)	L	L	L	L	L	L	L
Bohrung/Hub (mm)	54/54	52/58	44/41	54/54	43/43	43/43	54/54
Leistung (DIN-PS bei U/min)	17/7500	11/5750	15/10 500	16/8000	15/7500	15,8/9700	17,6/7600
Kolbengeschwindigkeit bei Nenndrehzahl (m/s)	13,5	11,2	14,4	14,4	10,7	13,9	13,7
Hubraumleistung (DIN-PS/Liter)	138,2	89	121	130	121	127,5	141,6
Leistungsgewicht (kg/DIN-PS)	6,35	11,7	8,47	6,2	6,1	6,65	6,4
Anzahl der Gänge	6	4	5	6	5	5	5
Starter-Art	Kick	Kick	Kick	Kick	Kick	Kick	Kick
Tankinhalt (Liter)	10,5	11,5	10,0	13,5	13,0	9,0	14,0
Bereifung vorn	2.75-17	2.75-18	2.50-18	2.50-16	2.50-17	2.50-18	2.75-18
hinten	3.00-17	3.00-18	2.75-18	3.00-16	2.75-17	2.75-18	3.25-18
Preis DM (ohne Gewähr)	2600,—	1550,—	2198,—	2399,—	2495,—	2348,—	2650,—
Preis pro PS	153,—	141,—	146,—	150,—	166,—	149,—	150,—

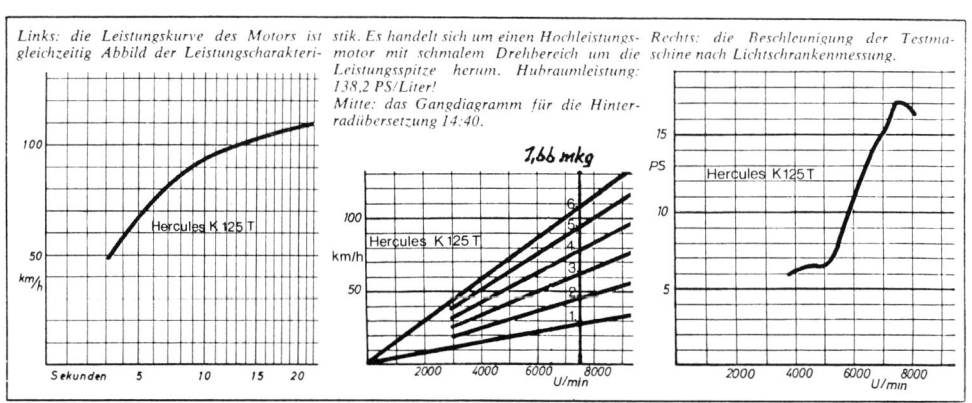

Links: die Leistungskurve des Motors ist gleichzeitig Abbild der Leistungscharakteristik. Es handelt sich um einen Hochleistungsmotor mit schmalem Drehbereich um die Leistungsspitze herum. Hubraumleistung: 138,2 PS/Liter!
Mitte: das Gangdiagramm für die Hinterradübersetzung 14:40.
Rechts: die Beschleunigung der Testmaschine nach Lichtschrankenmessung.

Das geringe Gewicht und die gute Kurvenlage beflügelten jede Bewegung. 107 kg Leergewicht wurden angegeben — das war ein Leistungsgewicht von 6,3 kg/PS. Die Sitzhöhe betrug ausgefedert nur 78 cm; der Radstand 130 cm. Das Motorrad war tatsächlich nicht viel größer als eine 50er.

Wichtig war es, daß man — entsprechend dem Gewicht und der Statur des Fahrers, der Mitnahme von Gepäck und Sozia — die richtige Gesamtübersetzung fand. Bei vielen PS, bei hohem Drehmoment und günstiger Drehmomentlage ist es kaum nötig, für optimale Fahrleistungen individuelle Übersetzungen zu suchen. Wo aber die Leistungsspanne dünn, die Leistung selbst niedriger, das Drehmoment gering und die Drehmomentlage in der Nähe der meisten PS ist, da muß man schon genauer laborieren. Wir hatten als gut passend ein Getrieberitzel mit 14 Zähnen und einen Hinterradzahnkranz mit 40 Zähnen gefunden. Das Gangdiagramm zeigt gut die Lage der Gänge. Bereifung vorn 2.75 — 17, hinten 3.00 — 17.

Der Zentralrohrrahmen bestand aus einem gewaltigen Hauptrohr, das die Verbindung zwischen Lenkkopf und Hinterrad-Schwingenlagerung darstellte. Dieses Rohr sollte die nötige Stabilität bringen. Der Motor war vorn an zwei Trägerrohren und hinten am Hauptrohr befestigt. Diese beiden Rohre waren am Lenkkopf oben und unten am Ende des Hauptrohrs angehängt. Es war also kein Doppelrohr-Rahmen.

Bei solch einer Rahmenbauart war ich immer skeptisch, weil man immer auf eine Verwindung des Hauptrohres gefaßt sein mußte. Mit der K 125 T habe ich auf dem Nürburgring drei Jahre später (da gab es das Modell als Typ K 125 S mit Scheibenbremse im Vorderrad) und 1973 im Schwäbischen Wald immer wieder in weiten und engen, schnellen und welligen Kurven untersucht, ob der Rahmenbau labil wirkte. Erst beim Durchfedern im Grund einer schnellen, gebogenen Senke mit hohem Tempo und in Schräglage konnten langgezogene, seitlich aus der Spur gehende Schlenker vorkommen, vor allem bei Belastung mit zwei Personen und mit 100 oder mehr km/h.

Also lag da die Grenzbelastung, die man kannte. Das Kurvenfahren war ansonsten begeisternd und paßte zum Charakter der Maschine.

Die Sitzbank sollte für zwei Personen reichen, was sie allerdings nur bedingt und für kurze Strecken tat. Sie hätte aber auch für eine Person ruhig etwas breiter sein dürfen. Im Übrigen — ich habe auf diesem Motorrad kaum zwei Personen mit viel Gepäck auf Urlaubsfahrt erlebt (Ausnahmen bestätigen die Regel!). Die Federbeine waren 1973 noch nicht verstellbar und stellten darum einen Kompromiß für Solofahrt und Fahrt mit hoher Gewichtsbelastung dar. Später gab es dreifach verstellbare Boge-Federbeine. Die hydraulisch gedämpfte Telegabel stammte von Ceriani, die Trommelbremsen funktionierten ohne Anstände.

Auffallend für uns war der große Aufwand zur Dämpfung des Ansauggeräuschs, die zur Entwicklung dieses Motors ebenso gehörte, und ebenso schwierig war die Dämpfung der Auspuff- und der mechanischen Geräusche. Dabei durfte die Leistung des Motors nicht geringer werden. Wenn man auch nur ein paar Millimeter den Schalldämpfer auf dem Auspuffkrümmer nach vorn oder hinten verschob, oder wenn man den Schalldämpfer „erleichterte" oder die Austrittsöffnung für die Abgase vergrößerte, dann brach die Motorleistung sofort um einige PS zusammen. So genau war die Abstimmung auf die Gasschwingungen.

Der Motor hatte eine kontaktlose 6 Volt Motoplat-Elektronik-Magnetzündung, von Bosch war zum Zeitpunkt der Entwicklung noch nichts Gleichwertiges erhältlich.

Was für den Fahrer besonders wichtig war, das war das Wissen um die Gefährlichkeit von Gemischabmagerungen für den hochdrehenden Motor. Sowas kam dann vor, wenn die Spritzuleitung verstopfte, wenn das Benzin im Tank weniger wurde

114

oder wenn ein Tankrucksack die Tankbelüftung abdeckte. Gemischabmagerung bedeutete blitzschnell festgehenden Kolben, Loch im Kolbenboden oder Ähnliches. Deswegen durfte der Vergaser auch nicht zu mager eingestellt sein, und deswegen war der Wärmewert der Zündkerze wichtig.

Bei Zündapp war es das Modell KS 125 Sport, bei Maico die MD 125 SS, welche in die gleiche Kategorie der Winzflitzer gehörten. Eine große Bedeutung hatten solche Maschinen auf dem Markt nicht — aber sie boten auch für die Fahrer sehr viel Spaß, die noch keine 50-PS-Kanone erwerben konnten. Ihre Fahrleistungen — im allgemeinen Verkehr schon sehr überlegen — und die Laufcharakteristik ihrer Motoren gehören zum Motorradbild der 70er Jahre und zur Dokumentation, was sich damals in der Bundesrepublik Deutschland tat.

Von 50 bis 1200 cm³ — von 6,25 bis 100 PS — und von „guten" Fehlschlägen — !

Wie wir aus der Geschichte der Wankelmotorräder, der BMW und der 125er Straßenflitzer aus der Bundesrepublik Deutschland sehen können, waren in den 70er Jahren noch allerhand Aktivitäten in diesem Lande im Gang.

Hauptsächlich existierten die Marken DKW, Hercules, Kreidler und Zündapp von der Produktion der 50-cm³-Kleinkrafträder, der Mofas, Mokicks und Mopeds, auf welchen Gebieten sie keine so starke internationale Konkurrenz hatten. Die 50er entwickelten zuletzt 6,25 PS (ab 1977 mit der neuen Leistungsbezeichnung 4,6 kW) bei Drehzahlen zwischen 7500 und 8500/min. Die kleinen Zweitakter brachten Hubraumleistungen bis zu 127,5 PS/Liter.

Natürlich lebten diese kleinen Motoren von den hohen Drehzahlen, hatten nur ein sehr schmales Leistungsband und kamen ohne sechs Gänge im Getriebe nicht aus. Damit fabrizierten sie gewaltige Fahrleistun-

gen (siehe „Die rasanten Motorräder der 60er Jahre" im Motorbuch-Verlag). Das besondere Können der verantwortlichen Techniker geht aus der Tatsache hervor, daß sie so hohe Literleistungen herauszauberten, obwohl die gesetzlichen Bestimmungen für die Geräuschdämpfung der kleinen Maschinen sehr arge Probleme bei der Entwicklungsarbeit darstellten. Diese Bestimmungen wurden aber alle bei den Serienmaschinchen erfüllt.

Die hohen und für das menschliche Ohr so unangenehmen Schallfrequenzen der Winzzweitakter ließen aber immer wieder Proteste in der Öffentlichkeit gegen diese „so laut kreischenden 'Mopeds'" los. Meist wurden die 50-cm³-Kleinkrafträder vom technisch ahnungslosen und mit der Einstufung der motorisierten Zweiräder nicht vertrauten Publikum auch als „Mopeds" bezeichnet.

Das vor allem, und schließlich auch die Unfallquote der jugendlichen Fahrer von 50ern, brachten immer neue Schwierigkeiten für die Hersteller, die durch den gnadenlosen Konkurrenzdruck und Verkaufszwang die Leistungen der 50er ab Ende der 50er Jahre immer höher geschraubt hatten, bis man sich auf das Endlimit von 6,25 DIN-PS einigen mußte, um den Bogen nicht zu überspannen.

Aber der äußere Druck mehrte sich — und Ende der 70er Jahre wurde die Diskussion eröffnet, bei gleichbleibender Leistung mehr Hubraum vorzusehen, um damit die Geräuschentwicklung leichter und noch weiter dämpfen zu können und die Leistungscharakteristik zu verbessern. Es traten Führerschein-Neuregelungen in Kraft, was dann 1981 (wiedermal ein lächerlicher Kompromiß) zum 80-cm³-Leichtkraftrad geführt hat.

In den 70ern aber waren die 50er noch voll da, und man kann sie ruhig als kleine technische Wunder bezeichnen.

Darüberhinaus baute man bei DKW, Hercules, Maico und Zündapp Geländesport-Modelle und Moto-Cross-Maschinen. Bei Maico ging diese Palette bis 250, 400 und 501 cm³. Hercules und Maico exportierten

Zündapp-Sechstagefahrt-Maschinen 1976 bei der Siegerehrung im Zündapp-Werk. Von den Fahrern sind u. a. Josef Wolfgruber, Eddi Hau, Teamchef Erich Messner, Erwin Schmider zu erkennen. Am Rednerpult Otto Sensburg.

von Geländesport- und Moto-Cross-Maschinen beträchtliche Stückzahlen in die USA und andere Länder. Und es war klar, daß alle diese Marken sich sehr stark im nationalen und internationalen Geländesport und Moto Cross engagierten. Zündapp stellte mehrmals die Nationalmannschaft bei der Internationalen Sechstagefahrt, das „Trophy-Team", die anderen Marken waren in Club- und Markenteams und mit vielen Privatfahrern dabei.

Gewinner der Internationalen Sechstagefahrt ("Sixdays") für Motorräder 1970 bis 1980

Veranstaltende Nation	Trophy-Gewinner	Silbervasen-Gewinner
1970 Spanien	1) CSSR **2) BRD**	CSSR
1971 England, Isle of Man	1) CSSR **2) BRD**	CSSR
1972 Tschechoslowakei	1) CSSR 2) DDR	CSSR
1973 USA	1) CSSR 2) GB	USA
1974 Italien	1) CSSR 2) S	CSSR
1975 England Isle of Man	**1) BRD** 2) I	I
1976 Österreich	**1) BRD** 2) CSSR	CSSR
1977 Tschechoslowakei	1) CSSR 2) DDR	CSSR
1978 Schweden	1) CSSR 2) DDR	I
1979 **Bundesrep. Deutschld.**	1) I **2) BRD**	CSSR
1980 Frankreich	1) I 2) CSSR	**BRD**

Das waren für die Bundesrepublik Deutschland zweimal die „Trophy", einmal die Silbervase und drei zweite Plätze hinter den „Trophy"-Gewinnern. Für die bundesdeutschen Fahrer und ihre Motorräder ein Qualitätsbeweis bei elf Wettbewerben.

Auf diesem Gebiet — dem Gelände-Zuverlässigkeitssport — gab es keine japanische Konkurrenz mit ihrem riesigen finanziellen Potential. Die Japaner sahen in diesem Sport nicht die weltumfassende große Ausstrahlung, wie sie bei den Straßenrennen und beim Moto Cross national und vor allem international gegeben war und für entsprechend große Publicity und Werbeeffekte sorgte. Zwar brachten die Japaner das „Enduro"-Motorrad in Mode, eine Maschine im Geländesportlook aber mehr auf der Straße einsetzbar, zwar gab es Fabrikmaschinen in der Trial-Weltmeisterschaft (Wettbewerbe für „Stilfahren" im Gelände) mit entsprechenden Erfolgen, aber die Sechstagefahrt und gleichartige Veranstaltungen blieben von Fabrikmaschinen und Fabrikfahrern aus Japan verschont.

Die Bundesrepublik Deutschland rangierte während der 70er Jahre bei den Sixdays hinter der Tschechoslowakei, und es waren vor allem Motorräder von Zündapp, die an den „Trophy"- und „Silbervasen"-Erfolgen teilhatten. Der finanzielle, arbeitstechnische und personelle Aufwand dafür war aber riesengroß. Ich möchte bezweifeln, daß sich das in einer Werbung für die Marke auszahlte, zumal von diesem Sport höchstens in der Fachpresse besondere Beachtung zu erwarten war.

Den Schritt in den Straßenrennsport wagte man aber nicht, denn hier waren die Japaner, waren Marken wie Kreidler, Derbi und die Japaner in der 50 cm^3 und in der 125-cm^3-Klasse seit Jahren technisch weit, weit voraus. Da war nichts zu holen.

So waren die Voraussetzungen für wirtschaftliche Erfolge nicht groß, im Herbst 1973 erschien in „Das MOTORRAD" der Leitartikel „Wieviele werden übrig bleiben"

von Siegfried Rauch. Zu diesem Zeitpunkt stammten schon 60 % aller in Europa zugelassenen Motorräder aus Japan, wo man immer stärker bemüht war, auf den europäischen Märkten bestimmte Industrie-Zweige mehr und mehr so mit Konkurrenz zu überziehen, daß sie eines Tages von den japanischen Erzeugnissen verdrängt würden.

„. . . bei den Motorrädern. Und hier ist die Situation eher trostlos . . ."
schrieb Siegfried Rauch. Er fuhr mit seiner düsteren Prognose fort:

„. . . Eine noch große Zahl von Unternehmen in mehreren Ländern Westeuropas beschäftigt sich mit der Produktion von Motorrädern. Keine Firma ist darunter, die wie die vier Großen aus Japan, ein geschlossenes Typenprogramm anbieten könnte. Das vorhandene Programm aber auszuweiten — dazu fehlt die wichtigste Voraussetzung: Die Aussicht, eines oder mehrere der neu zu entwickelnden Motorradmodelle in Stückzahlen verkaufen zu können, die die erforderlichen Investitionen für Entwicklung und Fertigungsanlauf wieder einbringen — und die darüberhinaus einen gegenüber den Japanern konkurrenzfähigen Preis garantieren . . ."

„. . . zwangsläufige Folgerung: Nur eine ganz kleine Zahl von Motorradherstellern in Europa, die eine enge Zusammenarbeit in Planung, Entwicklung, Programmgestaltung, Fertigung, Verkauf und Service-Organisation haben müßten, könnte mit einiger Aussicht den Kampf gegen die Japaner aufnehmen . . ."

„. . . einer, mit dem ich kürzlich über die Theorie der 'übriggebliebenen Fünf' in Europa sprach, meinte, daran glaube er nicht. Warum? Wieviele denn? Drei — sagte er lakonisch."

Das war 1973. Im Jahre 1979 standen noch fünf deutsche Motorradhersteller in den Katalogen (BMW, Hercules, Maico, Münch und Zündapp) und hatten das Jahrzehnt geschafft. Zwar nicht durch Kooperationen untereinander, aber mit allerhand Aktivitäten,

117

Die 350er Versuchs-Hercules/Sachs bei Probefahrten im Sommer 1976. Die Maschine ist grob »zusammengesteckt«, der Motor hat noch andere Zylinder mit Wasserkühlung als im Herbst auf der IFMA.

zu denen unter anderem auch der Versuch von Hercules und Zündapp gehörte, mit wassergekühlten Zweizylinder-Zweitaktmotoren von 27 PS oder mehr Leistung das Programm nach oben auszuweiten.

Diese beiden Motorräder halte ich für so bemerkenswert, daß sie in die Chronik der Jahre gehören.

Schon ab 1973 gab es bei Fichtel & Sachs/Hercules Experimente mit Zweizylinder-Zweitaktmotoren 250 und 350 cm³. 1974 wurde ein 350-cm³-Zweizylinder-Prototyp auch von Zündapp bekannt, und wir warteten darauf, während der IFMA 1974 von Sachs und Zündapp neue Maschinen dieser Kategorie vorgestellt zu bekommen. Bei beiden Firmen tat sich zwar bei der IFMA nichts, aber wir wußten, daß es tatsächlich Versuche in dieser Richtung gab. Hier sollten deutsche Mittelklasse-Modelle entstehen, die geeignet sein sollten, der japanischen Monopolstellung entgegenzutreten.

Im Frühjahr und Sommer 1976 konnte ich dann etwas Konkretes sehen und fahren, eine 350-cm³-Zweizylinder-Zweitakt mit Wasserkühlung von Fichtel & Sachs/Hercules mit ca. 40 PS (mit 27 bzw. 36 PS stand sie dann auf dem Hercules-Stand der IFMA 1976) und eine Zündapp KS 350, eine 350 cm³ wassergekühlte Zweitakt-Twin mit 27 PS.

Das Hercules-Modell war außerordentlich spritzig, ging gut seine 160 km/h, hatte durch eine günstige Drehmomentlage einen sehr guten Durchzug schon ab 2000/min, klapperte im Leerlauf etwas, konnte aber bestimmt im Fahrwerk und in der gebotenen

349 cm³ Zweizylinder-Zweitakt-Prototyp 27/36 PS von Hercules/Sachs bei der IFMA 1976.

Zweizylinder-Zwei-takt-Prototyp KS 350 von Zündapp, 350 cm³, 27 PS, Wasserkühlung. Sommer 1976.

Fahrleistung mit den japanischen 350ern ähnlicher Konzeption mithalten. Das sah vielversprechend aus.

Auf der IFMA stand die Maschine dann in modifizierter Form. Zum Beispiel war der Kickstarter von der rechten Motorseite zur linken gewandert, die Zylinder waren anders geformt und noch andere Details unterschieden sich von dem Versuchsmodell, das ich im Frühjahr fahren konnte. Da die neue Einstufung der Haftpflicht-Versicherungsprämien nach PS erfolgte, gab es nun ein Modell für die Klasse bis 27 PS und eines für den Export mit 36 PS. So konnte zum Beispiel bei der Ausgabe mit 27 PS, die Laufcharakteristik wesentlich kultiviert werden, und der Motor hatte im mittleren Drehbereich schon sein höchstes Drehmoment. Die Wasserkühlung arbeitete mit einer Pumpe, auch gab es eine Ölpumpe für die Schmierung des Motors.

Hercules trat aber nicht offiziell mit diesem Motorrad in Katalogen auf, und schon bald nach der IFMA 1976 hörten wir nichts mehr davon. Dafür erhielt ich über Umwege die Zeichnung von einem Zweizylinder-Viertaktmotor (parallel-Twin mit obenliegender Nockenwelle), die für eine Planung im Hause Fichtel & Sachs gedacht war, was darauf schließen ließ, daß in Schweinfurt noch immer sehr rege darüber nachgedacht wurde,

auf welche Weise man sich in der Mittelklasse sonst noch profilieren konnte, nachdem die Wankel-Episode ihr Ende erreichte.

Etwas ausgiebiger waren im Sommer 1976 einige Kilometer mit der Zündapp KS 350 möglich. Hier handelte es sich um ein bereits serienreifes Exemplar, von dem wir annahmen, daß es schon ab 1977 gebaut und geliefert werden könnte. Es stand auch in der von mir gefahrenen Ausgabe auf dem Zündapp-Stand während der IFMA 1976 und erschien offiziell in den Katalogen.

Der Typ KS 350 wurde ebenfalls für die Klasse bis 27 PS hergestellt und war auch für 40 PS gut, um den Export mitnehmen zu können. Der schlitzgesteuerte Zweitakt-Zweizylindermotor hatte in dieser Version 27 PS bei 6600/min. Bohrung 62 mm, Kolbenhub 57 mm, Kolbengeschwindigkeit bei 7000/min = 13,3 m/s. Die Schmierung erfolgte durch eine japanische Mikuni-Dosierpumpe, zu der ein getrennter Öltank gehörte. Bei 27 PS war nur ein Vergaser vorgesehen mit 32 mm Ø, und der stammte auch von der japanischen Firma Mikuni (!). Die Wasserkühlung arbeitete mit Zwangsumlauf für die Kühlflüssigkeit, d. h. mit einer mechanisch angetriebenen Pumpe.

Bei 4800/min war ein Drehmoment von 3,3 mkg vorhanden, also wie in den besten Zeiten bei elastischen Gebrauchsmotoren. Und

Der zerlegte Zündapp-Versuchsmotor der KS 350 zeigte Anklänge an japanische Motorradtechnik, Sommer 1976.

das machte, verbunden mit einem vibrationsfreien Motor, das Fahren zu einem Vergnügen. Das Sechsgang-Getriebe war da absolut nicht nötig, wurde aber aus Konkurrenzgründen beibehalten. Hier wären sogar nur vier Gänge deshalb besser gewesen, weil sie erstens in allen Drehbereichen mit ausreichend Motorleistung rechnen konnten und zweitens, weil dann zeitraubendes, lästiges Schalten zweier überflüssiger Gänge im Sechsganggetriebe vermieden worden wäre.

Die Beschleunigung aus dem Stand bis 100 km/h zwischen 6,4 und 6,8 Sekunden war besser als bei einer 250er 28-PS-Yamaha DS-6 von 1969. Hier war man m. E. im Niveau gewachsen, und es hätte mich brennend interessiert, was eine 40-PS-Version der KS 350 wohl leisten würde. Im sechsten Gang kam das Motorrad von 50 km/h bis 120 km/h in 11,2 Sekunden. Die Endgeschwindigkeit wurde mit ca. 145 km/h erreicht.

Bei 145 km/h drehte der Motor 7200/min, und das machte ihm überhaupt nichts aus.

Sein Aufbau mit einem horizontal geteilten Motor/Getriebegehäuse, vierfach gelagerter Kurbelwelle, Lagerarretierung durch Sprengringe, Primärtrieb über schrägverzahnte Räder, L-Ring-Kolben, Kolbenbolzen und Pleuelfüße in Nadellagern, Klauengetriebe und anderes entsprachen dem technischen Stand der japanischen Konkurrenz. Was fehlte, das war ein Elektrostarter, wobei schon deutlich wurde, daß gespart werden mußte.

Natürlich, der Motor sprang mit dem Kickstarter ohne jegliche Schwierigkeiten an, das konnte bei Bedarf sogar eine Oma bewerkstelligen, und alte Hasen vermißten einen E-Starter bestimmt nicht. Aber für den Export und im Hinblick auf die Fernost-Angebote hätte man einen vorsehen müssen.

Natürlich waren Wasserkühlung und Getrenntschmierung auch nicht billig, und letztendlich hätte die Maschine mehr als eine japanische 500er kosten müssen, sollte bei der vorhandenen Produktionskapazität und den damit machbaren Stückzahlen etwas unterm Strich übrig bleiben.

Es war ein Jammer.

Das Fahrwerk war fantastisch, die Bremsen hervorragend, das ganze Motorrad gefiel mir auch in seiner Ausrüstung auf Anhieb. Sicher, bis zu einem Produktionsbeginn wäre dies und jenes vielleicht noch geändert worden, aber das war nicht mehr die Welt — ! Die Elektrik arbeitete mit 12 Volt, eine Wechselstrom-Zündlichtanlage 130 Watt und eine kontaktlose Thyristorzündung, Leichtmetall-Gußspeichenräder, Bereifung 100/90 — 18 vorn und 110/80 — 18 S-Reifen von Metzeler, vorn hydraulisch betätigte Scheibenbremse 300 mm Ø und hinten LM-Trommelbremse 180 mm Ø rundeten das positive Bild ab.

Leergewicht 160 kg, zulässiges Gesamtgewicht über 350 kg. Völlig gekapselte Hinterradkette.

Dieser Hoffnungsschimmer verblaßte aber bald. Hier hätten sich mehrere Hersteller zusammentun müssen, um die nötige Finanzkraft für eine größere Stückzahl und einen annehmbaren Verkaufspreis erreichen zu können. Das aber war Fehlanzeige, und darüber konnte man mit niemandem sprechen, besonders nicht beim Familienunternehmen Zündapp.

Es war der letzte Mittelklasse-Versuch in der Bundesrepublik, bevor BMW im Jahr 1978 mit der R 45 auf dem Markt erschien. Danach wurde bei Fichtel & Sachs/Hercules und bei Zündapp zwar noch diskutiert und überlegt — sogar über abgasarme Viertaktmotoren — aber es kam nichts mehr.

Dafür war bei Maico schon seit 1971 eine sehr spritzige und schnelle 250er im Programm, das Modell MD 250. Die erste Version hatte bereits eine Motorleistung von 32 PS an der Kurbelwelle, was etwa 26 PS am Getriebeausgang bedeutete. Später pendelte sich diese Leistung auf 27 PS bei 7800/min ein (ab 1977 galt als Leistungswert kW, und 27 PS waren 20 kW). Ab 1979 wurde die MD 250 mit Wasserkühlung angeboten, als Leistung wurden 27 PS/20 kW bei 7000/min angegeben.

Die Geschichte dieses Motorrades ist deswegen nicht uninteressant, weil man in der technisch flexiblen kleinen schwäbischen Fabrik immer wieder Gedanken faßte, auf einfachste Weise die Fahrleistungen der Straßenversionen dem Standard der japanischen Konkurrenz anzupassen oder ihn zu übertreffen. So wurde 1971 der 250er Motor in das Fahrwerk der 125er Maschine eingebaut. Dabei erhielt man bei einem Gewicht von knapp über 100 kg (!) eine in der Tat superleichte Maschine mit einem geringen Leistungsgewicht von nur 4 kg/PS.

Aus dem Stand beschleunigte das Motorrad bis 100 km/h in 7,5 Sekunden, wozu die damals besten japanischen Motorräder fast neun Sekunden brauchten. Die Endgeschwindigkeit lag bei 145 km/h.

Im Laufe der Jahre entwickelten die Maico-Leute ihre 250er am Rande der Versuche mit Gelände- und Moto-Cross-Maschinen stetig weiter. Leider aber war das Hauptaugenmerk auf diese Geländesport- bzw. Moto-Cross-Maschinen gerichtet, so daß die schnelle Straßen-250er im Verkauf kaum eine wichtige Rolle spielen konnte. Es war auch einfacher, ohne die immer schwieriger werdenden Zulassungsbestimmungen in der Bundesrepublik und in anderen Exportländern problemlos astreine Moto-Cross-Maschinen zu bauen und zu verkaufen, für die man einen speziellen technischen und bürokratischen Zulassungsaufwand nicht betreiben mußte. Darin sehe ich auch einen Grund, warum solche schnellen Mittelklasse-Straßenmaschinen der kleineren Hersteller in der Bundesrepublik gegen das japanische Technik- und Finanzaufgebot immer weniger oder schließlich garnicht mehr (siehe Hercules und Zündapp) zum Gegenzug kamen.

Immerhin, es gehört hier geschildert, daß nicht technisches Unvermögen dafür verantwortlich gemacht werden kann, wenn deutsche Motorräder den Rückzug aus dem Inlands- und Weltmarkt antraten.

Mit einem Leergewicht, das noch unter

135 kg lag, blieb die Version der Maico MD 250 mit Wasserkühlung eine der leichtesten Serien-Straßenmaschinen der 70er Jahre. Zur Erinnerung sei erwähnt, daß die legendäre 250-cm^3-NSU-Supermax (Einzylinder-Viertakt, ohc, 18 PS) 1959 ein Leergewicht von 165 kg auf die Waage brachte. 27 PS bei 132 kg Leergewicht bedeutete ein Leistungsgewicht von 4,89 kg/PS.

Leichtbau war bei Maico durch den Moto-Cross-Sport sowieso an der Tagesordnung, im Reigen der üblichen Straßenmaschinen zwischen 1970 und 1980 war er ansonsten kaum noch zu finden. Hier lag ein großer Vorteil für die leichte Maico.

Der Einzylinder-Zweitaktmotor hatte eine mit Nikasil beschichtete Zylinderlaufbahn und Drehschieber-Einlaßsteuerung. Der Vergaser saß rechts am Kurbelgehäuse hinter der Gehäuseabdeckung. Und die nächste Besonderheit nach dem Leichtbau, dem Nikasil-Zylinder, dem Drehschieber und der Wasserkühlung war der sehr kurze Kolbenhub — 54 mm (Zylinderbohrung 76 mm).

Selbst bei einer Überdrehzahl von 8000/min kam man nur auf 14,4 m/s Kolbengeschwindigkeit. Bei normaler Fahrweise mit rund 6000/min lag der Wert bei nur 10,8 m/s. Das war sehr wenig und gut für lange Lebensdauer des Motors.

Aber der Motor zeigte unterhalb von 5000/min keine besondere Kraft. Erst oberhalb davon legte er wirklich fühlbar zu, so daß man immer zwischen 5000, 6000 und 7000/min pendelte. In diesem Fall war das Sechsgang-Getriebe angebracht, dessen Abstufung typische Merkmale schneller Straßensport-Maschinen aufwies. Der vierte, fünfte und sechste Gang lagen enger beisammen, wobei zu notieren ist, daß sich das Getriebe nur schwer schalten ließ — eine Eigenart des damaligen Maico-Ziehkeilgetriebes. Auch mußte man in einigen Drehbereichen Vibrationen in Kauf nehmen.

Der Doppelschleifen-Rahmen hatte eine sehr eigenstabile Hinterradschwinge mit kastenförmigen Schwingenholmen, mit breiter

Lagerung und mit Koni-Federbeinen von 115 mm Federweg. Der Radstand betrug 133 cm. Mit einem gut gewählten Nachlauf des Vorderrades und der fabelhaft gedämpften Marzocchi-Telegabel war dieses Fahrwerk eines der besten, das ich bis dahin bei Motorrädern erlebte. Was man mit diesem spritzigen Motor, mit dem leichten Gewicht, der Kurvenlage und der Spurstabilität machen konnte, war begeisternd.

Bei den Beschleunigungsmessungen kam ich in Schwierigkeiten, denn da der Motor erst oberhalb von 5000/min richtigen Mumm abgab, ließ man die Kupplung natürlich erst jenseits von 6000/min los. Die Folge war, daß das Vorderrad sofort abhob! Das war auch der Grund, daß man mit der wassergekühlten Version der MD 250 die 100-km/h-Marke vom Stand weg nicht unter 10 oder 11 Sekunden erreichen konnte. Mit dem luftgekühlten Motor von 1971 hatte das besser geklappt, mir war nicht ganz klar, warum diese 1979er MD 250 jedesmal bei einer Krawall-Beschleunigung so schnell „stieg". Vielleicht hätte man sich noch etwas länger damit einfahren müssen, um keine Wheelies bei den Messungen zu produzieren.

Der kurze Radstand dürfte da auch eine Rolle gespielt haben und ebenfalls die Tatsache, daß ich bei sportlicher Sitzweise doch ziemlich dicht vor der Hinterradachse hockte. Zudem hatte der 1971er Zylinder noch einen Hubraum von 220 cm^3, erst später kamen 245 cm^3 zusammen, nachdem man mit dem Kolbenhub laborierte. Das 1971er Kurbelgehäuse und Getriebe stammten von der 125er Straßen-Maico.

Diese 100 kg „leichte" Maschine war sehr schnell, aber man war damit zufrieden gewesen und unterzog sie harten Erprobungen. 1975 war man schließlich in der Serie bei einer stärkeren Kurbelwelle angekommen (127 mm Ø statt bis dahin 98 mm), hatte eine mit Nikasil beschichtete Zylinderlaufbahn (die dann aber im Verlaufe der Weiterentwicklung hartverchromt wurde), im Primärtrieb statt Zahnräder eine Duplexkette, ein

Maico md 250 wk, 250er mit Wasserkühlung, IFMA 1978.

Vierklauen-Ziehkeilgetriebe sowie 18-Zoll-Drahtspeichenräder.

Als 1978 der Motor auf Wasserkühlung (mit Pumpenförderung, 1 m³ Wasser pro Stunde) umgestellt wurde, bekam er ein kürzeres Pleuel (131,7 statt 137 mm) und einen kürzeren Kolben. In die Kupplung baute man eine Stoßdämpfung für die Kraftübertragung ein.

Der Rahmen bekam eine andere Geometrie, die Federung längere Wege, die Hinterrad-Schwinge die kastenförmigen Holme. Man wechselte auf Gußräder und Scheibenbremsen über, verwendete eine 12-Volt-Bosch-HKZ-Zündanlage, Halogenlicht und einen größeren Tank mit 16,5 Litern Inhalt. Zuletzt war noch eine 37-PS-Version dieses Feuerzeugs in der Planung und im Versuch.

So gerüstet, ging Maico in die 80er Jahre und hätte alle Chancen gehabt, mit der MD 250 am Mann, auf dem Markt und in der großen Gemeinde der sportlichen Straßenfahrer bleiben zu können, denen die japanische Vermassung inzwischen zu viel wurde. Hier kannte man die Versuchsleute Dipl.-Ing.

Günther Schier und Ingenieur Stögerer – das war keine so weit entfernte anonyme Massenatmosphäre mit zig Modellen, deren Entwicklungs-Ingenieure fremd und ungenannt in einem abgeschirmten Management untergingen. Diese kleine 250er war noch ein „persönliches" Motorrad.

Aber es nutzte nichts. In den 80er Jahren gingen bei Maico und gingen bei Zündapp die Lichter aus –! Maico kam unter anderer Firmierung nach einiger Zeit wieder, aber Straßenmotorräder für Normalverbraucher gab es nicht mehr.

Das Fazit zum Jahreswechsel 1979/80: BMW war mit neun Modellen prima am Zuge und plante bereits Neues, Mehrzylindriges ohc –! Bei Hercules stand neben vielen Mofas, Mokicks, Mopeds, Kleinkrafträdern nur noch eine Maschine für den allgemeinen Gebrauch im Katalog – ironischer Weise die 125er Military. Es gab eine „Horex" mit 1326 cm³ als exklusives Riesenmotorrad für betuchte Leute im Programm, gebaut wie die Münch-Motorräder von Friedel Münch mit dem Vierzylinder-Audi-NSU-Motor, hier je-

»Horex«-Münch 1326 cm³ Vierzylinder mit Turbo-Aufladung. Einzelstück. IFMA 1978.

doch mit gewaltiger Turboaufladung, 100 PS, 296 kg Leergewicht und für sage und schreibe DM 36 160,— zu haben. Also ein für die Gesamtwirtschaft unbedeutendes Prachtstück. Bei Maico gab es neben den Cross-Maschinen die 250er mit Wasserkühlung für die Straße. Beim Motorradbau Heinz W. Henke wurden die großen Vierzylinder-Münch-Motorräder mit 1289 cm³, 100 PS, auf Bestellung weiter gebaut, waren aber auch exklusive Außenseiter. Schließlich wurde bei Zündapp neben den Mofas, Mokicks und Mopeds auch nur noch eine normale Straßenmaschine, die KS 175 (163 cm³ Hubraum, Wasserkühlung, 17 PS), verkauft.

Der Markt der 50-cm³-Mofas, Mokicks, Mopeds und Kleinkrafträder existierte weiter mit den Marken DKW (Hercules), Heuser (Trial und Enduro), Horex (Zweirad-Röth), Kreidler, Maico, Rixe, Solo, Van Veen (Duderstadt) und Zündapp (so weit nicht bereits oben erwähnt).

„Richtige" Motorräder aus bundesdeutscher Fertigung über 50 cm³ standen noch 15 in den 1980er Frühjahrskatalogen.

Das war der Rest vom Schützenfest der 70er Jahre — !

Münch TTS-4, 1978.

England:
Der letzte Versuch und die standhaften Ladies

Die Entwicklung des englischen Motorradbaues in den 70er Jahren ist anhand einer Übersichtstabelle gut zu erkennen.

Jahr	Marken mit Anzahl der Modelle				Gesamt-zahl
	BSA	CCM	Norton	Triumph	Ges.
1970 Herbst	7	—	2	6	15
1971 Frühj.	7	—	2	6	15
1972 Frühj.	6	—	1	4	11
1972 Herbst	4	—	2	6	12
1973 Frühj.	—	—	3	5	8
1974 Frühj.	—	—	2	6	8
1974 Herbst	—	—	2	1	3
1975 Frühj.	—	—	1	1	2
1976 Frühj.	—	—	1	2	3
1976 Herbst	—	—	1	3	4
1977 Frühj.	—	—	1	3	4
1977 Herbst	—	—	1	3	4
1978 Herbst	—	2	—	2	4
1979 Frühj.	—	2	—	2	4
1980 Frühj.	—	—	—	4	4

Namen und Zahlen sind den Typentabellen der Fachpresse entnommen. Die Marke CCM (Clews Competition Machines, Bolton) basierte auf Restposten des 500 cm³ Einzylinder-ohv-Viertaktmotors der BSA-Gelände- und Cross-Modelle. Die für diese Zusammenstellung herangezogenen Maschinen wurden alle aus Serienfertigung angeboten.

Durch die Aktivitäten einzelnen Händler und Importeure, vieler Idealisten in England (z. B. bei den Triumph Meriden Works in Coventry und anderswo) und auch in Amerika gelang es, die Marke Norton bis 1978 zu erhalten und Triumph-Maschinen bis in die 80er Jahre hinein zu retten. Doch von der in den 20er und 30er Jahren und in der Nachkriegszeit bis ca. 1960 führenden und blühenden englischen Motorradindustrie blieb so gut wie nichts übrig.

Dabei wurden mächtige Anstrengungen gemacht, diese Industrie am Leben zu erhalten. Anstrengungen — siehe Wankel-Motorrad —, die ihre Spuren bis nach 1980 hinterlassen haben. Mehrere „Worldbeater"-Rennmotoren für die Grand-Prix-Szene wurden entworfen, aber nicht einer davon kam zum Zuge. Der letzte große Versuch, ein modernes Serienmotorrad zu entwickeln, mit dem man gegen die Japaner auf dem Weltmarkt antreten wollte, begann etwa 1967 und führte bis zur Vorstellung des serienreifen Produkts. Das war die 350 cm³ BSA „Fury" bzw. die Triumph „Bandit". Anläßlich eines Besuchs in England konnte ich diese Maschine noch auf der MIRA-Bahn, dem Versuchsgelände der englischen Kraftfahrzeug-Industrie, fahren. Das war kurz vor dem Jahreswechsel 1970/71, und alle Beteiligten waren voller Optimismus, damit einen modernen Schritt getan zu haben.

BSA-/Triumph-Zweizylinder 349 cm³, 1970/71, zwei obenliegende Nockenwellen.

BSA und Triumph waren zu diesem Zeitpunkt in Birmingham bzw. in Coventry unter gemeinsamem finanziellen Dach und gemeinsamem Management, produzierten jedoch noch jeder die eigenen Motoren. Dieser 350 cm³ Zweizylinder-ohc-Motor aber war für beide Marken vorgesehen.

Es handelte sich um einen interessanten Viertakter (Zylinderbohrungen je 63 mm, Kolbenhub je 56 mm, Hubraum der beiden Zylinder insgesamt 349 cm³) mit zwei obenliegenden Nockenwellen, die durch eine Rollenkette angetrieben wurden, welche sich außen neben dem linken Zylinder befand. Sie lief in einem geschlossenen Gehäuse über Führungs- und Spannrollen, das Gehäuse bildete ein auf dem Kopf stehendes „L".

Bei Doug Hele hatte ich den Motor schon 1969 im Büro gesehen und darüber diskutiert, warum der Antrieb der beiden Nockenwellen seitlich neben und nicht zentral zwischen die Zylinder gelegt worden war. Die Wahl einer Kette und die seitliche Anordnung waren Ergebnisse von Überlegungen in Richtung Rationalisierung der Fertigung und vereinfachter Servicemöglichkeiten. Daß diese Kette erhebliche Knickwinkel bewältigen mußte und sehr lang war, auch daß ungleichmäßiger Wärmeverzug eine negative Rolle spielen könnte, das schien für die Entwickler ohne Probleme zu sein.

Beim Fahren merkte ich, daß der Motor sehr drehfreudig war — in den Gängen kletterte die Nadel des Drehzahlmessers leicht über 9500/min hinaus, wobei die rote Marke und die Nenndrehzahl bei 9000/min lag. Das Windrauschen am Sturzhelm übertönte dabei aber nicht das mechanische Geräusch des Nockenwellenantriebs in dem „L"-Gehäuse — !

34 PS bei 9000/min lautete die offizielle Angabe, und das bedeutete bei Nenndrehzahl eine Kolbengeschwindigkeit von 16,8 m/s. Verdichtung 9,5. Die Hubzapfen der Kurbelwelle waren um 180° versetzt, und ab 5500/min verloren sich die Vibrationen fast

völlig. Die geteilten Pleuelfüße liefen auf Gleitlagern.

Das Motorrad wurde mit Kick- und auf Wunsch mit zusätzlichem Elektro-Starter gebaut; dieser war ein Diskussionsthema, welches Doug Hele nicht gern hörte. Er war der Meinung, daß Motorräder keinen Elektrostarter nötig hätten, die unnötig teuer wären und nur neue Fehlerquellen mitbringen würden. Wer einen Motorradmotor nicht mit dem Kickstarter in Gang kriege, der solle am besten garnicht Motorrad fahren, Motorräder seien für Männer und nicht für Knopfdruck-Bübchen gemacht, war seine Meinung.

Da die Nocken über Stößeltassen die Ventile bewegten, kamen die überlauten mechanischen Geräusche nur vom Nockenwellenantrieb her. Unterhalb von 5000/min war das nicht tragisch, aber von da an mußten empfindliche Gemüter die Ohren abschalten. Doch versöhnte das Temperament des Motors schnell mit der Geräuschunart.

Die Primärtrieb bestand aus einer Duplexkette ³/₈". Zähnezahl auf dem Motorritzel 23, auf dem Kupplungszahnkranz 52. Das angeblockte Getriebe hatte fünf Gänge, die Gesamtübersetzung betrug 17,1/11,84/9,03/7,37/6,39. Die Übersetzung zum Hinterrad bestand aus 17 Zähnen am Getriebeausgang und 48 Zähnen am Hinterradzahnkranz. Mit der hinteren Bereifung 3.50-18 erreichte man bei 9000/min in den Gängen folgende Geschwindigkeiten: 60/87/114/139/160 km/h. In den Gängen wurden die Höchstdrehzahl und diese Geschwindigkeiten mühelos auch überschritten, im fünften Gang flitzte die Bandit mit 158 km/h durch die Lichtschranke, wobei ich trotz eisiger Kälte und Nebel nur im enganliegenden Lederzeug ziemlich klein gemacht fuhr. Die Meßstrecke war etwas ungünstig, weil man nach der Lichtschranke sofort sehr stark herunterbremsen mußte, um nicht am Ende der Bahn über eine Grasböschung zu segeln — !

Aber mit den konisch gestalteten Leicht-

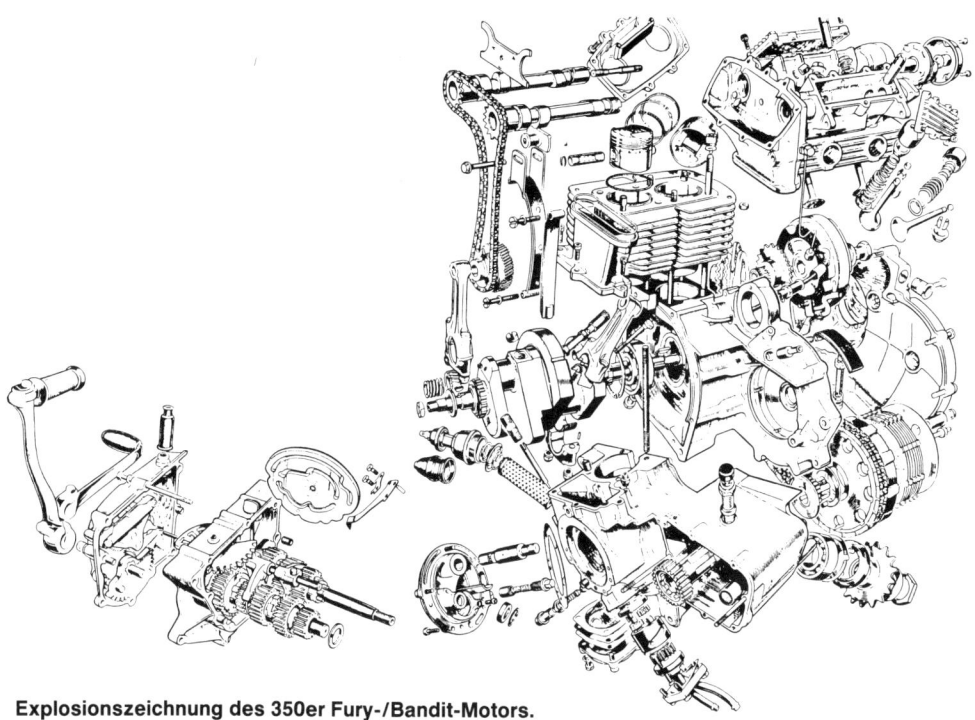

Explosionszeichnung des 350er Fury-/Bandit-Motors.

metallbremsnaben, die an die Bremsnaben der Norton Rennmaschinen von 1949 erinnerten, war hartes Bremsen keine Schwierigkeit. Vorderradbremse: Doppelnocken! Der Antrieb des Hinterrades erfolgte über eine offene Kette 5/8″ x 1/4″, die nur im oberen Trum abgedeckt war. Die Hinterradschwinge hatte dreifach verstellbare Federbeine von Girling mit offenen Federn, die Telegabel sah sehr nach Ceriani aus.

Der Lenker war in Gummi gelagert, die Kotflügel ebenfalls, die neuen elektrischen Lucas-Schalter hatten keine Dunkelphase beim Abblenden, 12 Volt-E-Werk, Blinkanlage. Der Doppelrohr-Rahmen machte einen guten Eindruck und konnte seine Moto-Cross-Abstammung nicht verhehlen. Die Bodenfreiheit war sehr groß. Man erkannte das Bestreben, vom oberen Lenkkopflager bis zum Schwingenlager eine möglichst direkte und gerade Verbindung zu bekommen und eine breite Lagerung der Hinterradschwinge zu erzielen. In den Tank gingen leider nur 13,6 Liter.

Die beiden 26 mm Concentric-Vergaser von Amal wurden über einen Gaszugverteiler bedient, die Kupplungsbetätigung war nicht zu schwergängig. Es gab viele Einzelheiten, die zeigten, daß Wartungsfreundlichkeit und leichte Zugänglichkeit zu allen wichtigen Details Trumpf waren.

Aber weder die BSA „Fury" noch die Triumph „Bandit" kamen jemals in die Produktion. Zwar tauchten sie in Prospekten, Katalogen und Vorankündigungen des Kundendienstes auf, aber niemals wurde auch nur eine Schraube für einen Serienbau gefertigt.

Es war für die Endentwicklung und für die Einrichtung des Serienbaues dieses neuen Motors kein Geld mehr da. Dafür stellte BSA/Triumph Anfang 1971 altbewährte Dinge in neuer Mischung für den Beginn der 70er Jahre vor. Aber von allen diesen Typen (Dreizylinder BSA Rocket 3, 750 cm³; Zweizylinder 654 cm³ Lightning, Firebird, Thunderbolt; Einzylinder 499 cm³ Victor MX, 500 Victor und 500 Goldstar, Dreizylinder Triumph Trident, 750 cm³; Zweizylinder 649 cm^3 Trophy, Tiger, Bonneville; Zweizylinder 499 cm^3 Trophy 500, Daytona 500) schlugen in der Bundesrepublik nur die ein, die die gefürchtete Barriere der ABE (Allgemeine Betriebs-Erlaubnis durch das Kraftfahrt-Bundesamt) oder des TÜV-Mustergutachtens mit Elan oder Tricks nehmen konnten. Weshalb manche dieser Modelle überhaupt nicht nach Deutschland kommen konnten. Wahrscheinlich wäre das auch mit der 350er Fury bzw. Bandit sehr schwierig geworden.

So hatten es diese Firmen äußerst schwer, mit den für den amerikanischen Markt konzipierten Motorrädern in Europa verstärkt Fuß zu fassen. Man hatte den deutschen Markt im Zuge des alles unterhaltenden Amerikageschäftes in den 50er und 60er Jahren schwer vernachlässigt. Und jetzt schien es zu spät zu sein — man hätte generell ganz neue Techniken entwickeln müssen. Im Frühjahr 1973 verschwand der Markenname BSA aus den Listen, nachdem schon 1971 die Produktion beendet worden war — !

Aus späterer Sicht muß man sagen, daß die 350-cm^3-Modelle Fury bzw. Bandit nichts gerettet hätten. Anfang der 70er Jahre wäre eine 500er mit 50 PS, zwei obenliegenden Nockenwellen, mit Elektrostarter, maximal gedämpftem Fahrgeräusch (!), mit kultiviert und vibrationsfrei (!) laufendem Motor, mit einem Gewicht unter 170 kg, mit gut gestyltem Äußeren und mit dem Background eines gut funktionierenden, dichten Werkstatt- und Kundendienstnetzes, dazu mit einem annehmbaren Preis, noch in der Lage gewesen, den Japanern Paroli zu bieten. Aber diese Voraussetzungen waren von der englischen Motorradindustrie nicht mehr zu erfüllen.

Wenn die Marke Norton bis 1977 offiziell in den Listen erschien und die Marke Triumph bis in die 80er Jahre erhalten blieb, dann ist das vielleicht einem „harten Kern" von Motorradfahrern zu verdanken, die unbeirrt der Meinung waren (und sind), daß aus Japan nur Massen- und Gag-Ware, aus Europa nur

Neutren, aus England aber das wahre und echte Motorrad kommen konnte (und könne). Der Nimbus des Namens „Norton" z. B. ist — nicht nur bei alten Hasen — ungebrochen erhalten geblieben.

Das berühmte Norton-ohc-Rennmodell 350 und 500 cm^3 „Manx", das vor allem durch seine Erfolge und durch seine Technik den Nimbus der Marke begründete, wurde schon lange nicht mehr gebaut. Dafür war der Zweizylinder-ohv-Motor noch immer am Drücker, der Ende der 40er Jahre zuerst als 500-cm^3-, dann als 600-cm^3-, 650-cm^3-, 750-cm^3- und zuletzt als 850-cm^3-Version hergestellt wurde. Mit dieser Konstruktion ging es bis 1977 weiter.

1970/71
Norton Villiers Ltds., Nothway, Andover. Importeur: Detlev Louis, Hamburg
Modelle: Commando 750 R und S; 745 cm^3, 59 PS bei 6700/min

1972 (Frühjahr) bis 1973
Norton Villiers Ltd., Northway, Andover. Importeur: Gerd Körner, Darmstadt
Modelle: Commando 750 und Interstate 750; 745 cm^3, 60 oder 65 PS bei 6800/min. Commando 850; 828 cm^3.

1974
Norton Villiers Ltds., Northway, Andover. Importeur: Gerd Körner, Darmstadt
Modelle: Commando 750 und Commando 850; 745 cm^3 und 828 cm^3, 58 PS bei 6500/min bzw. 60 PS bei 5900/min. Diese Angaben variieren mit 51 PS bei 6250/min und fügen noch das Modell Interstate 850 hinzu. Das dürfte mit den Schwierigkeiten zusammenhängen, die beim Erhalt des TÜV-Mustergutachtens entstanden.

1975
Norton Triumph International Ltd., Kitts Green, Birmingham. Importeur: Gerd Körner, Weiterstadt bei Darmstadt.
Modell: Commando 850 Interstate; 828 cm^3, 51 PS bei 6250/min (oder 60 PS bei 5900/min). Auch hier wieder unterschiedliche Angaben.

1976

Norton Triumph International Ltd., Kitts Green, Birmingham. Importeur: Gerd Körner, Weiterstadt bei Darmstadt.

Modell: Commando 850 Interstate; 828 cm³, einmal 51 PS bei 5600/min, einmal 51 PS bei 6250/min und einmal 51 PS bei 5200/min

1977

NVT (Norton-Villiers-Triumph) Motorcycles Ltd., Northway, Andover. Importeur: Reinhard Wüst, Schorndorf

Modell: 850 MK 3 oder Commando 850 Interstate (die Angaben variieren und wechseln); 828 cm³, 50 PS bei 5200/min

1978 wurde die Firma Norton Motor Ltd., Garretts Green, Birmingham gegründet, wo es vor allem mit der Wankel-Motorradentwicklung weiterging. Die Firma Wüst in Heuchlingen bei Schorndorf firmierte noch weiter als Norton- und Triumph-Importeur und bot noch 1979 die 850er Commando an, obwohl ab 1978 keine Norton mehr in den offiziellen Listen und Katalogen erschien. Ja, noch anfangs der 80er Jahre konnte man mit Glück eine Commando erwischen.

Welche Motorleistungen zuletzt wirklich aus dem großen ohv-Zweizylinder geholt wurden, das muß offen bleiben. Die Importeure jonglierten mit den unterschiedlichsten Angaben, um den Festlegungen eines Mustergutachtens oder einer ABE zu entsprechen.

Die 745 cm³ Interstate konnte ich im Frühjahr 1972 und im Sommer des gleichen Jahres fahren und stellte fest, daß diese Norton immer noch zu den schnellsten Motorrädern gehörte. 1968 war ich mit einer 750er Commando, die schon das gleiche Fahrwerk mit zwei Baugruppen besaß, in 10:52 um die Nordschleife des Nürburgrings gefahren (= 123,13 km/h Durchschnitt). Das war meine schnellste Testmaschinen-Zeit auf dem Ring gewesen (siehe „Die rasanten Motorräder der 60er Jahre, Seite 183). Nun – vier Jahre später – hatte sich an der Grundkonzeption nichts geändert.

Mit dem Begriff „The *unapproachable* Norton" – die „unerreichbare" Norton – war jahrelang für diese Marke geworben worden. In der Tat, wer anfangs der 70er Jahre ein klassisches = nostalgisches Motorrad suchte, wie es klassischer überhaupt als Neuproduktion nicht mehr zu finden war, der stieß hier auf etwas unerhört Konservatives, Unerreichbares. Es konnte noch nie geleugnet werden, daß Motorradfahrer konservativer sind als sie's selbst eingestehen, und so kam es, daß es auch in diesem Jahrzehnt eine Generation von Fahrern gab, die in so einer Norton noch immer das Topmodell englischer Klassik sahen und schätzten.

Aber das Problem stand nun handfest vor der Tür: Die verdammte japanische Konkurrenz – vor allem für Norton auch in Amerika. Da den japanischen Technikern nichts heilig war und sie dem Motorradenthusiasten ringsum die schönsten technischen Spielsachen boten (noch nicht so „uniformiert" wie gegen Ende der 70er Jahre), hätte auch

Merry Old England einiges tun müssen, um am Ball bleiben zu können. Doch hier bei Norton war Konservatives noch immer up to date, mit einer umwerfenden Beharrlichkeit.

Wie sollte es aber werden, wenn man in diesem Werk nicht einmal in der Lage und bereit war, für den deutschen Markt z. B. eine notwendige DIN-Leistungskurve zur Erleichterung der Zulassungen zu erstellen? Wie sollte es werden mit den dauernden Änderungen der Modellbezeichnungen, Leistungsangaben mal in b.h.p., mal in SAE-PS, mal so oder so? Wie sollte es werden, bei einem dauernden Händlerwechsel, bei einem fehlenden Servicenetz?

1972 gab man als Leistung (b.h.p.) 65 PS bei 6500/min an. Bei der Konzipierung des Motors — es war ja praktisch immer noch der Dominator-Motor der 50er Jahre — war man ebenso erzkonservativ geblieben: Zwei Zylinder in einem Gußstück, Leichtmetall-Zylinderkopf, Bohrung 73 mm, Kolbenhub 89 mm. Verdichtung 10,0. Bei 6500/min wurde eine Kolbengeschwindigkeit von 19,3 m/s erreicht, bei 7000/min kam man auf 20,7 m/s.

Während man auf der Autobahn in der Ebene über 160 km/h gut schaffte (= ca. 6500/min), konnte man an langen Gefällen bis zu 180 km/h fahren = ca. 7300/min. Dann aber war die Kolbengeschwindigkeit auf sage und schreibe 21,6 m/s angestiegen, ein grausam hoher Wert — !

Deshalb war es besser, auf der Autobahn 5500/min auf die Dauer nicht zu überschreiten. Das entsprach einem Tempo von ca. 140 km/h. Im Ernst: Diese klassische Norton war kein „Bahn-Burner", dafür aber war sie ein herrliches Motorrad für kurvenreiche Berg- und Landstraßen. Denn der langhubige Motor war ein echtes Sprinter Aggregat, und das Fahrwerk war für Kurvenräuberei geschaffen.

Wie der frühere „Federbett"-Rahmen war auch dieses Fahrwerk auf dem TT-Kurs der Insel Man entstanden, und hier konnte das Motorrad „unapproachable" genannt werden. Es gehörte am Nürburgring in den „Club

der Schnellsten" — ! Der Trick dabei war, daß man für hohe Durchschnitte infolge des hohen Durchzugsvermögens des Motors die Endleistung niemals ganz ausspielen mußte. Die mächtige Kurbelwelle hatte ihre Hauptschwungmasse in der Mitte zwischen den beiden in Gleitlagern laufenden Leichtmetall-Pleueln, die starken Hubzapfen waren nicht versetzt, und die Welle war nur an ihren beiden Enden gelagert. Trotz guter Auswuchtung mußte der Motor vibrieren, ab 4000/min sehr deutlich.

Um diese Vibrationen nicht bis zu den Lenkerenden, zu den Fußrasten und zum Sitz durchkommen zu lassen, wurde der Motor in Gummi aufgehängt. Am hinteren Motorträger, der zum Rahmen hin ebenfalls in Gummi abgefangen war, war außerdem die Hinterradschwinge befestigt. Das ganze mutete etwas abenteuerlich an, denn man erwartete ein durch diese Gummiaufhängung labil gewordenes Fahrwerk. Es war aber wichtig, daß man die Gummipolster nicht einklemmte und die Halteschrauben mit dem richtigen Drehmoment festzog und ab und zu kontrollierte.

Gedämpfte Vibrationen aber veranlaßten dann doch zu sehr schnellem Fahren, und es war ratsam, den Drehzahlmesser im Auge zu behalten, um das Limit nicht so leicht und unbedacht zu überschreiten.

Die vor den Zylindern angeordnete Nockenwelle wurde durch eine Kette angetrieben. Ketten spielten im Norton-Leben eine große Rolle: Zur Nockenwelle, als Primärtrieb (Triplexkette) und als Sekundärtrieb zum Hinterrad — früher noch zur Lichtmaschine oder zum Magnet, dessen Flansch noch am Gehäuse beibehalten war.

Die Primärkette hatte keine automatische Spannvorrichtung; wie zu Olims, des Verschmierten, Motorradzeiten stellte man die richtige Spannung durch Verschieben des getrennten Getriebegehäuses ein. Das hatte zur Folge, daß man bei einer derartigen Einstellkontrolle bzw. -arbeit auch die Hinterradkette nachstellen mußte. Nicht nur diese

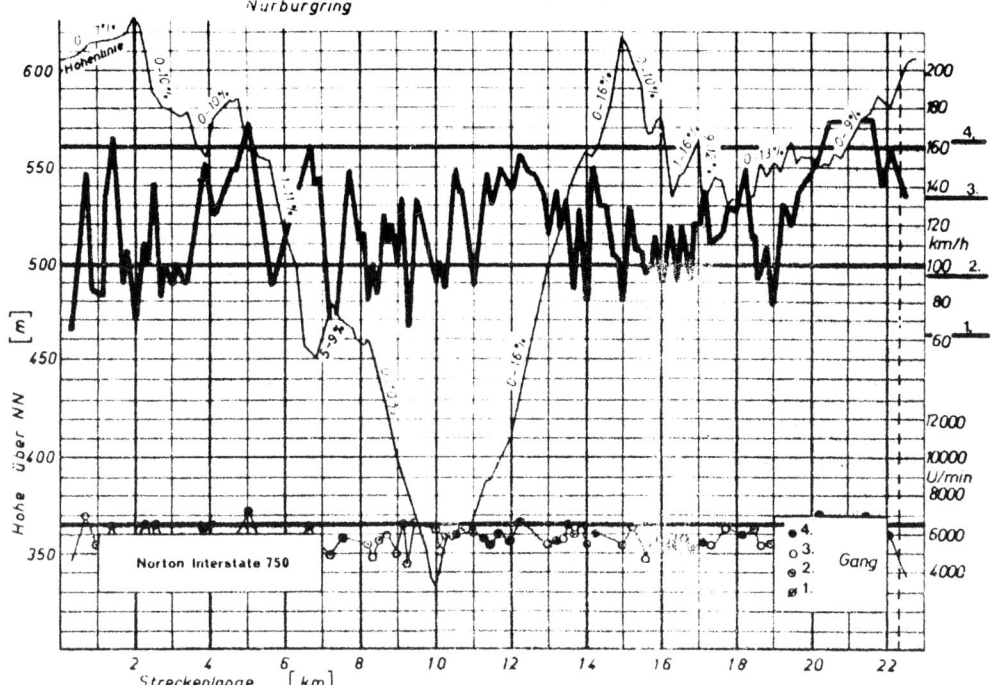

Nürburgring-Höhendiagramm mit Tempo-, Drehzahlen- und Gangmarkierungen der Norton Interstate.

Details verlangten von Fahrern und Mechanikern Wissen und Fingerspitzengefühl. Eine Norton konnte nicht von einem Dorfschmied mit dem Vorschlaghammer betreut werden — !

Der Motor war startfreudig, wir hatten niemals Schwierigkeiten damit. Der erste Gang reichte bis über 60 km/h, dort schloß der zweite mit 4000/min = 38 PS (lt. b.h.p.-Leistungskurve) an. Er reichte bis 95 km/h. Der dritte Gang begann dort mit 4500/min = 44 PS und reichte bis 133 km/h oder bis 7000/min und 143 km/h. Dort hatte man Anschluß an den vierten Gang bei ca. 5300/min = 54 PS. Da das Drehmoment des Motors mit 7,0 mkg bei 5000/min sehr groß war, kam man ohne weiteres mit vier Gängen aus. Bei 2000/min waren schon 20 PS vorhanden — !

Infolgedessen beschleunigte das Motorrad auch aus dem Stand bis 150 km/h in nur zwölf Sekunden.

Bei den schnellen Runden um die 22,3 Meßkilometer der Nordschleife des Nürburgrings mit dem Fahrtschreiber an Bord gab es leider mehrere Baustellen an der Strecke.

Eine größere am Galgenkopf, und außerdem lag viel Bausand in Kurven, und auch Feuchtigkeit sorgte dafür, daß man in Kurvenausgängen vorsichtiger Gas gab, weil das große Drehmoment bei zu viel und zu plötzlichem Gasgeben das Hinterrad in Schräglage seitlich wegwischen ließ.

In solchen Situationen erwies sich die 1972er Interstate als handlicher Untersatz. Ihre Leistung kam an der langen Steigung zwischen Breidscheid und der Hohen Acht bei Kilometer 12 zum Ausdruck: Noch 156 km/h im vierten Gang an 7 %. Hinter dem Karussell kam man nochmals im vierten Gang auf 150 km/h — !

Am Schwedenkreuz war ohne weiteres ein Tempo von 170 km/h zu halten, und wenn man im Gefälle der Fuchsröhre nicht schneller als 160 km/h fuhr, dann lag es daran, daß bei dieser Geschwindigkeit die so sanft geschlängelte Strecke plötzlich als sehr eckiges Slalom erschien.

Das schwierige Stück am Hatzenbach zwischen Kilometer 2,5 und 3,5 war ein typisches Norton-Streckenstück: Zwischen 140 km/h im Anlauf und 85 km/h in der langsamsten Ecke lagen hier die Geschwindigkeiten, die der Schreiber aufzeichnete. Auch die Abfahrt vom Metzgesfeld durch die Kallenhard-Kurve, die Wehrseifen-Ecke hinunter nach Breidscheid war relativ schnell. Zwischen Kilometer 8 und Kilometer 10 waren teilweise 135 km/h möglich. Die Pflanzgarten-Kurven waren dem Motorrad auf die Räder geschrieben: 120 bis 138 km/h im oberen Bereich, 90 bis 120 km/h im unteren. Die Geschwindigkeit auf der Endgeraden betrug bei Kilometer 21 etwa 176 km/h leicht gebückt.

Ölnebel gab es natürlich bei diesen harten Erprobungen an den Gehäusenähten, an den Ventilkappen des Zylinderkopfs, am Drehzahlmesser-Antrieb und an den Öffnungen der Schaltwelle und der Kickstarterwelle. Die möglichen Schräglagen wurden erst spät durch Berühren des Bodens mit den Fußrasten begrenzt.

Die vordere, hydraulisch betätigte Scheibenbremse war von beispielhafter Wirkung.

Die Hinterradbremse war es weniger. Nach wie vor hing die einfache Bremstrommel mit dem Kettenzahnkranz zusammen — beides heizte sich gegenseitig auf. Es ist mir noch heute nicht klar, warum diese ungenügende technische Lösung sich durch Jahrzehnte hindurch bei vielen englischen Motorrädern (nicht nur bei der Norton!) gehalten hat. Es schien so, daß gegen diese Halsstarrigkeit oder gegen diesen „Konservatismus" alle vernünftigen Forderungen nach einer besseren Lösung, alle guten Vorschläge abprallten. Wie oft habe ich mir durch meine Kritik dabei die Finger verbrannt — !

Dies war wohl auch eine mentalitätsgebundene Eigenschaft unserer englischen Motorradfreunde, daß man sich nicht zu einer guten Leichtmetall-Vollnaben-Lösung, die durch Mitnehmer mit Stoßdämpfern hatte verbunden werden können, entschloß. Dafür gab es doch genügend Vorbilder.

War es ein Wunder, daß man mit derart old fashioned-Details trotz aller sonstigen Aktivitäten und positiven Lösungen gegen die modernen Japaner kein Bein mehr auf den Grund kriegte?

Die Vorderradgabel arbeitete sehr gut, die hinteren Girling-Federbeine waren zu hart. Die gut gepolsterte Sitzbank versuchte, einiges abzufangen. Leider war diese Bank sehr dumm befestigt, denn beim Aufbocken der Maschine zog man unwillkürlich am hinteren Sitzbankende, weil kein besonderer Griff vorhanden war — hoppla, schon wurde die Bank am hinteren Teil hochgebogen, und das Motorrad rührte sich nicht vom Fleck.

Erst nach dieser Erfahrung, die jeder von uns machte, der die Interstate zum ersten Male aufbocken wollte (ich sah später immer wieder Interstate—Maschinen mit Bananen-Bänken), faßte man nur noch am Schutzblechträger an, wobei es jedoch immer schwarze Finger oder Handschuhe gab, weil der Kettenschutz ungenügend war und das Kettenöl oder -fett nach oben flog — ! Fußrasten, Soziusrasten und Schalldämpfer waren an zwei Leichtmetallgrußstücken befestigt, die hinten am Motorträger befestigt waren.

Die beiden 32 mm Amal-Vergaser waren sehr gut zugänglich, das große Feinstluftfilter befand sich unter dem Tank vor den seitlichen Abdeckplatten. Die aus England zu uns gekommene Maschine hatte einen Kunststofftank mit 25 Litern Inhalt, was für einen Radius von 300 bis 350 Kilometern reichte.

Für die Interstate gab es drei Übersetzungsmöglichkeiten. 19er, 20er und 21er Getrieberitzel. Das mit 19 Zähnen wurde in Deutschland serienmäßig geliefert, und damit hatte das Motorrad eine Gesamtübersetzung von 12,4/8,25/5,9/4,84. Das war für den normalen Betrieb ganz ausgezeichnet, die längeren Übersetzungen mit dem 20er oder 21er Ritzel hätte man nur wählen sollen, wenn man immer allein und dann nur sportlich unterwegs sein wollte. Das vom Motor noch immer getrennte Getriebe ließ sich leicht und genau schalten.

Phil Read's Interstate zum Streckenstudium, 1972, Isle of Man, Marine Drive.

Während der TT-Woche auf der Insel Man im Juni 1972 hatte ich die Norton Interstate 750 cm³ zur Verfügung, die Phil Read in der Trainingswoche außerhalb der offiziellen Trainingszeiten zum Streckenstudium benutzte. Sie ging etwas besser als unsere Testmaschine, aber sie war auch lauter. Ansaugseite und Schalldämpfer hatten mehr Luft, außerdem waren andere Nocken, höhere Kolben und andere Vergaser montiert. Der Motor wird bestimmt seine 70 PS gehabt haben.

Daß ich damit die TT-Strecke auch „studieren" wollte, war ja wohl klar. Da ist mir noch immer der Abschnitt bei Meile 15 vor dem Ort Kirkmichael in Erinnerung, wo es eine Serie unheimlicher Querwellen gab, in denen sich Federungen gut aufschaukeln konnten. Diese Maschine war an der Stelle noch gut mit 150 km/h auf der Straße zu halten. Am Ortsausgang von Ramsey bei Meile 24 waren ebenfalls seit Jahrzehnten berüchtigte Querwellen und -rillen bis rauf zur 160°-Kehre Ramsey Hairpin. Im dritten Gang lag hier die Schaukelgrenze zwischen 140 und 150 km/h (= bis zu 7000/min). Am Goosen-

Der 60,7 km lange TT-Kurs auf der Isle of Man, Austragungsort der TT-Rennen.

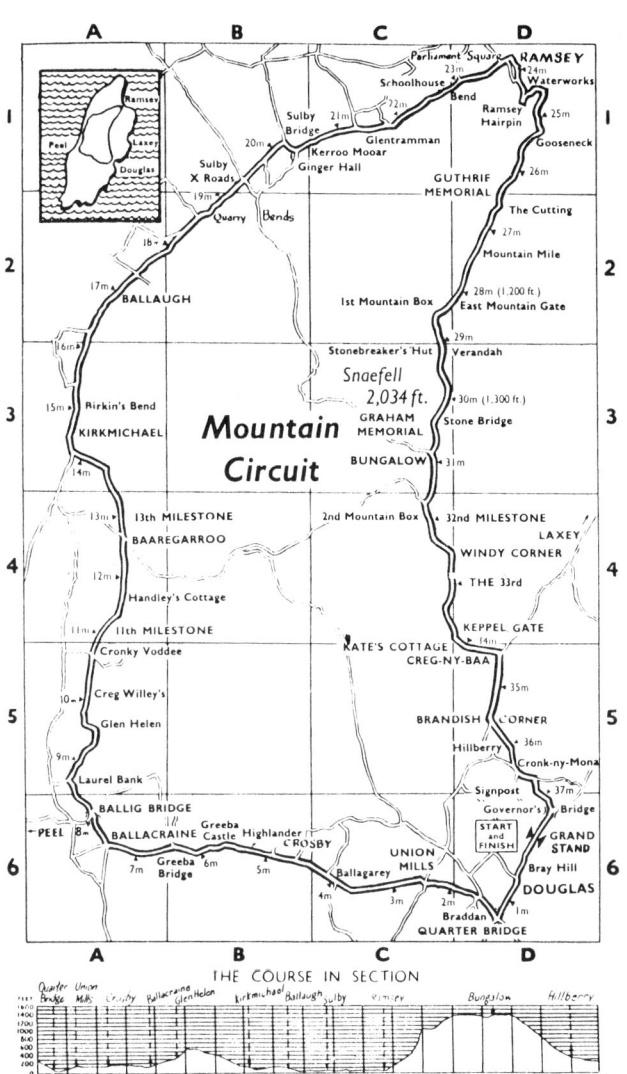

eck in der 90°-Rechtskurve stach man mit sehr großer Schräglage um die Ecke.

Hinauf am Guthrie-Memorial vorbei in die Berge bis zum Bungalow waren „Norton-Meilen". Wie am Nürburgring konnte man da hinaufräubern, und es gab Bereiche, wo die Tachonadel bei 160 und 170 km/h pendelte — morgens, sehr zeitig in einer frischen und kalten Luft zwischen fünf und sechs Uhr, als noch kaum Verkehr war. Bei über 160 km/h in der Abfahrt nach Creg-ny-Baa runter und von dort nach Hillberry war keine Unruhe in der Spur, und die Creg-ny-Baa-Kurve durchzischte man in extremer Schräglage. Der Motor zog immer gewaltig von unten heraus — es war ein unbändiger Spaß, in den Kurvenausgängen den Motor voll aufzuziehen — !

Später fuhren wir den berühmten Marine-Drive an der Ostküste der Insel entlang und bewegten uns auf den vielen kleinen, gewundenen Straßen und Pfaden der Insel. So wie diese Phil Read-Spezial-Interstate hätten alle Interstate-Serienmaschinen sein müssen — !

Ein Wort noch zu der Kupplung: Es handelte sich um fünf Lamellen mit einer sehr strammen Federplatte. Trotz ihrer Ausmaße und ihrer Härte — sie hätte glatt in einen Mittelklasse-Wagen gepaßt — ließ sie sich leicht bedienen. Das fiel mir deshalb auf, weil in jenen Monaten immer wieder bei großen Maschinen über zu harte Kupplungen geklagt wurde.

Gegenüber den vorhergehenden Zweizylindertypen von Norton, der Dominator-, 650 SS-, Atlas- und auch der Commando-Reihe hatte man nun das Schmiersystem geändert. Die Leistung der Ölpumpe war vergrößert und das System ausführlicher geworden. Die Verarbeitung war besser, was man gut im Innern der beiden Kurbelgehäusehälften sehen konnte. Der Öltank faßte drei Liter, der Ölverbrauch lag bei 0,4 Liter auf 1000 Kilometer.

Das Öl sollte nicht allein der Schmierung dienen, sondern auch zur Wärmeableitung herangezogen werden. Ein Ölkühler hätte dabei nicht geschadet. Da die beiden Zylinderbohrungen im Zylinderblock sehr dicht nebeneinander lagen, mußte man damit rechnen, daß dort bei extremer Dauerbelastung Wärmenester auftraten. Autobahn-Vollgas-Jagden mußte man mit Vorsicht angehen — !

Im Gebirge, in sehr kurvenreichen Straßenabschnitten war die Domäne der Norton, die Autobahn konnte ihr gefährlich werden. Das war in einer Zeit, als italienische und japanische Motoren ohne thermische Probleme auch über lange Strecken Vollgas vertrugen, ein Handikap im Wettbewerb.

Dieses Problem blieb bestehen, so lange die Zweizylinder-Motoren gebaut wurden. Als 1973 eine Commando 850 in Hockenheim ausgiebig gefahren werden konnte, von deren größerem Hubraum mit 828 cm³ (Zylinderbohrung 77 mm, Kolbenhub 89 mm) wir uns ein noch besseres Drehmoment versprachen und eine bessere Möglichkeit, mit den mechanischen Geräuschen fertig zu werden, gab es auch nichts Neues hinsichtlich Fahrleistung und Zulassungsproblemen.

Nun wurde der Motor mit 60 SAE-PS bei 5900/min für Amerika und mit „nur" 51 DIN-PS bei 5750/min für Deutschland auf den Markt gebracht. Von den 65 b.h.p. der 750er sprach niemand mehr. Das war schon irgendwie ein Durcheinander. Aber es war deutlich zu spüren, daß das Drehmoment höher und noch günstiger im Drehbereich lag. Die Endgeschwindigkeit mit 181,82 km/h wurde mit langliegendem Fahrer in engem Leder erreicht, aufrecht sitzend wurden 163,64 mit der Lichtschranke gemessen. Von 0 auf 150 km/h kam das Motorrad in 12,8 Sekunden.

Im Grunde blieb alles gleich. Nur hatten die Zylinder jetzt vier durchgehende Bolzen für die Zylinderblock-Befestigung, es gab ein verstärktes Kurbelhaus und eine dynamisch ausgewuchtete Welle, eine verstärkte Kupplung, Reifen 4.10-19. Die Gesamtübersetzung war nun 11,2/7,45/5,3/4,38, aber am Hinterradantrieb und an der Kettenabdeckkung hatte sich nichts geändert. E-Werk: 12 Volt. Verdichtung des Motors 8,5; höchstes Drehmoment 7,4 mkg schon bei 3400/min. Leergewicht 196 kg, Radstand 1450 mm.

Zum Aufbocken gab es endlich hinter der Sitzbank einen Handgriff, und man redete von einem neuen 750er Zweizylinder-Motor, der bei 77 mm Zylinderbohrung einen Kolbenhub von 80 mm haben sollte, um von den viel zu hohen Kolbengeschwindigkeiten herunterzukommen. Aber davon sahen wir nichts mehr. 1975 wurde noch ein elektrischer Anlasser vorgestellt, aber bis 1977 blieb es bei der Serien-850er beim 89 mm Hub und bei der „Old Fashioned" Norton, die wie kein anderes englisches Motorrad den Weg, den großen Ruhm und das Ende der englischen Motorradindustrie markierte.

Mit einigen Rennversionen wurden auf der TT bei den Serienmaschinen-Rennen ab 1967 und in der Formel-Klasse bis 750 cm³ zusätzlich ab 1971 durch die Zweizylinder-Norton Erfolge gebucht.

1967: Paul Smart 2. Platz hinter John Hartle (Triumph). Serienmaschinen bis 750 cm³.
1968: Serienmaschinen bis 750 cm³ — Sieger Ray Pickrell/Dunstall Norton. Billy Nelson 2. Platz auf Norton-Atlas.

1969: Serienmaschinen bis 750 cm³ — Paul Smart 2. Platz auf Norton hinter Malcolm Uphill/Triumph.
1970: Serienmaschinen bis 750 cm³ — Peter J. Williams 2. Platz und Ray Pickrell 3. Platz, beide auf Norton, hinter Malcolm Uphill/Triumph.
1971: Serienmaschinen bis 750 cm³ — Peter J. Williams auf Norton schnellste Runde mit 101.06 mph = 162,64 km/h. Formel 750 — Peter J. Williams 3. Platz auf Norton hinter Alan Jefferies/Triumph und Ray Pickrell/Triumph.
1972: Serienmaschinen bis 750 cm³ — Peter J. Williams 2. Platz auf Norton hinter Ray Pickrell/Triumph. Formel 750 — keine Norton unter den ersten drei Fahrern.
1973: Serienmaschinen bis 750 cm³ — Peter J. Williams auf Norton schnellste Runde mit 100.52 mph = 161,77 km/h. Formel 750 — Sieger Peter J. Williams auf Norton vor Mick Grant/Norton.
1974: Keine Norton bei den Serienmaschinen (nun bis 1000 cm³) und in der Formel 750 unter den ersten drei Fahrern.

Ab 1975 erschien keine Norton mehr unter den ersten Plätzen bei der TT, aber eine 750er Dreizylinder-Triumph-Trident unter den Fahrern Croxford und George erinnerte mit Klassen- und Gesamtsieg bei den Serienmaschinen bis 1000 cm³ daran, daß mit dieser Marke auch im Sport auf der Insel Man noch zu rechnen war.

Es tauchten in den Starterlisten und bei den Zieldurchgängen der nächsten Jahre noch häufig die englischen Markennamen

TT 1972. John Cooper auf der 750er Formel-Norton (John-Player-Norton), Maschinen-Abnahme.

BSA, Norton oder Triumph auf, aber die Zeit der großen spektakulären Rennerfolge war endgültig vorbei.

Die Marke Triumph war also sozusagen der letzte der englischen Garde, obwohl von Tunern wie Dunstall, Rickman, Seeley — um einige zu nennen — noch weiter versucht wurde, mit eigenen Fahrwerken und englischen Motoren Sport- und Markterfolge einzuheimsen.

Triumph war bis in die 80er Jahre präsent. Das letzte Einzylinder-Modell, eine 250er ohv in verschiedenen Versionen (ca. 22 PS) stand bis 1971 in den Katalogen und Listen. Von da an spielte der klassische Zweizylinder-ohv-Motor mit 500, 650 und 750 cm^3 eine Rolle, sowie der 750 cm^3 Dreizylinder-Motor des Typs „Trident". 1975 gab es eine Unterbrechung in der Lieferfähigkeit bei Triumph, auch keinen Importeur in Deutschland, weil alles unter der Firmierung Norton Triumph International Ltd., Kitts Green, Birmingham zusammengefaßt worden war, die Belegschaft im alten Triumph Hauptwerk in Coventry jedoch gegen Pläne streikte, die Marke Triumph nur noch im Werk Birmingham (früher BSA) zu produzieren.

Es waren undurchsichtige und verworrene Situationen, durch die in den Listen weiter Triumph-Modelle aufgeführt wurden, aber nicht lieferbar waren. Erst 1977 gab es wieder Zweizylinder- und Dreizylinder-Triumphs, allerdings immer noch unter ungedeckten Firmendächern. 1979 wurden bei Meriden Motorcycles Ltd., Meriden/Coventry noch die Zweizylinder Tiger 750 cm^3 und Bonneville 750 cm^3 gebaut. Hier hatte die Belegschaft das alte Triumph-Werk übernommen.

Der klassische Zweizylinder von Triumph, dessen Urvater 1937 als 500-cm^3-Aggregat mit 26 PS bei 6000/min im Modell Speed Twin, von Edward Turner entworfen, erschien, konnte sich über mehr als 40 Jahre in seiner Grundform halten. 1973 hatte ich Gelegenheit, die Tiger 750 (mit einem Vergaser) und die Bonneville 750 (mit zwei Vergasern)

zusammen mit der letzten Version der Dreizylinder-Trident 750 cm^3 ausgiebig zu fahren, und das war wohl so eine Art Schwanengesang der Marke Triumph, bevor ihre Geschichte durcheinander und schließlich dem Ende zulief.

Bei diesen Fahrten, die in den Wintermonaten Januar und Februar schon begonnen wurden, kam das Ganze auf einen Vergleich hinaus, und der erbrachte, daß das Einvergaser-Modell, die Tiger 750, von allen drei Typen dasjenige wurde, das die positivsten Ergebnisse brachte. Im Übrigen aber wurde mir auch klar, daß — ob man es nun sehen wollte oder nicht — die Tage des englischen Motorrades in *dieser* Form gezählt waren. Ob das denn die Hersteller selbst nicht auch endlich merkten?

Die durchfahrenen Wintermonate sah man dem Lack, dem Chrom und dem Leichtmetall natürlich gewaltig an, aber auch ohne Salzeinwirkung: Lackierung und Verchromung hätten wesentlich besser sein müssen, der Lack löste sich zuerst um den Tankverschluß herum auf. Als die Maschinen aus England gekommen waren, mußte auch zuerst erhebliche Arbeit aufgewandt werden, um Schrauben festzuziehen, Seilzüge besser zu verlegen und dergleichen mehr. Die Streiks hatten in Coventry und auch in Birmingham schon begonnen und schlugen sich hier nieder.

Die Dreizylinder-Trident war nach allen Messungen und Fahrten die schnellste Maschine. In Hockenheim lief sie zu Beginn der Versuche mit 181,82 km/h durch die Lichtschranke, später konnte nicht gemessen werden, weil der Motor zur Kontrolle des übergroßen Ölverbrauchs geöffnet wurde. Eine Trident von 1972 mit Viergang-Getriebe hatte ein Jahr zuvor in Hockenheim 193,55 km/h erreicht.

Die Zweivergaser-Bonnie schaffte nach 2000 gefahrenen Kilometern 175,81 km/h, die Einvergaser-Tiger kam auf 174,76 km/h. Während mit der Dreizylinder ein Reisedurchschnitt von gut 105 km/h auf unserer

Die Dreizylinder Triumph Trident, 740 cm³, 1933. Der Motor hatte durch Stoßstangen bewegte Ventile und drei Vergaser.

Vergleichsstrecke (120 km/h Autobahn, 120 km/h Landstraße) erzielt wurde, blieben die beiden Zweizylinder-Maschinen mit 92 km/h Durchschnitt nur wenig langsamer und untereinander kaum zu unterscheiden. Ein genau gleiches Bild ergaben einige Runden um die Nordschleife des Nürburgrings. 118,32 km/h für die Trident; 114,67 km/h für die 750er Bonneville und 113,12 km/h für die 750er Tiger.

Für alle drei Motoren waren inzwischen Leistungskurven nach DIN 70020 erstellt worden. 60 PS bei 7750/min für den 740 cm³ Dreizylinder-Motor, 53 PS bei 6500/min für die 744 cm³ Zweivergaser Bonneville und 51 PS bei 6500/min für die Einvergaser Tiger — beide mit dem Zweizylinder-ohv-Motor.

Die Zweizylinder-Benneville mit ihren beiden 30-mm-Amal-Concentric-Vergasern machte bei solchen Daten einen fast überflüssigen Eindruck, denn die Zweizylinder Tiger mit nur einem 30-mm-Amal-Concen-

tric leistete fast das Gleiche und brachte eine identische Fahrleistung zustande. Außerdem lief der Bonneville-Motor deutlich rauher als der Motor der Trident, und es gab an der Bonnie eine Menge Vibrationsschäden. Auch funktionierte das Fünfgang-Getriebe infolge eines defekten Nadellagers nicht mehr so wie es sollte. Es war das erste Mal, daß ich ein mieses englisches Motorradgetriebe erlebte. Mit der Einvergaser-Tiger war es besser. Der Zweizylinder hatte guten Durchzug schon im unteren Drehbereich, vibrierte weniger, war startfreudiger und brachte keine Probleme mit, die größere Arbeiten erforderlich machten. Während der vorhergehende 650 cm³ Zweizylinder 71 mm Bohrung hatte, besaß nun der 750er Motor eine solche von 76 mm, der Kolbenhub von 82 mm war beibehalten worden. Der größere Hubraum entsprang also nur einer größeren Bohrung, was einen neuen Zylinderblock notwendig machte.

Triumph Tiger, 744 cm³, 1973. Zweizylinder-Viertaktmotor ohv, ein Vergaser.

137

Die drei getesteten Triumph-Modelle im Vergleich

Alle technische Angaben nach Fabrik oder Importeur (ohne Gewähr!)	Trident	Triumph Bonneville	Tiger	BMW R 75/5	Honda CB 750	Kawasaki H 2	Laverda SF	Yamaha 750 TX
Motor (2-/4-Takt)	4	4	4	4	4	2	4	4
Zylinderzahl	3	2	2	2	4	3	2	2
Ventil- bzw. Gassteuerung	ohv	ohv	ohv	ohv	ohc	Schlitze	ohc	ohc
Bohrung/Hub (mm)	67/70	76/82	76/82	82/71	61/63	71/63	80/74	80/74
Hubraum (ccm)	740	744 .	744	745	736	748	744	744
Leistung (DIN-PS bei U/min)	60/7750	53/6500	51/6500	50/6200	67/8000	68/6800	61/7000	51/7200
Kolbengeschwindigkeit bei Nenndrehzahl (m/s)	18,09	17,77	17,77	14,68	16,8	14,26	17,3	17,77
max. Drehmoment bei U/min (mkg)	6,35/6000	5,96/5850	5,92/5500	6,0/5000	6,1/7000	6,7/6600	—	6,0/5000
Hubraumleistung (DIN-PS/Liter)	81	71,4	68,6	67,2	91	90,8	82	68,6
Leistungsgewicht (kg/PS)	3,48	3,34	3,45	3,91	3,51	2,82	3,57	4,51
Anzahl der Gänge	5	5	5	4	5	5	5	5
Starter-Art	Kick	Kick	Kick	E/Kick	E/Kick	Kick	E	E/Kick
Hinterradantrieb	Kette	Kette	Kette	Kardan	Kette	Kette	Kette	Kette
Beschl. 0—100 km/h in s. (Testwerte)	6,2	6,9	7,1	5,4	5,0	4,2	—	5,2
Endgeschw. in km/h (Testwerte)	193,55	175,81	174,76	176,47	195,65	—	--	178,22
Preis in DM (ohne Gewähr)	6310,—	5860,—	5590,—	6250,—	6598,—	5600,—	6800,—	5995,—
ca.-Preis pro DIN-PS	105,—	110,—	109,—	125,—	98,—	82,—	111,—	117,—

Die Kurbelwelle war in zwei breiten Wälzlagern gelagert, die Schwungmasse befand sich zwischen den Pleueln. Ein Mittellager gab es nicht, was mit der Grund gewesen sein dürfte, daß Schwingungen der Welle nicht zu vermeiden waren. Wie bei den Norton-Zweizylindern habe ich mich vor Dauervollgas über länger als fünfzehn Minuten — nebenbei gesagt bei allen drei Maschinen — wohl gehütet. Diese Sprintermotoren vertrugen das nur in seltenen Fällen, denn nicht nur die Wärmeableitung bringt dabei Probleme, nicht nur möglicher Wärmeverzug im Zylinderbereich, sondern auch die Kolbengeschwindigkeiten klettern bei den erzielbaren Endgeschwindigkeiten sehr stark an, bei der Trident bei 190 km/h auf 18m/s, bei der Bonneville bei 175 km/h auf knapp 19 m/s, bei der Tiger bei 174 km/h auch nicht weniger. Autobahn hätte also Gift sein können (besonders auch bei der Trident für den mittleren Zylinder — !) Aber auf kurvenreichen und bergigen Strecken waren diese Maschinen bestens zu Hause. Auch durch das hohe und gut plazierte Dehmoment der Motoren.

Die beiden Zweizylinder-Maschinen Bonneville und Tiger hatten einen ziemlich steifen Rahmen, der der Leistung gewachsen war. Es handelte sich um ein überdimensional bemessenes Hauptrohr, das gleichzeitig

als Ölreservoir mit einem Inhalt von 2,8 Litern diente, und um zwei Rahmenschleifen. Das war ein Grund für die ausgezeichnete Kurvenlage und Kursstabilität. Es entsprach der für englische Motorräder seit Jahrzehnten bekannten Norm: Fahrwerk erstklassig, entstanden meist aufgrund der Erfahrungen auf der Rennstrecke der Isle of Man.

Die Dreizylinder-Trident hatte ein Einrohrfahrwerk, das sich vor dem Kurbelgehäuse des Motors in zwei Unterzüge teilte. Hier war ein Öltank (3,3 Liter Inhalt) rechts unter der Sitzbank angeordnet. Bei Belastung mit zwei Personen auf schlechterer Strecke, in schnellen Kurven mit welliger Straßenoberfläche und beim schnellen Durchfahren von Senken unter voller Einfederung in Schräglage machten sich Verwindungen bemerkbar, so daß ich recht deutlich sagte, daß an diesem Fahrwerk bei 60 DIN-PS noch etwas zu korrigieren wäre.

Die vorderen, hydraulisch betätigten Lockheed-Scheibenbremsen hatten bei jeder Maschine eine gute Wirkung. An der Tiger wurde sie nach einigen hundert Kilometern so giftig, daß man mit Fingerspitzengefühl bremsen mußte. Interessant: Die Bremswege waren nicht kürzer als mit der früheren Duplex-Vorderradbremse.

Die Hinterradbremsen waren wie früher

mit den Naben verbunden, letztere in konischer Form, was eine große Kühlfäche ergeben sollte. Ein Radausbau war aber ohne Öffnen der Kette nicht zu bewerkstelligen und daher umständlich.

Die Dunlop K 81 bzw. K 70 Reifen 3.25-19 vorn und 4.00-18 hinten (Bonneville und Tiger), 4.10-19 vorn und hinten bei der Trident, hatten eine harte Gummimischung, die sich trotz feinem Profil auf angenäßten Straßen in Schräglage beim Beschleunigen durch die Gefahr seitlichen Rutschens bemerkbar machten. Sie nutzten sich auch flach ab. Eine Umrüstung auf Metzeler-Reifen brachte zwar einen etwas größeren Abrieb, aber dafür eine bessere Haftung. Mit den Reifen hatte die Industrie für das allgemein beim Motorradbau höher gewordene Leistungsniveau (bis an 80 PS heran) noch nicht überall folgen können.

Alle drei Maschinen hatten — der Mode folgend — ein neues Fünfgang-Getriebe. Bei der Trident war der Leerlauf schwer zu finden, und es kam Überschalten vor. Bei der Bonnie gab's ein beschädigtes Lager. Nur bei der Tiger funktionierte die Sache gut. Von der früheren butterweich und genau schaltbaren Viergang-Getrieben hatte ich bessere Erfahrungen in Erinnerung.

Daß ein Fünfgang-Getriebe eigentlich überflüssig war, zeigte mir der Vergleich mit früheren Beschleunigungsmessungen — mit den Viergang-Getrieben waren diese keineswegs schlechter gewesen! Positiv gegenüber den früheren Maschinen mit 650-cm³-Motoren: Größere Schutzbleche und damit bessere Schutzwirkung. Die neuen Gummimanschetten an den Telegabeln waren ebenfalls gut gegen den Schmirgelschmutz.

Die Rücklichtbirnen zerschüttelten bei allen drei Modellen dauernd, der Kettenschutz war ungenügend, der Lufthebel für die Starthilfe war mit Seilzug primitiv neben den Vergasern befestigt, zum Ölnachfüllen in das Hauptrohr mußte die Sitzbank entfernt und ein Trichter benutzt werden, die Instrumente waren sehr stoß- und vibrationsempfindlich,

und alle Maschinen machten 1973 den Eindruck, daß der Importeur vor Auslieferung an den Kunden *sehr* viel sorgfältigste Kontrollarbeit und etlichen Verbesserungsaufwand (z. B. Seilzugverlegung u. a.) investieren mußte. Das alles waren keine Pluspunkte für den inzwischen harten Konkurrenzkampf gegen die im Finish und in der Technik immer moderner und besser gewordenen Japaner.

Als gegen Ende der 70er Jahre die Qualität der noch gebauten zwei Triumph-Modelle — Tiger 750 und Bonneville 750 — langsam wieder besser wurde, änderte das leider nichts mehr am unvermeidbaren Ende der berühmten Marke, die 1903 in Coventry mit dem Bau von Motorrädern begonnen hatte.

Es nützten alle Anstrengungen nichts, und auch die in aller Heimlichkeit von Doug Hele und einigen treuen Mitarbeitern schon im Sommer 1974 begonnene Arbeit an einer Vierzylinder-Triumph auf der Basis der Dreizylinder-Trident war umsonst. Trotzdem ist dies Motorrad — heute im National Motorcycle Museum bei Birmingham zu sehen — noch einmal ein Zeichen des Aufbäumens gegen ein unvermeidbares Schicksal gewesen.

Weil die linke Seite der Trident aus dem Getriebe und dem Primärantrieb — beides zusammengefaßt — bestand, blieb nur die rechte Seite übrig, um einen vierten Zylinder anzufügen. Das war zwar nicht gerade eine geniale technische Lösung, aber es war billig. Bei Norton Triumph International Ltd. in Kitts Green bei Birmingham hatte man 1974 keinen Pfennig für großartige Entwürfe mehr übrig.

Man nahm die Serienkolben und Pleuel von zwei Trident-Motoren, deren rechten bzw. linken Zylinder man entfernte. Die restlichen zwei Zylinderpaare fügte man dann zusammen.

Ebenfalls aus zwei Trident-Kurbelwellen wurde eine Vierzylinder-Welle zusammengepreßt. Aber nicht ganz so einfach war die Herstellung einer Nockenwelle. Dafür mußte

Motor der Vierzylinder-Versuchsmaschine von Triumph (Modell Quadrant) 1975, 987 cm³. Die Ventile wurden über Stoßstangen betätigt, es waren vier Vergaser montiert.

man eine kleine Maschinenfabrik finden, die diese Nockenwelle (als Nockenwelle für einen privaten Autobastler geordert!) in aller Stille fertigte, denn eine Anfertigung im Werk von Kitts Green hätte man auf keinen Fall geheimhalten können.

Als Fahrwerk nahm man die Reste einer Dreizylinder-BSA Rocket, die von einem Versuch mit einem ohc-Dreizylinder-Motor noch übrig waren. Da der vierte Zylinder aber nun an der rechten Seite etwas hinausragte, gab es Probleme mit dem Fußschalthebel, der — aus alter englischer Tradition — 1974 noch auf der rechten Seite bleiben mußte (später ging man bei den noch produzierten Zweizylindern auch zur linken Seite über). Dazu war es nötig, ihn nach hinten anzustellen und auch die Fußrasten weiter hinten zu postieren. Zum Antreten des Motors mit dem Kickstarter mußte die Fußraste auf der rechten Seite eingeklappt werden.

Im Januar 1975 war die Maschine soweit fertig, daß man sie fahren konnte, und Messungen auf der MIRA-Bahn erbrachten eine Endgeschwindigkeit von 191,5 km/h. Aber die Kostenberechnungen für die Produktion auf der Basis der etwas antiquierten Produktionsmethoden für die Dreizylinder-Motoren in der alten Small Heath BSA Fabrik in Birmingham brachten die sofortige Einstellung aller weiteren Versuche.

Dabei lief der Motor sehr ruhig, und bei normalem Versuchsaufwand und bei rationalisierter und moderner Produktionstechnik wäre daraus ganz bestimmt noch ein gutes Vierzylinder-Motorrad geworden. Die Zylinderbohrungen hatten 67 mm Durchmesser, der Kolbenhub betrug 70 mm, der Hubraum 987 cm³. Der Stoßstangen-Motor drehte bis 8000/min und wurde auf eine Leistung von 90 bis 95 PS geschätzt, Messungen gab es von diesem Provisorium nicht.

Die „Quadrant" verschwand in einer dunklen Werkstattecke, und als Kitts Green geschlossen werden mußte, schmuggelte Alan Barett das einmalige Stück nach draußen. Zuletzt kaufte das Nationale Motorradmuseum die Maschine, um sie nachfolgenden Generationen zu erhalten.

Ich kann mir nicht helfen, die Geschichte dieser letzten Versuchsmaschine mit einem Vierzylinder-Kolbentriebwerk ohv von Triumph, die unter so schlechten Voraussetzungen — kein Geld, kaum Aussicht auf Produktion, kaum noch technische Spezialhilfsmittel für die Herstellung dieses einen Exemplares greifbar und 80 % das sichere Scheitern vorprogrammiert — auf die Räder kam, entbehrt nicht der Tragik.

Es war so weit — der Kreis der besonderen Liebhaber dieser „Ladies" mit einem, zwei oder drei Zylindern war zu klein, um genügend große Produktionszahlen zu gewährleisten, nachdem der Markt besonders in Amerika mehr und mehr von den Japanern okkupiert worden war. Mit der klassischen englischen Konzeption war in diesen Jahren nichts mehr zu holen — !

Zuletzt versuchte hier und da ein Händler, in Kleinarbeit aus noch vorhandenen Ersatzteilen neue Bonnies und Tigers in Gang zu bringen. Bis in die Mitte der 80er Jahre reichten diese Versuche, und sie legten Zeugnis dafür ab, welcher großen Beliebheit sich die Singles und Twins aus Merry Old England einst erfreut hatten. Ich bin sogar der Meinung, daß sie immer noch nicht „tot" sind — !

Italien: Oh, bella Italia!

Während nördlich der Alpen die Motorradindustrie Europas schwerfällig aber zäh versuchte, dem japanischen Ansturm zu begegnen, schienen südlich der hohen Berge die fixen kleineren und größeren Motorradfabriken in Italien unbeirrt und ungerührt ihre Märkte zu behaupten. Dieser Schein aber trug zuweilen, obwohl die immer höher ansteigenden italienischen Aktivitäten nicht zu übersehen waren. Mit leichtem Zeichenstift und leichten Händen entstand eine Flut von Motorradmodellen, wie das nie zuvor der Fall gewesen war. Trotzdem sehr viele dieser Typen auf den großen Ausstellungen und in den Prospekten technische Finessen und wahre Wunderwerke darstellten, traten sie nur als Wunschkinder vor die Öffentlichkeit. Dennoch blieb noch eine Menge davon als Realitäten und im Handel übrig, wurden neue Modelle blitzschnell herausgebracht, gab es andauernden Wechsel in den Typentabellen, kamen und gingen Firmen-Namen, und war insgesamt ein Wirbel, der — vom südländischen Temperamtent beflügelt — immer wieder die Motorradwelt überraschte.

Dort war man flexibel, schnell und wendig in Entschlüssen und Ausführungen und man schaffte es wie in einem fintenreichen Florett-Gefecht, sein Feld und seine Märkte

Hubraum-Bereiche und Anzahl der Modelle bei den einzelnen Marken

Marken	1970	1971	1972	1973	1974	1975	1976	1977	1978	1979	1980
Aermacchi	250 1	250/350 2	350 1	–	–	–	–	–	–	–	–
Ancillotti	–	–	–	–	100/125 2	–	–	–	–	–	–
Benelli	–	–	125-650 3	125-750 4	125-750 4	125-750 5	125-750 5	125-750 4	125-750 5	125-906 5	125-906 7
Benelli/Motobi	125/250 2	125/250 2	–	–	–	–	–	–	–	–	–
Cagiva	–	–	–	–	–	–	–	–	–	–	125-350 7
Ducati	250-450 6	250-450 6	250-750 4	125-750 12	750 1	250/864 2	125-864 6	125-864 9	125-864 11	125-864 9	500-864 3
Fantic	–	–	–	–	125 1	125 1	125 1	125 1	125 2	125 2	125 2
Gilera	–	–	125/150 2	150 1	150 1	150 1	150 1	–	125 1	125 1	–
Gori	–	–	–	–	–	125 1	125 1	–	250 1	250 1	–
Laverda	750 2	750 1	750/1000 3	750/1000 3	750/1000 2	750/1000 2	125-1000 8	125-1000 6	500/1200 2	500/1200 2	500-1200 3
Morini	–	–	–	–	350 1	350 1	125-350 3	125-350 4	125-500 5	125-500 6	125-500 7
Moto Guzzi	700/750 2	500/750 2	500-850 4	500-850 4	250-850 4	250-850 4	250-1000 6	250-1000 7	350-1000 8	350-1000 9	350-1000 8
MV Agusta	–	–	–	750 2	250-750 4	250-750 4	125-900 5	125-900 10	125-1100 9	125-1100 5	900-1100 3
Summe der Modelle	13	13	17	26	20	21	36	41	44	40	40

Ducati 750 GT, 1972. Das erste Ducati-Modell mit einem 750 cm³ V-Zweizylindermotor, ohc. Königswellen-Antrieb.

sehr wirkungsvoll zu behaupten.

Welche Hektik herrschte, soll eine Zusammenstellung der Modell- und Marken-Bewegungen zwischen 1970 und 1980 deutlich machen. Sie stammt aus den Typenlisten der Fachpresse, wobei allerdings zu berücksichtigen ist, daß einige der aufgeführten Motorradmodelle garnicht nach Deutschland geliefert wurden, daß die italienischen Firmen — besonders die kleineren — manchmal nicht viel von der Arbeit mit dem Versand technischer Daten hielten, daß es vielfach Änderungen gab, die überhaupt nicht notiert werden konnten. Man sagt sogar, daß einzelne deutsche Importeure manchmal oft nicht so genau wußten, welche Typen die von ihnen betreuten Marken gerade entwickelten, produzierten (oder nicht) und auslieferten (oder nicht) oder vom Markt abzogen. Ungenauigkeiten waren also beim besten Willen nicht zu vermeiden. Aber die Tabelle gibt eindrucksvoll die allgemeine Entwicklung in diesem Jahrzehnt wieder.

Aus der Fülle des Gebotenen eine Auswahl zu treffen, aus der der Gang der Ereignisse repräsentabel hervorgeht, ist nicht ganz einfach, wenn man keinen unbegrenzten Raum zum Schreiben hat, liebe Freunde!

Es gibt aber wesentliche Entwicklungen, die das Geschehen in Italien in den 70er Jahren prägten. Die erste Ducati mit dem 750er-ohc-V-Motor mit den nachfolgenden Versio-

nen bis zu 864 cm³ Hubraum und mit desmodromischer Ventilsteuerung; die kleinen 350-cm³-Morini V-Motoren; die 750 cm³ Sechszylinder-ohc-Benelli; die Vierzylinder-MV; neben den großen V-Typen von Moto Guzzi die letzte klassische Einzylinder-Guzzi mit liegendem Zylinder; schließlich noch die 1000er Dreizylinder-Laverda.

Diesen schönen Strauß imposanter Italienerinnen möchte ich wahllos zusammenstellen, wie sie mir wichtig erscheinen, und darum blättere ich zuerst in meinem Nürburgring-Album: April 1972, Ducati 750 GT.

V-Motoren, deren Zylinder-Reihenfolge längs im Motorradrahmen angeordnet sind, gehörten schon 1972 zum Motorradbau seit Urzeiten. Früher war ein Zylinderwinkel von 60° und weniger üblich, z. B. bei den großvolumigen alten Blackburne-, JAP-, Matchless- oder Vincent-Motoren. Diese Bauart wurde anfangs der 70er Jahre auch bei Harley-Davidson praktiziert, aber nachdem man wußte, daß zur Vermeidung von Vibrationen (ohne mechanische Ausgleichsmaßnahmen und ohne spezielle Tricks, wie sie in den 80er Jahren die Japaner bei ihren V-Motoren anwandten) ein größerer Zylinderwinkel von 90° beispielsweise wesentlich beitrug, wenn die Drehzahl des Motors einmal 4000/min überstieg, war der 90°-V-Motor up to date. Wie am Beispiel der Moto Guzzi V-Motoren

143

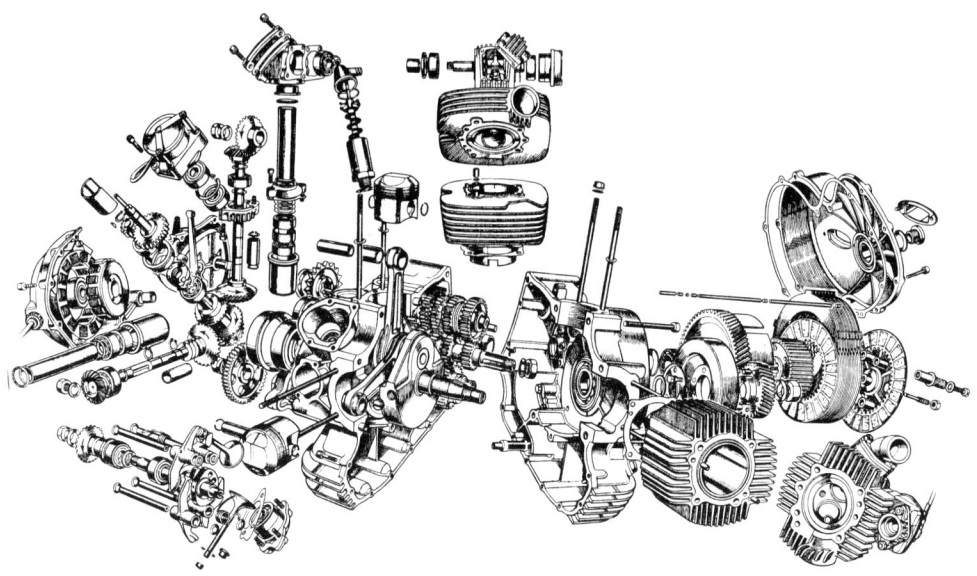

Explosionszeichnung des interessanten Ducati-V-Motors ohc, mit desmodromischer Ventilsteuerung (ab 1975).

zu erkennen war (siehe „Die rasanten Motorräder der 60er Jahre", Seite 153).

Die Frage war nur, wie man einen so großen Zylinderwinkel mit dem Styling einer Maschine gut in Einklang bringt, wenn die Kurbelwelle klassisch quer zur Fahrtrichtung angeordnet werden sollte — siehe Ducati 750 GT.

Damals jedenfalls konnte man getrost eine optimale Lösung den Italienern überlassen — es kam in der Tat etwas Flottes heraus. Während wir nicht gerade vom sportlichen Look deutscher Produktionen verwöhnt waren.

Wie für BMW der Zweizylinder-Boxermotor, wie für Suzuki und Yamaha 1972 noch der Zweitaktmotor und Honda die kettengetriebene obenliegende Nockenwelle technische Markenzeichen waren, so bei Ducati die obenliegende Nockenwelle mit Königswellenantrieb. Und der neue 750-cm³-Zweizylinder-V-Motor mit 90° Zylinderwinkel hatte selbstverständlich diesen ohc-Ventiltrieb.

Der Motor sollte nach Werksangabe 60 DIN-PS bei 7000/min leisten, aber leider war

noch nicht zu erfahren, wie diese DIN-PS gemessen worden waren. Es waren lediglich Angaben von Hinterradmessungen in den technischen Daten zu finden. Ansonsten war Ducati mit PS-Daten äußerst sparsam.

In den 30er Jahren hatte der 1000-cm³-JAP-V-„Racing"-Motor 60 b.h.p., der Vincent Black Shadow-Motor hatte in den 50er Jahren zwischen 55 und 60 PS, und der Vincent Black Lightning-Motor brachte 72 PS (im Prospekt konnte man an Stelle der Beschleunigungsangaben „not yet tested" lesen).

Der 750er GT-Motor von Ducati und die Motoren anderer 750-cm³-Maschinen lagen 1972 etwa auch auf diesem Leistungsniveau, nur mit dem Unterschied, daß die Hubraumleistung der Ducati (falls die 60 DIN-PS „echt" waren!) höher war als die der oben genannten Veteranen der 60°-Bauweise. Auch vibrierte der Ducati-Motor kaum — er lief wunderbar rund und überraschend kultiviert. Motoren konnten die Ducatileute schon immer bauen — !

Auffallend war die Handlichkeit des Motorrades und der Abzug, der in dem Motor steckte. Mit 3,03 kg/PS Leistungsgewicht waren 100 km/h aus dem Stand weg in knapp über fünf Sekunden zu erreichen. Ab 3000/min (= ca. 25 PS am Hinterrad) konnte man die GT im fünften Gang fahren und beschleunigen, sie brauchte von 75 km/h bis 150 km/h 17 bis 19 Sekunden. Es war also ein im mittleren Drehbereich sehr kräftiger Motor. Das mußte gute Durchschnitte auf der Nordschleife des Nürburgrings geben, wenn das unten offene Fahrwerk mitmachen würde.

Anfangs der 70er Jahre hatte Ducati in seiner Verkaufsorganisation in Deutschland keine besonders glückliche Hand. Mal war dieser, dann jener, dann wieder ein anderer „General"-Importeur, für die Kunden gab es ziemlichen Wirrwarr und Schwierigkeiten hinsichtlich guter Werkstätten und Ersatzteilbeschaffung, und das alles war nicht geeignet, der Konkurrenz mit Erfolg gegenüberzutreten — ! Aber die besondere Konzeption der Maschinen, ihre Sportlichkeit und ihre technischen Delikatessen lockten die Enthusiasten immer wieder.

Die GT bekam ich von dem Ducati-Händler Fritz Alexander aus Neustadt am Rübenberge, zu dem man deswegen guten Kontakt besaß, weil er sich mit Begeisterung um derartige italienische Motorräder bemühte. Da man — wie schon erwähnt — im Werk nicht in der Lage zu sein schien (oder nicht wollte — !), eine Leistungskurve des Motors nach DIN 70020 zu erstellen, waren wir auf ungenügende Mitteilungen und auf unsere eigenen Messungen angewiesen.

In der Ebene ging die 750 GT mit einem 75-kg-Fahrer, leicht gebückt im Lederzeug, zwischen 172 und 174 km/h, und danach und nach den Ergebnissen der Rundenzeiten auf der Nordschleife dürfte der Motor während des Tests um die 55 DIN-PS gehabt haben. Die schnellste Runde mit dem Fahrtschreiber ergab eine Zeit von 11:42 für die 22,3 Kilometer lange Meßstrecke bis zur Hohenrain-Schikane = 114,35 km/h. Ohne Fahrtschreiber lag eine Runde in 11:18 =

118,4 km/h mit stehendem Start vor.

Ein Handikap war dabei die gerade neu geteerte und noch mit Bau- und Flugsand bedeckte Rechtskurve über den Buckel am Galgenkopf hinweg, zu Beginn der langen Geraden. Dort war ich gezwungen, bis auf 90 km/h herunterzugehen. Das kostete bis zu vier Sekunden. 11:14 hätten 119,2 km/h Durchschnitt bedeutet. Als GT-Version (GT = Grand Tourisme) war es eine wirklich sehr schnelle Maschine.

118,4 km/h waren ca. 69 % der erreichten Endgeschwindigkeit von 172 km/h — und diese Prozente waren die Wertanalyse für das Fahrwerk. Gute Maschinen erreichten in der Regel in dieser Klasse etwa 67 bis 70 % der möglichen Endgeschwindigkeit. Da lag die Ducati gut.

Am Schwedenkreuz in der langen Linkskurve konnte man mehr als 170 km/h ohne Lenkerpendeln oder Schlangenlinien fahren, in der Fuchsröhre bei 11 % Gefälle kam ich allerdings „nur" auf 160 km/h. Die Straße war dort nicht schnurgerade, sondern ging um einige sanfte Kurven herum, die aber jenseits von 160 km/h wirkliche Ecken und keine sanften Krümmungen waren. Einige Querwellen sorgten dort für leichte Schaukelei — und gleich nach der Runde für die unausweichliche Diskussion, ob das nun infolge des unten offenen Rahmens an einer Fahrwerklabilität oder an falschen Reifen lag. Ich entschied mich für eine Reifenumrüstung auf Metzeler, denn der Motor schließt letztlich die Rahmen„öffnung".

Im Nürburgring-Höhendiagramm schaue man sich den Verlauf der Tempolinie in den Kurvenabschnitten zwischen Kilometer 15 an der Hohen Acht und Kilometer 18 am Pflanzgarten-Ausgang an. Dann weiß man, daß diese Ducati ein Flitzer für lange Kurven war. Das Durchzugsvermögen des Motors zeigt sich bei Kilometer 12 — da konnte ich bei 7 % Prozent Steigung im fünften Gang 150 km/h halten. In den späteren Sport-, Supersport- und Desmo-Versionen 750 und 864 cm³ der 70er Jahre steckte noch mehr,

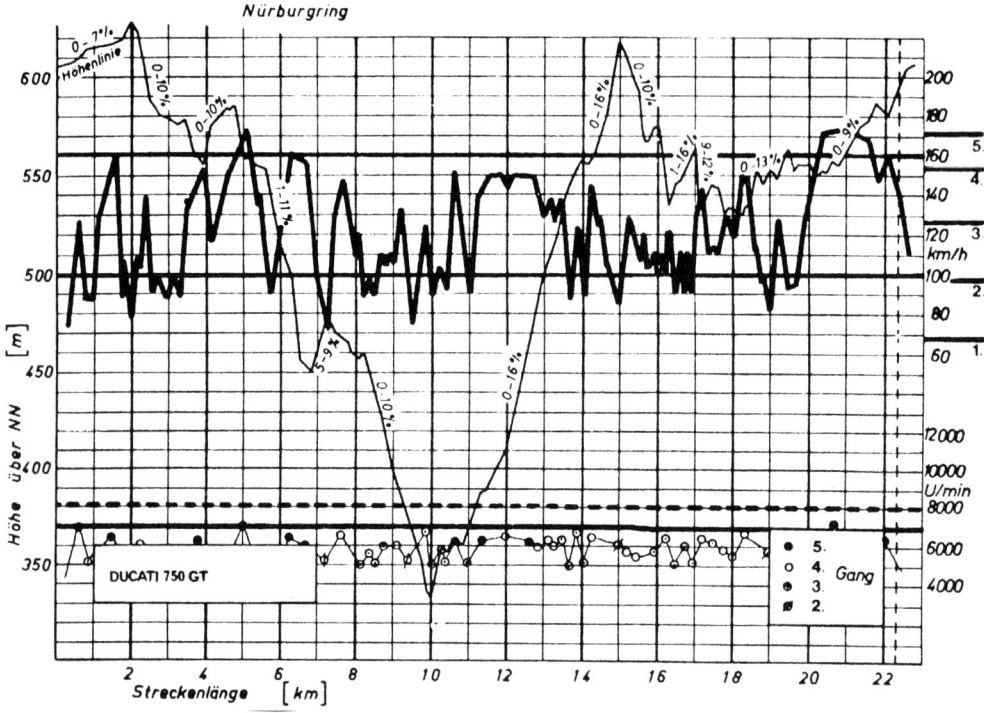

Nürburgring-Höhendiagramm der Ducati 750 GT mit Tempo-, Drehzahlen- und Gang-Markierungen.

da langte es im fünften Gang an dieser Stelle bis 165 und 170 km/h.

Der Primärantrieb bestand aus Zahnrädern, das Fünfgang-Getriebe hatte eine Stufung von 2,51/1,74/1,36/1,13/1. Das war ganz eng für Straßensport gewählt. Die Gesamtübersetzung betrug 12,3/8,55/6,63/5,51/4,88. Wie ausgeglichen dieses Getriebe und wie gut das Motorrad insgesamt übersetzt waren, zeigt wieder das Höhendiagramm des Nürburgrings. Man fuhr — bis auf ganz enge Ecken — im dritten, vierten und fünften Gang, wobei nirgendwo ein Überdrehen nötig war. Zu lang war die Gesamtübersetzung auch nicht. Die enge Stufung bedingte zwar, daß der erste Gang bis an 70 km/h reichte, aber irgendwelche Kupplungstricks waren nicht notwendig. Ja, man hätte die Maschine auch gut mit einem Viergang-Getriebe bewegen können.

Das Getriebe ließ sich sehr gut und genau mit dem Fußschalthebel betätigen, die Kupplung rutschte nicht durch.

Die Sitzposition war sehr bequem und sehr sportlich. Mit einem Radstand von 1520 mm (Guzzi V 7 = 1470) war die 750 GT eines der längsten Motorräder, die es gab. Bedingt durch die Stellung der Gabel und die Bauart des Motors. So hatte man einen schlanken Kunststofftank vorgesehen (damit gab es beim TÜV in Deutschland Ärger —!), in den 17 Liter hineingingen. Das reichte für ca. 200 Kilometer. Der Motor hatte die nicht unbeträchtliche Ölmenge von fünf Litern in der mit Kühlrippen versehenen Ölwanne. Auch dadurch wirkte das Aggregat nicht gerade klein. Die beiden 30-mm-Amal-Vergaser hatten jeder eine Luftfeinstfilterung. Bei den schnellen Sportversionen gab es später offene Vergaser mit den so neckischen Flammsieben — glücklich war der, der einen solchen echten Renner sein eigen nennen konnte (mit TÜV ?). Mann, diese Ducatis waren herrlich exklusive und leistungsfähige Renner —! Die versetzte Lage der beiden Zylinder garantierte guten Kühlluftzugang — auch ein Grund für den 90° Zylinderwinkel.

146

Motor der Ducati
860 GTS, 1977.

Die Telegabel war in ihrer Wirkung hervorragend, und man hatte für eine zukünftige Sportmaschine die Befestigungen für eine zweite Scheibenbremse vorgesehen. Die vorhandene hydraulisch betätigte Bremse war ein Fingerspitzending. Mit wenig Kraft erzielte man eine enorme Verzögerung. Die hintere Vollnabenbremse entsprach solchen Anforderungen ebenfalls. Serienmäßig befanden sich auf dem Vorderrad Pirelli-Reifen 3.25-H-19 und auf dem Hinterrad Pirelli 3.50-H-18. Die Kette zum Hinterrad war nur nach oben leicht abgedeckt — lief also frei.

1972 wurden in Deutschland elf 750 cm³-Maschinen angeboten und nur sechs echte 500er. Es hatte aber schon den Anschein, daß diese Reihe der 750er noch weiter ausgedehnt werden würde. Demzufolge mußte man sich in dieser Konkurrenzgruppe etwas einfallen lassen, wenn man das Interesse der Käufer finden wollte. Die Ducati 750 GT hatte in diesem Rahmen deswegen einen Platz erhalten — trotz schlechter Händler- und Service-Politik des Hauses, — weil sie durch ihren V-Motor herausragte. Das Sportmodell „S" stand schon vor der Tür und ließ noch etwas mehr Mitreißendes erwarten, wenn man berücksichtigte, was alles in der GT steckte.

So kam es auch. 1973 erschien das Sportmodell „S" 750 cm³; 1975 standen eine 750 cm³ Ducati Supersport und zwei 864 cm³ Modelle GT und Supersport in den Katalogen; 1977 gab es eine 750er Supersport,

Tourist-Trophy 1978, Formel-1-Weltmeisterschaft, 3. Juni 1978, Isle of Man. Phil Read (Startnummer 1, Honda) und Mike Hailwood (Startnummer 12, Ducati, der spätere Sieger) während der Anfahrt zum Parliament Square (Marktplatz) von Ramsey.

eine 864er GT, eine 864er GTS und eine 864er Supersport; 1978 sah man zwei 500-cm³-Modelle mit V-Motoren, GTV und SS; eine 750-cm³-Supersport, eine 864 GTS, eine 864 SD und eine 864 Supersport in den Listen; 1979 hießen die Modelle mit dem V-Motor 500 SS Pantah, 900 SD, 900 SS (alle ohne Desmodromik), 750 Supersport und 860 GT (mit desmodromischer Ventilsteuerung); im Frühjahr 1980 gab es noch drei V-Ducatis, die 500er Pantah, die 900 SD und SS. Ab 1975 war die desmodromische Ventilsteuerung auch bei den V-Motoren eingeführt worden. Der Konstrukteur Fabio Taglioni hatte 1972 eine sehr ingeniöse Konstruktion zum Erfolg gebracht.

Bald tauchten Ducati-V-Zweizylinder auch im Rennsport auf, und der wohl spektakulärste Erfolg war der Sieg von Mike Hailwood am 3. 6. 1978 während der TT auf der Isle of Man. Es war ein Comeback nach elf Jahren TT-Abwesenheit (zuletzt 1967 — Duell mit Agostini und Sieg in der Senior-TT). In der Formel 1 TT-Weltmeisterschaft (Zweitakter über 350 cm³ bis 500 cm³ und Viertakter über 600 cm³ bis 1000 cm³) startete Mike Hailwood auf einer 864-cm³-Ducati nach der schnellsten Trainingszeit mit 179,3 km/h Rundendurchschnitt für den 60,7 km langen Straßenrundkurs der Insel Man. Hailwood ging nach Phil Read (888 cm³-Werks-Honda) und Roger Nicholls (864 cm³-Ducati), Helmut Dähne (860 cm³-Eckert-Honda) und weiteren sechs Fahrern als zehnter Starter auf die lange Reise über sechs Runden = 364 Kilometer. Aber schon in der zweiten Runde hatte er in der Zeitwertung die Spitze übernommen. Sein härtester Gegner war Phil Read, mit dem es nach der vierten Runde ein Kopf-an-Kopf-Duell gab, bis Read in der fünften Runde mit defektem Motor ausschied.

Der Jubel im Ziel für Hailwood war unbeschreiblich, es war sein zehnter Weltmeistertitel und sein 13. TT-Sieg. 1978 war dieser begnadete Rennfahrer 38 Jahre alt. Ducati legte danach eine „Hailwood-Replica",

eine 864-cm³-Supersport-Version mit dem desmodromisch gesteuerten ohc-Ventiltrieb auf, die dem TT-Sieger-Vorbild im Äußeren sehr ähnlich war und inzwischen zu einer der begehrtesten Motorrad-Raritäten wurde. Von den in diesem Rennen gestarteten 63 Maschinen kamen nur 29 in Wertung durchs Ziel. Helmut Dähne wurde mit der Eckert-Honda Vierter.

Ergebnis Formel 1 WM-TT, 3. 6. 1978
6 Runden = 364 Kilometer
1) Mike Hailwood, 864 cm³ Ducati (GB) 108,515 mph = 174,63 km/h
2) John Williams, 888 cm³ Honda (GB) 106,817 mph = 171,90 km/h
3) Ian Richards, 984 cm³ Kawasaki (GB) 106,013 mph = 170,60 km/h
4) Helmut Dähne, 860 cm³ Eckert-Honda (D) 105,747 mph = 170,18 km/h
5) Alex George, 840 cm³ Triumph Trident (GB) 105,727 mph = 170,15 km/h
und weitere 24 Fahrer. 34 ausgefallen.
(Umrechnung der englischen Meile in Kilometer: 1 mile = 1,6093 km)

Der Name Benelli war (und ist) unter Motorradfahrern schon aus der Zeit vor dem Krieg vor allem durch große Rennerfolge bekannt. Als im Oktober 1972 eine 750er Sechszylinder-ohc-Maschine zum ersten Male der Öffentlichkeit präsentiert wurde, war das eine echte Sensation, die diesen Namen erneut um die ganze Welt gehen ließ. Da horchten natürlich die Japaner ganz besonders auf, denn der Motor dieser Benelli „Sei" basierte zum großen Teil auf einer Kopie des Vierzylinder Honda-Motors CB 500 — nur zwei Zylinder angehängt. Mit 56 mm Zylinderbohrung und 50,6 Kolbenhub erhielt man einen Hubraum insgesamt von 747,7 cm³.

Wir waren fasziniert, denn einen Sechszylinder-Motor mit seiner Länge hatte vorher noch nie jemand quer in das Fahrwerk eines Serienmotorrades eingebaut. Damit wurden wir an die Sechszylinder-Rennmotoren 250 und 350 cm³ von Honda aus den Jahren 1966 und 1967 erinnert. Hier aber erwartete man eine ungewöhnliche Breite des Aggregates, ein gewaltiges Motoren-Trum, das be-

Benelli 750 cm³, Sechszylinder-Motor mit obenliegender Nockenwelle (ab 1972).

mit diesem Motorrad zwischen 62 und 64 Zentimeter Gehäusebreite zu Tage — die BMW-Boxermotoren waren von Zylinderdeckel zu Zylinderdeckel breiter. Die lange Kurbelwelle mit jeweils um 120° versetzten Hubzapfen drehte sich in sieben Gleitlagern, die Pleuel liefen ebenfalls auf Gleitlagern. Die obenliegende Nockenwelle wurde durch eine Kette zwischen drittem und viertem Zylinder angetrieben. Der Primärantrieb bestand aus einer Zahnkette.

Je zwei Zylinder wurden von einem 29 mm Dell'Orto-Vergaser versorgt — für Deutschland war der Vergaserdurchmesser kleiner, was mit den Abnahme- und Zulassungsbedingungen zu tun hatte.

Das Getriebe hatte fünf Gänge, Gesamtübersetzung 12,43/ 8,98/ 6,99/ 5,74/ 4,92. Das bedeutete bei Nenndrehzahl 9000/min (76 PS) in den Gängen 85/122/155/192/220 km/h — ! Natürlich erschienen mir diese Zahlen etwas übertrieben, doch bei einem kurzen Fahrversuch auf der „Sei" lernte ich die Drehfreudigkeit des Motors kennen und auch die Tatsache, daß man im vierten Gang voll ausgedreht (auf dem Hockenheimring) gut über 180 km/h kommen konnte. Im fünften Gang war dann aber bei 193 und ein paar Zerquetschten der Ofen aus.

Auffallend war natürlich der absolut vibrationsfreie Lauf des Motors, war aber auch

stimmt stilistisch bombastisch wirken und alles das glatt erschlagen würde, was wir an sportlicher Linie bei Motorrädern liebten.

Den Japanern war eine Schau gestohlen, ob sich die Sache aber bewähren würde? Händlernetz? Service-Stationen? Zuverlässigkeit? Gutes Fahrwerk? Da war ich mehr als skeptisch nach den bisherigen Erfahrungen (Service u. a.) bei einigen Italienern zu Beginn der 70er Jahre.

Genaue Messungen mit dem Zollstock förderten beim ersten persönlichen Kontakt

Zeichnung des Sechszylinder-Motors von Benelli, der japanische Züge trug und offensichtlich eine Herausforderung für die japanische Motorradindustrie war.

149

die Kurvenfreudigkeit des ca. 240 kg schweren Motorrades. Es hatte eine etwas höhere Schwerpunktlage, so daß man die Maschine im Kurvenausgang aus ihrer Schräglage aufrichten mußte, sie kam andernfalls zu langsam von selbst wieder in die normale Lage hoch.

Es handelte sich um einen fast englisch anmutenden Doppelschleifen-Rahmen mit Versteifungen. Die Hinterradschwinge war nicht zu schmal gelagert, die Telegabel war gut gedämpft.

Das Motorrad wirkte im Ganzen überraschend grazil, Maschinen gleicher Leistungsklasse erschienen viel massiger. Der E-Starter ließ den Motor leise bei nur wenig Gas schnurren, bis an 5000/min war das Geräusch wie ein Säuseln. Oberhalb dieser Drehzahl jedoch trompetete die „Sei" ganz lustig los. Das Fahrgeräusch — in meinen Ohren nicht unangenehm — war aber dann doch ein schwieriges Thema für die Zulassung in Deutschland. Es wurde allerhand versucht, aber zuletzt waren aus den 76 Cuna-PS der Italiener 63 deutsche DIN-PS geworden, dazu ein Drehmoment von 5,7 mkg bei 4000/min. Die Vergaser hatten dabei 26 mm Durchmesser.

Auch die Gesamtübersetzung wurde kürzer — 16,3/11,4/8,5/7,0/6,0 — was zu einer besseren Ausnutzung der Drehzahlen führte. 1977 gab es 24 mm-Vergaser, die Leistung kam auf 58 PS bei 8500/min. Damit wird übrigens eines der Hauptprobleme für den Export italienischer Maschinen in diesem Jahrzehnt nach Deutschland offenbar: Die Erfüllung der strengen Bestimmungen für genaue DIN-Leistungsangaben, für Beleuchtung, Geräuschdämpfung und anderer Details.

Um das alles genau hinzukriegen, mußten viele Dinge geändert werden, die für den Export nach Amerika und für den italienischen Inlandsmarkt überhaupt nicht wichtig waren. Darunter litt natürlich die Leistung und anderes. Die dafür aufwendigen Kosten standen oftmals überhaupt nicht in annehmbarem Verhältnis zu dem Ertrag der in Deutschland verkauften geringeren Stückzahlen, so daß die Hersteller in vielen Fällen an einem Export nach Deutschland nicht besonders interessiert waren. Man bürdete vielfach solche Unannehmlichkeiten und die Kosten den Importeuren auf, die daraufhin ihrerseits wieder irrsinnige Klimmzüge und Tricks machten, um eine solche Maschine zumindest durch ein „einfaches" TÜV-Mustergutachten zu kriegen. Kein Wunder also, wenn manche schönen Traummaschinen in Deutschland nur in wenigen Stücken oder überhaupt nicht auf den Straßen waren.

Auf keinen Fall aber stimmten dann die italienischen Leistungsangaben mehr, wodurch natürlich auch ein wichtiges Werbe- und Verkaufsargument gegenüber der Konkurrenz wegfiel. Es war also in diesen Jahren nicht einfach, und es gehörte schon viel Einsatz und manchmal sogar eine Menge Idealismus dazu, solche tollen Sachen wie die hier beschriebenen Maschinen in unser Land einzuführen — !

1979 kam die Benelli „Sei" mit einem neuen Sechszylinder-ohc-Motor von 906 cm³ in den Handel. Man hatte die Zylinderbohrung auf 61,5 mm erhöht, den Kolbenhub belassen. Die Vergaser hatten wieder 26 mm Ø und der Motor war mit 80 Cuna-PS bei 8000/min oder 68 DIN-PS bei 8000/min ausgezeichnet. Die Druckumlaufschmierung arbeitete mit einer Eaton-Pumpe, die 12 Volt-Lichtmaschine leistete 150 Watt. Alle anderen Daten glichen weitgehend dem bisherigen 750er Modell, das Äußere hatte sich zu einem flacheren, schneller aussehenden Stil gemausert.

Mit den Vergasern und den Leistungsangaben wurde dann noch bis in die 80er Jahre hinein probiert — 1980 waren es wieder 24er Vergaser und eine Leistung von 80 PS bei 8500/min — eine endgültige verbindliche Angabe kenne ich garnicht.

Wie dem auch sei — die Benelli „Sei" machte schon 1972 erheblich Furore, und obwohl ich nicht glaube, daß in Deutschland

1971 produzierte Moto Guzzi wieder eine 500er Einzylinder (ohv) mit liegendem Zylinder. Eine neue Falcone.

mehr als 300 Exemplare liefen (vielleicht wurden es nach 1980 noch ein paar mehr ?), daß es also ein exklusives Motorrad geblieben ist, muß man die Konstruktion als Markstein ansehen in dem Bemühen, Serienmaschinen mehr und mehr mit technischen Gags zu versorgen. Und damit ist dieses Modell typisch für die 70er Jahre. Die Japaner griffen das Thema der sechs Zylinder natürlich auf und brachten 1977 und 1978 eine Sechszylinder-Honda und eine Sechszylinder-Kawasaki heraus.

Keine technische, sondern eher eine marktpolitische Sensation war die Moto Guzzi Falcone 500 cm^3 Einzylinder, die — auf das klassische Guzzi-Modell zurückgehend, welches bereits 1921 in ähnlicher Konzeption mit liegendem Viertakt-Einzylinder-ohv und großer Schwungmasse gebaut wurde — bis zum Beginn der 50er Jahre unter dieser Typenbezeichnung zurückverfolgt werden konnte. 1971 tauchte dieses einmalige Motorrad wieder auf. Es hielt sich bis 1973, und auf der IFMA 1974 in Köln stand noch einmal dieser gewaltige Single auf dem Guzzi-Stand, sandgelb lackiert, unter der Modellbezeichnung „Sahara" mit einem den arabischen Buchstaben nachgeahmten Schriftzug.

Irgendwie elektrisierte mich das, denn um diese Zeit hatte ich schon mehrfach den Gedanken geäußert, daß der immer stärker werdende Trend zu vielzylindrigen ohc-Su-perrennern mit Phantasieleistungen bestimmt bei manchen Motorradfreunden den oppositionellen Wunsch nach einem klassischen, „ruhigen" und durchzugskräftigen großvolumigen Viertakt-Einzylinder wachrufen würde, um wieder zu wissen, was in ihrem Sinne ein richtiges Motorrad wäre. Natürlich lachten mich die Industrie- und Importvertreter im Banne des modernen Geschmackszuges ob einer solchen Ansicht lauthals aus. Keiner glaubte, daß große Viertakt-Einzylinder jemals wieder eine Zukunft haben würden. Sie ahnten nicht, daß schon Mitte der 70er Jahre — Ende 1975 — der erste neue große Einzylinder-Viertakter aus Japan (Yamaha XT 500 ohc) im Anmarsch sein würde.

So weit war es 1971 noch nicht, doch empfand ich die neue Falcone als Signal. Soo verkehrt konnte ich doch garnicht mit meiner Meinung liegen, schließlich gab es zu diesem Zeitpunkt ja noch die BSA Goldstar 499 cm^3 ohv (34 PS bei 6200/min), die Ducati 450 III und III D ohc 436 cm^3 — letztere mit desmodromischer Ventilsteuerung (27 bzw. 31 PS bei 7000/min), welche Maschinen ja auch zeigten, daß der Viertakt-Einzylinder noch nicht in der Versenkung verschwunden war.

Wieso hatte Moto Guzzi sich mit einem seiner Modelle vom Trend abgewendet und wieder einen neuen „alten" Single produziert?

Weil bei der italienischen Polizei die Einzylinder-Falcone seit Jahrzehnten ein fast nicht zu durchbrechendes Ansehen genoß und man dort eine moderne Falcone haben wollte. Das war die Basis, von der man dann auch gleich eine Zivilversion abzweigte.

Ich kannte Motorradfahrer, die jetzt Morgenluft witterten und der Meinung waren, daß nun wieder für sie das „richtige" Motorrad kommen würde, obwohl natürlich die Kinder des Zeitalters der hochdrehenden Vielzylinder aus Unkenntnis sowas als eine Art Anachronismus empfinden konnten. In der Tat mußte ich auch schon zurückdenken, denn ich kam just von einer hitzigen Vierzylinder-Honda CB 500 — und das war dann doch ein großes Umdenken, wenn man danach so eine Hammer-Falcone mit Nenndrehzahl 4800/min fuhr.

Wo bei der japanischen Maschine die Leistung erst einsetzte und die Drehzahl interessant wurde, da war bei der dicken Einzylinder vom Comer See die Endleistung erreicht und die Drehzahl schon kritisch. Man stelle es sich heute noch einmal vor, daß man im Jahre 1971/72 ein Motorrad wieder im Drehbereich zwischen 2500 und 4000/min bewegte —!

„Und wo wird die Lötlampe frühmorgens zum Anwärmen des Bulldogs befestigt?" wäre man gern bereit gewesen zu fragen, denn im Leerlauf meinte man, jeden Arbeitstakt des Motors genau verfolgen zu können — Ansaugen — ffft ! — Verdichten — Kipphebel-Klappern — Explodieren — Ausstoßen — tumm — ! Hatte man sowas überhaupt noch im Ohr? Nein?

Na, irgendwo würde auch anderen Motorradfahrern diese Kutter-Maschine schon mal vor Augen und Ohren kommen, und es stand fest, daß die Laufcharakteristik nicht nur einen Enthusiasten herumreißen würde.

Ja, liebe Freunde, lachen Sie nur — ich fand einen ungeheuren Spaß an dieser Falcone 1972. Es gab davon zwei Versionen, eine mit 26 PS bei 4800/min für die Polizei und eine andere mit rund 28 DIN-PS bei 4800/min (32 SAE-PS lt. Prospekt) und Elektro-Starter für den Zivilgebrauch, die in meine Hände kam. Unterschied: Nur eine andere Nockenform.

Um die Baller-Ramme in Gang zu setzen, öffnete man den Benzinhahn, zog das ganze Motorrad mit eingelegtem ersten Gang rückwärts über die Kompression, suchte den Leerlauf zwischen erstem und zweitem Gang, schaltete die Zündung ein, öffnete mit dem Fingerhebel am Lenker die zusätzliche Starterdüse des Dell'Orto-Vergasers und zog mit der linken Hand den großen Auslaßventilheber wie Anno Dunnemals an. Nun passierte folgendes: Das Auslaßventil wurde angehoben, gleichzeitig wurde der Anlasserschalter mittels des gleichen Seilzuges (!) betätigt, die Bosch-Lichtmaschine wurde zum Dynastarter. Das Anlasserrad war über einen Keilriemen mit der riesigen Schwungscheibe und der Kurbelwelle verbunden und drehte den Motor durch.

War das Schwungrad richtig in Fahrt, ließ man den mächtigen Ventilheber einfach los — tumm — tumm — tumm, tumm, tumm — der Motor lief — !

Gas geben brauchte man nicht, und hätte sich nichts gerührt, dann stand der Kolben vor der Kompression und das Anlasserrad drehte über den Keilriemen durch. Machte aber garnichts — man bewegte nur ganz kurz den Kickstarter, der Motor sprang dann todsicher an — konnte man wetten drum. War er einmal gelaufen und hatte er seine Betriebswärme, gab es nie durchrutschende Anlasserkraft. Wer aber das kalte Aggregat mit dem Kickstarter zum Laufen brachte, den nannten wir „Old Firehand" — das war der King der Prärie.

Nur gut, daß die 12-Volt-Batterie mit 18 Ah Kapazität (Lichtmaschine 150 Watt), nicht zu klein für eine solche Startprozedur bei Kälte war. Aber allein das Ingangsetzen dieser Art von Motorrad-Lanz-Bulldog machte mir einen Heidenspaß und war 1972 für etwaige Beobachter eine Riesenshow — ! Oft denke ich, daß es nun wieder in den 80er Jahren in modifizierter Form eine Attraktivität für abenteuerlustige Fahrer sein könnte — !

Bei 2500/min hatten wir 12 DIN-PS, aber ein Drehmoment von bereits 3,5 mkg. Bei 3500/min waren es 19 DIN-PS und 3,85 mkg. Bei 4000/min konnten wir 22 DIN-PS genießen und 4,1 mkg. Ab 2000/min machte das Motorrad in den Gängen die ersten Sätze beim Beschleunigen nach vorn, denn da begann auch die erste höhere Drehmomentstufe. Über 4000/min kam noch ein zweiter Ruck nach oben, denn bei 4200/min betrug das Drehmoment 4,15 mkg. Durch die große Schwungscheibe, die sich hinter dem linken Gehäusedeckel drehte (bei den früheren Falcones lag sie — blank poliert — völlig frei und war Guzzis technisches Markenzeichen!), kam man aber nicht so schnell zu diesem Schub wie vielleicht bei einem mehrzylindrigen Motor ohne große Schwungmassen. Aber der Schub kam und hielt auch einen Augenblick durch, wenn man das Gas wegnahm.

Bei solch urigen Kräften konnte man ohne weiteres im vierten Gang mit 2500/min (= ca. 70 km/h) durch die Landschaft dampfen — dabei war das Auspuffgeräusch nur ein abgequetschtes Hämmern und jedes Ansaugzischen im Luftfilter zu hören. Der Motor begann erst unterhalb von 2000/min zu rucken. Fuhr man im vierten Gang mit 110 km/h dahin, der Reise-Einheitsgeschwindigkeit, drehte der Motor nur 4000/min, und dabei war die Kolbengeschwindigkeit sage und schreibe nur 11 m/s. Bei 82 mm Hub und 88 mm Bohrung war das nämlich — wie schon 1921!! — ein Kurzhuber, und ich war der Meinung, daß der Motor bei dieser niedrigen Beanspruchung kaum zerdreht werden könnte. Im Laufe der Zeit zeigte es sich aber leider, daß es im Betrieb nicht selten Ventilschäden gab, und das kriegte Guzzi nicht rechtzeitig in den Griff. 1972 passierte bei meiner Testmaschine nichts, und so war ich noch ganz positiv angetan von der Falcone.

Nun mochte man zu jener Zeit glauben, daß dieses Motorrad zwar recht originell, aber eine fürchterlich lahme Ente sei. Irgendwie hatte ich dieses Vorurteil auch, bis der Motor nach etwa 1000 gefahrenen Kilometern immer lebendiger wurde. Ich hatte im Drehgriffgehäuse einen Anschlagbolzen (!) entdeckt, und nach dessen Entfernen wurde aus dem Dampfhammer plötzlich ein temperamentvoller Langläufer. Die Beschleunigungszeiten wurden besser, und die als Endgeschwindigkeit angegebenen 140 km/h wurden langliegend knapp erreicht.

Die Fahrtaktik war aber eine ganz andere, als man das mit irgenwelchen Blitzraketen bis dahin gewohnt gewesen war. Man mußte immer ein wenig im Voraus beobachten, planen, denken und einkalkulieren, daß der Schwung gewaltig war und erhalten blieb, wenn man das Gas zurücknahm. Man fuhr also auf den Schwung programmiert.

Die vier Gänge waren absolut richtig eingestuft. Die weite Schaltwippe lag rechts, den ersten Gang zog oder drückte man hoch, die anderen Gänge drückte man nach unten. Obwohl der erste Gang bis 45 km/h reichte, der zweite Gang bis 75 km/h und der dritte Gang bei 5000/min bis 110 km/h, benutzte man den ersten Gang nur zum Anrollen. Bei 3000/min = 25 km/h spätestens schaltete man in den zweiten Gang, der dort mit 2200/min anfing, und zog vielleicht bis 50 oder 55 km/h durch (3000 bis 3500/min). Ab 50 km/h fuhr man sowieso immer im dritten Gang (= 2500/min), und den vierten Gang benutzte man ab 70 km/h.

Bei Räuberei auf schnellen und kurvenreichen Landstraßen blieb man lange im vierten Gang, auch vor Überholmanövern. Man mußte dann aber einkalkulieren, daß die Schwungmasse Zeit brauchte, um Drehzahlen zuzulegen. Es kam vor, daß man enttäuscht war, eine eben erreichte Drehzahl wieder runterbremsen zu müssen, wenn man gerade so richtig in Schwung kam.

Die Straßenlage war ganz prima: Der lange Radstand von 1450 mm, der sehr stabile Rahmen mit seinen Dreieckverbänden, der sehr tiefe Schwerpunkt bildeten die Ursache für die Spurtreue. Man hätte unheimliche Schräglagen fahren können, wenn der Abrollständer nicht schon so früh beim Durchfedern auf der Straße gekratzt hätte.

Zur Fahrsicherheit kam die Sitzposition des Fahrers, aber ein Mitfahrer konnte wegen der extrem hoch gelegenen Fußrasten deren Position von den beiden übereinander liegenden Schalldämpfern bestimmt wurde, nur schlecht sitzen.

Der große Einzylinder erzeugte natürlich Vibrationen, die man zwar in Grenzen halten, aber nie richtig beseitigen konnte. Erst die Japaner trieben später einen erheblichen Aufwand mit Ausgleichsmassen und anderen Tricks. Bei der Falcone 1972 war es bis zu 3500/min nicht störend, aber ab 4500/min wurden die Frequenzen härter. Vibrationsschäden traten bei der Steckklemme des Batteriekabels an der Klemmleiste unter der Sitzbank auf. Drehzahlmesser (elektrisch !!), und Tachometer zeigten sehr genau an, die Kontrollampen über dem Lenkkopf waren deutlich und übersichtlich (Öldruck, Ladekontrolle, Leerlauf, Scheinwerferlicht).

Notwendige Wartungsarbeiten sind bei Motoren mit liegendem Zylindern meist sehr bequem durchführbar, das war bei der Falcone nicht anders. Ventilspiel-Kontrolle bzw. -Einstellung, Zündeinstellung, Unterbrecherabstand, Arbeiten am Vergaser — das war alles denkbar einfach, weil die Details sozusagen auf dem Teller lagen. Zwei ausreichend große und abschließbare Werkzeugbehälter ließen es zu, daß man für unterwegs eine gute Auswahl an Werkzeugen, Reservezüge, Kleinteile usw. mitführen konnte. Mußte man den Tank abnehmen, um an die darunter befindliche Klemmleiste zu kommen, so brauchte man vorn nur zwei Bolzen zu lösen und hinten eine Gummihalterung auszuhängen.

Auch die Sitzbank war einfach zu entfernen. Der Hinterradausbau war ohne Öffnen der Kette möglich, zwischen Kettenkranz und Radnabe befanden sich zur Stoßdämpfung Gummipolster, aus denen das Rad seit-

lich herausgezogen wurde. In diesem Zusammenhang sei erwähnt, daß der Abrollständer zum Aufbocken der Maschine vorbildlich war, obwohl er ein ziemlich großes Schmiedestück darstellte. Man konnte die Falcone mit einem nur leichten Druck der Fußspitze auf einen der Bügel hochrollen lassen. Die Seitenstütze links war serienmäßig, man durfte das Einklappen beim Wegfahren nur nicht vergessen — ! Die Einrichtungen zum Abstellen des Motorrades in dieser Form waren Vorgaben von dem italienischen Polizeikunden.

Die Hinterradkette war nach oben und zum Reifen hin abgedeckt, das war nicht ganz so schlecht. Der Zahnkranz am Rad war an der Mitnehmerscheibe ange-

Technische Daten

Einzylinder-Viertakt-Motor mit liegendem Zylinder; Ventilsteuerung über Stoßstangen; Zylinder aus Leichtmetall mit auswechselbarer Laufbuchse, Zylinderkopf aus Leichtmetall. Bohrung 88 mm, Hub 82 mm, Hubraum 499 ccm. Verdichtung 6,85. Leistung: 26,4 SAE-PS bei 4800 U/min oder 32 SAE-PS bei 4800 U/min. Steuerzeiten: 40°/74°/67°/33°. Vergaser: Dell' Orto VHB 29 CD, 29 mm Ø. Kurbelwellenlagerung: 2 Wälzlager, Pleuel in Gleitlager. Mehrscheibenkupplung im Ölbad. Druckumlaufschmierung. Ölreservoir Kurbelwanne 3,0 Liter. Kickstarter oder zusätzlich Elektrostarter (Dynastart). Primärantrieb über Zahnräder, Übersetzung 1:2.
Getriebe mit Fußschaltung, vier Gänge. Übersetzung 3,21/1,8/1,25/1,0. Hinterradantrieb über Rollenkette 5/8 x 9/8, Übersetzung 16:33 = 2,06. Gesamtübersetzung 13,24/7,42/5,16/4,12.
Leistungsdaten: 52 bzw. 64 PS/Liter (SAE) Hubraumleistung. 8,2 bzw. 6,7 kg/PS (SAE) Leistungsgewicht. Kolbengeschwindigkeit bei 5000 U/min = 13,65 m/sec. Höchstgeschwindigkeit ca. 140 km/h. Testverbrauch ca. 4,7 Liter/100 km.
Fahrwerk: Doppelrohr-Rahmen im Dreieck-Verband. Hinten Schwinge mit hydraulisch gedämpften Federbeinen, vorne hydraulisch gedämpfte Teleskopgabel. Bereifung vorn 3.50-18, hinten 3.50-18. Vorn Doppelnockenbremse, hinten einfache Vollnabenbremse.
E-Werk: 12 Volt. Lichtmaschinenleistung 150 Watt, Batteriekapazität 18 Ah. Radstand 1450 mm, Gewicht (fahrfertig) 214 kg. Preis (mit E-Starter) DM 4395,— inkl. Mwst. Importeur: Zweirad Röth, 6949 Hammelbach (Odenwald), Telefon (0 62 53) 3 05.

Marke und Typ	Bohrung/Hub (mm)	Hubraum (ccm)	PS	U/min
BSA Goldstar	84/90	499	34	6200
Ducati 450 M III	86/75	436	27	7000
Ducati 450 M III D	86/75	436	31	7000
Moto Guzzi Falcone	**88/82**	**499**	**26/28**	**4800**

schraubt, so daß man leicht die Übersetzung wechseln konnte. Serienmäßig waren am Getriebeausgang 16 Zähne auf dem Ritzel und 33 Zähne am Hinterrad.

Eigenartig war es, daß um die Maschine immer Zuschauer herumstanden, wenn man sie in der Stadt parkte. „Ja — eine neue Moto Guzzi —!" Das wußten selbst Leute, die nicht gerade wie aktive Motorradsportler aussahen. Vielleicht war das Guzzi-Image doch größer als ich geglaubt hatte, denn fünf Weltmeisterschaften hatte sich diese Marke in den 50er Jahren mit den liegenden Einzylindern geholt. Außerdem gehörten Maschinen wie die von Fergus Anderson, Bill Lomas, Enrico Lorenzetti, Bruno Ruffo und Hein Thorn-Prikker zum Motorsport-Vokabular in Verbindung mit Moto Guzzi nicht nur in Kreisen der aktiven Motorsportfreunde. Das war eine Guzzi, diese Falcone da, 1972! Das konnte doch jeder Säugling erkennen. Daß im selben Hause längst eine große 750 cm³ Zweizylinder-V-Maschine mit Kardanantrieb gebaut wurde, war dagegen unbekannt.

Im Leerlauf lief der Motor ruhig und dezent mit 800 bis 1000/min vor sich hin, und bei höheren Touren war das Auspuffgeräusch nicht unangenehm. Zwei Schalldämpfer, in diesem Falle übereinander nur auf einer Seite, waren zur Aufteilung und zur besseren Beherrschung der Dämpfung wohl notwendig, aber sie verdeckten doch einen wichtigen Teil der Heckpartie, so daß das Motorrad eben eine Maschine nur für einen Fahrer bleiben mußte, weil für eine anatomisch richtige Lage der hinteren Fußrasten kein Platz blieb. Deswegen blieb auch nur Platz für eine Gepäcktasche auf der linken Seite, wenn man eine auf eine Reise mitnehmen wollte.

Probleme dürfte es auch bei der Geräuschmessung für das TÜV-Mustergutachten mit den mechanischen Geräuschen des Ventiltriebs und mit dem Ansauggeräusch gegeben haben —!

Die Bremsen mußten nach 800 Kilometer erheblich nachgestellt werden, aber sie hatten eine sehr gute Wirkung, die vordere Doppelnockenbremse packte fabelhaft und war auch wasserdicht. Beim Nachstellen der Hinterradbremse wurde der Bremshebel an der Bremsankerplatte um einige Zähne versetzt. Die Einstellung der vorderen Doppelnockenbremse zum gleichzeitigen Fassen der Backen war nicht sehr schwer, aber man mußte sie bei jeder Nachstellung kontrollieren.

Bereifung vorn und hinten 3.50-18 von Pirelli. Weiche Gummimischung, aber sehr gute Haftung auch auf Nässe.

Drei Jahre später — 1975 — bekamen wir die letzte große Einzylinder-Falcone in die Hände, als Modell „Sahara". Es war die letzte Ausgabe dieses mächtigen 500er ohv-Einzylinders und ein genauer Ableger der Polizeimaschine in Sandgelb. Keine Sitzbank mehr, primitiv zusammengeformter Doppelschalldämpfer, mit dem der Hinterradausbau zum Problem wurde, lahme Beschleunigung, Vorderradbremse nicht mehr dicht, Scheppern der Bein- und

Der letzte Guzzi-Einzylinder-Hammer als Nachfolger der Falcone war das Modell Sahara in den 70er Jahren.

Verkleidungsbleche vor dem Motor, riesiger Ansauggeräuschdämpfer und Luftfilter rechts unter dem Tank vor dem Fahrerknie, ungefederter Soziussitz mit unmöglich hoher Lage der Mitfahrer-Fußrasten, kleiner Scheinwerfer, kein Drehzahlmesser mehr, unhandliche Schalterarmaturen und noch mehr negative Details, wie eben so'n Kommiß-Schlitten — !

Die Lackierung war recht interesant in Mattwüstengelb mit dem Sahara-Schriftzug und den mattschwarzen Rahmenrohren, aber das Motorrad hatte allen Glanz und auch seine urige Kraft eingebüßt. Für welche primitive Wüstenpolizei war die wohl konzipiert worden? Zwar bullerte der Motor weiter wie ein Lanz-Bulldog, zwar war das Fahren darauf noch immer ein Spaß, wenn man alle Finessen richtig kannte und beherrschte. Zwar lag auch im Grundgedanken des 500er Stoßstangen-Singles hier genau das Richtige vor, aber diese Art war irgendwie nicht fertig gedacht und entwickelt. Es war das letzte Lied der einstmals so berühmten und geliebten Falcone. Zwei Jahre später griffen die Japaner den Einzylinder-Viertakt-Gedanken auf und entwickelten ihn mit einer obenliegenden Nockenwelle bei Yamahas TX perfekt. Daraus entstand die überaus erfolgreiche SR 500 Straßenmaschine.

Von den guten 28 bis 30 DIN-PS von 1971/72 waren garantiert nur 22 übrig geblieben, obwohl man 25 nannte. Das ergab bei 216 kg Leergewicht eine zähere Fahrerei bei Überholmanövern. Natürlich sah die ganze Maschine noch immer exotisch und ungewöhnlich aus — aber nun, nun hatte Moto Guzzi doch eine Menge verschenkt. Es war zu schade.

Im Sommer 1984 sagte ein junger Motorradenthusiast zu mir: „Ich gäbe ein Königreich für eine Falcone der 50er Jahre, oder auch für eine von 1971 — an der Sahara müßte man zu viel Verbesserungen machen und den Motor von 1971 einbauen — !" Es war nicht der einzige, der so etwas äußerte.

Verlassen wir aber diesen exotischen Guzzi-Ausflug von 1971 bis 1975, reden wir jetzt einmal von der Marke Morini, die 1951 zuerst auf dem Mailänder Salon zu bewundern war.

„. . . Was bei Harley geht, müßte doch bei uns auch gehen — so oder ähnlich hat man wohl bei Morini gedacht, als man diesen 350er-V-Motor konzipierte. Aber der alte Morini dürfte sich im Grabe herumdrehen . . ."

Das stand in „Das MOTORRAD" Heft 25/1971 neben dem Ausstellungsfoto der neuen V-Morini. Mit wievielen Touren pro Minute der gute Alfonso sich in seinem Grab gedreht hat, weiß ich nicht. Ich weiß nur noch, daß wir 1971 einen V-Motor, dessen Zylinder hintereinander und dessen Kurbelwelle quer zur Fahrtrichtung lagen, wie bei Ducati zunächst als für die moderne Zeit unmöglich ansahen. Wir wußten ja noch kaum etwas von den Ducati-V-Motoren, und mit den Harley-Rauschebärten hatten wir in den 60er Jahren Erfahrungen gemacht, die ins Motorrad-Gruselbuch der 20er und 30er Jahre gehörten.

Ich habe aber davon gelernt, nicht zu voreilig negative oder positive Ansichten zu äußern, ehe man nicht hautnah und mit allen Finessen, die die Regie zu bieten hatte, eine neue Motorradentwicklung in Augenschein genommen und gefahren hatte. Als es dann 1974 und 1975 zu Fahrkontakten und Erprobungen der neuen Morini 3¹/₂ kam, nachdem es länger als drei Jahre gedauert hatte, bis diese Firma endlich an den Export nach Deutschland und an das nun einmal nicht zu umgehende TÜV-Mustergutachten dachte, da bekamen wir ein ganz anderes Bild von der 350 V, und Alfonso Morini konnte im Grab von den hohen Touren endlich runterkommen.

Die tollste Morini, die es bis dahin gegeben hatte, war die 250er-Doppelnocken-Grand-Prix-Maschine von 1958 bis 1963, wohl der schnellste Viertakt-Einzylinder dieser Klasse, den es jemals gegeben hat. 1963 ge-

Morini 3 ¹/₂ – 350 cm³ Viertakt-V-Motor, ohv, 1974.

wann mit dieser einzigartigen Maschine Tarquinio Provini den Großen Preis von Spanien und den Großen Preis von Deutschland (auf dem Maschinenkurs in Hockenheim!!) gegen die japanischen Vierzylinder-Hondas unter Redman. Aber das waren nur zwei einer Vielzahl von Erfolgen. Die 1963 etwa 38 PS starke Rennmaschine war so schnell wie manche 350er. In der Weltmeisterschaft wurde Provini mit diesem Geschoß Zweiter mit 42 Punkten hinter Jim Redmans Vierzylinder-Honda mit 44 Punkten.

Dieses bewunderte Rennpferd tauchte automatisch in unseren Gedanken auf, so wie der Markenname Morini fiel (die Firma wurde 1937 in Bologna gegründet). Irgendwie war das auch der Grund dafür, daß man die neue kleine 350er mit dem V-Motor besonders im Auge hatte.

Was uns zuerst auffiel, war die hochgelegte Nockenwelle mit den kurzen Stoßstangen, die über einen Zahnriemen angetrieben wurde. Hochgelegte Nockenwellen waren nichts Unbekanntes, denn es gab sie u. a. auch bei den Vincent-Motoren und bei Moto Parilla in den 50er Jahren. Der Antrieb über einen Zahnriemen aber ließ uns 1974 noch besonders hinsehen. Außerdem hatten die beiden Konstrukteure Franco Lambertini und Gino Marchesini Heron-Zylinderköpfe

und Kolben entworfen, in deren Boden der Brennraum mit einbezogen wurde. Die Ventile hingen parallel nebeneinander. So etwas Ähnliches war schon bei dem Repco Brabham Formel 1-Rennwagen (Weltmeisterschaft 1966), beim Jaguar V 12, beim Rover 2200, beim Alfasud, bei Ford und bei Audi angewandt worden und erbrachte bei der Morini nun eine Verdichtung von 10,0 für die Tourenversion und von 11,0 für den Sportmotor, so daß man in der Leistung mit den 350 cm³ Japanern zumindest gleichziehen konnte.

Interessant war auch, daß der Drehpunkt der Kurbelwelle über dem Treffpunkt der Zylindersenkrechten lag, sozusagen zweifach desaxiert. Alles in allem — die Einlaßventile hatten einen größeren Durchmesser als die Auslaßventile — brachte der bis dahin kleinste V-Motor mit 72° Zylinderwinkel in einem Motorrad nicht nur eine sehr gute Leistung, sondern auch ein gutes und breit gelagertes Drehmoment, von 4000/min bis 9000/min waren es 2,7 über 3,1 (7500/min) bis 2,6 mkg. Die Höchstleistung von 35 DIN-PS lag bei 8200/min in der Tourenversion und bei 39 DIN-PS und 8500/min in der Sportversion.

Verspielt wie die Italiener sind, hatte man dieser Morini ein Sechsgang-Getriebe gege-

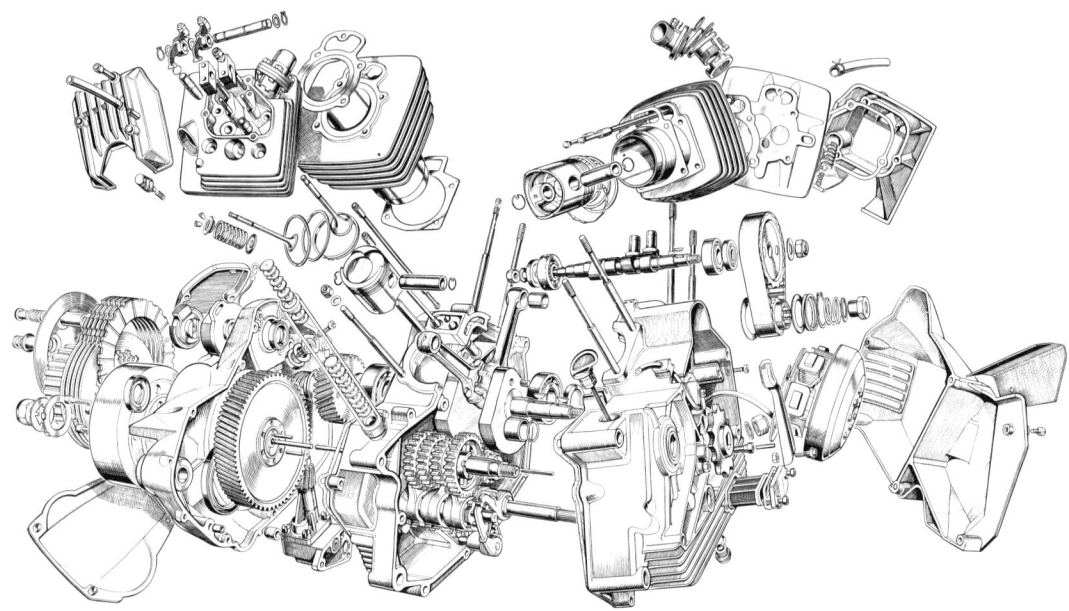

Explosionszeichnung des Morini-V-Motors mit interessanten Details. Zahnriemenantrieb der hochgelegten Nockenwelle, Kolbenboden mit besonderem Profil für den Brennraum.

ben, was im Hinblick auf die Leistungscharakteristik des Motors technisch gesehen überflüssig war. Aber damals galten eben sechs Gänge mehr als „nur" fünf oder gar vier.

Die Motoren liefen alle fast vibrationsfrei, ob es das Touren- oder das Sportmodell war. Auch hatte man ab 3500/min gute brauchbare Leistung, die im großen Gang etwa 70 km/h ohne Probleme bedeutete. Ich denke mir, daß die doppelte Desaxierung des Kurbeltriebs, die kurze Feuerfront mit dem schnellen und ausgeglichenen Abbrennen des gezündeten Gemischs eine Gleich-

mäßigkeit in der Laufcharakteristik ergab. Als Positivum möchte ich auch rechnen, daß durch diesen speziellen Brennraum außerdem die Abgase gezielter und schneller durch den Auslaß entweichen konnten.

Die kurzen Stoßstangen trugen dazu bei, weniger oszillierende Massen beherrschen zu müssen, und so erschien mir dieser Motor als ein sehr bemerkenswertes Aggregat. Es war einer der Motoren in den 70er Jahren, die den Motorradbau besonders geprägt haben, obwohl niemand von der 350er (und später auch 500er) V-Morini großes Lob- oder Jubelgeschrei machte.

Die 500er Morini mit einem Viertakt-V-Motor, ohv, erschien 1978 auf dem Markt.

Wenn der Motor warm war, kam es vor, daß er nach einer Fahrpause nicht so leicht wieder ansprang, weil das Benzin in den Schwimmerkammern der Vergaser durch die Wärmeabstrahlung der Zylinder bei stehendem Fahrzeug zu schnell verdunstete. Die Vergaser saßen zwischen den Zylinderköpfen. Der Kickstarter bewegte den Motor von dessen linker Seite aus, wie bei den alten Engländerinnen, die Fußschaltung saß auf der rechten Seite. Beim Runtertreten des Starterhebels mußte man nur aufpassen, daß man nicht mit der Fußspitze die Seitenstütze traf — ! Einen Elektrostarter bekam die V-Morini erst 1978, als endlich auch die 500er Version auf den Markt kam.

Der Motor hatte im Leerlauf ein rundes, gleichmäßiges Murmeln — um den Ton zu charakterisieren. Dieses Auspuffgeräusch blieb auch beim Gasgeben zivil mit einer trockenen Nuance. Irgendwie wirkte das alles zurückhaltend, so daß man sich zuerst garnicht bewußt wurde, daß die Maschine schneller fuhr, als es das Empfinden des Fahrers registrierte. Auf Überlandfahrten gab es überdurchschnittlich hohe Reiseschnitte, was auf die günstige Drehmomentlage zurückzuführen war. Und natürlich auch auf ein wundervoll stabiles Fahrwerk mit einer fantastischen Kurvenhandlichkeit, wie es guten Italienerinnen zu eigen war. Die Endgeschwindigkeit lag zwischen 155 und 160 km/h bei der Tourenmaschine und über 160 km/h beim Sportmodell. Aus dem Stand kam man auf 100 km/h in einer Zeit unter sieben Sekunden allemal.

Übrigens war die Sitzposition auch sehr gut, und das sollte man dieser Mittelklasse-Maschine aus Italien gutschreiben, weil nämlich die kleineren italienischen Motorräder ja meist — vom Straßenrennsport angehaucht — schmale, harte Sitzbänke, niedrige Bau- und Sitzhöhe sowie höher liegende Fußrasten aufwiesen, was alles besser zu einer geduckten oder halb liegenden Fahrweise paßte. Hier also, wie bei den handlichsten englischen Maschinen, war eine unverkrampfte Haltung mit nicht zu kleinem Kniewinkel möglich.

Eine elektronische Zündung und ein elektrischer Drehzahlmesser, ein elektromagnetisch betätigter Benzinhahn wären noch zu erwähnen. Die Bremsen waren so gut, daß man am Sinn einer Scheibenbremse zu zweifeln begann (vorn Doppelnocken-Trommelbremse 200 mm Ø, hinten einfache Trommelbremse 180 mm Ø). Ab 1977 gab es aber doch Scheibenbremsen.

In die 80er Jahre kam Morini dann auch mit einem 250 cm^3-V-Modell zusätzlich zu den beiden 350 cm^3 und dem 500 cm^3 Typ. Das wurde noch einmal ein neues Feuerzeug mit gleicher Konzeption wie der der ersten 3^1/$_2$. Die Motorleistung wurde mit 23 PS bei 9000/min angegeben. Die Zylinderbohrung betrug 59 mm, der Kolbenhub 43,8 mm (350er: 60 mm/57 mm. 500er: 69 mm/64 mm). Verdichtung der 250er: 11,7.

Ich denke, daß dies Motorrad ein guter Wurf in Hinblick auf den Druck der Japaner war. Aber wie bei vielen Entwicklungen — einige Jahre später war der „alte" V-Motor mit im Fahrwerk querliegender Kurbelwelle und hintereinander angeordneten Zylindern auch von Japan her wieder „in", sogar als Vierzylinder-Aggregat mit Flüssigkeitskühlung und raffinierten Maßnahmen zum Abfangen von Vibrationen. Morini aber hatte 1974 neu damit angefangen.

Von 1952 bis 1974 holte sich MV Agusta 39 Fahrertitel in der Weltmeisterschaft, 1975 noch einmal einen zweiten Platz in der 500-cm^3-Klasse der WM. Der wohl erfolgreichste Fahrer war dabei Giacomo Agostini (Italien) mit 14 Titeln auf den 350 cm^3- und 500 cm^3 Drei- und Vierzylinder-MVs. Auf der zweiten Position liegt John Surtees mit sieben Titeln auf MV-Agusta 350 cm^3- und 500 cm^3-Maschinen.

Carlo Ubbiali gewann acht Weltmeisterschaften auf 125 cm^3 — und 250 cm^3 — MV. Agostinis schärfster Rivale, der Engländer Mike Hailwood, holte sich auf MV Agusta vier seiner insgesamt zehn Titel.

Das Kuriose bei der Sache war aber, daß MV Agusta zwar die Marke mit den meisten Fahrertiteln in der Weltmeisterschaft bis 1984 ist, daß es aber in Deutschland erst zu Anfang der 70er Jahre zu einem Import von MV Agusta Serienmaschinen kam. Die Fertigung von Motorrädern kleinerer Hubräume und einiger Geländesportmodelle blieb relativ gering und beschränkte sich hauptsächlich auf die Bedürfnisse im eigenen Lande. Das große Geld bei MV kam aus dem Bau von Hubschraubern.

Erst 1972 kam ich zu einer 350 cm³ Zweizylinder-Stoßstangen-Maschine und zu einer 750 cm³ Vierzylinder-ohc-Maschine. Die kleinere 350er Twin war im Übrigen die erste MV Agusta-Serienmaschine, die nach 1945 von der Zeitschrift „Das MOTORRAD" getestet werden konnte, was zur Genüge beleuchtet, daß Conte Agusta trotz seiner einmaligen Sporterfolge kein Interesse am deutschen Markt hatte, und daß es ihm egal war, ob die Japaner dort mehr und mehr Fuß faßten. Im Rennsport war er immerhin bis 1975 überlegen und gleichwertig und somit allerdings auch ein fabelhafter Vertreter des großen Ansehens, das der italienische Motorradbau in der Welt genoß.

Von weitem sah die 350er wie ein Zweizylinder-Zweitakt-Motorrad aus, aber aus der Nähe betrachtet offenbarte sich sofort der Viertakter, dessen Ventile über Stoßstangen bewegt wurden. Die Verwechslung mit einem Zweitakt-Twin der 50er Jahre lag für einen Außenstehenden auch wegen der abgerundeten Linienführung des Motor-Getriebeblocks nahe.

Als ich die MV das erste Mal antrat:

Welch ein *Ton*!! Sowas hatte ich seit den Zeiten der seligen AJS-Springtwin nur noch von der unvergessenen 175 cm³ Zweizylinder-ohc-Berneg gehört.

Es war ein klassischer Viertakter, ein schöner Motor, dessen Leistung lt. Importeur Roland Schneider in Baden-Baden ungelogene 33 PS — an der Kurbelwelle, am Getriebeausgang, am Hinterrad, mit oder ohne alle Nebenaggregate? — haben sollte. Es war ein Exemplar aus dem Jahr 1971, dessen Motorleistung wir auf echte 25 oder 26 DIN-PS schätzten. Das Werk gab schließlich eine Leistungskurve mit 29 (DIN ?) Maximal PS heraus. Man hatte von einem Umbausatz auf 397 cm³ mit anderen Zylindern, hohen Kolben, Sportnocken, größeren Vergasern und stärkeren Ventilfedern gesprochen, womit man sich der 40 PS-Marke nähern könnte, und deswegen behielten wir die 350er für eine intensivere Untersuchung.

Die äußere Form der 350 S war typisch italienisch, und man erkannte auch sofort den Straßenrennsport als Pate. Man sah auch, daß das Motorrad für kleine, schlanke Leute gedacht war. Der kleine, offene, in gleicher Konzeption schon 1949 gebaute Rahmen mit dem extrem stabilen, blechgepreßten Hinterbau war zweifellos 1971 antiquiert, aber die hervorragende Spurhaltung und Straßenlage des Fahrwerks gaben keinen Anlaß zu einer Modernisierung. „Antiquiert" bedeutete ja noch lange nicht „mindere Qualität", siehe zum Beispiel den antiquierten VW-Käfer und dessen hervorragende Zuverlässigkeit.

Die Handlichkeit, die Kurvenlage und das Verhalten auf unruhigem Boden waren bei

Die 350er Zweizylinder-MV-Agusta 1972. Ventilantrieb über Stoßstangen.

der 350er MV bestechend, auch bei höheren Geschwindigkeiten bis zu 150 km/h.

Der Motor hatte Zylinder aus Leichtmetall, voneinander getrennt. Sie heizten sich also nicht gegenseitig auf, und es gab darum auch keinen Wärmeverzug, ähnlich der schon erwähnten AJS-Springtwin. Das Ganze erweckte den Eindruck, als habe man es darauf angelegt, auf keinen Fall auch in wärmeren Breitengraden mit der notwendigen Beherrschung der Wärmefragen in Konflikte zu kommen. Die Bohrung der Zylinder betrug 63 mm, der Kolbenhub 56 mm. Das ergab eine Kolbengeschwindigkeit von knapp 15 m/s bei 8000/min — also günstig, weil niedrig. Im Fahrbereich um 6000/min betrug die Kolbengeschwindigkeit nur 11,2 m/s.

Die Kurbelwelle besaß ein ungewöhnlich großes Mittellager (Rollenlager) in einem groß dimensionierten Lagerschild — also wenig Vibrationen. Geringe Kolbengeschwindigkeit, Mittellager = Versuch, die Zuverlässigkeit des Motors anzuheben. Wann auch immer der Motor konstruiert wurde, jedenfalls mußte er große Festigkeitsreserven gehabt haben. Die Nockenwelle war unterhalb der Zylinderfüße hinter den Zylindern angeordnet, die Stoßstangen führten also hinter den Zylindern zu den Köpfen.

Dieser Ventiltrieb war mechanisch nicht laut, er wurde sogar von dem Ansauggeräusch der beiden offenen Vergaserlufttrichter (!) übertönt. Es handelte sich um zwei 26er Dell'Ortos. In Italien müßte es demnach weniger Staub auf den Straßen, kaum Re-

gen und im Winter kein Salz gegeben haben, daß man sich offene Trichter erlaubte. Außerdem gehörte zum Rennsportlook im Sonnenscheinland Italien der elegant geformte offene Trichter für Leute, die in Sachen Motorrad etwas auf sich hielten. Kein Mensch fragte da nach überlautem Ansauggeräusch.

Der Motor sprang immer an, sein Leistungsband war im oberen Bereich überraschend breit. An langen Autobahngefällen ließ sich der Viertakttwin bis über 8500/min bringen, das waren im fünften Gang bis an 160 km/h. Auch bei Überholmanövern ließen sich die Gänge immer bis über 8000/min in der Ebene hochziehen, so daß man beispielsweise den vierten Gang bis über 130 km/h ausfahren konnte. Ab 60 km/h im vierten und ab 70 km/h im fünften Gang (= ca. 3700/min) konnte man ruckfrei beschleunigen. Mit einem 75-kg-Fahrer im Fahranzug, leicht gebückt, schaffte die MV gut 145 km/h, im Lederzeug und klein gemacht waren über 150 km/h drin.

Auch hier waren — wie bei den alten englischen Maschinen — Kickstarter links und Fußschalthebel rechts. Die Position des Schalthebels, der sich auf der Fußrastenachse drehte, konnte man am Übertragungsgestänge einstellen. Diese Einstellung war wichtig, weil die Sitzposition die eines Rennfahrers war. Das war zwar nichts für lange Touren, aber für Sonnenschein-Kurzausflüge sehr gut. Man „tourte" auch nicht mit dieser MV, man sprintete — es war in der Tat ein Motorrad für Wochenend-Stunden

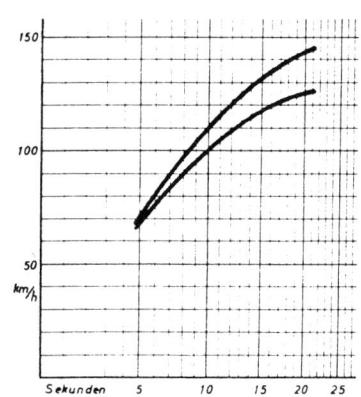

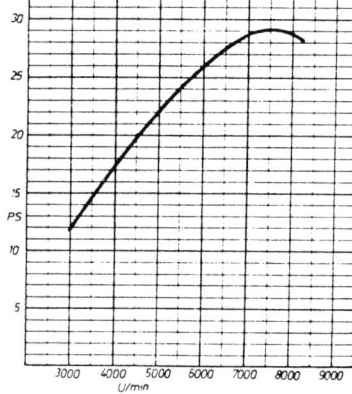

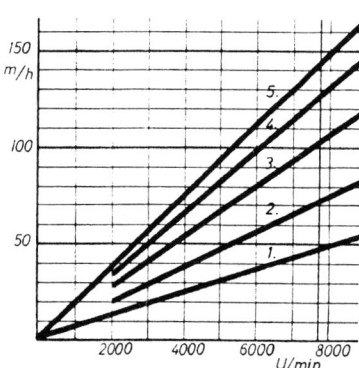

Die Beschleunigung mit einem kleinen, schmalen Fahrer im Leder (oben) weicht wesentlich von der mit einem großen Mann, aufrecht sitzend im Fahranzug (unten), ab.

Diese Leistungskurve sandte uns die Fabrik. Leider kann man nicht erfahren, ob es SAE- oder DIN-PS sind, ob die PS an der Kurbelwelle oder am Getriebeausgang gemessen wurden.

Das Gangdiagramm zeigt eine Getriebeabstufung, wie man sie von Rennmaschinen her kennt. Dies ist die serienmäßige Übersetzung, die man aber individuell wechseln kann.

bei schönem Wetter.

Wir hatten 1971/72 in Deutschland schon eine ganze Menge technisch interessanter Maschinen in der 350 cm³-Klasse: Zweitakter mit zwei oder drei Zylindern; Viertakter mit Stoßstangensteuerung, obenliegenden Nockenwellen mit Ketten- oder Königswellenantrieb, einem, zwei oder vier Zylindern — fast überall fand man technische Gags. Die 350er Zweizylinder-MV war dagegen durch ihren relativ einfachen Aufbau ein unkompliziertes und zuverlässiges Motorrad, aber auch mit DM 3995,— die teuerste Maschine ihrer Klasse, was darauf schließen läßt, daß sie garnicht dazu gedacht war, den Japanern Konkurrenz zu machen. MV Agusta, das war ein Name, den man sich wohl bezahlen lassen wollte.

Da machte dann die 750 cm³ Vierzylinder-MV allerdings mehr Furore. Schon Ende der 60er Jahre gab es dieses Modell mit einem Hubraum von 592 cm³ (Zylinderbohrung 58 mm, Kolbenhub 56 mm, Motorleistung 62 PS bei 8000/min). Seit 1969 bis 1971 waren von der Sportversion mit 750 cm³ etwa 80 Stück gebaut worden, und das war auch kein Wunder, denn die 600er kostete rund 10 000,— DM, die 750er gute 13 000,— DM. Das war damals eine Unsumme für ein Motorrad, womit die Maschine eine irre Exklusivität blieb und nie große Stückzahlen erreichte. Trotz dieses Wahnsinns-Preises gab es dabei auch immer einmal „Montags-Produktionen" mit fehlerhaften Teilen — kein Wunder, daß der Käuferkreis klein blieb.

Aber diese Maschine ist deswegen so bemerkenswert, weil es in den zwanzig Jahren vorher keinen Grand-Prix-Renner in einer zivilen Version aus Serienproduktion gegeben hatte, dessen Motor in seinen Hauptteilen absolut der Rennausgabe entsprach, natürlich die Hubraumleistung gesenkt, die Drehzahl vermindert, den Hinterradantrieb geändert u. a. Vielleicht bis zu einem gewissen Grad bei der Norton International, bei der Velocette Thruxton und einigen Ducati-Modellen. Es war ja immer ein Wunschtraum vieler Fahrer, ein Motorrad fahren zu können, das dem Rennmodell einer berühmten Marke bis auf Kleinigkeiten entsprach.

Im Frühjahr 1972 machte ich die Bekanntschaft mit der äußerlich wunderschönen Maschine. Als der MV-Importeur Roland Schneider aus Baden-Baden das seltene Stück unter der Plastikplane hervorholte und vom Transportanhänger runterrollte, herrschte Schweigen. Wir standen um die Schöne herum — und nur zögernd öffnete einer die Benzinhähne und betätigte den Anlasserknopf der Dynastartanlage.

Im Leerlauf rasselte der Antrieb der beiden obenliegenden Nockenwellen mit fünf Stirnrädern, daß man kaum etwas anderes hörte. Beim echten 500er Rennmotor kam sowas natürlich unter dem sonoren und sägenden Ton der offenen Rohre überhaupt nicht zum Vorschein, hier bei der gedämpften Auspuffanlage lagen die mechanischen Geräusche weit höher. Hinzu kam das Schnorcheln der vier offenen Vergaser, und mir ist's heute noch schleierhaft, wie der Importeur beim Mustergutachten oder bei Einzelzulassungen ohne schräge Tricks mit dem TÜV klar gekommen ist.

Vierzylinder-MV-Agusta von 1972. Die 750 S zeigte bei ihrem Doppelnokken-Viertakter unverkennbare Züge der großen MV Agusta-Rennmaschinen.

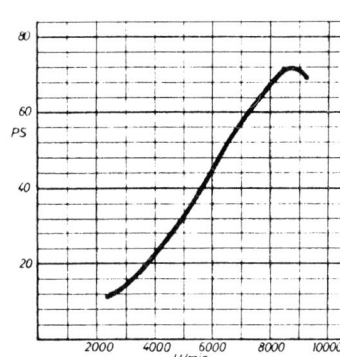
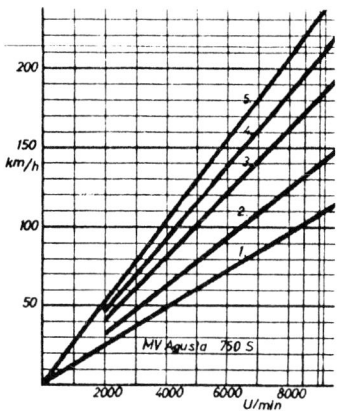

Mit 1000 bis 1500/min ließ man den Motor warm rasseln — Verzeihung, warm laufen. Vibrationen waren keine zu spüren, so gesehen lief das Aggregat sehr kultiviert. Das Ansauggeräusch wurde erst bei der Fahrt und beim Gasgeben laut, der Ton des Motors ähnelte dem eines Ferrari.

Die Kostbarkeit des Sahnestücks wurde dadurch unterstrichen, daß sie für irgendeine Ausstellung benötigt wurde und brandneu war. So mußte man sehr vorsichtig damit umgehen, bei einem Schaden stand ja nicht gleich die nächste an der Straßenecke nebenan herum — ! Es blieb also bei einigen vorsichtigen hundert Kilometern, aber was wir da „vorsichtig" nannten, spielte sich im Drehbereich bis zu 7500/min ab, das waren kurzzeitig auf der Autobahn im fünften Gang 190 km/h. Der vierte Gang wurde bis 175 km/h, der dritte bis 150 km/h ausgefahren. „Wenn der Motor nach 5000 Kilometern frei und eingefahren ist, dann können Sie bis 9200/min drehen lassen — !" sagte einer der MV-Gralshüter zu mir. Das wären im vierten Gang über 200 km/h gewesen, im fünften Gang dürfte wohl niemand die 235 km/h auf unseren Autobahnen oft erreicht haben, wenn überhaupt.

235 km/h — wie viele schöne DIN-PS hätte man da (unverkleidet!) wohl gebraucht? Klein gemacht im engen Leder mindestens 110 PS lt. Fahrwiderstands-Erfahrungen. 90 PS vielleicht mit einer Verkleidung.

Ich hielt diese Zahl für unmöglich, denn der Motor war mit „nur" 72 DIN-PS bei 8500/min oder 80 SAE-PS bei 9000/min ausgezeichnet. 72 DIN-PS wären vielleicht für 210 km/h unter günstigsten Voraussetzungen mit einem dünnen, kleinen Jockey möglich.

Im Übrigen hielt ich es für überzogen, sich darum zu streiten, ob dieses Juwel eine Endgeschwindigkeit von 200, 210 oder gar 235 km/h erreichen könnte. Wo und wie lange wollte das einer fahren? Aber Zahlen wie 160, 170 oder 180 km/h gingen einem MV-Besitzer und -Fahrer durch den Kopf wie anderen Leuten die täglichen Brötchen, und wer einmal länger auf so einem Renner gesessen hatte, dem ging es ähnlich. Man bekam auch ganz andere Zeitmaßstäbe, schätzte Entfernungen anders ein, und die Fahrerei richtete sich auch nach der Windrichtung und dem Winddruck. Wie lange jemand bei solchen Geschwindigkeiten den Winddruck auf den Oberkörper aushielt, falls er nicht wegen Dauerduckens hinter einer Verkleidung und wegen krampfhaften Kopfhochhaltens im Genick und Rücken erlahmte? Es taten sich da neue Probleme auf, denn eine Verkleidung wie bei der späteren deutschen BMW R 100 RS gab es noch nicht serienmäßig.

Doch solche Probleme tauchten in so hohem Maße garnicht auf, denn die wenigsten Besitzer und Fahrer derartiger PS-Boliden dürften die Leistung der Motoren stets und

163

dauernd mehr als zu zwei Dritteln ausgenutzt haben. Als später die 100 PS-Maschinen in größeren Stückzahlen auf den Straßen erschienen und die großen MV Agustas nicht mehr Alleinherrscher in diesen Leistungsgruppen waren, hörte man nichts von Problemen mit Winddruck und körperlichen Anstrengungen, obwohl sich der Kreis der glücklichen Fahrer oft über jene Bereiche, die jenseits von 150 km/h beginnen, unterhielten und unterhalten.

Aber 1972 war die Vierzylinder-MV noch ein derartiges Wundertier und das Fahren in ihrem Leistungsbereich so etwas Besonderes, daß man noch viel zu ergründen hatte. In welligen, langgezogenen Kurven blieb die Maschine bei 160 km/h auch in Schräglage in der Spur und schaukelte nicht. Sie war handlich und elegant zu fahren. Der Hinterradantrieb mit der Kardanwelle, dessen Tellerrad nach außen zu angeordnet war (daher das ausladende Gehäuse), war nicht Grund irgendwelcher Versteifungen und eines Aufrichtens der Hinterradschwinge. Das Fahrwerk war allererste Klasse!

Das Getriebe war mit 2,38/1,69/1,29/1,1/1 sehr eng gestuft — Straßenrennsport-Getriebe. Auch die gewählte Gesamtübersetzung (Primär 1,75/Sekundär 2,66) war mit 11,08/7,87/6,0/5,1/4,65 recht lang. Die Reichweite des ersten Ganges bis über 90 km/h war bezeichnend für diese Übersetzung. Aber der Motor war bei all' seiner Sportlichkeit so elastisch, daß er bei 4000/min schon mehr als 20 PS hergab und auch von da ruckfrei im fünften Gang (= ab 100 km/h) durchzog und beschleunigte.

Wurde die DIN-Leistung mit den für Deutschland zugelassenen Schalldämpfern zugrunde gelegt, hatte man bei 420 kg zugelassenem Gesamtgewicht 5,65 kg/PS und bei 210 kg Trockengewicht 2,82 kg/PS Leistungsgewicht. So war auch die Beschleunigung gewaltig. Die Hubraumleistung betrug 97 PS/Liter, die Kolbengeschwindigkeit bei 8500/min war 15,85 m/s.

Es wurden noch Bremsen herkömmlicher Bauart verwendet, vorn eine doppelte Duplex-Trommelbremse, hinten eine einfache Duplexbremse, beide mechanisch betätigt. Die Vorderradbremsen waren be- und entlüftet und hatten eine mächtige Wirkung. Die Bereifung kam von Metzeler, vorn 3.50-V-18 Rille, hinten 4.00-V-18 C 6. Auf die Höckersitzbank paßte nur eine Person.

Der Hinterradantrieb über Kardanwelle, die im Schwingenholm gelagert war, machte einigen technischen Aufwand notwendig. Das, was Honda 1972 bei der CB 750 ohc-Vierzylinder hätte bauen können, aber nicht tat, das machte MV. Der Primärtrieb bestand aus schräg verzahnten Rädern (68:119), der Antrieb lag zwischen den beiden rechten Zylindern. Der Kegelradtrieb der Kardanwelle ging im Getriebe von der Nebenwelle ab. Der Kegeltrieb, die Kardanwelle und der Hinterradantrieb hatten insgesamt acht Wälzlager.

Mit Lagern war man in diesem Motor sowieso nicht sparsam. Die Kurbelwelle drehte sich in sechs Lagern, der Antrieb der beiden Nockenwellen hatte neun Lager, Kupplung und Getriebe enthielten nochmal acht Lager, zum Teil Nadellager. Die Pleuelfüße hatten Gleitlager, der Ölpumpenantrieb fünf Lager, Verteilerantrieb drei Lager. Die Dynastartanlage (als Lichtmaschine 12 Volt/135 Watt) war durch zwei Keilriemen mit dem Motor verbunden, das Ganze durch einen großen Gußdeckel abgedeckt und hinter dem Getriebe nicht sichtbar.

Die nach innen gerichteten, offenen Lufttrichter hatten deshalb diese Ausrichtung, weil die Äußeren nicht die Beine des Fahrers behindern und nicht die Hosen ansaugen sollten und die Inneren Platz für den Zündverteiler machten. Der Fußschalthebel war über ein Gestänge mit dem Schalthebel am Getriebegehäuse verbunden und drehte sich auf der Fußrastenachse. Der Fußbremshebel hatte kein Gestänge, sondern einen Seilzug zur Hinterradbremse und drehte sich ebenfalls auf der Fußrastenachse — „racing like". Weiter ist zu erwähnen, daß der

Motor eine Ölwanne für drei Liter Öl besaß und der Kraftstofftank 26 Liter faßte. Bei sechs bis sieben Liter Verbrauch pro 100 Kilometer waren das ca. 400 Kilometer Radius.

Aber es war kein Motorrad, mit dem man 400 Kilometer an einem Stück abrodelte und dabei dessen mögliche Leistung voll nutzen konnte, ohne „abzusetzen". Es war genau so ein Sonnenschein-Motorrad für das Schönwetter-Wochenende wie die kleine 350 MV. Aber eine „Traube, die hoch hing" — vom Preis her, von der Leistung und von der Fahrerei her. In solche Geschwindigkeiten mußte ein Fahrer erst hineinwachsen, ehe er damit perfekt umgehen konnte, das war nichts für Unerfahrene oder gar für Führerschein-Neulinge. In jeder Hinsicht jedoch ein Wunschtraum vieler und an Exklusivität kaum zu überbieten. Vielleicht durch eine Münch TTS-4. Als wir später wieder über die Straßen kamen, über die wir mit der 750er MV — „schöön wie Lollo" — gefahren waren, blieb immer die Erinnerung im Wind — weißt Du noch — hier — mit der MV — ?

Zum Schluß der 70er Jahre war diese Konzeption noch immer im Handel. Es gab eine 800 SS Super (82 PS bei 9000/min oder 60 kW), eine 1000er Corona (77 kW/105 PS bei 9500/min) und eine 1100er GP — wahlweise mit Kardanantrieb oder Kette — (88 kW/119 PS bei 10 500/min). Die Maschinen kosteten 1980 DM 17 315,—, DM 25 400,— und DM 29 600,— und waren im Laufe der Jahre aus der ersten 600er und 750er Vierzylinder langsam aber stetig weiterentwickelt und perfektioniert worden.

MV Agsta erscheint mir als ein außergewöhnliches Motorrad auch deshalb, weil es trotz der Exklusivität, trotz der hohen Preise, trotz Problemen mit dem Service (ein Riesenkundendienst-Netz gab es nie) so lange den Japanern trotzte. So, wie MV auch im Rennsport lange vorn geblieben war.

Von den Motorrädern der 70er Jahre in Italien wäre noch mehr zu erzählen. Zum Beispiel brachte 1975 Benelli eine 250er Vierzylinder mit obenliegender Nockenwelle nach Honda-Muster auf die Mailänder Ausstellung und 1977 auf den deutschen Markt. 27 PS bei 10 500/min. Um damit befriedigend fahren zu können, durfte man keine Angst vor hohen Drehzahlen haben, unter 6500/min war in diesem Heuler, dem kleinsten Vierzylinder der Welt, kein richtiger Mumm. Und so wie sich Benelli an Japan orientierte, so machte es auch die Firma Laverda, welche 1966 mit einer 650 cm³ und einer 750 cm³ Zweizylinder-ohc-Viertaktmaschine auf der Londoner Motorrad-Ausstellung glänzte. Aber es dauerte noch bis 1971, bis ich die 750 cm³ SF (47 DIN-PS bei 6500/min) fahren konnte. Sie war den 250 cm³- und 300 cm³-Zweizylinder-ohc-Hondas CB 72 bzw. CB 77 „nachempfunden", was den Motor angeht, und das Abbild war dem Vorbild mehr als ähnlich. Es war ein herrliches Motorrad mit einem „Japan"-Motor und englischer Fahrcharakteristik.

Laverda 750 SF, 1971. Der Zweizylinder-Viertakter mit obenliegender Nockenwelle sah aus wie eine große Honda CB 72 von 1963.

165

Es war auch eines der schönsten Motorräder, die es je gegeben hat. Die italienische Linienführung kleiner Flitzer auf einen großen, klassischen Brocken angewandt. Stilistische Kritik gab es höchstens an der zu sehr nach innen gewölbten Tankoberfläche.

Für die 750 SF gab es verschiedene Leistungsangaben. Diese reichten von 60 SAE-PS bei 6500/min über 49 DIN-PS (am Hinterrad für ein TÜV-Mustergutachten gemessen) bis zu 47 DIN-PS bei 6500/min. Das hing von der jeweiligen Schalldämpfer-Bestückung für Italien, Amerika oder Deutschland ab. Mit den amerikanischen oder italienischen Schalldämpfern hätte man die Maschine in Deutschland garantiert nicht ohne Mogelei durch den TÜV bekommen, und wenn sie trotzdem zugelassen wurde, dann konnte man die Uhr schon auf den Moment einstellen, an dem die Polizei den Donnerbolzen wegen zu großer Geräuschentwicklung aus dem Verkehr gezogen hätte. Es war Anfang bis Mitte der 70er Jahre sehr oft ein

Bei näherer Betrachtung erkennt man genau die »japanischen« Details des Laverda-Zweizylinders, den es schon 1966 gab. Lichtmaschinen-Antrieb über Keilriemen.

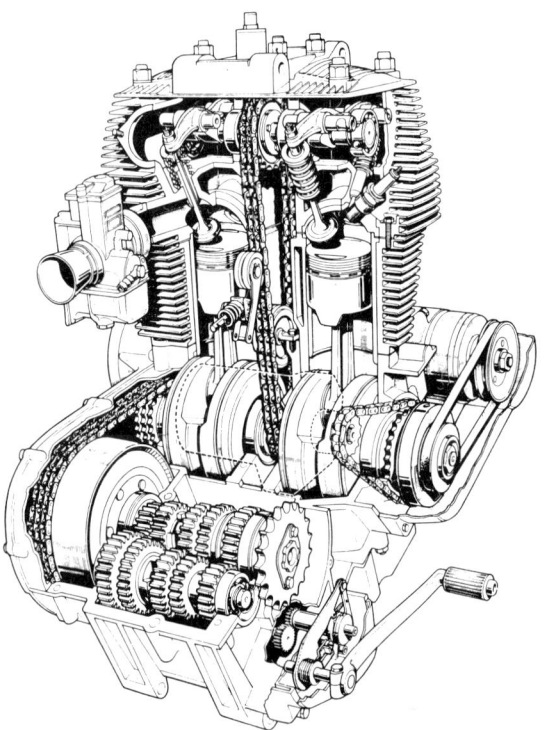

trickreiches Durcheinander mit den Leistungsangaben und TÜV-Messungen bei Importen kleinerer Firmen oder solcher, die die strengen Geräuschbestimmungen in Deutschland nicht begriffen oder begreifen wollten.

Das höchste Drehmoment des Motors war mit 6,9 mkg bei 5500/min erreicht, aber bei 3000/min waren es bereits 5,5 mkg. Die Kolbengeschwindigkeit bei 6500/min betrug 16 m/s (Bohrung 80 mm, Kolbenhub 74 mm, Hubraum 744 cm^3). Die Kurbelwelle war vierfach gelagert, Nockenwellenantrieb durch Duplexkette, Motor-Getriebegehäuse horizontal geteilt. Primärantrieb über Triplexkette. Zwei 30 mm Dell'Orto-Flachschieber-Vergaser. Elektrostarter 12 Volt, Lichtmaschine 150 Watt, Batterie-Kapazität 32 Ah. Lichtmaschinenantrieb über Keilriemen. Die gesamte Elektrik stammte von Bosch.

Tachometer und Drehzahlmesser (Smith/England) waren in Gummi aufgehängt (!), die Trommelbremsen waren etwas Besonderes: Die vordere Doppelnockenbremse hatte eine Be- und Entlüftung. Die einströmende Luft wurde in die Trommel und am Nabeninnenraum wieder hinausgeführt. Beim Hinterrad wurde die Luft durch eingegossene Schaufeln in den Nabenkörper geblasen. Es war wichtig, daß der Abriebstaub von den Belägen aus den Bremsen hinausgebracht wurde, und die Belüftung diente in erster Linie diesem Zweck. Wir hatten aber bei sehr starkem Regen auf diese Weise auch mehr Feuchtigkeit in den Bremsen, als uns lieb war.

In der Freiheit der Landstraße wurde bei diesem Motorrad der Spaß geboren — es blieb wirklich kein Auge trocken. Man wurde an die unheimliche Wucht einer englischen Parallel-Twin erinnert, und die Sitzbankstütze hatte ihre Berechtigung. Leider verhinderte sie die Mitnahme einer Sozia, weshalb wir die Bank der „Touren"-Laverda GT montierten.

Ab ca. 4500/min ließen sich Vibrationen nicht mehr verheimlichen, ab 6000/min wurden sie wieder geringer. Drehte man den Motor in den Gängen richtig aus, schoß die Maschine unwahrscheinlich los, und Geschwindigkeiten über 160 km/h waren im Nu erreicht. Die Abstufung des Fünfgang-Getriebes war dem Straßenrennsport entsprechend gewählt, wie konnte es bei einem italienischen Straßenmotorrad anders sein. Der dritte Gang reichte bei 7000/min bis 130 km/h, ließ man ihn bis 7500/min kommen, waren das 140 km/h. Der vierte Gang ging bei 7000/min bis 155 km/h und bei 7500/min bis 160 km/h. Der fünfte Gang schloß bei 6000/min mit 155 km/h an. Der Motor drehte in den unteren Gängen glatt bis 7500/min, wenn man das Herz hatte, Gas stehen zu lassen. Aufrecht sitzend im fünften Gang kam man immer auf 6500/min = ca. 168 km/h. In längeren Kurvenabschnitten sauste man im dritten und vierten Gang herum. Aber hier: Vieles Schalten ging wegen der schwergängigen Kupplung über das Handgelenk her.

Die Konzeption dieses Motors war gut gelungen, und daran wurde weiter gearbeitet, bis es 1979 zu der 750er eine 350er und eine 500er im Angebot gab, von denen aber nur die 500er nach Deutschland kam.

In gleicher Bauart, nur mit einem Zylinder mehr, war schon 1971 ein Motor fertig, der einen Hubraum von 981 cm³ hatte. Dieser 1000er Dreizylinder machte schon lange vor seinem endgültigen Erscheinen auf dem Markt Furore und regte die Gemüter auf. Im November 1972 hatte der Düsseldorfer Motorradhändler Hein Gericke endlich eine Einport-Vorserien-Version zum Fahren, und davon wäre zu berichten.

Das uns als Leistungskurve nach DIN 70020 vorgelegte Diagramm zeigte 78 PS bei 7750/min. Das Leistungsgewicht betrug bei 214 kg Trockengewicht 2,7 kg/PS – aufgetankt und mit Öl lag es bei 3,1 kg/PS, und mit 70 kg Fahrergewicht zusätzlich waren es immer noch unter 4 kg/PS. Die mit Lichtschranke auf dem Hockenheimring gemessene Beschleunigung zeigte von 0 bis 100

km/h genau 5 Sekunden, bis 160 km/h gut 12 Sekunden und bis 180 km/h knapp 19 Sekunden. Die Endgeschwindigkeit mit einem Anlauf von ca. 2,3 Kilometern betrug 202,25 km/h, Fahrer langliegend im engen Lederzeug. Hohe Autobahndurchschnitte waren – je nach Fahrer-Konstitution (!) ohne Verkleidung – obligatorisch, temperamentvolle Landstraßen-Fahrten bildeten den Höhepunkt des Erlebnisses, besonders auf Strecken mit vielen Kurven und in den Bergen. Der Tank mit 17 Litern Inhalt erlaubte gut und gerne eine Reichweite von ca. 200 Kilometern.

Es war also eine vielversprechende, sehr leistungsfähige und sportliche große Maschine, die in unserem Fall aber noch den Fehler hatte, daß die „Klemmer"-Sitzbank nur für eine Person gedacht war. Gerade mit zwei Personen aber bot sich doch ein großer Spaß an, weil es PS-Reserven in Menge gab, Reserven, die kaum jemand beim Fahren richtig ausnutzen konnte.

Die Zylinderbohrung betrug 75 mm, der Kolbenhub 74 mm, der Hubraum 981 cm³. Bei 6000/min hatte der Motor 14,8 m/s Kolbengeschwindigkeit und ein Drehmoment von 7,6 mkg, das in dieser Höhe bis 7000/min erhalten blieb. Der Antrieb der beiden obenliegenden Nockenwellen durch eine lange Kette lag zwischen dem rechten äußeren und dem mittleren Zylinder. Die drei Auspuffrohre mündeten unter dem Kurbelgehäuse (Ölinhalt: 3,5 Liter) in einem Rohr und wurde dort auf zwei Schalldämpfer verteilt. Die Testmaschine hatte noch das Einportsystem mit dem Schalldämpfer auf der linken Maschinenseite.

Die drei Dell'Orto-Vergaser (32 mm Ø) besaßen eine Beschleunigerpumpe (Membran), und es gab in niedrigen Drehbereichen bei plötzlichem Gasgeben keine „Löcher", der Motor zog unbedingt durch.

6000/min waren im fünften Gang ca. 170 km/h, und hier konnte der schnelle Mann noch ganz bequem zulegen, wenn es notwendig gewesen wäre. Von 170 km/h bis

Der Dreizylinder-Motor 981 cm³ gehörte in den 70er Jahren zu den bewunderten Aggregaten großer Motorräder.

190 km/h brauchte man im fünften Gang nur knapp 14 Sekunden. Von 100 km/h bis 150 km/h konnte man in fünf Sekunden kommen, und in diesem Bereich war ganz gut auch im fünften Gang zu fahren, es war der Drehbereich zwischen 3500/min (= 35 PS) und 5200/min (= 54 PS), zwischen 5,9 und 7,4 mkg Drehmoment. Dazwischen waren eben genügend Reserven, erst recht, wenn zurückgeschaltet wurde vor einer geplanten Beschleunigung. Hier waren auch die Vibrationen am geringsten. Es war ein Motor, mit dem man schonend schnell fahren konnte, genau der Vorteil von viel Hubraum.

Ein Problem lag bei der Kupplung, denn sie wurde durch die Beschleunigungsmessungen stark mitgenommen (wie man das in jener „Aufbruch-Zeit in die 80 bis 100 PS-Boliden" sehr oft oberhalb von 5,0 mkg Drehmoment erlebte).

Ebenso wie die Kupplung waren bei diesem Geschwindigkeits- und Gewichtsniveau auch die Bremsen gefordert. Nach fünf sehr starken Bremsungen von 200 km/h runter bis 0 konnte die Vorderrad-Duplex-Doppelnocken-Trommelbremse mit ihrer raffinierten Be- und Entlüftung nicht mehr nachgestellt werden. Sie war am Ende. Wozu aber

bemerkt werden sollte, daß das Motorrad schon vor den Hockenheim-Motodrom-Meßfahrten einige hundert Kilometer sehr scharf gefahren worden war. Der Bremsendurchmesser (hinten Duplex-Einnocken-Trommelbremse) war 230 mm, Belagbreite 30 mm. Die Hinterradbremse hatte die gleiche Be- und Entlüftung über Lüfterblätter wie die 750 SF.

Das Fahrwerk war nicht unten offen wie bei der 750er Laverda, es war vielmehr eine Doppelrohr-Konstruktion, die sich den Belastungen und der Motorleistung gewachsen zeigte. Während die 750er Metzeler Reifen hatte, besaß die 1000er vorn einen 3.50-V-18 und hinten einen 4.00-V-18 Dunlop-Reifen. Deren Geradeausführung war sehr gut, bei großer Schräglage war die Haftung noch einigermaßen sicher, solange die Strecke trocken blieb. Aber in leichter Schräglage geriet man mit dem Hinterradreifen auf einen Profilabschnitt, dessen geringe Unterteilung wenig Oberflächenentspannung gewährleistete, so daß das Motorrad Neigungen zum „Schwimmen" zeigte. Das war nicht so gut, und die Umrüstung auf besser profilierte Hochgeschwindigkeitsdecken war die Folge. 1973 experimentierten die

Reifenhersteller noch viel mit den schwierigen Aufgaben herum, die von den leistungsstarken Motorrädern hinsichtlich Haftung, Abrieb und stabilem Unterbau neu auf sie zukamen. Jahrelang hatte man ja nicht für neue Motorradreifen geforscht, manche hatten in den miesen 60er Jahren die Motorradreifen-Produktion ganz eingestellt, andere entdeckten jetzt im angehenden Motorrad-„Boom" plötzlich einen neuen Markt (z. B. Michelin).

Die Ceriani-Telegabel benahm sich auf Schlaglochserien großzügig — d. h. sie erwischte nicht jedes Löchlein exakt, und es kam zu Schlägen. Die hinteren, mit der Hand ohne Werkzeug gut verstellbaren Federbeine wirkten hart und kurz gedämpft auf schlechten Straßen. Man bemerkte der Auslegung der Federung die Erfahrungen von Straßenrennen auf guten Pisten an.

Da der Motor eine so günstige Leistungscharakteristik hatte, fragte ich mich wieder

einmal, ob dazu unbedingt ein Fünfganggetriebe gehören mußte. Aber auch hier siegte die Mode und der Rennsport-Flair, ohne den die Italiener kein Motorrad konstruieren. Dazu hatte dieses Fünf-Gang-Getriebe auch noch eine sehr enge Stufung von 2,6. Die drei oberen Gänge waren zu einer Art „Fahr-Gruppe" zusammengefaßt, was bei einem Einsatz als Rennmaschine durchaus richtig gewesen wäre, was aber bei unseren Einsatz- und Verkehrsbedingungen unnötiger Luxus schien. Der Primärantrieb hatte eine Triplexkette, der Antrieb zum Hinterrad eine unterdimensionierte, offene Einfach-Rollenkette, die mir bei der hohen Leistung und bei dem hohen Drehmoment des Motors zu schwach, ungeschützt und ungenügend geschmiert erschien. Oder war diese 1000er nur zum 150 Kilometer Wochenend-Schönwetter-Trip oder zur Promenaden-Angabe gedacht — ?

Die Gesamtübersetzung in den fünf Gän-

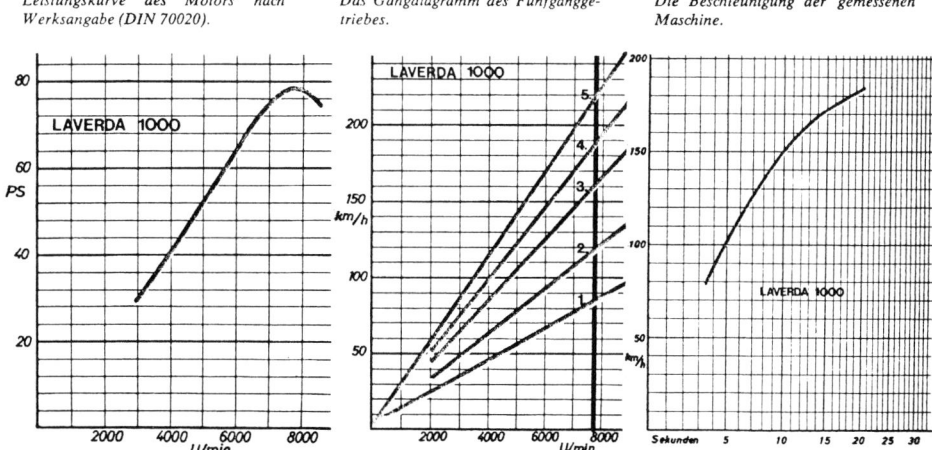

Leistungskurve des Motors nach Werksangabe (DIN 70020).

Das Gangdiagramm des Fünfganggetriebes.

Die Beschleunigung der gemessenen Maschine.

Laverda 1000 im Vergleich 1973   (alle Angaben ohne Gewähr!)

Leistungsangaben nach Fabrik oder Importeur	Laverda 1000	BMW R 90/5 (in spe)	Harley-Dav. 1200 El. Glide	Harley-Dav. 1000 XL	Moto Guzzi 850 GTL	Kawasaki Z 1 900	Mün.ch-4 1200 TTS	Norton Comm. 850
Motor 2-/4-Takt	4	4	4	4	4	4	4	4
Zylinderzahl	3	2	2	2	2	4	4	2
Ventil- bzw. Gassteuerung	dohc	ohv	ohv	ohv	ohv	dohc	ohc	ohv
Bohrung/Hub mm	75/74	90/71	87/101	81/97	83/78	66/66	75/67	77/89
Hubraum ccm	981	903	1207	997	844	903	1177	829
Leistung (SAE-PS) bei U/min					n. a.	82/8500		
Leistung (DIN-PS) bei U/min	78/7250	ca. 58/6500	66/5200	—	54/6100	—	88/6000	51/5750
Kolbengeschwindigkeit m/s bei DIN-Nenndrehzahl	17,85	15,3	17,5	—	15,9	18,7*)	13,4	17,0
Literleistung (DIN-PS/Liter)	79,6	64,2	54,7	n. a.	63,5	90,8	73,0	61,5
Leistungsgewicht (DIN-PS/kg)	2,744	3,793	4,924	—	4,537	2,805	2,795	3,647
Anzahl der Gänge	5	5	4	4	5	5	4	4
Starterart	E	E/K	E	E	E	E/K	E	K
Beschleunigung 0–100 km/h in s (T = Test-, W = Werksangabe)	4,8 T	4,8 T	8,8 T	n. a.	5,0 T	4,8 T	4,8 T	4,5 W
Höchstgeschwindigkeit km/h (T = Test-, W = Werksangabe)	202,5 T	190,0 T	163,6 T	n. a.	181,0 T	ü. 200 W	205 T	185 W
Preis DM	9600.—	n. a.	15 556.—	12 495.—	7680.—	7200.—	15 518.—	6400.—
Preis pro DIN-PS (ca.)	123,07	—	235,70	—	142,22	87,80	176,34	125,49

gen: 11,24/8,08/5,89/5,03/4,29. Die Gänge ließen sich leicht und sauber schalten, aber die Kupplung ging — wie bei der 750er — sehr schwer.

Der Aufbau von Motor und Getriebe war Japan-like durchdacht und gut gemacht, das Gehäuse war horizontal geteilt, keine Distanz- oder Beilagscheiben und kunstvoll arretierte Lager, alles einfach ohne Spezialwerkzeug zu betreuen.

Als diese Laverda dann auf dem Weltmarkt mehr und mehr Fuß faßte, hatte sie den Vorteil, daß zum Zeitpunkt ihres Erscheinens, 1973 in Deutschland, nur Kawasaki eine so große japanische Maschine anbot, die 903 cm³ Z1 900, mit zwei obenliegenden Nockenwellen, 82 PS bei 8500/min, vier Zylindern, Fünfgang-Getriebe und 1400,— DM billiger als die 1000er Laverda. Noch war der allgemeine Run auf die Boliden nicht ausgebrochen, der ein paar Jahre später 1000er am laufenden Band in allen möglichen Variationen ins Geschehen brachte, wobei es schließlich bis über 100 PS Motorleistung ging.

Laverda aber behauptete sich und schaffte mit seinen 1000ern die 80er Jahre.

So etwa und mit Hilfe von Motorradmodellen, wie ich sie hier beschreibe, konnte die italienische Motorradindustrie die 70er Jahre meistern, die für einen Großteil alter europäischer Hersteller das Aus brachten. Weil sie nicht so flexibel, so optimistisch, so fix in Entschlüssen wie die Italiener waren. Weil es ihnen oftmals auch am richtigen Kontakt zu den Gedanken und Wünschen der Fahrergeneration jener „Boom"-Jahre fehlte. Weil sie die Intensität und Möglichkeiten der Japaner bis deren Auftauchen unterschätzten. Weil es ihnen aber auch am nötigen Gefühl für rechtzeitige, neue Anfänge und last not least auch am Kooperationswillen untereinander fehlte, als es dazu noch nicht zu spät gewesen wäre.

Die Italiener aber focht das alles nicht an — sie blieben in ihrer Art immer am Ball und am Erfolg, und schließlich — siehe Laverda — lernten sie sogar von ihren größten Konkurrenten aus dem Fernen Osten —!

Japan — die zweite Welle

Mit Motorrädern wie der Honda CB 92, 125 cm^3, Zweizylinder, ohc, der 250er bzw. 300er CB 72 bzw. CB 77, Zweizylinder, ohc, mit der 444 cm^3-Zweizylinder CB 450 mit zwei obenliegenden Nockenwellen und dann zum Schluß mit der Vierzylinder-Sensation 750 cm^3, ohc, CB 750 hatten die Japaner den ersten Angriff auf den europäischen Markt gestartet und Fuß gefaßt. Die schnellen Yamaha-Zweitakter und die interessanten Drehschieber-Zweitakter von Kawasaki, wo auch die 500 cm^3-Dreizylinder mit einem Hochleistungs-Zweitakter entstand, und schließlich die 250 cm^3-Suzuki mit dem ersten serienmäßigen Sechsgang-Getriebe gehörten zu diesem Ansturm.

In Europa lagen die Motorradwirtschaft und der Motorradsport am Boden, Motorradfahrer hatten mehr und mehr unter allerlei Unbilden zu leiden — es sah nach dem absoluten Ende des Fahrzeugs Motorrad aus, zu dem Zeitpunkt, als Honda als erste japanische Firma in der Bundesrepublik Deutschland und in anderen europäischen Ländern ernsthaft mit der Einfuhr von Motorrädern begann. Was kaum jemand für möglich gehalten hatte — die Japaner brachten wieder Bewegung. Sie präsentierten Motorräder, über die biedere Leute die Köpfe schüttelten — Viertakter grundsätzlich nur mit obenliegenden Nockenwellen, Zweitakter oft mit Drehschieber-Steuerung und vielen Gängen, das Äußere der Maschinen den Rennmotorrädern sehr ähnlich.

Es kamen Drehzahlhöhen auf, die man vorher nur Rennmotoren zutraute, es wurden Motorleistungen vorgeführt, an die man für den Serienbau vorher nie gedacht hatte.

Und es wurden Preislagen demonstriert, über die nun die zahmen Europäer ins Wanken kamen. Japanische Motorräder boten genau das, wovon wir Ende der 50er Jahre geträumt hatten, was aber in Europa nicht verwirklicht wurde. Prompt gehörte den Motorradherstellern aus dem Fernen Osten unsere Sympathie, und mehr und mehr nahmen sie vom Markt Besitz.

Man wußte schon, daß die Japaner Motorräder bauten, daß sie sie meist nach europäischen Vorbildern abkupferten. Daß sie aber nun in den 60er Jahren so massiert, so gesteuert und mit solcher Intensität auf den Welt- und auf den europäischen Markt drängen konnten, das hatten ihnen nur wenige europäische Konkurrenten zugetraut. Als man es endlich merkte und versuchte, ihnen mit eigenen neuen Motorrad-Ideen zu begegnen, da war der Zug längst abgefahren.

Die Japaner produzierten in immer größeren Stückzahlen, weiteten ihre Importfirmen in Europa immer mehr aus und brachten fast von Monat zu Monat immer mehr Modelle. Es sollte kein Marktfeld übrig bleiben, das sie nicht mit einem geeigneten Motorradtyp besetzten. Dabei waren sie ideenreich, schnell, wendig und — wenn es die Marktsituation erforderte — auch emotionslos in ihren Entscheidungen. Als es klar wurde, daß Zweitaktmotoren in zunehmendem Maße auf allerlei Schwierigkeiten stießen (Umweltschutz), da wurde — sozusagen über Nacht — aus einer Fabrik für reine Zweitaktmaschinen ein Hersteller auch für Viertakt-Motorräder.

Es gab Einzylinder-, Zweizylinder-, Dreizylinder-, Vierzylinder-, Fünfzylinder-

(Honda 125 cm³ Fünfzylinder-Rennmaschine 1965/66) und Sechszylinder-Motoren. Es gab schlitzgesteuerte, durch Drehschieber gesteuerte, membrangesteuerte Zweitakter. Wir bekamen Viertakter mit einer oder mit zwei obenliegenden Nockenwellen. Man verwendete meist einen Vergaser für jeden Zylinder, versuchte sich mit Wankelmotoren und mit automatischen Antriebsarten.

Die Getriebe hatten in der Serie bis zu sechs Gänge, als Hinterradantrieb diente die klassische Kette oder die Kardanwelle, und 1977 führte man mir einen hydrostatischen (Öldruck-)Hinterradantrieb vor.

Die Leistungen und die Hubräume der Motoren wurden größer und größer, schließlich langte man bei 1300 cm³ und bei über 100 PS/73,6 kW an. Kein Wunsch sollte offen bleiben, jeder Geschmack mußte befriedigt werden.

Nach der ersten großen japanischen Welle zu Anfang der 60er Jahre hatten sich die Marken Honda, Kawasaki, Suzuki und Yamaha in Deutschland etabliert, jetzt, in den 70er Jahren, kam die zweite große Motorradwelle aus Japan in der Art auf uns zu, wie ich es gerade schilderte.

1970 bot Honda lt. Fachpresse-Tabellen acht Modelle, 1980 im Frühjahr 25 verschiedene Motorradtypen in Deutschland an (1983 waren es 47 — in Worten: siebenundvierzig). Kawasaki hatte 1970 vier und 1980 bereits 21 Modelle im Angebot. Suzuki fing die 70er Jahre 1970 mit drei Modellen an und ging 1980 ins nächste Dezennium mit 33 (in Worten: dreiunddreißig). Yamaha bot 1970 fünf Modelle und 1980 im Frühjahr 23 an.

Gleichzeitig stiegen die japanischen Anteile auch auf dem deutschen Markt unter den dort verkauften Motorrädern aus der Bundesrepublik Deutschland, DDR, England, Frankreich, Indien, Italien, Japan, Niederlande, Österreich, Spanien, Tschechoslowakei, UdSSR, USA.

Von 72 cm³ (Honda Dax ST 70) bis zu 1286 cm³ (Kawasaki Z 1300) Hubraum — ohne 50 cm³ Kleinkrafträder und Roller — reichte das Angebot aus dem Land der Aufgehenden Sonne. Ende 1979 standen knapp 90 und Anfang 1980 schließlich 102 Motorradtypen aus Japan in den Listen.

Zum gleichen Zeitpunkt — Frühjahr 1980 — boten andere Länder auf dem deutschen Markt folgende Modellzahlen an (in der Reihenfolge des größten Angebotes): Italien 42, Bundesrepublik Deutschland 14, USA 10, Spanien 10, Österreich 8, DDR 2, Indien 1, UdSSR 1. Das waren 88 (nach Typenliste MOTORRAD 5/1980 und MOTORRAD-Katalog 1980), also weniger als die eine japanische Nation.

Aber nicht nur die Politik, für jede Art von Motorradwünschen das Passende bereit zu haben, prägte den japanischen Ansturm, es kamen ein sehr schneller Modellwechsel und dauernde Neuvorstellungen von Maschinen dazu.

Einerseits war das alles so interessant, andererseits war es ungünstig — der Markt geriet in Unruhe — kaum konnten Händler und Werkstätten bei der Schnelligkeit der Modellwechsel und der Neuvorstellungen mitkommen, zum Beispiel ihre Lager und ihr handwerkliches und technisches Know-How anzupassen. Es kam wieder zu dem uralten Problem: Zur Kundendienst- und Werkstatt-Misere. An dieser Nuß hatten die Japaner kräftig zu knacken — !

Es dauerte auch eine Weile, bis die Tatsache akzeptiert und entsprechend in den Griff genommen wurde, für jedes Importmodell ein TÜV-Mustergutachten oder schließlich eine Allgemeine Betriebserlaubnis des Kraftfahrt-Bundesamts zu beschaffen, was

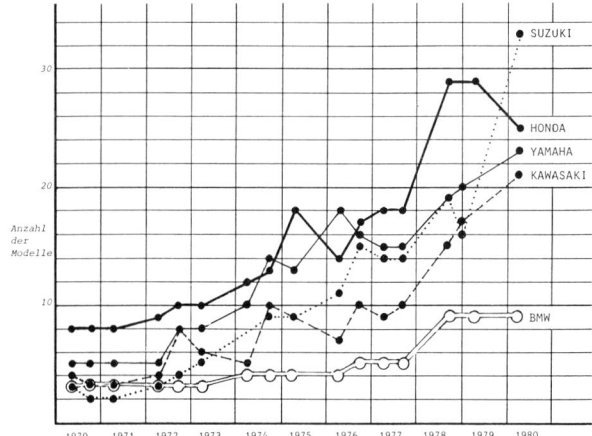

nicht immer einfach war.

So begeistert wir über die ersten japanischen Maschinen waren, die mit neuen Techniken und neuem Elan in Europa erschienen und in denen wir die Verwirklichung von bisher unerfüllten Wünschen sahen, so kritisch waren wir aber inzwischen anfangs der 70er Jahre geworden, als der zweite japanische Vorstoß begann.

Es hatte sich mehrfach gezeigt, daß es mit dem Aufbau von Service- und Werkstattnetzen nicht so einfach klappen wollte, und es kam immer und immer wieder vor, daß Motorräder wochenlang nicht benutzt werden konnten, weil irgendwelche Teile fehlten. Es wurde mehr und mehr über die Qualität von Werkstätten geklagt, und es zeigte sich, daß immer häufiger Konstruktionen auf die Räder kamen, an denen niemand mehr ohne viel Spezialwerkzeug und ohne spezielles Können selbst einen Schaden beheben konnte. Es gab in der japanischen Massenproduktion natürlich auch Ausschußware = „Montags"-Motorräder, und dann war es nicht selten eine zähe Prozedur, über Garantieanerkennung zu einem zuverlässigen Motorrad zu kommen.

Schon dadurch ebbte die Begeisterung hier und da ab. Die Grundkonzeption der Zwei- oder Vierzylinder-Motoren erschien ein wenig uniformiert, und je stärker eine Marke im Lande vertreten war, je unpersönlicher wurden die Partnerschaften Werk:Importeur:Händler:Kunde. Wenn wir früher die Leute gut kannten, die die Motorräder konstruierten, probierten, produzierten, anpriesen, verkauften und betreuten, so wurde dieses Verhältnis bei den japanischen Marken undurchsichtig und unpersönlich. In rascher Folge wechselten Gesichter und Adressen, manchmal schneller als der schon schnelle Modellwechsel.

Es gab noch mehr Negatives, aber die hier genannten Fakten merkten wir am deutlichsten. Schon erschienen Spaßvögel mit Aufschriften wie „Dieser Elefant frißt Hondas zum Frühstück" auf ihren BMW, Guzzi, Norton oder anderen Nichtjapanern.

Trotzdem erweiterten die japanischen Marken ihre Modellpaletten, trotzdem wurden immer mehr japanische Motorräder (und langsam auch Autos!) gefahren, und trotzdem war der erfolgreiche Fortgang der Japanimporte nicht zu stoppen. Es tauchten sogar Markenclubs auf, die großen Sporterfolge taten für den Nimbus dieser Motorräder auch ihren Teil. Von 1970 bis 1979 gab es 15 Fahrertitel in der Weltmeisterschaft für Yamaha, 3 für Kawasaki und 3 für Suzuki, insgesamt 21. Honda hatte zuletzt 1967 zwei Fahrertitel in der Weltmeisterschaft gebucht und danach erst wieder 1977 bei der TT-Weltmeisterschaft (Phil Read, Alan Jackson und John Kidson) drei Titel; 1978 zwei Titel (Alan Jackson, Bill Smith) und 1979 zwei (Alex George, Alan Jackson). Yamaha gewann einen Fahrertitel bei der TT-Weltmeisterschaft 1979 (Bill Smith, AUS). Diese TT-Weltmeisterschaft lief nach einem eigenen Reglement auf der Isle of Man neben der Straßenweltmeisterschaft.

Aber auch beim Moto Cross und beim Trial mischten die Japaner kräftig mit und sorgten auch bei Langstrecken-Wettbewerben dafür, daß sie immer überall erfolgreich präsent waren.

Unverdrossen überraschten sie ihre Anhänger und die Motorradwelt immer wieder mit anderen spektakulären technischen Gags, die zwar nicht immer „neu" waren (z. B. die Cantilever-Hinterradfederung u. a.), mit denen aber oft Altes neu oder verbessert aufgearbeitet wurde. Manche Neuerungen waren besonders typisch für den ausgebrochenen Boom und diese Zeit, wie unter vielem die schlauchlosen Motorradreifen.

Mit so einem Schlauchlosen war aber selbst der gerissenste Pannenbeheber dann aufgeschmissen, wenn ein Fremdkörper die Decke zerstörte und die Luft raus war, und wenn sich solche Späße vielleicht irgendwo in Skandinaviens menschenarmen Weiten zutrugen. Denn so ein Decke kriegte ja niemand ohne spezielle voluminöse Hebeleien von einer Felge runter und wieder rauf. Man konnte sich zwar mit notdürftigen Füllmitteln helfen und hoffen, daß damit ein eingestanztes Loch lange genug, d. h. bis zur nächsten erreichbaren Werkstatt, dicht war. Aber bei dem Gedanken sträubten und sträuben sich sogar heute noch die Haare mancher eingefleischter Help-Yourself-Wanderer.

Doch unbekümmert um alle Einwürfe kamen die schlauchlosen Reifen. Sie springen nicht leicht von der Felge, halten mehr aus und lassen die Luft bei einem plötzlichen Loch langsamer entweichen als ein Schlauchreifen. Der Do-it-yourself-Gedanke schien auch unter den Motorradfahrern abzunehmen und signalisierte eine neue Entwicklung. „Unser Kundendienst ist auf der ganzen Welt so dicht, daß es sogar in Feuerland, in Grönland, in der Sahara und in Australiens Wüsten immer irgendwo erreichbare Hilfen bei Pannen gibt" tönten Hondas Werbeleute immer wieder.

Da diese euphorische Aussage aber nicht von allen so wörtlich geglaubt wurde, dauerte es doch in vielen Dingen länger, bis sie vollkommen integriert und anerkannt wurden. Dazu gehörten auch die Tubeless-Gummiwürste — !

Und dann erst die elektronischen Details! Auf der einen Seite nützlich und ein echter Fortschritt (kontaktlose Zündung), auf der anderen Seite oft unnützes Spielwerk und im Fall eines Defekts in der Lage, eine Fahrt irgendwo dort zu beenden, wo der Fahrer mit so einem Kupferwurm-Geheimnis selbst nicht mehr zurechtkommen und sich helfen konnte.

Auch die Art, wie die japanischen Maschinen oft konstruiert wurden, brachte Diskussionen und Ablehnung. Wenn man zum Beispiel bei der Dreizylinder-Suzuki GT 550 an den mittleren Vergaser wollte, dann war das eine abendfüllende Aufgabe mit einer erheblichen Demontage des Motorrades. Da dachten die Japaner im Hamamatsu, daß der Fahrer deshalb seine Maschine wohl stehen lassen und vom nächsten Suzuki-Händler abholen lassen würde. Oder wie — ? Sowas gab es aber nicht nur bei dieser und anderen Suzukis — das gab's bei vielen Modellen fast jeder Marke in irgeneiner ähnlichen Form bei diesem oder jenem Detail.

Es dauerte seine Zeit, bis man begriffen hatte, daß zum Beispiel in Europa andere fahrerische und kundentechnische Verhältnisse herrschten als in Amerika, und daß man bei einem Motorrad für Europa nicht nur auf die rationelle produktionstechnische Raffinesse, sondern bei der Konzipierung auch auf die hierzulande unbedingt notwendige Werkstatt- und Service-Freundlichkeit achten mußte.

Mit einer ungeheuer starken Intensität

Soichiro Honda (rechts), Begründer des Honda-Imperiums, war der Meinung, daß jeder Geschmack, jede Vorstellung, jede spezielle Baurichtung für seine Motorradkunden in der ganzen Welt beliefert werden müßte. Demzufolge gab es schon in den 70er Jahren eine riesige Modell-Palette bei Honda. Kiyoshi Kawashima (links), Präsident von HONDA MOTOR CO., konnte die Modell-Lawine in Gang bringen.

174

packten die Japaner mit der Zeit alle Probleme an und waren nicht aufzuhalten. Sie bauten auf die Freude am Motorradfahren und auf den Spaß an der besonderen Motorradtechnik ihrer Kunden in Europa und natürlich in der ganzen Welt. Womit sie richtig lagen — wie die Italiener (!) — und womit sie ihren Weg trotz aller Schwierigkeiten gemacht haben.

Das schafften sie natürlich auch mit Hilfe ihrer Preise, die immer unter denen ihrer Konkurrenten blieben. Als Zündapp zum Beispiel 1976 seine 350 cm³-KS 350 als Prototyp vorstellte und den Serienbau plante, wurde daraus in erster Linie deshalb nichts, weil das Motorrad unter DM 6500,— als Serienprodukt nicht zu kalkulieren war. Eine vergleichsweise ähnliche japanische Maschine mit 27 PS wäre bereits um DM 4000,— herum zu haben gewesen, wenn nicht sogar noch billiger, bei gleichem Qualitätsniveau — !

Sie hatten die ganze Welt als Kunden, produzierten entsprechend riesige Stückzahlen und konnten daher auch mit Hilfe modernster und rationellster Fertigungsmethoden fast unerreichbar günstige Preise machen.

Wie sich die Motorradwelt aufgrund der japanischen Initiativen weiter änderte, das ist am Beispiel der Enduro-Maschinen zu erkennen. Diese Zwitter zwischen einem Gelände- und einem Straßenmotorrad kamen ab 1972 mit der Yamaha DT 2 (250 cm³, 24 PS) richtig in Mode.

Es gab auf der Erdkugel noch genug Landstriche, in denen man eine ganz besondere Freiheit genießen konnte: Mit einem Motorrad querfeldein durch die Landschaft zu wetzen. Quer durch die Wälder, über Tundren und Ödland, Wüsten und Steppen, in Bergen und Tälern, weit weg vom Trubel und Streß der hektischen, ungesunden, zivilen und betonierten Umwelt. In den USA, in Kanada, Südamerika, Afrika, Asien, Australien, Neuseeland, Skandinavien und auch noch in ganz vereinzelten Gegenden Europas — !

Hätten wir dort leben können, hätten wir

voraussichtlich eher ein Enduro-Motorrad' als eine 750er Vierzylinder mit 70 PS und mehr als 180 km/h Spitze gehabt.

Der Verkaufserfolg der Japaner mit Enduros in solchen Ländern brachte sie auf den Gedanken, es damit auch im guten, alten Europa zu versuchen. Nur übersahen sie, daß

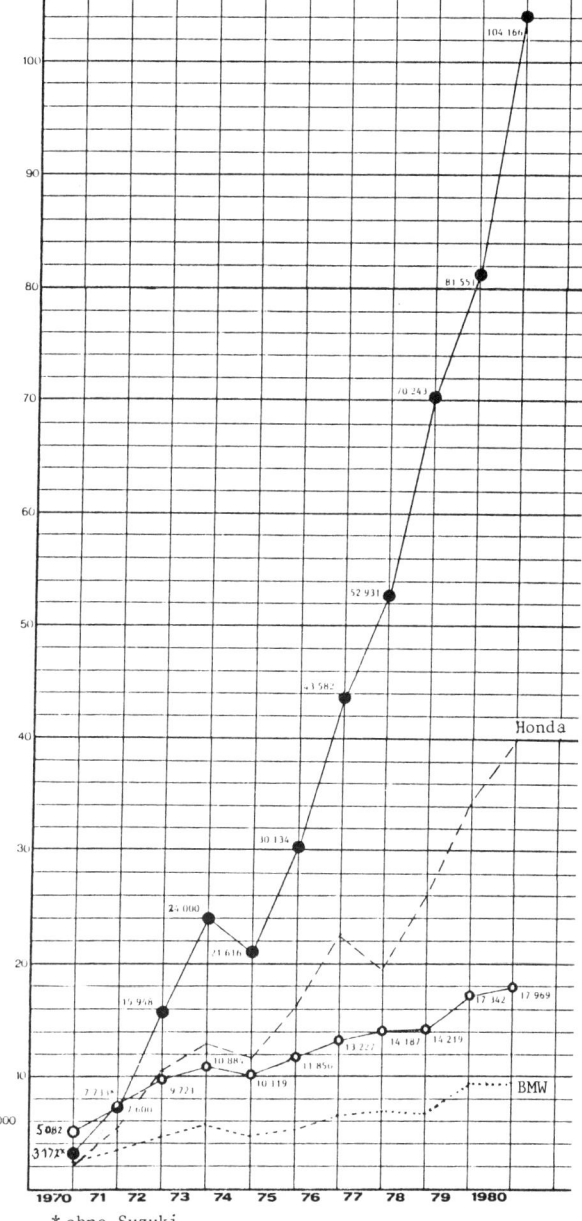

Für das Bundesgebiet zwischen 1970 und 1980: Zulassungzahlen von fabrikneuen Motorrädern (ohne Kleinkrafträder bis 50 cm³). Obere Linie (schwarzer Punkt) japanische, untere Linie (offener Punkt) übrige Marken.

* ohne Suzuki,
da unter 100 Stück

dieser Freiheit in der immer enger werdenden Bundesrepublik Deutschland strenge Grenzen gesetzt waren. Denn diese drangvolle Enge war der Ausgangspunkt für Gesetze und Verordnungen, die einen *echten* Endurospaß von vornherein zunichte machten.

Hätte man (1972) oder würde man (heute) mit einem für den öffentlichen Straßenverkehr zugelassenen Motorrad (oder Auto) auch nur den Rand einer Wiese abseits öffentlicher und für den Verkehr freigegebener Straßen oder Wege ohne besondere Genehmigungen berühren, dann stand oder steht man schon halb in Verboten, Ärger, Anzeigen, Prozessen usw. Soo groß war und ist unsere Freiheit — ! Die damalige Industrie-Reklame für ein Enduro-Motorrad „Motorradfahren abseits der Straßen . . . auf unbefestigten Wegen . . . quer durch den Wald . . . usw." war absolut falsch und gesetzlos. Denn das war und ist in unserem Lande schlicht verboten.

Wir hatten schon längst nicht mehr die Freiheit, die Weite und die geologischen Voraussetzungen für Enduro-Maschinen, *so wie sie ursprünglich gedacht waren.* Ganz abgesehen davon, daß echte Geländemaschinen ganz andere Übersetzungen u. ä. hätten haben müssen.

Trotzdem wurden sie in Massen gekauft.

Die japanischen Marktforscher hatten nämlich entdeckt, daß das Äußere einer Enduro den Hauch von Pelzjäger- oder Lederstrumpf-Abenteuern, von großen Gelände-

sport-Schlachten oder eisernen Wüstenerforschern an sich hatte, und es den Fahrern im Grunde gleichgültig war, ob sie damit deplaziert auf der Straße fuhren. Diese Motorräder hatten den Anstrich des Wanderns und der Erforschung kleiner Straßen und Wege.

Was man mit jeder normalen Straßenmaschine machen konnte, ohne eine Spezialgeländemaschine zu benötigen, wurde nun auch im Motorrad-Gelände-Look praktiziert. Darüber mußte ich anfangs lächeln — es paßte so ein wenig zu der neuen Lebensart mit Show und Schaumschlagen — aber die Enduros faszinierten die jungen Menschen wie Daniel Boone's Kentucky Rifle die Schwarzpulver-Schützen. Es war ein neuer Spaß geboren worden, den die Japaner zielsicher entdeckten und formten.

Es ging wie mit den später aufgekommenen Geländewagen in der Art des berühmten Jeeps — man fuhr abenteuerlich gerüstet, abenteuerlich gewandet, aber in unserem so engen, so zivilisierten Land fanden die „Abenteuer" sozusagen im Saale, d. h. in undramatischer Weise auf braven normalen Straßen, statt. Und das wurde ein tolles Geschäft — dieser Zeit entsprechend.

Es ist hier unmöglich, über alle japanischen Motorräder dieser Jahre zu berichten, und ich bin gezwungen, die wesentlichsten und bedeutungsvollsten Maschinen herauszugreifen, was auf den folgenden Seiten geschehen soll.

Hondas „Siebziger"

Aus dem riesigen Hondaprogramm, welches in den 70er Jahren anrollte, sind neben allen anderen Modellen die CB 350-Vierzylinder von 1973, die Gold Wing 999 cm³-Vierzylinder mit einem wassergekühlten Boxermotor von 1975, die V-Zylinder-CX 500 mit Wasserkühlung und die Sechszylinder-CBX 1046 cm³, beide im Jahr 1978, bemerkenswerte Modelle gewesen. Sie kennzeichnen Hondas Modellpolitik für die Zeit zwischen 1970 und 1980 in besonderem Maße.

Noch im Jahr 1972 hatte die deutsche Honda-Niederlassung in Offenbach-Rumpenheim keinen Mut, die kleine 347 cm³ Vierzylinder CB 350 in die Bundesrepublik Deutschland einzuführen, denn es hatte den Anschein, als wäre sie der bis dahin angebotenen Zweizylinder-CB 350 in der Fahrleistung unterlegen. Doch im November 1972 fuhr ich eine Vierzylinder-CB 350, die ein Händler auf eigene Faust über England eingeführt hatte, und kam zu der Ansicht, daß es einige gewichtige Argumente gab, die das Motorrad für viele Fahrer reizvoll machen konnten.

Hauptreiz war der kultivierte und ruhige Lauf des Motors, waren die vier Zylinder mit den vier Vergasern und die obenliegende Nockenwelle. Weiter war es die Zierlichkeit, das gelungene Styling der Maschine und schließlich doch auch die gebotene Fahrleistung. Der Preisunterschied von fast DM 1000,— mehr zur Zweizylinder-CB 350 wurde dabei in Kauf genommen, vor allem um der Exklusivität willen, und so gewann das Motorrad sehr bald so viele Freunde, daß man einen Erfolg vermuten mußte.

Die Testmasachine, die ich bekam, war leistungsmäßig in optimalem Zustand, sie lief mit einem leichten, schlanken Fahrer im Lederzeug, lang liegend, auf dem Hockenheimring trotz der breiten Segelstange als Lenker mit 159,29 km/h durch die Lichtschranke. Aufrecht sitzend im Fahranzug wurden 135,34 km/h gemessen, und leicht gebückt schaffte ein 75 kg schwerer Fahrer im Lederzeug ohne Flatterjacke 146,34 km/h. Diese Werte wurden auch noch nach 3000 gefahrenen Kilometern erreicht.

Die Beschleunigungslinie verlief flach. Aus dem Stand bis 100 km/h brauchte die Maschine ca. 7,9 Sekunden, und bis 120 km/h waren es 12,8 Sekunden. Bei Überholmanövern mußte man von 80 km/h bis 120 km/h ca. 8 Sekunden rechnen. Reisedurchschnitte über Autobahn und Landstraße — 400 km, davon rund 210 Autobahn — waren mit 100 km/h gut zu schaffen. Und wie alle Hondamotoren, war auch dieser thermisch absolut gesund.

Im Prinzip handelte es sich um das übliche Honda-Vierzylinder-Konzept, der Motor ähnelte aber besonders dem der 498 cm³-CB 500. Aber es war eine eigene Konstruktion,

Die grazile Honda Vierzylinder CB 350-4, 1972/73, hatte eine Zylinderbohrung von 47 mm.

von einem Baukastensystem hielten die Hondaleute nichts. Bei einer Zylinderbohrung von 47 mm und einem Kolbenhub von 50 mm zählte man einen Hubraum aller vier Zylinder zusammen von 347 cm³. Als Leistung wurden 34 DIN-PS bei 9300/min angegeben. Das höchste Drehmoment von 2,79 mkg fand sich bei 8000/min, und es war ein Aggregat ohne Kraft unterhalb von 5000/min. Erst ab 6000/min wurde die Sache lustig, da waren dann 21 PS zu notieren. Man mußte sich daran gewöhnen, daß nur hohe Drehzahlen oberhalb von 7000 und 8000/min auf dem Drehzahlmesser stehen mußten, sollte eine Fahrt befriedigend verlaufen.

Leicht kam man in den roten Bereich bei 10 000/min, was manchem unsympathisch war, der kein Freund solcher Dreherei sein wollte. Die Kolbengeschwindigkeiten blieben jedoch zwischen 11,7 und 16,7 m/s, was noch nicht gefährlich für den Motor war. Die Kurbelwelle drehte sich in fünf Gleitlagern, auch die Pleuel liefen auf Gleitlagern, und die Pleuelfüße waren geteilt.

Hohe Drehzahlen hin, unten keine Kraft her — das Ganze lief restlos vibrationsfrei, und wer sich auf den Charakter der Leistungsabgabe eingefahren hatte, bewegte sich ganz schön frech durch die Geographie des Landes. Hauptsache war, daß es keinen Drehzahlabfall in einer kritischen Situation gab. Immerhin konnte man nach Tourenzähler mit fünf Gängen jonglieren.

Außerdem war der Motor sehr leise, doch quittierte er eine „Verbesserung" (sprich Verstärkung) der Musik durch Manipulationen in den Schalldämpfern mit radikalem Leistungsverlust.

Dazu noch eine Ansicht vom Frühjahr 1973 als zeitgemäße Belichtung der Lage:

„ . . . Die gestellte Aufgabe bei der nötigen Fahrtaktik hat uns aber immer wieder gereizt, mit der 'Little Four' einen Ritt zu machen, wobei wir sagen müssen, daß uns diese 'Vierzylinder für 100-Pfund-Mädchen', daß uns 'Ihre Lieblichkeit' im-mer mehr Spaß gemacht hat. Klar, ein Dampfhammer mit 4,0 mkg Drehmoment bei 4200 U/min und mit großer Schwungmasse behagt vielen Leuten auf Anhieb mehr und ist auch eine feine Sache — aber leider gibt es sowas im Jahre 1973 nicht mehr zu kaufen. In der 350 cm³-Klasse jedenfalls nicht. Und deswegen den Spaß aufgeben? Nein. Dann müssen wir uns mit 9000 U/min und 2,79 mkg bei 8000 U/min zusammenraufen . . ."

Das habe ich in Heft 10/1973 der Zeitschrift „Das MOTORRAD" geschrieben, und es klang eine Resignation durch die Freude an der winzigen Vierzylinder.

Es war tatsächlich so — in diesen Klassen unterhalb von 600, 650 und 750 cm³ mußte man sich mit solchen „Renn"motoren abfinden. Gerade deswegen ist es wichtig, über ein derartiges Motorrad der 70er Jahre zu sprechen, welches auch hier eine Wandlung in einer Motorrad- und Fahr-Philosophie signalisierte. In den 50er Jahren hätten wir so eine Laufcharakteristik bis zum Gehtnichtmehr verdammt — !

Die Zeiten hatten sich also geändert. Akzeptiert oder aber naserümpfend verdammt — die Maschine war nun einmal ein Kind dieser Zeit, und dazu noch etwas Typisches: Der Rahmen war eine Kombination aus gepreßten Stahlblechteilen am Lenkkopf, am Rückgrat und an der Schwingenlagerung mit Rohren. Vorn war ein Hauptrohr, das sich in zwei Unterzüge teilte. Die Stabilität ließ nichts zu wünschen übrig, zu kritisieren war nur wie üblich die übergroße Härte der japanischen Federn und in den hinteren Federbeinen eine ungenügende Dämpfung. Die Schwinge zum Hinterrad war gut abgesteift und verwindungsfest. Ein Test auf meiner Federungs-Teststrecke oberhalb des Rudersberger Moto-Cross-Geländes ergab einen Abfall der möglichen Geschwindigkeit auf 132,16 km/h (das war 1973 an Wochentagen noch eine „leere" Waldstraße). Schneller ging es ohne Komplikationen mit

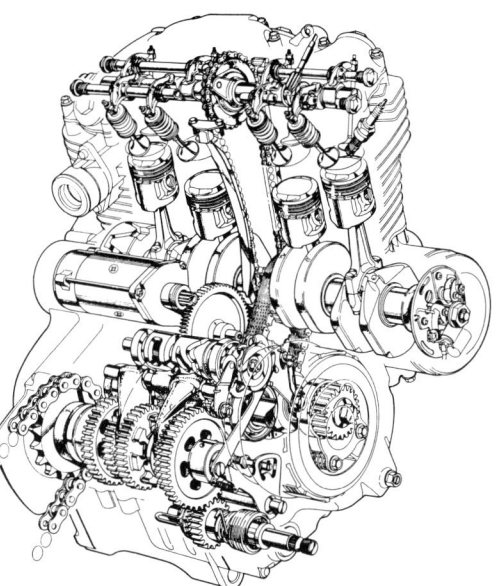

Dies ist nicht die Zeichnung eines 650 oder 750 cm³ Vierzylinders japanischer Bauart, es ist der 347-cm³-Motor der CB 350-4 von Honda.

der CB 350-Vierzylinder nicht. Auch der Federweg der Vorderradgabel war zu kurz und die Dämpfung ungenügend.

Zum Motor noch ein paar Daten: Die obenliegende Nockenwelle wurde durch eine Kette angetrieben, es waren vier 20 mm Keihin-Rundschiebervergaser montiert und mit einer desmodromisch bewegten Schieberbetätigung ausgerüstet, der mechanische Aufwand für eine gleichmäßige Steuerung der Schieber war beträchtlich. Das Getriebe hatte fünf Gänge. Primärantrieb: Zahnkette. Druckumlaufschmierung.

Die serienmäßig montierten japanischen Bridgestone-Reifen hatten eine viel zu harte Gummimischung und ein ungünstiges Profil für nasse Straßen. Der Hinterradausbau konnte einen Abend füllen.

Aber das Dings konnte rennen wie verrückt und wurde von der Kundschaft als billiges Vierzylinder-Motorrad (Preis 1973 DM 4298,–) begeistert aufgenommen. Dabei blickte man nicht so eng auf negative Fakten, man bekam ja zum Spielen *vier* Zylinderchen — !

In regelmäßigen Abständen brachte Honda irgendeinen Knüller. So wurde 1975 die 999 cm³-„Gold Wing" mit flüssigkeitsgekühltem Vierzylinder-Boxermotor ohc vorgeführt und auf den Markt gebracht. Der Motor hatte Zylinderbohrungen von 72 mm, einen Kolbenhub von 61,4 mm. Zwei Zylinderpaare lagen sich horizontal gegenüber, und jedes Pleuel hatte seinen eigenen Hubzapfen, gegenseitig um 180° versetzt. Die Kurbelwelle war dreifach gelagert. Zu jedem Zylinderpaar gehörte eine eigene obenliegende Nockenwelle, deren Antrieb ein Zahnriemen besorgte. Kurbelwelle, Kolbenbolzen und Pleuelfüße liefen auf Gleitlagern.

Von der Kurbelwelle aus ging eine Zahnkette als Primärantrieb zum Getriebe, ausgerüstet auch mit einer Stoßdämpfung. Das Getriebe war unter der Kurbelwelle angeordnet. Stoßdämpfungs-Elemente fanden sich auch am Getriebeausgang und im Hinterradgetriebe, so daß das Schalten stoßfrei und

HONDA CB 350-4 im Vergleich 1972/73

Leistungsangaben und technische Daten nach Fabrik bzw. Importeur (ohne Gewähr!)	Honda CB 350-4	Ducati Mark III	Ducati Desmo	Honda CB 350-2	Kawasaki S 2	Moto-bécane 350	MV-Agusta 350 S	Suzuki GT 380 K	Yamaha RD 350
Motor 2-/4-Takt	4	4	4	4	2	2	4	2	2
Zylinderzahl	4	1	1	2	3	3	2	3	2
Ventil- bzw. Gassteuerung	ohc	ohc	desmo-ohc	ohc	Schlitze	Schlitze	ohv	Schlitze	Membran
Kühlung	Luft	Luft	Luft	Luft	Luft	Luft	Luft	Luft	Luft
Bohrung/Hub (mm)	47/50	76/58	76/58	64/50,6	53/52,3	52/53	63/56	54/54	64/54
Hubraum (ccm)	347	340	340	325	346	349	348	371	347
Leistung (SAE-PS bei U/min)	—	—	—	—	44/7500	—	30/7900	—	—
Leistung (DIN-PS bei U/min)	34/9300	25/8000	25/8000	36/10500	—	38/7800	—	31,5/7500	39/7500
Kolbengeschwindigkeit bei Nenndrehzahl (m/s)	15,6	15,4	15,4	17,7	13,2	13,8	14,7	13,5	13,5
max. Drehmoment (mkp bei U/min)	2,79/8000	—	—	2,55/9500	—	3,6/6500	—	3,0/7000	3,75/7200
Hubraumleistung (DIN-PS/Liter)	98	73,5	73,5	111	—	109	—	85	112,5
Leistungsgewicht (kg/DIN-PS)	5,0	5,4	5,4	4,72	—	4,42	—	5,43	3,85
Anzahl der Gänge	5	5	5	5	5	5	5	6	5 (6)
Starter-Art	E/Kick	Kick	Kick	E/Kick	Kick	Kick	Kick	Kick	Kick
Beschleunigung 0–100 km/h in sec (Testwert)	7,9	—	—	6,4	6,2	—	8,2	6,4	6,0
Endgeschwindigkeit in km/h (Testwert, Lichtschranken-Messung)	159,29	—	—	156,2	155,6	—	150,1	160,71	—
Preis DM (ohne Gewähr)	4298,–	3330,–	3950,–	3348,–	3950,–	—	4250,–	4198,–	3550,–
ca.-Preis pro DIN-PS	126,–	131,–	158,–	93,–	—	—	—	133,–	91,–

leicht war. Dadurch, daß der über 4,5 kg schwere Anker der 12 Volt Drehstrom-Lichtmaschine (300 Watt) mit 1,2 facher Drehzahl der Kurbelwelle in entgegengesetzter Drehrichtung lief, wurde das bei Boxermotoren übliche, stark fühlbare Rückdrehmoment beinahe völlig gedämpft.

Dabei fällt mir der 996 cm³-Vierzylinder-Boxermotor ohv von Brough Superior 1938 ein, bei dem die Kolben der korrespondierenden gegenüberliegenden Zylinder, Hubzapfen jeweils um 180° versetzt, auf zwei übereinander angeordneten Kurbelwellen in entgegengesetzten Drehrichtungen arbeiteten. Erfolg: Absolut vibrationsfrei und kein Rückdrehmoment.

Der Gold-Wing-Motor zog immer weich an und hatte sein höchstes Drehmoment von 8,2 mkg bei 6500/min. Nennleistung: 82 DIN-PS bei 7500/min. Das wurde 1975 nur noch von der Einzelproduktion der Vergaser-Vierzylinder Münch (88 PS) und der Einspritz-Münch (96 PS), beide 1177 cm³ Hubraum, übertroffen. Die Kawasaki Z 1 900 wurde mit 79 PS bei 8000/min (907 cm³), die Laverda 1000 (980 cm³) mit 80 PS bei 7250/min und die MV Agusta 750 S Spezial (750 cm³) mit 78 PS bei 10 000/min angeboten.

Die Gold Wing lief aber nicht nur vibrationsfrei und erreichte nach dem Leerlauf des Motors nicht nur mit ausgewogener Dämpfung höhere Drehzahlen und Leistung,

sie war überraschend leise und in jedem Arbeitsbereich kultiviert. Dazu trug der Mantel für die Flüssigkeitskühlung bei, der natürlich das meiste aller mechanischen Geräusche schluckte.

Daß das Motorrad Kardanantrieb besaß (Kegelräder im Hinterradgetriebe — Ritzel außen, Tellerrad innen), machte die Sache noch ziviler. Es war übrigens der erste Kardanantrieb bei einem japanischen Großserien-Motorrad. Aber es hatte 1973 schon längst eine Honda CB 750-Vierzylinder ohc mit Kardanantrieb gegeben, doch nicht bei Honda in Japan im Versuch gebaut. Die Maschine war von den Brüdern Rolf und Werner Meier aus Affalterbach im Schwabenlande mit Hilfe einer Guzzi V 7-Schwinge und -Hinterradgetriebe, mit Daf-Autoteilen usw. gebrauchsfähig gebaut!! Außerdem waren viele Jahre vorher schon japanische BMW-Kopien auf Ausstellungen gewesen.

Das alles machte diese 1000er Honda ungeheuer attraktiv. Nicht für Wochenende-Kurvenkratzen oder Disco-Grand-Prix — aber für Fahrer mit Fernweh. Oder für Leute, die am Gespannfahren hingen — nur, an das Letztere hatte bei Honda in Tokio niemand gedacht, und es dauerte noch eine Menge Zeit, bis das erste Gold-Wing-Gespann die ABE-Hürde genommen hatte.

Mit dem Elektro-Starter sprang der Motor immer zuverlässig an, trotzdem gab's im Bordwerkzeug einen Hilfsstarthebel zum

Eine Edelbastler-»Studie«, die 1973 Furore machte und etwas vorausnahm, was die Japaner bei ihren großen Vierzylindern erst Jahre später verwirklichten: den Kardanantrieb zum Hinterrad. Diese Maschine, eine Honda CB 750 Vierzylinder, erhielt einen Kardanantrieb von der Moto Guzzi V 750. Und das war kein Aprilscherz – ! Guzzi-Gabel und -Rahmen.

Honda GL 1000 Gold Wing, 1975. Der Vierzylinder-Boxermotor, obenliegende Nockenwellen, Flüssigkeitskühlung, Kardanantrieb des Hinterrades und so weiter war ein typischer Honda-Knüller jener Jahre.

Ansetzen an eine Starterwelle und zum Antreten, wenn der E-Starter einmal nicht wollte und — hoffentlich noch genug Saft in der Batterie war (!). Immerhin, man hatte an alles gedacht.

Im Leerlauf hörte sich der Vierzylinder-Boxer wie ein sehr leiser Käfermotor an, und beim Anfahren war er auch nicht lauter. Da war eine Menge Power zur Verfügung — aus dem Stand in 4,5 Sekunden auf 100 km/h, in weniger als 10 Sekunden auf über 140 km/h. Endgeschwindigkeit knapp unter 200 km/h auf der Autobahn.

Bei 156 cm Radstand war das ein sehr langes Motorrad, mit knapp 300 kg fahrfertigem Gewicht ein Eisenhaufen wie eine Harley-Davidson. Da wäre fürs Rangieren im Hof und „Einparken" sowie für andere Handreichungen ein Rückwärtsgang nicht schlecht gewesen.

Das meinte man beim ersten Anblick und auf den ersten Metern während des Anfahrens. Aber schon 50 Meter weiter waren Länge und Gewicht vergessen, das Trum von motorisiertem Zweirad ließ sich überraschend leicht und handlich bewegen, wenn es erst mal rollte. Enge Kurven waren zwar nicht im Stil wie mit einer CB 350-Vierzylinder zu nehmen, aber sie waren auch keine Hindernisse, die besondere geistige und körperliche Einsätze verlangten. Stadtverkehr war kein Problem, und schöne Landstraßen

mit vielen Kurven ließen sich sauber absolvieren. Auf der Autobahn gab es immer richtigen Dampf, aber hier merkte man beim Überfahren der Längsrillen im spitzen Winkel ein Versetzen des Fahrwerks in der Spur, und bei sehr hohem Tempo in langgezogenen Kurven durfte es keine Querwellen oder regelmäßige Unenbenheiten geben — dann konnte es vorkommen, daß das Hinterrad infolge nicht stimmender Dämpfung seitliche Knicker machen wollte. Wer das zu spät merkte und zu spät Gas wegnahm, konnte eine teuflische Überraschung erleben und hatte Mühe, die 300 kg = sechs Zentner mit allen Tricks der Erfahrenen und der Leute ohne Nerven cool, gaaanz cool, wieder in die Spur zu zaubern.

Unterhalb solcher Grenzgeschwindigkeiten und Grenzbelastungen passierte garnichts, da war der Bahnburner lammfromm und zahm. Wer diese Eigenart eines unerwarteten Lamm-Springens unter bestimmten Bedingungen einmal erfahren hatte, wußte Bescheid und richtete sich danach. Aber in den späteren Jahren sollte dieses Motorrad seinen Vätern noch allerhand Kopfzerbrechen bereiten. Als sich nämlich einige Fahrer daran machten, Honda Motor Co. wegen der Konstruktion eines unsicheren Motorrades zu verklagen — ! Denn da war ein solch plötzliches Ausbrechen nicht gut ausgegangen.

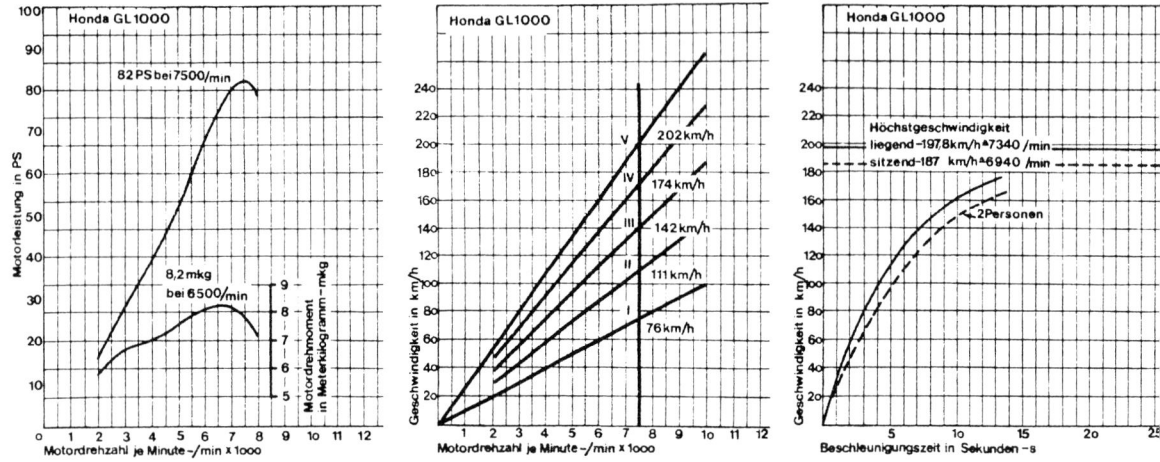

Links: Leistungskurve der Gold Wing. Mitte: Gangdiagramm. Rechts: Beschleunigung.

Aber das führte nicht zu einer Einschränkung der Produktion. Es führte vielleicht zu Änderungen, 1980 war der Radstand auf 168 cm angewachsen, die Maschine also noch länger geworden, und im Lauf der Jahre zwischen 1975 und 1980 mauserte sich die Situation dahingehend, daß die Gold Wing fast ausschließlich als Reisemaschine eingesetzt und entsprechend gefahren wurde. Die neueste Version 1980 hatte durch Vergrößerung der Zylinderbohrung auf 75 mm 1085 cm³.

Der Kraftstofftank mit 19 Litern Inhalt war unter der Sitzbank montiert; unter den aufklappbaren Blenden, die einen klassischen Motorradtank vortäuschten, lag auf der rechten Seite der Ausgleichsbehälter für die Kühlflüssigkeit, in der Mitte das Bordwerkzeug und das Luftfilter, dazu noch der enge Kraftstoffeinfüllstutzen, und im linken Teil waren Regler, Blinkerrelais, Sicherungskasten und andere Elektrik untergebracht. Ein Kraftstoffstandanzeiger schmückte den mittleren Deckel und war bei einer aufgelegten Tanktasche natürlich verdeckt. Später wurde er von dort verlegt, denn bei einem Verbrauch von runden neun Litern auf 100 Kilometern und keine 200 Kilometer Fahrstrecke bis zum Umschalten auf Reserve mußte das Instrument ablesbar bleiben.

Der Hinterradreifen hatte die exklusive Größe 4.50-17 und wurde zunächst deshalb

zu einem Problem, denn diese Abmessung war nur bei Hondahändlern zu haben. Erst im weiteren Verlauf der Gold-Wing-Geschichte boten auch die europäischen Reifenhersteller für dieses Motorrad passende Hinterradreifen an.

Mit dem Fünfgang-Getriebe kam man gut zurecht, der Motor hatte einen so guten Zug, daß man im großen Gang schon von 1800/min an Vollgas geben konnte, wonach die Maschine erst langsam, dann aber immer schneller und schneller beschleunigte. Im Vorderrad saß eine Doppelscheibenbremse, hydraulisch betätigt, im Hinterrad nur eine Scheibe. An diesen Bremsen merkte man den gewaltigen Schub der sechs Zentner plus Fahrergewicht, denn die Bremswege waren etwas länger als bei Maschinen mit weniger Gewicht aus gleichem Tempo heraus. Wir gewannen den Eindruck, daß bei diesen ersten Gold Wings manche Details nach dem gemächlichen Verkehr in Amerika (70 mph = 112 km/h Limit auf den Highways, besonderer Komfort-Bedarf der Fahrer, die nur „touren", aber nicht schnell fahren usw.) bemessen worden waren, und daß es erst langsam mit der Zeit den japanischen Technikern dämmern würde, daß hier in Europa der Verkehr doch um einige Grade sportlicher ablief. Vielleicht kamen daher auch die oben geschilderten Bocksprünge des Fahrwerks in Grenzbereichen, die Aus-

182

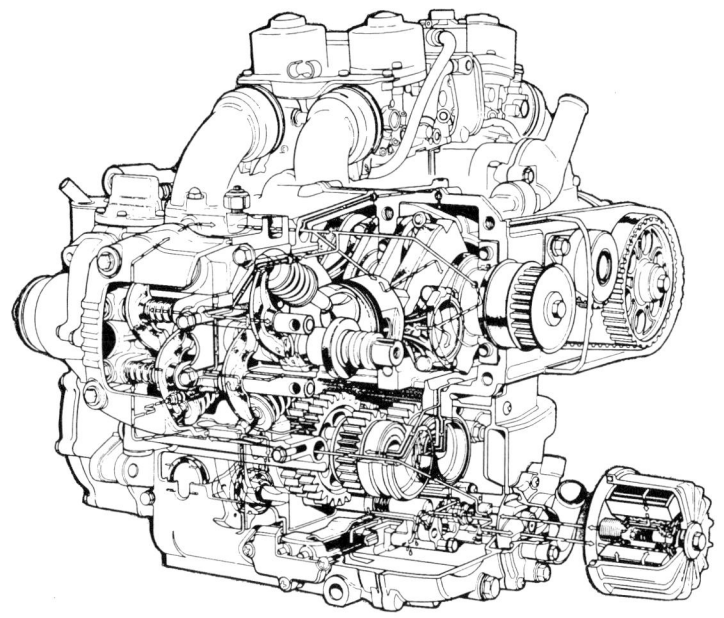

Gold Wing-Motor. Nok-kenwellen über Zahn-riemen angetrieben, vier Unterdruck-Verga-ser, Zylinder im Ge-häuse integriert, sehr laufruhig.

legung der Federungsdämpfung und anderes.

Zunächst aber standen wir erstaunt vor diesem ersten japanischen 1000-cm^3-Boliden, an dem so viel Besonders war. Die vier Keihin-Unterdruckvergaser 32 mm ⌀ mit Drosselklappen wurden über Seilzug und Gestänge bedient, der Gleichlauf der Klappenbewegungen war ein filigranes System, welches uns zusammen mit der Betrachtung des zerklüfteten Äußeren des Motorgetriebe-Blocks bei dem Gedanken schaudern ließ, das alles ohne Heißdampfdruck reinigen zu müssen.

Die Lage des Kraftstoffbehälters bedingte eine von einer Nockenwelle angetriebene Pumpe, und ich glaube, daß dies das erste zivile Motorrad für Solobetrieb war, welches serienmäßig eine Kraftstoffpumpe besaß.

Interessant war auch, wie der Motor zusammengesetzt wurde. Die Zylinderblöcke mit eingezogenen Graugußlaufbuchsen gehörten zu den Gußteilen der Gehäusehälften, waren also nicht wie üblich mit dem Kurbelgehäuse verschraubt sondern ein Teil desselben. Zum Nachschleifen wurde also der Motor zerlegt, womit wieder einmal klar war, daß diese zunächst als gut empfundene Bauweise auch ihre Nachteile hatte.

Im Lauf der Zeit wurden viele Erfahrungen gesammelt, denn neben den merkwürdigen Fahrwerkproblemen gab es auch einmal die Beobachtung, daß die Kurbelwelle am vorderen Zapfen brach. Es schien wirklich so zu sein, daß die Maßstäbe des Amerika-Marktes, für den die Gold Wing ursprünglich nur gedacht war, für unsere europäischen Voraussetzungen zu niedrig waren. Gegen Ende der 70er Jahre hatte man aber das meiste Problematische im Griff, und 1984 erschien sogar ein Gold-Wing-Modell mit 1183 cm^3 Hubraum (Bohrung 75,5 mm, Hub 66 mm), die GL 1200 DX.

Es war im übrigen nicht das erste Hondafahrzeug mit einem Boxermotor, in den 50er Jahren gab es einen 220 cm^3 Motorroller, der mit einem solchen Aggregat ausgerüstet war. 9 PS, Viertakter ohv.

Der nächste Knüller von Honda sollte 1978 auf dem europäischen Markt erscheinen und wieder einmal Furore machen. Das waren die Modelle CX 500 und CBX, 493 bzw. 1046 cm^3 Hubraum. Das erstere hatte einen Viertaktmotor ohv, dessen beide Zylinder wie bei den großen Guzzis in V-Form zueinander standen, mit Flüssigkeitskühlung, Kardanantrieb zum Hinterrad. Das zweite Modell wurde mit einem luftgekühlten Sechszylin-

der-Reihenmotor vorgestellt, der zwei obenliegende Nockenwellen, pro Zylinder vier
Ventile, sechs Unterdruck-Vergaser und
über 100 PS/73,6 kW Leistung besaß.

Im Dezember 1977 flog ich zu Honda nach
Tokio, und auf dem Suzuka-Rennkurs hatte
ich Gelegenheit, beide neuen Maschinen
ausgiebig zu fahren.

Es waren ganz neue Dimensionen, und es
war der Beginn eines neuen Abschnitts in
der Geschichte der Motorradtechnik, in dem
das Spiel mit technischen Möglichkeiten immer weiter Vorrang vor Bemühungen um tat-
sächlichen gebrauchsfähigen Fortschritt
fand. Mehr und mehr wanderte das Denken
zu technischem Spielwerk ab, denn man
operierte nun nicht mehr allein mit hohen
Leistungen bis zu 100 PS/73,6 kW sondern
auch mit technischen Gags in gleicher Be-
wertung. Der Konkurrenzkampf schien —
nach den Erfahrungen mit kleinen und großen Vierzylindermotoren — diesen Weg zu
verlangen, um Oberhand über die Mitbewer-
ber um den Weltmarkt zu erringen.

Nun war das Motorradgebiet in der Technik schon immer zum Sportlichen und zu
manch Besonderem ausgerichtet gewesen,
aber Ende der 70er Jahre schien sich diese
Tatsache noch im Übermaß zu vertiefen.
Wenn man sich nur vorstellt, wozu sechs Zylinder mit zwei obenliegenden Nockenwellen, 24 Ventilen, sechs Unterdruckvergasern
wohl nötig waren und gebraucht wurden,
was eine Fertigung in Großserie derartig aufwendiger und filigraner Entwicklungen an
Kosten, Gehirnschmalz und raffinierter Her-
stellungstechnik nötig machte, dann kommt
man an die Grenze dessen, was kritische
Betrachter mit Vernunft bezeichnen.

Hier war wieder ein Schlaglicht für die 70er
Motorradjahre. Die Sechszylinder-Honda
CBX wurde 1978 zum „Motorrad des Jah-
res" gekürt — ! (2. Platz: Kawasaki Z 1300,
Sechszylinder 2 x ohc, flüssigkeitsgekühlt,
1286 cm³, 100 PS/73,6 kW. 3. Platz: Suzuki
GS 850 E, Vierzylinder 2 x ohc, luftgekühlt,
843 cm³, 77 PS/57 kW.

Prompt aber gab es dagegen die Wahl für
das „Motorrad der Vernunft". Das wurde die
BMW-Modellkombination R 45/R 65, Zweizylinder-Boxermotor ohv, luftgekühlt, 27
PS/20 kW und 45 PS/33 kW, 473 bzw. 650
cm³. Zweites Modell dieser Wahl war die 499
cm³-Yamaha SR 500, Einzylinder-Motor
ohc, 27 PS/20 kW. Drittes Modell: Honda CX
500, Zweizylinder-V-Motor, flüssigkeitsgekühlt, ohv, 499 cm³, 27 PS/20 kW oder 50
PS/36,8 kW, Kardanantrieb.

Zahlenmäßig war die Teilnahme an der
Vernunftwahl aber sehr viel geringer — also
auch hier wieder ein Trendzeichen, typisch
für dieses Jahrzehnt.

Die Marktpolitik von Honda kam aber dadurch auch zutage, denn in beiden Richtun-
gen gab es Honda-Motorräder unter den ersten drei Modellen. Soichiro Honda hatte
schon vor Jahren eine Modellpalette gefordert, die möglichst alle Fahrerwünsche in allen Ländern der Erde erfüllen würde. Solange es noch immer eine große Zahl von
Edelbastlern gäbe, die sich Motorräder nach
ihrem eigenen Geschmack bauen würden,
solange seien Marktlücken in jedem Bereich
vorhanden.

Fangen wir mit der „Vernunft"-Honda, mit
der CX 500 an, die zu meinem Fahrvergnü-
gen auf der Suzuka-Bahn gehörte.

Auf den ersten Blick war es ein ungewöhnlich aussehendes Motorrad, eine häßliche
Honda, und außerdem war einiges dran, was
von der bisherigen Honda-Viertaktlinie ab-
wich, zum Beispiel die Ventilsteuerung über
hochgelegte Nockenwelle und Stoßstangen.
Aber das Erstaunen über das bis dahin neue
Hondastyling in Linie und Technik wurde bei
den ersten gefahrenen Kilometern mit der 50
PS-Version positiv überdeckt. Ich hatte das
Gefühl, auf einer großen BMW zu sitzen.

Der Motor hatte Zylinderbohrungen von
78 mm und einen Kolbenhub von 52 mm, war
also extrem kurzhubig. Die mit einem Kühlmantel umgebenden und in das Motorgehäuse integrierten Zylinder (wie bei der Gold
Wing) standen um eine Pleuelbreite versetzt

Im Dezember 1977 auf dem Suzuka-Kurs in Japan: Testfahrten mit der 500er Honda CX 500.

im Winkel von 80° zueinander. Die Pleuel bewegten sich nebeneinander auf einem starken Hubzapfen. Die Kurbelwelle lag längs zur Fahrtrichtung, es war also ein querstehender V-Motor.

Um Platz für die Beine des Fahrers zu bekommen und die beiden 35 mm Keihin-Unterdruckvergaser gut und nicht sperrend unterbringen zu können, waren die Zylinderköpfe um 22° zur Kurbelachse des Motors verdreht. Eine zwischen die Zylinder hochgelegte und durch Zahnkette von der Kurbelwelle angetriebene Nockenwelle bewegte über Schlepp- und Kipphebel zwei Einlaß- und zwei Auslaßventile pro Zylinder.

Das unter dem rechten Zylinder im Gesamtgehäuse befindliche Fünfganggetriebe

wurde über geradverzahnte Räder angetrieben. Von dort ging rechts die Antriebswelle zum Hinterrad über Kardangelenk. Motor mit Getriebe, Anlasser, Lichtmaschine und Flüssigkeitskühler machten einen kompakt zusammengebauten Eindruck. Da das Motorrad einen Einrohrrahmen hatte, diente der Motor als mittragendes Element.

Schlauchlose Reifen, ComStar-Hondaräder ohne Drahtspeichen erhöhten den Eindruck des Neuen, welches auch beim Fahren neu für eine Honda wirkte. Nach dem Anspringen lief der Motor mit den Zündfolgen wie bei einer großen Moto Guzzi V 7, die Unruhe verschwand aber sofort beim Gasgeben, und oberhalb von 2000/min hörte sich's an wie bei einer BMW. Also war ich sofort

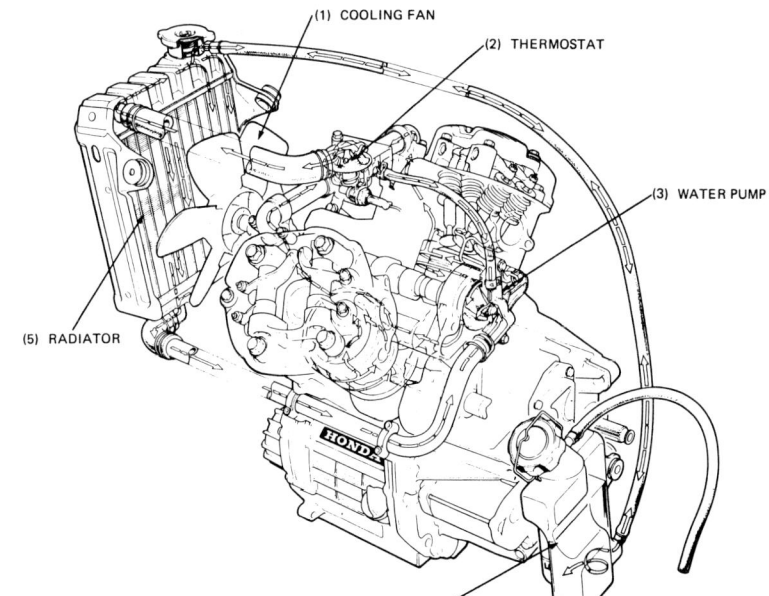

(1) COOLING FAN
(2) THERMOSTAT
(3) WATER PUMP
(5) RADIATOR
(4) RESERVE TANK

Umlauf der Kühlflüssigkeit im CX-Motor.

185

auf der CX zu Hause, und es bedurfte nur weniger hundert Meter, bis ich mich sicher fühlte. Leider hatte der Suzuka-Rennkurs wie alle modernen Grand-Prix-Strecken eine glasebene Straßenoberfläche und sehr schnelle Kurven, die auch bei engeren Radien ganz schön Tempo vertrugen. Einen Nürburgring mit einem Straßencharakter normaler Maßstäbe, mit engen und weiten Kurven, Gefällen und Steigungen und mit zeitweiliger unruhiger Oberfläche gab es eben nicht überall. So war es kein Wunder, daß ich bald immer schneller fuhr und an dem Motorrad nichts bemerkte, was irgendwie kritisch aussah. Hier auf diesem Kurs war das Ding begeisternd und ließ immer wieder Momente aufkommen, die dem Fahren mit einer großen BMW sehr ähnelten. Auch hier — wie zwei Jahre vorher bei der Gold Wing — fiel mir auf, daß der Motor sehr wenig Geräusche produzierte, fast überhaupt nicht vibrierte und weich anzog. Außerdem ließ er sich leicht bis über 9000/min hochdrehen. Die Nennleistung von 50 DIN-PS/36,8 kW wurde bei 9000/min gemessen, das höchste Drehmoment von 4,35 mkg bei 7000/min. Bei 496 cm³ war eine Hubraumleistung von 100,8 PS oder 74,2 kW pro Liter zu registrieren. Die Kolbengeschwindigkeit betrug bei 9000/min 15,6 m/s. Leistungsgewicht (fahrfertig 221 kg) 4,42 kg/PS oder 6,0 kg/kW. Und mit diesen Daten konnte man die neue CX ebenfalls in die BMW-Kategorie einordnen.

Das Getriebe ließ sich mit einem direkt und ohne Umwege nach der linken Seite aus dem Gehäuse herausgeführten kurzen Hebel leicht und genau schalten. Vergeblich wartete ich auf irgendein lautes Schaltgeräusch oder auf ein Antriebsrucken. Da der Motor bei 2000/min schon 10 PS/7,4 kW abgab und bei 4000/min mit einem Drehmoment von 3,5 mkg glänzte, blieb das Motorrad auch bei schaltfauler Fahrweise keineswegs temperamentlos. Immerhin machte ich mir den Spaß, im fünften Gang, der mit seiner Gesamtübersetzung so eine Art Over-

drive war, ab 45 km/h = ca. 2500/min Gas zu geben. Der Motor zog es durch, wenn auch zuerst zögernd. Aber ab 60 km/h = ca. 3300/min = 15 PS/11 kW kam er mehr und mehr in Fahrt, die Unterdruckvergaser sorgten dafür, daß es kein Verschlucken gab.

Das war also ein erfreuliches elastisches Aggregat, so ganz „unjapanisch". Selbst dabei aber auch: Keine Schüttelei im Motor, dessen Kupplung als Schwungmasse zur Verhinderung eines Rückdrehmoments entgegengesetzt zur Wellendrehung umlief.

Wer aber oberhalb von 6000/min seine Freude suchte, der kam auf seine Kosten. Dabei entpuppte sich die CX als Sportmaschine, die eine ganze Menge Spaß und Belastungen mitmachte. Aus dem Stand auf 100 km/h ging es gut in sechs Sekunden, bis 140 km/h in 12. Von 60 bis 100 km/h schaffte man es bei Überholmanövern bis zum dritten Gang bei knapp 8000/min in guten vier Sekunden. Die Endgeschwindigkeit lag aufrecht sitzend bei 165 km/h, und mit entsprechendem Anlauf schaffte ein liegender Fahrer im Lederzeug auch 180 km/h.

Eines Tages haben wir das Motorrad dann auch auf dem Nürburgring fahren können, wobei mich die Art der Leistung und die Rundendurchschnitte wieder an die großen BMW erinnerte. Mit einem Rundendurchschnitt von knappen 120 km/h über die 22,3 Kilometer lange Meßstrecke der Nordschleife wurde das Motorrad in die 50-PS-Kategorie Serienmaschinen im oberen Leistungsdrittel eingestuft. Und siehe da — nun konnte ich auch mehr über das offene Fahrwerk sagen.

Die Telegabel arbeitete fantastisch und schluckte kurze, regelmäßig kommende Löcher, dämpfte das Ausfedern über tiefere Wellen bei Schräglagen so sauber ab, daß es von der Vorderhand der Maschine her kein Lenkerpendeln gab. Doch die fünffach verstellbaren hinteren Federbeide federten zu tief und zu weich ein, und ihre Dämpfung kam mit Rüttelfolgen nicht klar. Es gab Ansätze von Ausbrechern bei harten und schnellen Arbeitsfolgen, in großen Schräglagen bei schnelleren Kurven sehr unangenehm, wenn man nicht darauf gefaßt war. Aber wie das so ist, hatte man sich mit der Zeit an diese Eigenarten gewöhnt, fuhr mit sehr hart eingestellten Federbeinen und ließ sich nicht mehr erschrecken (daher auch die 120 km/h-Runde).

In den späteren Jahren bekam die CX 500 andere Federbeine, und es wurde auch weiter intensiv an ihren Modifikationen gearbeitet. In den 80er Jahren gab es eine 82 PS/60 kW starke Version mit Turboaufladung und neuem Hinterrad-Federelement, dann eine 654-cm^3-Modellreihe mit 64 PS/47,5 kW und Turboaufladung mit 100 PS/73,6 kW — ! Es hatte sich auch hier gezeigt, daß die — uns 1978 noch sonderbar für Honda vorkommende — CX keine Eintagsfliege geblieben ist und wirklich ein Honda-Markstein war.

Wie gesagt, die CX gehörte auch zu den ausgewählten „Motorrädern der Vernunft"; aber warum die gewaltige CBX-Sechszylinder 1978 zum Motorrad des Jahres gewählt wurde, wollen wir jetzt untersuchen.

Ein Sechszylinder-Motorradmotor war 1978 ja nichts Neues mehr. 1938 gab es in Italien sogar schon einen Achtzylinder-Zweitakter, der Prototyp 496 cm^3 von Galbusera/Brescia. 1955 bis 1957 setzte Moto Guzzi eine sensationelle 500er V-Achtzylinder-Rennmaschine ein. 1966/67 baute Honda zwei Sechszylinder-Rennmaschinen mit 247 und 297 cm^3 für die Weltmeister-

schaft und brachte damit die Motorradwelt zum Staunen. 1976 erschien Benelli mit der 750 cm^3 Sechszylinder-Serienmaschine „Sei".

Von den tollen 66er Sechszylinder-Rennmaschinen, deren Motoren schon zwei obenliegende Nockenwellen und pro Zylinder vier Ventile besaßen, wurde die 1978er 1046 cm^3 Sechszylinder-Serienmaschine CBX von Honda abgeleitet. Das war Hondas Antwort an die Konkurrenz aus dem eigenen Land, die sich etwa ab 1976 angeschickt hatte, ebenfalls auf den Weltmärkten mit ihren großen Modellen erhebliche Anteile am Verkauf zu buchen und die Marke Honda als Spitzenreiter zu entthronen.

Also machte man gleich richtige Nägel mit Köpfen und präsentierte eine 1000er Doppelnocken-Sechszylinder. Als ich das Motorrad an der Suzuka-Strecke zum ersten Mal zu Gesicht bekam, mußte ich erst zur Frontseite herumlaufen, um die Wucht und die Ausmaße der sechs Zylinder in Reihe, quer im Fahrwerk, zu erkennen. Von der Seite hätte man an eines der 750er oder 900er Vierzylinder-Modelle gedacht. Aber so kompakt und voluminös die Wirkung war, legte man den Zollstock an, dann stellte man mit großem Erstaunen fest, daß die BMW R 100 S mit 74,5 cm breiter war, die CBX maß an der breitesten Stelle nur 59,5 cm — !

Das war sozusagen die erste Überraschung, aber beim Vertiefen in die aufwendige Technik der Maschine kamen noch wei-

Das war Hondas großer Schlager für 1978: die 1046 cm^3 Sechszylinder CBX.

187

tere überraschende Dinge zutage.

Die Zylinderbohrungen maßen 64,5 mm, der Kolbenhub 53,4 mm. Die beiden Nockenwellen, jede in zwei Hälften unterteilt, wurden über Zahnketten angetrieben — eine ging von der Kurbelwelle zur Auslaßnockenwelle, die andere von dort zur Einlaßnockenwelle. Damit fiel ein diagonaler Kettengang durch den hinteren Teil des Motors weg, wodurch der Abstand zwischen den Vergasern und Zylindern kleiner bleiben konnte. Die Ketten liefen über Kettenspanner und Gleitschienen.

Jeder Zylinder hatte zwei Einlaß- und zwei Auslaßventile, die eine größere Öffnung und geringere oszillierende Massen für jede Ventilfeder garantierten. Daß dabei die hohen Drehzahlen bis über 10 000/min klaglos möglich waren, hatte man an den kleineren Rennmaschinen genügend studieren können, die immerhin über 17 000/min bis 20 000/min drehten.

Die Nennleistung war 1978 105 DIN-PS/77,3 kW bei 9000/min, und der Motor ließ sich ohne weiteres bis über 10 000/min hochdrehen. Das mußten ja auch die Antriebsketten der Nockenwellen mitmachen,

und da Zahnketten besonders widerstandsfähig sind und sich auch nicht so leicht längen, wurde diese Art vorgesehen.

Eine zweifache Eaton-Ölpumpe versorgte mit dem Hauptteil die sieben Kurbelwellengleitlager, die Gleitlager der Pleuel und die Lagerungen der Nockenwellen. Mit dem zweiten Pumpenteil wurden das Getriebe, ein Teil des Primärtriebs und des Primärkettenspanners versorgt. Dieser Primärtrieb bestand aus einer breiten Zahnkette von der Kurbelwelle zu einer Zwischenwelle, auf der der Lichtmaschinenmotor, das Anlasser-Zahnrad, das Getriebeantriebsrad und der Zündimpulsgeber angeordnet waren. So kamen diese lebenswichtigen Teile hinter die Zylinder und verursachten keine unnötige Breitenausdehnung.

Interessant war auch, daß der Zahnkettenspanner für den Primärtrieb eine hydraulische Dämpfung hatte (!). Eine wartungsfreie Transistorzündanlage war hier fast als selbstverständlich zu nennen.

Mit einer Frage erreichte ich am Suzukakurs, daß unseren japanischen Freunden für einen Sekundenbruchteil das Lächeln zerblitzte. Ich fragte, ob man unbedingt an einer

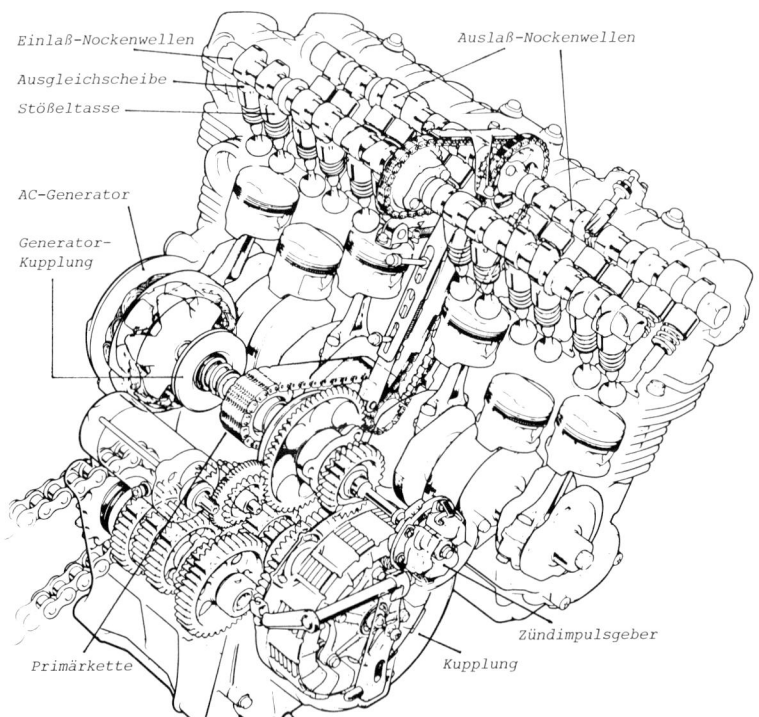

Einlaß-Nockenwellen
Ausgleichscheibe
Stößeltasse
AC-Generator
Generator-Kupplung
Auslaß-Nockenwellen
Zündimpulsgeber
Primärkette
Kupplung

6 Zylinder, 24 Ventile, vier Nockenwellen, 6 Vergaser, Zahnketten-Primärantrieb, 6 Gänge, 105 DIN-PS/77,3 kW bei 9000/min – !

Hinterradkette hätte festhalten müssen, wenn man auf der anderen Seite so viel technisches Know-How zeigte. Warum also keinen besseren und wartungsfreieren Antrieb zum Hinterrad? Konnte man das nicht?

Die Antwort kam nicht sofort, sondern erst am nächsten Tag. Erstens hätte man mit dieser Kette etwas ganz Tolles und Stabiles, mindestens 20 000 Kilometer würde sie die gewaltige Motorkraft und das hohe Drehmoment verkraften können. Zweitens gäbe es die hydrostatische Lösung per Öldruck in einem ganz neuen System, welches aber für so starke Motoren noch nicht fertig sei. Eine 400er lief in einem Experiment. Eine Kardanwelle hätte zwei Umlenkungen und ein weiteres Getriebe im Hinterrad nötig gemacht, was Gewicht und Kraft gekostet hätte. Aha, also Hydrostatik lief in den genialen Köpfen herum — !

Ja, stimmt — in dem alten 220 cm³ Roller mit dem Boxermotor der 50er Jahre war ja auch allerhand Öldruck im Antrieb mit dessen Automatik usw. gewesen — !

Diese Diskussion habe ich lange nicht vergessen können, und auch die mir danach erklärten und gezeigten Einzelheiten vergaß ich nicht, schließlich hatten wir schon 1976 die auf hydraulischen Antrieb beider Räder umgebaute BMW R 25/2 von Völkmann gefahren und uns mit diesem Antriebsproblem beschäftigt.

Zurück an die japanische Suzuka-Rennstrecke, wo das Motorrad auf eine Fahrt wartete, dessen Kette zum Hinterrad diese Abschweifung verursachte.

Man saß gleich „wie ein Hausherr" drauf, für meine Länge paßte alles genau, der Lenker war keine Segelstange, Fußbrems- und Fußschalthebel lagen passend. Druck auf den kleinen Anlasserknopf, es rührte sich ein paar Umdrehungen umsonst, dann setzten alle sechs Zylinder mit einem dezenten Murmeln ein. Wie ein Wagenmotor. Mit dem Chokehebel mußte man beim Anfahren noch 200 m jonglieren, dann kam aber die volle Kraft zutage.

Blick auf den geöffneten Zylinderkopf der CBX, 1978

Ab 3000/min (= 28 PS/20,7 kW) im dritten Gang bei 50 km/h zog ich auf — das waren kaum drei Sekunden, daß die Tachonadel bis über 110 km/h hinausschwenkte. Der Ton glich dem Zischen einer Dampfleitung, es gab keine Vibrationen, und man geriet so schnell über 8000/min im fünften Gang hinaus (= knapp 180 km/h), daß man das eigentlich erst merkte, als die erste Kurve angebremst werden mußte.

So etwas hatte ich in vielen Motorradjahren noch nicht erlebt! Denn die fahrfertigen 274 kg (!) vergaß man schon bei den ersten Radumdrehungen, den Lauf des Motors konnte man höchstens über den Drehzahlmesser bemessen, weil da nichts im Lenker kribbelte, nichts donnerte oder brummte. Nur der Wind pfiff am Helmrand. Und er drückte natürlich jenseits von 150 km/h auch ganz schön. Doch als Fahrer, der ansonsten ohne Verkleidungen auch mit schnellen Maschinen unterwegs ist, kennt man diesen Winddruck. Tatsächlich, ich mußte lernen, Geschwindigkeiten auf dieser „stillen Rakete" zu schätzen — !

Auf dem glasebenen Kurs flog man über die Geraden, durch die langen Kurven in großer Schräglage (*wie* schräg, das merkte ich auch erst am Kratzen der Seitenstütze bei leichtem Durchfedern), an den Kurvenausgängen wieder hinaus mit Hochbeschleunigungen aus dem dritten oder vierten Gang kommend, wieder über eine längere Gerade, wo die Tachonadel geschwind auf über 190 km/h wanderte. Und das ging so spielend, so leicht, als sei das eine kleine italienische Sportmaschine.

Da war echt die Gefahr, daß man sich schon übernahm, bevor man die ersten drei Kilometer gepackt hatte. Daß man viel zu früh viel zu schnell wurde und erst beim Anbremsen merkte, daß da zuviel Tempo auf der Uhr stand —! Aber zum Glück griffen die beiden Scheiben vorn gewaltig und funktionierte die hintere Scheiben ebenfalls ausreichen —!

Danach wurde ich „ruhiger". Das war tatsächlich eine neue Dimension, so „still" und darum so unkontrolliert schnell —!

Das Leistungsgewicht ausgehend von 274 kg lag bei nur 2,6 kg/PS oder 3,54 kg/kW —! Der Drehmomentverlauf des Motors von ca. 6,8 mkg bei 3500/min bis zu 8,6 mkg bei 8000/min war so enorm ausgeglichen, obwohl die Leistungskurve oben spitz war, daß es im fünften Gang möglich war, den Motor bei ca. 1500/min Drehzahlmesser-Angabe auf einer 850 m langen Geraden mit Vollgas in nur 15 Sekunden ohne Rucken oder Verschlucken mit stetig schnell steigenden Kurbelwellen-Umdrehungen auf 9000/min hochdrehen zu lassen. Dabei hatte man schnell die 200 km/h erreicht.

Von unzähligen Testkilometern — vor allem mit neuen oder Prototypen auf dem Nürburgring — hatte man so ein wenig Erfahrungen und ein Gefühl für das Fahrverhalten von etwas Neuem erworben, und so merkte ich bald, daß die CBX dann fest in der Spur blieb, wenn dafür gesorgt war, daß das Hinterrad bei Schräglagen niemals ohne Schub oder Zug war, daß dieser Zustand auch nicht in der Kurve unterbrochen werden durfte. Denn Unruhen im Fahrwerk gab es, wenn man nach einer engen Kurve beim Ansetzen

in eine längere Biegung über einen abgekanteten Teerflecken auf der Straße gerade beim Zurückschalten schon in Schräglage einen Sekundenbruchteil nur in einen Leerlaufbereich — Verbindung Hinterrad zur Kurbelwelle unterbrochen — oder in einen zu großen Drehzahlsprung auf- oder abwärts geriet.

Naja, da hatte das Fahrwerk noch eine Macke, und das merkte ich später in Deutschland auch auf der Autobahn beim Überfahren der Längsrille im Spitzen Winkel. Außerdem mußte man sich daran gewöhnen, in schnellen Kurvenfolgen die 274 kg genau an den richtigen Punkten hin und her zu legen. Und aus Schräglagen kam man nicht schnell genug heraus, wenn man das Aufrichten der Maschine allein überlassen wollte.

Das also mußte man lernen und beherrschen, ehe man den 105 PS absolut freien Lauf lassen konnte. Und noch etwas gehörte zum sicheren Fahren: Daß alle sechs Keihin-Unterdruckvergaser beim Gasgeben (über eine Seilzug- und Hebeldesmodromik) und Gaswegnehmen vollkommen gleichmäßig reagierten.

Drei Auspuffrohre mündeten auf jeder Seite in einen groß dimensionierten Schalldämpfer. Das Fahrwerk war ein offener Rahmen mit Dreieck-Versteifungen ohne Unterzüge, und der Motor-Getriebeblock war zur Stabilisierung in das Ganze als Fahrwerkteil einbezogen. Honda nannte das den „Diamond"-Rahmen — war aber nichts Neues (siehe englischen Motorradbau). Hier spielte wieder die Notwendigkeit zur Gewichtsersparnis mit hinein und dazu die Tatsache, daß man den Motor für Arbeiten am Zylinderkopf leicht nach vorn neigen konnte (an 24 Ventilen das richtige Spiel kontrollieren — !!!).

Wegen der Gewichtsfrage wurden auch einige Gehäuseteile aus Elektron hergestellt. Die hinteren Federbeine waren mehrfach verstellbar. Fünffach in der Federvorspannung, die Druckstufe der Dämpfung zweimal und die Zugstufe dreimal. Da mußte man schon ein wenig herumlaborieren, um jeweils für die Belastung und die bevorzugten Strecken eine optimale Durchschnittslösung zu finden.

Dieses Motorrad war für Honda der Höhepunkt der 70er Jahre, und da auch hier wieder der Preis „japanisch" war — die Maschine kostete 1978 normal (nicht auf dem noch billigeren 'grauen Markt') 10 160,— DM in der Bundesrepublik Deutschland — und somit die Konkurrenz der großen BMW (R 100 RS: DM 12 090,—) ausstach, dauerte es gar nicht lange, bis es mit den Neuzulassungen gut wieder anfing und die CBX auch als Wegbereiter für den guten und besseren Absatz der übrigen Honda-Modelle wirkte.

Aber kein anderes Motorrad ließ 1978 die Diskussionen so stark wieder um die Motorrad-Sicherheit bei uns und in der Öffentlichkeit aufflammen wie die CBX. Ja, es war kein Renner für Unerfahrene, Leichtsinnige und Anfänger. 105 PS — ! Über 200 km/h Spitze! Jeder, der den Führerschein der Klasse 1 besaß, konnte damit loszischen.

Der Verkehr war nicht mehr so lahm und offen wie in den 50er Jahren, und unser Land wurde enger und enger.

Die Folgen der ab 1970 immer größer werdenden Unfallzahlen kamen nun auf uns zu. Und da gab es jetzt die ungeheure 1000er mit einem wahnsinnigen technischen Aufwand und einer irren Leistung. Kritiker der Motorradszene meldeten sich stärker zu Wort. Auch das war ein Mitbringsel dieser Entwicklung über die 100-PS-Grenze hinaus.

Aber während sich die Arbeitsgemeinschaft zur Schaffung der Motorrad-Sicherheit in Deutschland bildete, war die Begeisterung über dieses grandiose technische Motorrad so groß, war das Staunen über das hier gezeigte Machbare und über eine neue Dimension einer Fahrfreude so stark, daß die Honda CBX spontan nach ihrem ersten Erscheinen zum „Motorrad des Jahres 1978" gewählt wurde — !

Honda hatte wiedermal gewonnen.

Kawasakis Weg zum Viertakter

In den 60er Jahren erschien Kawasaki zuerst mit seinen Drehschieber-Zweitaktern mit 250 und 350 cm³ (Zweizylinder) und erregte mit dieser Motorenbauart, die man bis dahin kaum bei normalen Serienmaschinen kannte, deshalb Aufsehen, weil sie dem Rennsport entlehnt war. Das war etwas Besonderes für die Zweitaktfreunde. Gegen Ende der 60er Jahre kam dann noch eine Bombe in den Handel: Eine 500 cm³ schlitzgesteuerte Dreizylinder-Maschine mit einer Motorleistung von sage und schreibe 60 PS. Das war wieder so ein Motorrad, welches sofort Furore machte.

Mit diesem − noch kleinen, aber attraktiven − Modellprogramm ging der Importeur für die Bundesrepublik Deutschland in die 70er Jahre. Wir wußten, daß Kawasaki auch eine 750er Zweizylinder-Viertaktmaschine mit Stoßstangen-Steuerung baute, die irgendwie nach der englischen BSA aussah. Aber das war 1970 schon kein interessantes Angebot mehr.

1972 kam noch eine 748 cm³ Dreizylinder-Zweitaktmaschine, schlitzgesteuert, zur Ergänzung des Programms auf den deutschen Markt. Mit 74 PS bei 6800/min war das der stärkste Serienzweitakter, der uns bis dahin begegnete. Über 200 km/h sollte diese H 2 rennen.

Dann kam im Herbst 1972 die erste Kawasaki-Vierzylinder-Viertaktmaschine, das Modell Super Four Pilot 900, in die Listen der Fachpresse und in die Kataloge. 903 cm³, vier Zylinder, zwei obenliegende Nockenwellen, vier 28er Mikuni-Vergaser, Fünfgang-Getriebe, Motorleistung 82 PS bei 8500/min. Preis: „Auf Anfrage".

Natürlich wurde alles neugierig, jeder spitzte die Ohren, jeder versuchte, etwas von dieser ersten großen Japanerin über 750 cm³ zu sehen zu kriegen. Aber sie glänzte vorerst nur auf Ausstellungen und in Listen.

Darüber hätte man fast übersehen, daß das Zweitaktprogramm wie bisher weiterlief, daß dazu aber noch einzelne Enduro-Modelle mit Einzylinder-Zweitaktern, schlitz- oder drehschiebergesteuert, angeboten wurden.

Die 900er ließ uns keine Ruhe, und als es nicht gelang, bei dem offiziellen Kawasaki-Importeur eine Maschine für einen Test zu erhalten, kaufte die MOTORRAD-Redaktion einfach eine der ersten bei einem Händler.

Es war ein toller Anfang der neuen Viertaktlinie von Kawasaki und prägte in den Jahren darauf bis in die 80er Jahre das Markenbild. Langsam und stetig wurden die Zweitaktmotoren in der Modellpalette abgelöst, und der Erfolg gab der Kawasaki Heavy Industries Ltd., Motorcycle Division, im World Trade Center Building in Tokio die Bestätigung, daß es so richtig war. Das letzte Zweitaktmodell mit drei Zylindern und Schlitzsteuerung stand 1979 im Angebot, danach ging es nur noch mit kleineren Hubräumen zwischen 99 und 173 cm³ (Drehschieber- oder Membran-Steuerung) und mit einem Zylinder in die 80er Jahre. Das waren noch vier Modelle, denen im Frühjahr 1980 17 Viertakt-Typen gegenüberstanden.

Diese Kawasaki Z 1 900, wie sie nach ihrer ersten offiziellen Einfuhr als Modell hieß, hielt sich in ihrer Bauweise bis in die 80er Jahre, ab Herbst 1976 mit 1009 cm³ Hubraum unter der Modellbezeichnung Z 1000.

Es war sozusagen ein Urvater und muß deshalb hier genannt und vorgestellt werden.

Im Herbst 1974 gab es acht Einzylinder- und Dreizylinder-Zweitakter zwischen 89 und 748 cm³. Zu der Z 1 900 kam aber eine kleine 398 cm³ Zweizylinder-Viertakt-Maschine ohc mit der Bezeichnung Z 400. Sie hatte 33 PS und war das erste Zweizylinder-Viertaktmodell der Mittelklasse von Kawasaki und erhielt Bedeutung, weil sie für jene Motorradsorte den Anfang machte, zu der später die Honda CB 400 N, die Suzuki GS 400 und die Yamaha XS 360 und XS 400 gehörten. Die Zweizylinder-Honda CB 350 ohc hatte ja schon bis zu diesem Zeitpunkt zur Nachahmung angeregt. Nachahmung deshalb, weil diese japanischen Mittelklasse-Viertakt-Twins alle ähnlich konzipiert waren, wie es dann auch bei den Vierzylinder-Motoren in gleicher Weise weiterging. Daher stammte schließlich der Begriff der „uniformierten japanischen Technik".

Doch bis zu diesem Stand war das Modell Z 1 900 längst integriert und behauptete seinen Platz. Mit der gekauften Testmaschine fand im Frühjahr 1973 ein Nürburgring-Test statt, über den ich im Folgenden berichte. 1975 gab es dafür eine DIN-Leistungsangabe mit 79 PS bei 8000/min, und außerdem gesellte sich nun das dritte Viertaktmodell zu den beiden, eine 745 cm³-Zweizylinder.

Dieser Typ Z 750 glänzte als größere Schwester der Z 400, allerdings mit zwei obenliegenden Nockenwellen, leistete 50 PS/36,8 kW bei 7000/min und schien eine sehr gute, modifizierte klassische englische Twin zu sein, obwohl sie aus Japan mit einem japanischen Markennamen kam. In der Modellmischung keine schlechte Idee. Und es dauerte gar nicht lange, da wurde die Reihe der Viertakter bei Kawasaki um eine weitere Maschine bereichert, um eine 647 cm³-Vierzylinder mit zwei obenliegenden Nockenwellen, die Z 650. Die Z 1 900 hatte man inzwischen auf 1009 cm³ aufgestockt und ihr den Typennamen Z 1000 verpaßt. Man schrieb das Jahr 1977.

Immer noch waren zwei obenliegende Nockenwellen die Leitlinie der großen Kawa-Fourstrokes, immer noch schwebte der alte Geist der Z 1 900 – nun schon „von damals" – über dem Fortgang, und die kleine Fahrschulmaschine 197 cm³ Z 200 mit einem Einzylinder-Viertakter ohc, die nun ebenfalls im Programm war, störte diesen Faden nicht. Noch gab es im Herbst 1977 unter den 10 Kawasaki-Motorrädern fünf Zweitakter. Die Partie stand Fifty-Fifty. Darunter übrigens immer noch die Dreizylinder-Modelle KH 250, KH 400 und KH 500, und zwei kleinere Einzylinder-Drehschieber-Zweitakter für den Enduro-Spaß.

1978 im Herbst zur IFMA stockte die Kawasaki-Niederlassung in der Bundesrepublik die Liste weiter auf. Detlev Louis hatte 1975 den Import aufgegeben. Ein wenig

Kawasaki Z 650,
Vierzylinder, 1977.

mischte nun auch das Kaufhaus Karstadt mit einem Kawasaki-Motorradangebot mit, was etwa von 1974 bis 1976 ging.

In Köln gab es also 1978 insgesamt schon 15 Typen, davon sechs Zweitakter und neun Viertakter. Von der Vierzylinder-Z 650 wurden vier unterschiedliche Versionen angeboten, und die 1000er gab es nun in zwei Ausgaben. Langsam fing man auch hier an, möglichst viele Marktfelder zu besetzen. Im gleichen Jahr wurden es noch 17 Modelle – vier Zweitakter, darunter zum letzten Male ein Dreizylinder-Typ, die KH 250. Unter den 13 Viertakt-Maschinen waren drei 650er

Versionen und schon vier 1000er Ausgaben.

Der absolute Schlager aber wurde – als Antwort auf die 1046 cm³ Honda CBX – eine 1286 cm³ Sechszylinder-Maschine mit Flüssigkeitskühlung, zwei obenliegenden Nockenwellen, drei Doppelvergasern, zwei Ventilen pro Zylinder, Fünfganggetriebe und – Kardanantrieb. Auf der IFMA hatte der Motor noch 120 PS/88,3 kW bei 8000/min, aber schon bald waren es „nur noch" 100 DIN-PS/76,3 kW bei 8000/min. 120 PS war den inzwischen nervös um „Sicherheits-Flair" Bemühten zu viel des Guten.

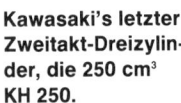

Kawasaki's letzter Zweitakt-Dreizylinder, die 250 cm³ KH 250.

Gewicht leer: 317 kg – in Worten: dreihundertsiebzehn Kilogramm. Ein Wahnsinns-Trum von einem Motorrad – !

Vielleicht war nun tatsächlich irgendwie eine Grenze erreicht. Mit diesem Motorrad und noch immer den Vierzylindern auf der Basis der ersten Z 1 900 begann Kawasaki den Weg in die 80er Jahre. Im Frühjahr 1980 standen 21 Modelle in den Katalogen – vier Zweitakter und 17 Viertakter.

Über die Z 1 900 und über die gewaltige Z 1300 wollen wir nun reden.

Mit der 900er wurde im Juni 1973 auf der Nordschleife des Nürburgrings ein Leistungstest gefahren, wie ich das schon seit 1955 mit einem Spezial-Fahrtschreiber machte. Darüber habe ich in dem Buch „ Die rasanten Motorräder der 60er Jahre" bereits ausführlich gesprochen, und das Höhendiagramm der Nürburgring-Nordschleife mit allen Test- und Meßeintragungen gehörte zur Grundlage der Testberichte in „Das MOTORRAD". Auch in diesem Buch sind sie Basis für die Betrachtungen vieler Motorräder der 70er Jahre.

Um es noch einmal kurz zu erklären: auf der 22,8 Kilometer langen Nordschleife des Nürburgrings gab es 46 schärfere Kurven und insgesamt 33 Links- und 40 Rechtskurven. Es gab Steigungen und Gefälle zwischen 7% und 16%. Eine Spezialstrecke für Messungen hatte 27% Steigung. Der höchste Punkt lag 620 m über NN hinter der Nordkurve bei Start und Ziel, der tiefste mit etwa 320 m über NN bei dem Ort Breidscheid (Kilometer 10).

Der Spezialschreiber von Kienzle hatte einen Zeitumlauf von 24 Minuten (statt 24 Stunden), was für eine Runde ausreichend war. Dadurch wurde die aufgezeichnete Geschwindigkeitslinie so weit auseinander gezogen, daß man jede gefahrene Runde von Kilometer zu Kilometer und mit Zeitangaben genau verfolgen und später auf dem Fahrtenschreiber-Blatt auch auswerten konnte.

Die ermittelten Werte und Daten wurden für Vergleiche mit anderen Maschinen und zur Leistungsbeurteilung des getesteten Fahrzeuges herangezogen. Die in das Höhendiagramm eingezeichneten Werte der Strecke gaben einwandfrei Auskunft über den Leistungscharakter der gemessenen Maschine. Dadurch, daß es immer dieselbe Strecke war — Messungen ausgemittelt aus mehreren Scheiben mit mehreren Fahrern usw. –, konnte man wunderbare Vergleiche aller Art erstellen.

Geschwindigkeiten wurden 1973 längst mit Lichtschranken gemessen und nach diesen genauen Angaben das Aufzeichnungswerk des Fahrtschreibers ebenso genau eingestellt.

Die Z 1 900 war schon 6000 Kilometer gelaufen, als der Test um den Nürburgring gemacht wurde. Die Leistung des Motors war noch mit 82 SAE-PS (für Amerika) bei 8500/min genannt, das für Deutschland notwendige Mustergutachten ergab 79 DIN-PS bei 8500/min. Der Vierzylindermotor mit den beiden obenliegenden Nockenwellen, die durch eine lange Kette angetrieben wurden, und mit den vier 28 mm Mikuni-Vergasern

Kawasaki Z 1 900, Frühjahr 1973, nach 6000 »normalen« Testkilometern fertig zum Nürburgring-Test.

195

Von dreizehn Messungen ergab eine 227,85 km/h auf der Endgeraden des Nürburgringes zwischen Kilometer 20 und 22. Ausgemittelter (und gültiger) Wert: 201,89 km/h. Fahrer: der Schermer-Franz – !

hatte eine echte, ruhige Laufkultur und war außerdem erstaunlich drehfreudig. Er ließ sich in den unteren Gängen leicht über 8500/min bringen. Doch das war auf dem Ring garnicht nötig, weil der Motor immerhin auch von unten heraus gewaltig durchzog.

Bei Kilometer 12 in der langen Steigung mit ca. 7% hinter der Bergwerk-Kurve hinauf zum Karussell wurde mit dem vierten oder fünften Gang so schnell gefahren, daß in den vorhandenen leichten Kurven das Gas noch weggenommen werden mußte. Das spielte sich in einem Bereich zwischen 160 und 165 km/h ab. Die lange Endgerade zwischen Kilometer 20 und 22 wurde oft mit über 200 km/h befahren. Da war ein ausgemittelter Wert aus dreizehn Runden von 201,89 km/h im Mittel gemessen worden, wobei ein Ausreißer bei böigem Südostwind von 227,85 km/h auf dem Lichtschrankenfenster erschien. Dabei war allerdings der Fahrer, der Schermer Franzl, im engen Leder fast in das Motorrad hineingekrochen. Der Drehzahlmesserzeiger schwenkte auf 9500/min – !

Das langte ja wohl, keiner von uns ist noch einmal wieder mit der Z 1 900 so schnell gefahren, und was sollte es denn auch, hier mit ein paar Zahlen mehr oder weniger zu rechten. Es reichte allemal, wenn man sagen konnte, daß diese schiere Gewalt über 200 schaffte. Auf dem Schenck-Rollenprüfstand wurden am Hinterrad der Testmaschine knappe 70 PS gemessen.

An anderen Stellen des Kurses war es nur noch am Schwedenkreuz und in der Fuchsröhre in den Gefällen möglich, bis über 8000/min im fünften Gang zu kommen, aber dieser Absicht machte dann bei ca. 182 km/h bzw. 175 km/h das Fahrwerk ein Ende, denn dort war die Strecke nicht ohne Biegungen, Senken und Buckel.

So wurde die kritische Grenze der Kolbengeschwindigkeit kaum erreicht und wenn, dann nur für Augenblicke. Bei 8000/min betrug sie 17,6 m/s, bei 8500/min waren es 18,7 m/s (9500/min = 20,9 m/s).

Wie bei allen Vierzylinder-Motoren hatten wir auf dem Nürburgring als Fahrer keine Probleme mit Vibrationen; daß aber doch Schwingungen in hohen Frequenzen vorhanden waren, zeigten die laufend defekten Scheinwerferlampen, die nicht bei Benutzung durchbrannten, sondern innerlich zerschüttelt wurden.

Der Motor nahm das Gas sauber an, auch im fünften Gang bei 3000/min. Sein Durchzug brachte die Rundenschnitte zusammen. Ganz klar: die Maschine war ein PS-Protz, geradeaus unheimlich schnell, wenn es um die Ecken ging, wurde es problematisch. Gerade darum war die Elf-Minuten-Rundenzeit trotz des geringen Leistungsgewichts von runden 3 kg/PS ein Wort – ! Die meisten ähnlichen großen Maschinen lagen auf dem Ring mit den möglichen Zeiten zwischen 12 und 13 Minuten (1973) – dagegen war die Z 1 900 sogar ein wendiges Motorrad. Doch spielte auch die Gewöhnung an viele PS, viele Kilogramm und an die Strecke eine Rolle.

Wir begannen mit Runden von 11:48, bis wir bei 11:00, 11:02, 11:04, 11:06 (Minuten : Sekunden) anlangten. Immer für 22,3 Kilometer der Meßabstände Start und Ziel – Endschikane bei Kilometer 22,3. Das waren Durchschnitte von 113,389 bis 121,636 km/h, welche uns sehr beeindruckten.

Der Trick war, daß man bei Beginn einer Fahrwerk-Schaukelei möglichst so weit herunterschaltete, daß man dem Motor wieder Gas und Drehzahlen anbieten konnte, dann wurde die Z 1 (beim Ziehen!) sofort wieder ruhig. Als man das raus hatte, wurden bald unsere Zeiten stetig besser und besser.

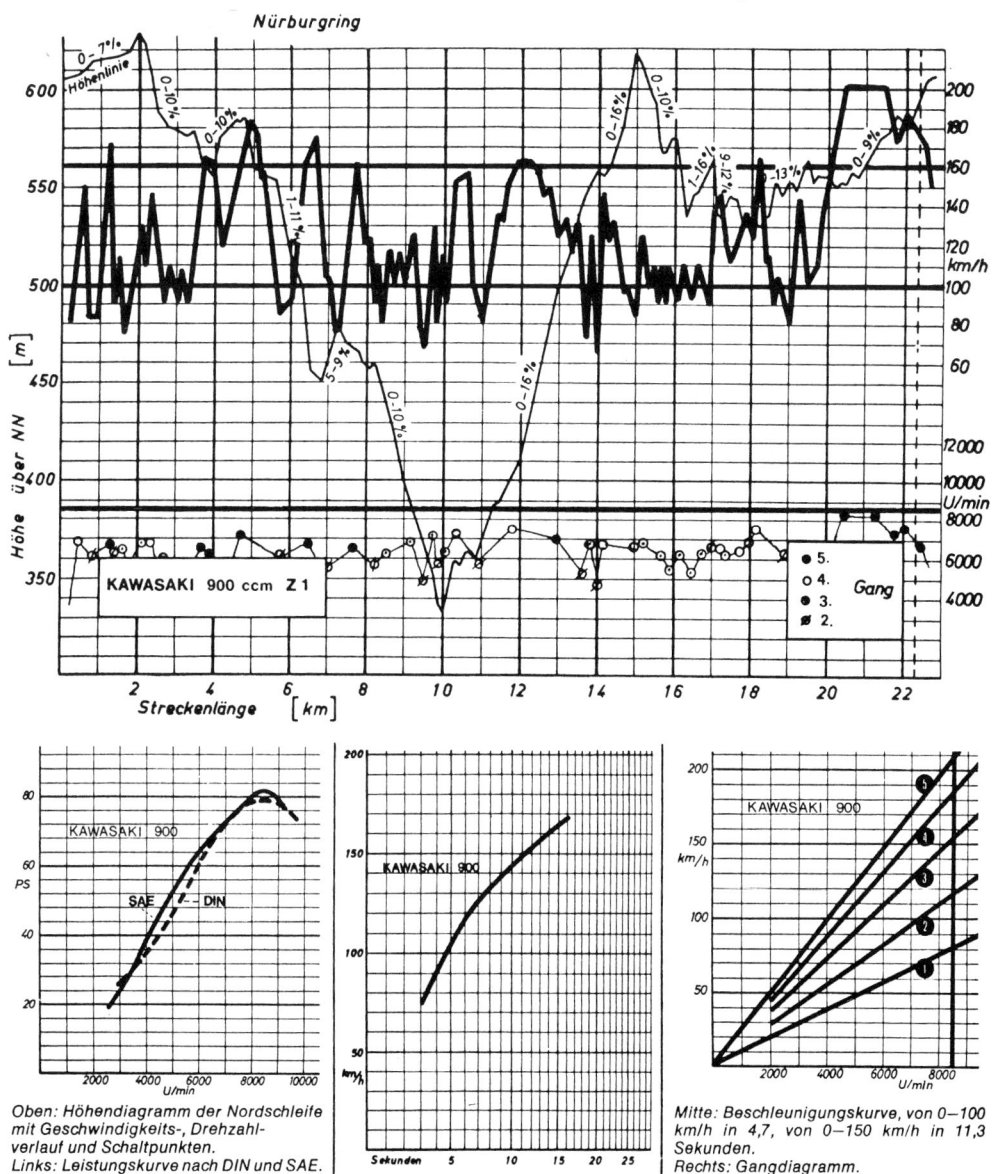

Oben: Höhendiagramm der Nordschleife mit Geschwindigkeits-, Drehzahlverlauf und Schaltpunkten.
Links: Leistungskurve nach DIN und SAE.

Mitte: Beschleunigungskurve, von 0–100 km/h in 4,7, von 0–150 km/h in 11,3 Sekunden.
Rechts: Gangdiagramm.

Schließlich wurde mit Vorbereitungen und Sorgfalt nicht gespart, und wir hatten vorher die serienmäßigen Federbeine gegen Konis, die Serienreifen gegen Metzeler, die riesige Segel-Lenkstange gegen einen schmalen niedrigen Sportlenker getauscht und den Lenkungsdämpfer sauber justiert.

Die Durchfahrt einer Runde nur im fünften Gang, also einmal alle Gänge beim Start hochschalten und dann im letzten Gang geblieben, war absolut möglich. Auch aus den engsten Ecken heraus konnte man mit Gefühl wieder beschleunigen, ab 2500/min = ca. 65 km/h zog der Motor auch am Berg durch. Die Zeit für diese Runde: 11:59 = 111,649 km/h.

Auch das sprach für den Motor, über dessen Laufcharakter man nur begeistert sein konnte, denn auch die wahnsinnige Beanspruchung auf dem Nürburgring über mindestens dreißig Runden hinweg (natürlich in Abständen) schadete ihm nicht. Nur das Scheppern der Nockenwellenkette mahnte eine Nachstellung an.

Was mich wunderte, das war die Tatsache, daß die sehr stark dimensionierte Hinterradkette ¾ x ⅜ die Belastungen ohne besondere Längung überstand. Im Hinterrad wurde keine Speiche locker, nur der Reifen war vom Öl der Kettenschmierung auf der linken Seite bedeckt. Ölnebel an irgendwelchen Gehäusenähten trat nicht auf, der Ölverbrauch blieb bei Null.

Das Problem aber blieb das Fahrwerk, denn wir mußten einiges unternehmen, um damit klar zu kommen. Schon auf den Landstraßen war zu spüren, daß die Dämpfung der Gabel nicht ganz mitkam, an Schlaglochserien wurden ganze Löcher fast ungefedert mitgenommen, und das Ding fing an zu hämmern. Auf dem Nürburgring gab es solche Serien nicht, dafür aber z. T. längere Quer- und Schrägwellen, die in Schräglagen Anlaß zum Schaukeln waren. Auf dem Höhendiagramm konnte man sehr deutlich die Streckenstellen bei den Kilometern 2,8/4,2/7,0/13,0/15,0 bis 17,0 erkennen, an denen es auf

ein gutes Fahrwerk ankam, wie aber dort die Geschwindigkeiten in den Keller gingen. Auch das Anbremsen verschiedener Kurven – wie z. B. die Nordkurve, der Hatzenbach-Einlauf, die Arembergkurve u. a. – zeigten, daß man mit dem Tempo ganz schön heruntergehen mußte. Das Verhältnis des gefahrenen Durchschnitts (11:00 = 121,636 km/h) bis zum Ende unserer Messungen bei Kilometer 22,3 zur Endgeschwindigkeit 201,89 km/h war 60,24% – dies galt als Maßstab für die Fahrwerkqualität. Es gab Motorräder – wie zum Beispiel die 750 cm^3 Zweizylinder-Norton Commando (56 PS), bei der dieser Wert mit 73,1% weit besser war (schnellste Runde 123,13 km/h zu Endgeschwindigkeit 168,34 km/h).

Schaute man sich an, aus welchen Geschwindigkeiten heruntergebremst werden mußte, und wie oft man das machte pro Runde, konnte man sich die Anforderungen vorstellen, die an die Bremsen gestellt wurden. Die vordere Scheibenbremse zeigte Ansätze zum Fading, außerdem neigte die Gabel bei so harten Bremsmanövern dazu, nach rechts abzuknicken. Hier hätte man bei so vielen PS und Kilogrammen (Leergewicht 235 kg) eine doppelte Scheibenbremse vorsehen müssen, wie es dann später auch geschah.

Bei einer Gesamtübersetzung in den fünf Gängen von 12,78/8,83/6,73/5,56/4,92 erreichte man bei 8500/min 81/117/153/186 km/h in den ersten vier Gängen. Der fünfte Gang lag bei dieser Drehzahl um 208 km/h herum, was aber von der Fahrerhaltung, dessen Kleidung und anderen Umständen abhing.

Man bewegte sich aufgrund dieser Getriebestufung und der Gesamtübersetzung auf dem Ring hauptsächlich zwischen 5000 und 8000/min. Dabei kam der fünfte Gang nur wenig zum Einsatz, am meisten wurden der dritte und der vierte benutzt.

War das nun wirklich eine gefährliche Konkurrenz zur Honda CB 750 Vierzylinder; zu der exotischen Münch 4 TTS, 1177 cm^3, 88

PS, 245 kg und 15,518.— DM; zur Moto Guzzi 850 cm³ V 7, 64 PS, 260 kg und 7700.— DM; zur BMW R 90 S, 898 cm³, 67 PS, 205 kg und 7666.— DM oder gar zur 1000er Laverda, 80 PS, 213 kg und 8000.— DM?

1973/1974 am ehesten eigentlich zur Honda CB 750, 67 PS, 218 kg, 6185.— DM. Denn die 900er Kawasaki bot deren Fahrleistung auch. Der größere Hubraum erlaubte dazu ein paar PS mehr und eine gute Drehmomentlage. Die Münch war dagegen zu schwer und zu teuer, die Guzzi kam in der Leistung nicht ganz mit, aber die 900er BMW hatte ein besseres Fahrwerk. Die Laverda blieb — wie die Münch — ein Motorrad in geringeren Stückzahlen.

Nun, die Kawasaki Z 1 900 setzte sich trotz der Fahrwerkschwächen durch. Daran wurde an den folgenden Modellen gewaltig verbessert, und so gelang es, nicht nur für die Marke, sondern auch für die Zeit und die Motorradszene, eine Maschine auf die Straße zu bringen, die in ihrer Grundkonzeption noch viele Jahre existent bleibt.

Ein paar technische Daten wären vielleicht zu diesem Motorrad noch angebracht:

Kawasaki Z 1 900 (1973)

Motor: Vierzylinder, luftgekühlt. Zwei obenliegende Nockenwellen, durch Kette angetrieben. Bohrung 66 mm, Hub 66 mm, Gesamthubraum 903 cm³. Verdichtung 8,5. Leistung 79 DIN-PS bei 8500/min (oder 58 kW). Höchstes Drehmoment 7,5 mkg bei 7000/min. Vier Mikuni-Kolbenschieber-Vergaser 28 mm ⌀. Schmierung durch Ölpumpe aus der Ölwanne, Inhalt 4 Liter.

Antrieb: Primär geradverzahnte Räder. Fünf Gänge, endlose Kette ¾ x ⅜ zum Hinterrad.

Fahrwerk: Doppelschleifenrahmen. Vorderrad 3.25 — 19 bereift, Hinterrad 4.00 — 18. Vorn eine hydraulisch betätigte Scheibenbremse, hinten Trommel-Vollnabenbremse. Radstand 149 cm.

Ausrüstung: Lichtmaschine 12 Volt, Drehstrom. Batterie 14 Ah. Elektro- und Kickstarter.

Auf der IFMA 1978, als die wassergekühlte Sechszylinderbombe von Kawasaki platzte, stand daneben noch eine Weiterentwicklung, ein Folgemodell der 1973er Z 1 900. Das war die Vierzylinder 1016 cm³ Z 1000 ST. Der Motor, noch immer in der Konzeption der „Urvater"-Kawasaki-Vierzylinder von 1973, hatte eine Leistung von 97 DIN-PS/71 kW bei 8000/min und das höchste Drehmoment von 9,2 mkg bei 7000/min. Doch zum Hinterrad ging keine Kette mehr,

Die IFMA-Sensation 1978 wird gelüftet: Kawasaki Z 1300, wassergekühlter Sechszylinder-Motor, 317 kg Leergewicht — !

sondern dafür war ein Kardanantrieb vorgesehen.

Während Honda seine Reihen-Mehrzylinder noch nicht mit Kardan baute, hatte nun Kawasaki neben Suzuki und Yamaha einen solchen Hinterradantrieb auch an seine großen Reihenmotoren gesetzt. Von der ersten Eigenbau-Kardan-Honda 1973 bis zu diesem Zeitpunkt waren fünf Jahre vergangen. Manchmal sind Sprichwörter wirklich richtig – „Gut Ding will Weile haben" gehört hierhin.

Man machte es auf der Kölner Ausstellung 1978 recht spannend und enthüllte die Überraschung Kawasaki Z 1300 auf dem Ausstellungsstand; ich erinnere mich noch daran, wieviele prominente Gesichter aus der gesamten Motorrad-Branche und -Konkurrenz dort zu sehen waren. Alle Größen wollten diesen Augenblick nicht verpassen.

Als das schwarze Tuch von dem hübschen Motorradmädchen im grünweißen Leder von dem gewaltigen Gebilde abgezogen wurde, herrschte einen Augenblick Schweigen, dem aber dann sofort das Aufflammen erregten Gemurmels in der weiten Runde folgte. In der Tat, die 317 Kilogramm, der 158 cm Radstand, die 80 cm Sitzhöhe, der mächtige Motorgetriebeblock mit seinen auffällig glatten Kühlmänteln um die Zylinder und das Bewußtsein, daß aus diesem Brocken 120 PS hinauswollten – !

Das sah gewaltiger (und „fertiger") als die große Münch aus, und das erste, was mir einfiel, war die Frage nach der Gießtechnik für den Zylinderblock oder für den Zylinderkopf.

Nun war es ja nicht so, daß es nicht auch andere gewaltige Kraftmaschinen auf zwei Rädern mit imponierendem Äußeren gab – z. B. die schon genannte Münch oder die amerikanischen Harleys und was in der Kategorie Einspur-Metallberge noch alles existierte – aber dieses dunkelgrüne Monstrum bestach deshalb, weil es eine fast klassische Linie ohne Exotik präsentierte.

Auf einen Motorradnarren wirkte der Bomber wie eine Herausforderung. „Das Ding *muß* ich fahren", werden viele wie elektrisiert gedacht haben. Junge Seelen mit Dampf im Herzen und jung gebliebene Endfünfziger mit einem Koffer voll wertvoller Erfahrungen. Und es war so klar wie Bergsee-Wasser: *Das* war auf keinen Fall etwas für den kleinen Moritz und für einen großen Dorfmatador, ob arm oder reich – !

Aber es dauerte noch eine Weile, bis die erste Z 1300 in Deutschland greifbar wurde, denn da wurde den Vätern der Rocket-Six erst einmal sehr deutlich klar gemacht, daß man 120 PS in unserem Lande bei einem Serien-Normalmotorrad für den öffentlichen Straßenverkehr nicht akzeptieren würde. Höchstens 100 PS – nicht mehr!

Nun könnte man ja wegen dieser 20 Pferdchen auch heute noch eine gewaltige Diskussion vom Zaun brechen. Denn der kleine unerfahrene Moritz knallt mit seiner 8 PS

Der gewaltige Sechszylinder fabrizierte 120 PS/88,3 kW bei 8000/min. Doch bevor die Maschine in der Bundesrepublik Deutschland zugelassen werden konnte, mußte die Leistung auf 100 PS/73,6 kW bei 7500/min zurückgenommen werden.

80er genau so böse und mit schlimmen Folgen aus Dummheit oder Blödelei – wie auch immer – gegen einen Baum oder sonstwas wie mit einer 120 PS 1300er. Und ob so eine Granate 50, 70, 100 oder 120 PS hat oder hatte, das macht den Kohl auch nicht fett und bringt die Unfallzahlen nicht runter. Dazu wären ganz, ganz andere Hilfsmaßnahmen fällig wie zum Beispiel in erster Linie eine weitaus bessere Fahrausbildung. Nur müßte man bei so hohen Motorleistungen einräumen, daß die Wucht durch die Motorkraft und das Gewicht gewaltig viel größer als bei einer schwächeren und leichteren Maschine ist. Man muß auch nicht übersehen, daß bei den erreichbaren wahnsinnigen Geschwindigkeiten auf der Autobahn, bei der irren Beschleunigungsfähigkeit in der Stadt oder auf dem Land die Reaktionsfähigkeit vieler Fahrer nicht mehr mitkommen kann (ob sie jung, alt, unerfahren oder gewitzte Leute sind!!). *Darin* liegt der Pfeffer dieses Problems, nicht darin, ob ein Feuerroß 120, 100 oder 80 PS hat.

Also dann, von 120 PS der Z 1300 mußten 20 weg. Und damit war auch schon ein Prozentsatz Verkaufsargumente gegenüber den Konkurrenten weg – !

Es dauerte schließlich bis in den Sommer 1979, bis richtig gefahren werden konnte, und das sah dann so aus:

Dieser Automotor zwischen zwei Rädern sprang nach langem Stehen mit Chokehilfe gut an. Aber erst, wenn das Sitzbankschloß zu war (!) und wenn man die Kupplung gezogen hatte. Im Sommer war das Öl auch an kalten Tagen dünn genug, um für das Anlassen des Motors und die ersten Kurbelwellen-Umdrehungen kein Hemmnis zu sein. Da gab's mit dem Anspringen keine Probleme. In der kühleren Jahreszeit jedoch brauchte die Batterie ganz schön Energie, um das zähe Öl so lange rühren zu können, bis genug Schwung zum Starten da war.

Bei Kälte mußte man den Choke (am linken äußeren Doppelvergaser links außen, mit der Hand hinterm Knie zu erreichen) erst langsam wieder aufmachen, bis der Motor sauber lief. Nach ungefähr drei Kilometern drehte er dann ohne Mucken. Danach erlebte ich einen unwahrscheinlich leise und ohne jegliche Vibrationen arbeitenden Motorradmotor, der somit durch eine sagenhafte Laufkultur glänzte. Im Stadtverkehr war man geneigt, im vierten Gang gänzlich unterhalb aller gebräuchlicher Drehzahlen (also unter 2000/min) wie mit einem fast lautlosen Rolls Royce durch die Alleen zu gleiten. Auch beim Runterschalten bis in den zweiten Gang (50 km/h = 3500/min) blieb diese Laufkultur erhalten, wobei ich mich sehr daran gewöhnen mußte, daß ich den Motor unter dem Sturzhelm kaum hören konnte.

Dann aber draußen, erst auf der Landstraße und dann auf der Autobahn – ! Dort war zunächst die Beschleunigung beeindruckend, aber auch die Tatsache, daß man immer etwas schneller fuhr, als man das gefühlsmäßig glaubte. Enge Kurven verlangten ein wenig Sorgfalt, denn so impulsiv und dreist wie mit einer fixen 250er Straßensportmaschine war das mit diesem Riesentier nicht möglich. Lange Kurven waren dagegen kein Problem. Man fuhr überland im zweiten, dritten und höchstens auch im vierten Gang.

Das beste Erlebnis hatte ich aber auf der Autobahn, und dort war es genau so wie mit der Münch TTS oder TTS/E – auf den 280 Kilometern, die ich mich dort zwischen Stuttgart, München und Rosenheim bewegte, gab es *keine* anderen Verkehrsteilnehmer, kein Superauto welcher Marke auch immer, die mich überholten. Es mag ja sein, daß die gewaltigen Asse von Mercedes, Porsche, Ferrari und so weiter alle gerade Mittagsvesper hielten, trotzdem machte auf diese Weise der rasende Brocken am meisten Eindruck auf mich.

Zum Schluß der Fahrten habe ich festgestellt, daß die Z 1300 im Grunde genommen für unsere Verkehrsverhältnisse, für die Art, wie in unserem Ländle noch Motorrad gefah-

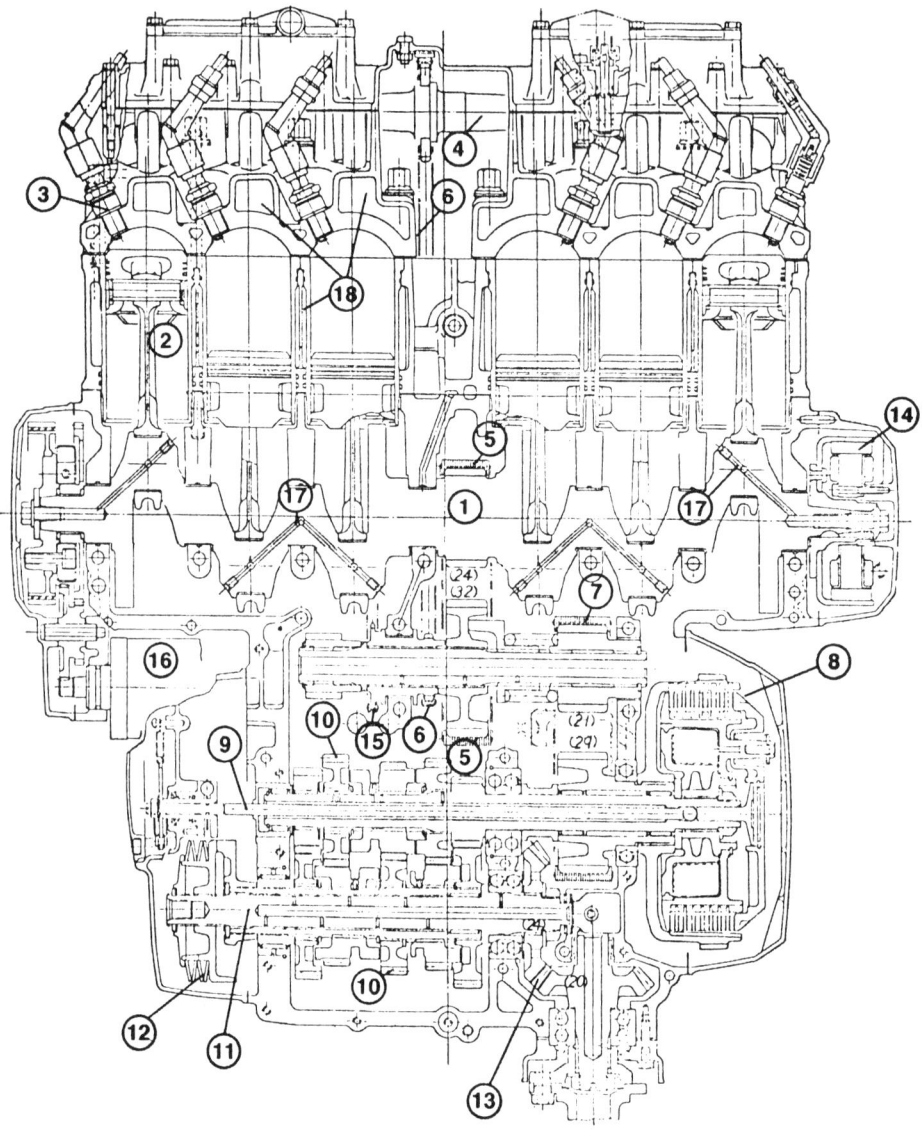

1 geschmiedete Kurbel-
welle, siebenfach gleit-
gelagert
2 Kolben mit Bolzen und
Pleuel im Schnitt
3 jeweils seitlich links
bzw. rechts einge-
schraubte Zündkerze,
Zündfolge: 1/0° —
2/180° — 4/180° —
6/360° — 5/540° —
3/540° — 1/720°/0°
4 obenliegende Nocken-
wellen steuern jeweils
ein Einlaß- und ein
Auslaßventil (Ventile
auf der Schnittzeich-
nung nicht zu sehen)

5 Zahnkettenantrieb zur
Zwischenwelle
6 Zahnkettenantrieb von
der Zwischenwelle zu
den Nockenwellen
7 Zahnkettenantrieb von
der Zwischenwelle zur
Getriebeeingangswelle
8 Kupplung mit acht
Reibscheiben
9 Kupplungsdruckstab
mit Kupplungspilz und
Kugel
10 Getriebezahnradpaare
(fünf Gänge)
11 Getriebeabtriebswelle
hohlgebohrt
12 Torsionsdämpfer zum

Abbau von Schwingun-
gen der Kardanwelle
13 neunzig Grad Umlen-
kung zur Kardanwelle
durch Schrägverzah-
nung (Welle mit Län-
genausgleich)
14 kontaktlose Transistorzündanlage
15 Rollenkettenantrieb
zur Wasserpumpe
16 Elektrostarter 600 Watt
17 Ölbohrungen zur
Schmierung der Gleit-
lager der Kurbelwelle
18 Wasserkanäle zur Küh-
lung der Zylinder und
des -Kopfes

ren werden konnte und wurde, eine glatte Übertreibung war. Damit soll nicht gesagt sein, daß wir nicht alle von diesem Maschinenmonstrum fasziniert waren und voller Bewunderung allein schon für die Serienfertigungstechnik steckten, aber genauso drängte sich gleichzeitig der Gedanke auf, daß für ein schönes und mitreißendes Motorraderlebnis auf diese Weise ein – im Sinne des Wortes tatsächlich – verrückter Aufwand getrieben wurde. Selbst in Amerika, was sollte man da mit so einer Überlokomotive bei den eisenhart einzuhaltenden und kontrollierten Speedlimits auf den Highways mit 112 km/h (= 70 mph)? War es noch ein Vergnügen zu nennen, einen 320 kg schweren Einspurkoloß solo ohne Rückwärtsgang rangieren zu müssen?

Das zulässige Gesamtgewicht ließ nur 170 kg Zuladung zu – also zwei Personen à 70 kg + nur 30 kg Gepäck. War das eine Reisemaschine? Die Zulassung gestattete kein Anbringen von Gepäcktaschen, einen Seitenwagen durfte man lt. TÜV *nicht* an dem Rahmen anbringen, womit auch noch ein weiterer reizvoller Anwendungszweig verbaut wurde. Wozu also der wahnsinnige Aufwand für 12 068.– DM, dem man auf den wirklich Spaß machenden echten Motorradstraßen (Kurven, Berge, Täler usw.) mit 50 Pferdchen, wenn nicht mit noch weniger Leistung, einfach davon fahren konnte?

So richtig beantwortet hat mir diese Frage bis heute niemand. Höchstens ich selbst aus der Begeisterung für Motorräder und für besondere Maschinen heraus: Weil diese gewaltige Masse Metall und PS einfach eine Herausforderung darstellte, weil es einen mitriß, wenn man die Technik des Brockens betrachtete und wenn man so ungeheuer dezent nur mit dem Geräusch eines dunklen Rauschens über die Autobahn fegen konnte. Aber mein Freund Karl meinte ganz trocken: Ach, Mensch – komm' doch 'mal vorbei mit der Lokomotive, hier in die Berge und dann ins Voralpenland – da mach' ich dich mit meiner alten Commando 750 ganz schnell,

ganz einfach restlos nieder – !

Womit er klar und 100%ig richtig lag.

Angetrieben werden mußten die beiden Nockenwellen (über Zahnkette), die Welle für die kontaktlose Zündanlage (Rollenkette) und die Wasserpumpe, die Ölpumpe (über Zahnräder) und die Getriebehauptwelle (über 42 mm starke Zahnkette). Ohne eine Hilfswelle wäre das nur mit größerer Baubreite gelungen. So wurde eine Zwischenwelle von der Kurbelwelle aus mit einer Zahnkette angetrieben, von der aus dann alle wichtigen Aggregate bedient werden konnten. Das wäre eine zu erklärende Gruppe der vielen Details. Weiter wäre zusammengefaßt der Antrieb von der Kurbelwelle bis zum Hinterrad zu erläutern, auf dessen Weg es insgesamt vier Dämpferelemente gab. Das waren zwei Gummidämpfer und mechanische Torsionsdämpfer auf der Zwischenwelle zwischen Motor und Getriebe und am Getriebeausgang zum Hinterradgetriebe. Außerdem wurden zwei Umlenkungen notwendig – am Getriebeausgang und im Hinterradgetriebe. Aber auch in der Kupplung (neun Platten im Ölbad) befand sich eine Stoßdämpfung.

Da der Motor ein ausgesprochener Langhuber war (62 mm Bohrung/71 mm Kolbenhub), mußte man Sorge haben, daß bei höheren Touren eine zu hohe Kolbengeschwindigkeit entstand. Bei 8000/min erreichte der Wert 18,9 m/s, und das war schon im Grenzbereich der Materialfestigkeit. Doch sah ich das deshalb als nicht lebensgefährlich für den Motor an, weil es kaum jemanden gegeben haben dürfte, der diese 8000/min in den Gängen oder bei einer Autobahnjagd im fünften Gang (8000/min im fünften Gang bedeuteten knapp 215 km/h) zu lange einhalten konnte. Trotzdem war der lange Kolbenhub ungewöhnlich für ein japanisches Motorrad von 1979.

Daß natürlich ein Sechszylinder-Automotor in einem Motorrad ein bombenfestes Rückgrat braucht, ist wohl logisch. Und deswegen fiel auch das Fahrwerk der Z 1300 entsprechend dimensioniert aus. Es war ein Doppelschleifen-Rohrrahmen mit einem zusätzlichen Stützrohr. Es gab am Lenkkopf sehr starke Absteifungen und eine Menge Knotenbleche. Wie bei den Japanern damals sehr oft zu sehen, waren die Schweißnähte außerordentlich grob und nicht sehr sauber, wodurch auch mögliche Rostnester im Untergrund vorprogrammiert wurden. Die Hinterradschwinge bewegte sich auf starken Nadellagern.

Das und auch die mächtige, hydraulisch gedämpfte Telegabel brachten ebenfalls eine Menge Kilogramm auf die Waage, das Motorrad mußte bei den Detailbemessungen und dem Umfang aller seiner Aggregate einfach so schwer werden. Man wunderte sich, daß es „nur" bei knapp 320 kg blieb.

Es war von vornherein klar, daß keine gewaltigen Stückzahlen unter die Leute kommen würden, daß die Z 1300 kein Volksmotorrad sein würde, und das nicht nur wegen des Preises. Genau so kam es auch, bis Mitte 1985 wurden in der Bundesrepublik Deutschland keine 1000 Stück auf die Straße gebracht.

Also warum so eine Aufregung?

Weil die Maschine einen nicht zu übersehenden Punkt an das Ende der 70er Jahre setzte, der uns allen signalisierte „Bis hierher und nicht weiter". Faszination hin und Begeisterung her – das war im Grunde genommen nicht mehr ein Fahrzeug, welches den Motorradbegriff zu idealisieren in der Lage war.

So schien der eine Gesichtspunkt zu sein. Anders gesehen war diese Super-Kawasaki eine Demonstration dessen, was die Japaner in der Lage waren, für einen Serienbau zu mobilisieren, und was ihnen möglich war, an technischem Aufwand zu praktizieren. In den 60er Jahren noch hätte das jeder bei uns für unmöglich gehalten – allein schon vom produktionstechnischen und vom finanziellen Einsatz her gesehen.

Wenn die Sechszylinder-Kawasaki auch nicht wie warme Semmeln an jeder Ecke verkauft werden konnte, so fand sie anfangs enormes Interesse und Ansehen: 1978 „Motorrad des Jahres" 2. Platz. Doch 1979 ging es bei dieser Wahl mit dem 12. Platz weiter, die erste Harley kam auf Platz 27, und 1980 sackte die Z 1300 auf den 31. Platz – die 1338 cm^3 Harley lag auf dem 26. Platz davor – !

So gesehen war das alles kein Erfolg, doch trotzdem hielt sie sich bis in die 80er Jahre auf dem Markt. Eines Tages erkannte das Werk auch die Festigkeit des Rahmens für Seitenwagenbetrieb an, womit die Maschine eigentlich in einen Bereich hineinkam, in den sie von vornherein eigentlich besser gepaßt hätte als *nur* für Solobetrieb. 170 km/h ging sie mit einem großen EML-Wagen an der Seite, was wäre mit einem schmaleren und zierlicheren (und leichteren) Troika-Wagen daraus geworden? Mit dem EML von 0 bis 100 km/h in gut sieben Sekunden – ! Und dabei stand der Wagen *viel* zu weit neben den 320 kg, da hätte man die Spur des Gespanns, weiß der Himmel, noch schmaler machen können. Typ ST = Super Tourer, 1981.

Den Gespannbetrieb, den hätten sich die 1300-Väter 1979 'mal gleich einfallen lassen sollen. Aber Gespannfahren ist ihnen so suspekt wie den Kühen das Schwimmen – !

Also da sehen wir es schon: der Bomber war zwar kein wirtschaftlicher Renner und glänzte nicht durch Massen-Zulassungen, aber reden werden wir darüber noch, wenn manche Markt-Renner längst versunken sind und niemand mehr ihre Namen kennt. Über die Sechszylinder-Kawa muß man einfach diskutieren, sie kann unmöglich verschwinden. 320 kg – sechs Zylinder in Reihe mit zwei obenliegenden Nockenwellen – Flüssigkeitskühlung – ursprünglich 120 PS – und das alles auf zwei Rädern in einer Spur – !

Wahrlich, die 70er Jahre waren schon faszinierend.

Suzuki: Sprung nach vorn!

Erst 1972 taucht der Markenname Suzuki in den Marktlisten auf. Neu zugelassen wurden 1201 Stück (Honda 10 291/Kawasaki 1233/Yamaha 3223/BMW 4589). Das heißt aber nicht, daß es vorher keine Suzuki in der Bundesrepublik Deutschland gab. Entweder waren die Verkaufs- und Neuzulassungszahlen noch zu niedrig, um in offizielle Statistiken aufgenommen zu werden – also unter 100 Stück. Oder aber man übersah diese japanischen Importe noch und notierte sie nicht. Vielleicht gab Suzuki auch noch keine Zulassungen bekannt, weil alles über Mustergutachten des TÜV lief und es noch keine ABE gab.

Trotzdem – die schnelle kleine T 20, 250 cm^3 mit schlitzgesteuertem Zweizylinder-Zweitaktmotor und mit dem ersten Serien-Sechsganggetriebe sowie die 500 cm^3 T 500, Zweizylinder-Zweitakter, schlitzgesteuert, waren seit 1966 im Angebot und waren mit 29 bzw. 47 PS bestimmt keine uninteressanten, lahmen Vögel. Aber es war klar, daß nur zwei Modelle nicht genügen würden, die 70er Jahre erfolgreich zu beginnen. Und so kam 1972 im Frühjahr die große 750 cm^3-Dreizylinder GT 750 J in den Handel. Der schlitzgesteuerte Zweitakter hatte Wasserkühlung und leistete 67 PS.

1975 begab Suzuki sich mit dem Modell RE 5 auf das Wankelgebiet, hatte aber bereits acht andere Zweitaktmodelle von 88 bis 738 cm^3 im Programm. Die RE 5 wurde bis 1977 angeboten, verschwand dann aber aus dem Programm. Insgesamt hatte Suzuki nun schon 14 verschiedene Typen zu bieten. Darunter waren seit dem Herbst 1976 zwei Viertaktmodelle, die GS 400 mit zwei Zylindern und zwei obenliegenden Nok-kenwellen, 36 PS, und die GS 750 mit vier Zylindern und zwei obenliegenden Nockenwellen, 63 PS. Im Herbst 1978 bestand das Angebot aus 19 Maschinen, davon waren inzwischen sechs mit Viertaktmotoren zwischen 369 und 997 cm^3 Hubraum ausgerüstet, und es gab den ersten Suzuki-Einzylinder-Viertakter 369 cm^3 mit obenliegender Nockenwelle, 27 PS, Typ SP 370, ein Enduro-Modell.

In die 80er Jahre marschierte Suzuki Motor Co., Ltd., Hamamatsu, mit 33 Motorrädern für die Bundesrepublik, wovon 21 Viertaktmotoren mit einem, zwei oder mit vier Zylindern besaßen.

Die größte Suzuki mit einem Zweitaktmotor verschwand 1979 aus dem Programm. Es war die 750er wassergekühlte Dreizylinder, mit der die Marke 1972 in die Klasse der Maschinen über 50 PS eingetreten war. Der „Wasserbüffel" war in jener Zeit so markant und ungewöhnlich, und er eröffnete Suzukis Weg zu den Großen, so daß man über ihn sprechen muß.

Mit der GT 750 J von 1972 kam ein neues, sehr sportliches Tourenmotorrad auf die Straßen, das in die Sparte „Bahnburner" gehörte. „Bahnburner" war ein englischer Begriff (= Autobahn-Brenner), der durch unsere Autobahntests Hamburg–Wien in den 60er Jahren entstand. Damit waren schnelle und zuverlässige Reisemaschinen gemeint, die sich noch größerer Beliebtheit erfreuten (die Autobahnen waren noch nicht so voll wie in den 80er Jahren). Die Suzuki war mit Maschinen zu vergleichen, wie sie als Beispiele für diese Kategorie durch die Moto Guzzi V 7, 750 cm^3 und die BMW R 75/5, 750 cm^3 repräsentiert wurden. Man hätte noch

Suzuki's Wasser-
büffel: GT 750 J.
Dreizylinder-Zwei-
takter mit Schlitz-
steuerung, wasser-
gekühlt, 1972,
738 cm³ Hubraum,
52 DIN-PS.

die BSA Rocket 3 (Dreizylinder-Viertakt, ohv), die Ducati 750, die Dreizylinder-Triumph Trident ohv, die Norton Interstate u. ä. zu dieser Gruppe zählen können, während die Honda CB 750 Vierzylinder ohc durch ihre höhere Leistung schon aus dem Kreis hinausragte und mehr zur Dreizylinder-Zweitakt-Kawasaki 750 H 2 paßte.

Die auf der Nordschleife des Nürburgrings gezeigten Fahrleistungen der wassergekühlten Suzi stuften sie dann auch in die Bahnburner-Klasse gut ein. Ihre Leistung betrug 52 DIN-PS (67 SAE-PS) bei 6800/min. Zylinderbohrung 70 mm, Kolbenhub 64 mm, Hubraum 738 cm³. Gegen Ende der 70er Jahre hatte der Motor dann 63 DIN-PS/46,4 kW bei 6500/min. Sein höchstes Drehmoment von 7,7 mkg fand sich bei 5500/min. Drei Mikuni-Gleichdruckvergaser 40 mm ⌀ versorgten die Zylinder mit Gasgemisch, die Schmierung erfolgte über eine Pumpe mittels Frischöl wie bei allen modernen Zweitaktern.

Von den drei Zylindern war der rechte außen etwas von den beiden anderen mit Abstand versetzt, weil zwischen dem mittleren Zylinder und dem rechten der Primärantrieb angeordnet werden mußte. Um nicht noch mehr kostbaren Platz zu vergeuden und den Motor nicht zu breit werden zu lassen, wurden daraufhin der mittlere und der linke Zylinder um einige Grade so zueinander ver

dreht, daß sich eine Verschachtelung der Spülkanäle ergab.

Die Kurbelwelle war vierfach gelagert, Pleuel und Kolbenbolzen liefen auf Nadellagern. Der Primärtrieb bestand aus schräg verzahnten Rädern.

Mit dem Anspringen gab es kaum Ärger. Es kam zwar vor, daß der Elektrostarter einmal durchdrehte, ohne die Kurbelwelle mitzunehmen, wenn der Motor sehr kalt und das Fett im Anlasserfreilauf noch zu steif war. Aber ein Tupfer mit dem Fuß auf den Kickstarter genügte, um das Aggregat sofort in Gang zu bringen. War dann Betriebswärme vorhanden, griff auch der E-Starter zuverlässig.

Im Leerlauf war das Geräusch mit dem des früheren Auto-Union-Wagens „3 = 6" zu vergleichen, der ja auch einen Dreizylinder-Zweitaktmotor besaß. Die Aufzeichnungen des Fahrtenschreibers gaben weitere Auskünfte: vom Stand weg bis 100 km/h in sechs Sekunden, und durch die 500 Meter bis zum Eingang der Südkurve reichte es bis 135 km/h. Um die Südkurve herum betrug das Tempo runde 85 km/h, und bis zum Eingang in die Nordkurve über die Gegengerade hinweg kam man auf den 750 Metern leicht an 165 km/h heran, ohne daß man sich lang oder klein machen mußte. Mit 52 DIN-PS hatten wir ein Leistungsgewicht von 4,52 kg/PS (235 kg betriebsfertiges Leergewicht

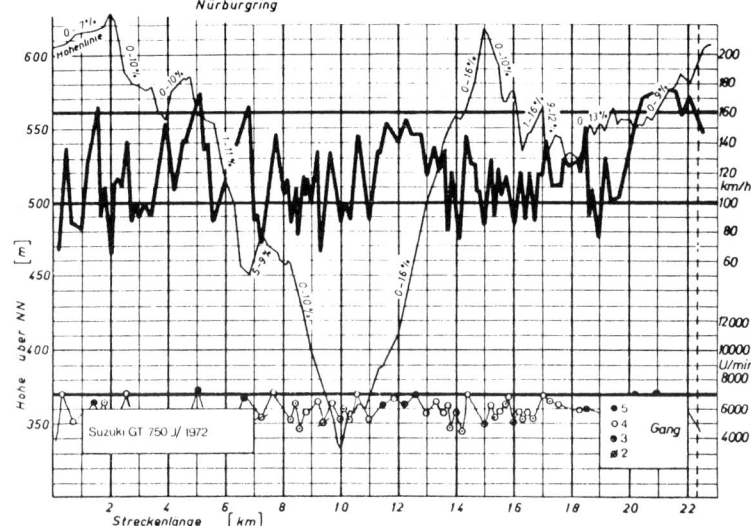

Höhendiagramm des Nürburgringes mit eingezeichneter Tempo-, Drehzahl- und Gangmarkierung für die Suzuki GT 750 J.

der Maschine).

In die Nordkurve mit 90 km/h, zum Hatzenbach mit über 140 km/h hinunter. An dieser abwärts führenden Streckenstelle fanden wir einen kleinen Haken in der aufgezeichneten km/h-Linie: das war der leichte Rechtsknick bei Kilometer 2,2, in dessen Scheitelpunkt eine flache Senke für starkes Einfedern sorgte. Leichte Schräglage nach rechts, Ein- und Ausfedern der Gabel. Es war klar – japanische, ungenügende Dämpfung.

Im Hatzenbach machten die Schlängelkurven zwischen Kilometer 2,5 und 3,5 keine Schwierigkeiten. Obwohl das Motorrad ein gewaltiger Brocken vom Gewicht und von seinen äußeren Abmessungen her war, blieb es doch erstaunlich beweglich. Tempo immerhin zwischen 90 und 100 km/h. Anschließend ging es zur Quiddelbacher Höhe – 155 km/h, dann ein Bautrupp – (leider nicht zu ändern) –, runter auf 110 km/h. Hinterm Flugplatz ging es hinunter zum Schwedenkreuz, unten 175 km/h – schon war die langgezogene Linkskurve über die Kuppe hinweg vor dem Motorrad. Schräglage links, leichte Wellen, leichtes Lenkerpendeln, etwas Schlangenlinie – Gas weg. Gleich dahinter Anbremsen der Arembergkurve. Mit 90 km/h um die Ecke rechts herum und hinunter in die Fuchsröhre.

Bis 165 km/h traute ich mich auf diesem

etwas welligen, leicht schlängelnden Streckenstück. Unten im Grund federte die Maschine fast ganz ein. Schneller? Mit so einem Wasserbüffel vielleicht ein Kamikaze-Mann, der keine sensible Verriegelung hat – !

Nächste interessante Stelle: Kilometer 7,8 am Metzgesfeld. Wellige Hundekurve nach links. Man wagte es bis 148 km/h im vierten Gang (= 7000/min), bei mehr Geschwindigkeit zuckte es wieder leicht im Lenker. Hinunter nach Breidscheid, das war wieder ein Spaß. Man konnte die Maschine ruhig nach unten um die Ecken „fallen" lassen, 110 km/h, 120 km/h, dann die Wehrseifen-Ecke und blitzschnell Runterschalten bis zum zweiten Gang. 5000/min, 65 km/h. Dann wieder bis an 135 km/h heran und über die Brücke von Breidscheid.

In der langen Steigung gab es bei Kilometer 12 im Kesselchen bei 155 km/h einen kurzen Schlenker – die Straße war dort wellig und bei höherem Tempo sogar ruppig. Schräglage kam dazu – also Gas weg. Danach zog der Motor aber wieder fein durch, man konnte sich sogar den fünften Gang bei 155 km/h erlauben (= 6200/min). Bei 5500/min lag ja das höchste Drehmoment.

Bei Kilometer 12,7 bis 13 kam die Linkskurve über einen kleinen Buckel an mehr als acht Prozent Steigung – 120 km/h im vierten Gang, der Motor zog wunderbar sauber auf knappe 140 km/h hoch. Im Karussell nichts Besonderes – 80 km/h. Vor der Hohen Acht, an der zweithöchsten Streckenstelle, war man trotz Kurvengeschlängel und Steigung schon wieder auf 145 km/h geklettert, und im folgenden Abschnitt zwischen Kilometer 15 und 19 mußte sich die Kurvenlage bewähren.

Hier war man wieder erstaunt, genau wie bei der Abfahrt nach Breidscheid hinunter, wie wunderbar die Maschine um die Ecken zu bringen war. Sie wirkte anfänglich durch den breiten und hohen Kühler ein wenig kopflastig, aber dieser Eindruck stellte sich hier als falsch heraus. Der Schwerpunkt lag doch nicht zu hoch über der Verbindungslinie zwischen den beiden Radachsen.

Hinter Schwalbenschwanz und Galgenkopf ab Kilometer 19,5 kam man auf die lange Gerade. Klein gemacht im Lederzeug erreichte der Fahrer ca. 177 km/h (= 7200/min im fünften Gang). Trotz des leichten Anstiegs bis zur Antoniusbuche bei Kilometer 21,8 blieb diese Geschwindigkeit erhalten.

Durchschnitt der besten Runde mit Fahrtschreiber 11:42 bis Kilometer 22,3 an der Endschikane = 114,3 km/h, womit die Suzuki GT 750 J in den Kreis der Reisemaschinen einzustufen war. Das Verhältnis von bestem Rundenschnitt zur Endgeschwindigkeit, also von 114,2 km/h zu 177 km/h – in Prozenten ausgedrückt 64,5% des höchsten Tempos – mag die Fahrwerkbeurteilung sein (Norton-Commando 750 cm³ 73,1%; Kawasaki Z 1 900, 903 cm³, 60,24%).

Aus den Fahrtschreiber-Blättern war zu erkennen, daß man am Fahrwerk hinsichtlich weicherer Federung, größerer Federwege und etwas besserer Dämpfung noch hätte arbeiten müssen. In Japan gab es eben keine solchen Teststrecken wie den Nürburgring und viel zu sehr die Vorstellung, daß über die Highways „tourende" Amerikaner mit einer guten Spurhaltung bei 70 m.p.h. = 112 km/h durchaus zufrieden seien. Für „die paar" Abnehmer auf

Deutschlands trickigen Straßen konnte man sich keinen größeren Aufwand leisten.

Nun, später mußten die Konstrukteure in Japan doch sehr viel an ihren Fahrwerken verbessern, da waren es eben nicht mehr „nur ein paar Abnehmer" in Deutschland – !

Bei den Meßfahrten um den Ring erreichte die Kühlwassertemperatur nie die rote Marke. Der zusätzlich sich einschaltende Ventilator trat nicht in Aktion. Angenehm war das Verhalten des Motors. Man konnte schon ab 60 km/h im fünften Gang beschleunigen – er zog ohne Loch durch. Die Wasserkühlung mit einem Inhalt von 4,5 Litern brachte durch Pumpe, Thermostat, Leitungen, Kühler, Ausgleichtank, Ventilator, Zylinderkühlmäntel usw. eine Menge mehr Gewicht und bedeutete zudem einen großen technischen Aufwand. Diesen Aufwand hätte 1972 eine europäische Fabrik kaum noch gewagt.

Kein einziges Mal gelang es uns – auch bei den noch folgenden 6000 Testkilometern (und das waren 1972 viele, denn länger gab ein Importeur eine Maschine garnicht her!) –, die Anzeige des Temperaturmessers über die Hälfte der Markierung zu bekommen. Die Musik des Motors war auch auf langen Strecken nicht störend, weil man ab 110 km/h fast nur das Windsausen am Sturzhelm hörte.

Da der Tank leicht abnehmbar war, gestalteten sich Pflegearbeiten an den drei Vergasern nicht zu Wochenend-Aktionen. Nur bot die hundertprozentige Reinigung des Motors deshalb Schwierigkeiten, weil u. a. auch durch das Kühlsystem viele verschwiegene Eckchen entstanden waren. Für Wintersalz ein schwerer Fall – !

Der Wasserbüffel verbrauchte auf der Autobahn bis zu 13 Liter auf 100 Kilometer. Ansonsten bei schnellen Landstraßen etwa neun bis zehn Liter, Tourentempo ca. sieben Liter. Tankinhalt 17 Liter – also für die Autobahn knapp.

Im nicht flatternden Lederzeug, möglichst klein gemacht, bemerkte man ein leichtes

Lenkerpendeln nur, wenn die Maschine in Schräglage ausfederte. Leicht gebückt, mit einer flatternden Jacke, begann die Lenkerpendelei schon bei Geradeausfahrt jenseits von 150 km/h, wobei der irre breite Lenker wie die Rahe an einem Windjammermast wirkte. Besetzt mit zwei Personen und Gepäck, Federung weich eingestellt, gab es leichte Schlangenlinien ab 140 km/h.

Die doppelten Duplexbremsen im Vorderrad waren im Lauf der Zeit immer „länger" geworden, ab 1973 bekam der Wasserbüffel hydraulisch betätigte Scheibenbremsen. Bis zum Kilometerstand 3000 gab es keine Schäden, aber dann mußte der Lichtmaschinen-Anker erneuert werden. Später brach die Soziusfußraste links ab, und es wurden die beiden Auspuffendstücke lose (die drei Auspuffrohre waren untereinander verbunden und endeten in je zwei Rohren mit zwei Dämpfern – ein großer und ein kleinerer – auf jeder Maschinenseite). Es gab weiterhin noch mehrere kleinere Schäden – undichte Kopfdichtungen, Riß am Schalldämpfer u. a. Wir waren froh, daß kein Kolbenklemmer vorkam, das hätte einen komplett neuen Zylinderblock gekostet. Die Ersatzteilpreise waren horrend hoch – eine Hinterradkette DM 205.–, für 1972 ganz lecker – !

So ganz zufrieden war ich damit nicht, und es dauerte auch nicht lange, bis Suzuki an diesem Apparat allerlei Modellpflege unternahm.

Als der Wasserbüffel 1979 aus dem Programm verschwand, waren die Zweitakter bei Suzuki schon ziemlich zurückgedrängt,

und es gab sogar schon eine Vierzylinder-Maschine mit Kardanantrieb, die GS 850 E. Mit Viertaktern trat die Marke zuerst 1976 auf der Ausstellung in Köln ins Rampenlicht und brachte die 398 cm³ Zweizylinder-Maschine GS 400 und die Vierzylinder GS 750 heraus.

Es schien in diesem Jahre in der Luft zu liegen, daß bei allen japanischen Marken wieder einmal Zweizylinder-Viertakter oberhalb von 350 cm³ Hubraum große Marktrenner sein würden. Alle hatten sie neue Modelle im Angebot, die flotte GS 400 war als Suzuki-Viertakt-Erstling dazu in ihrer äußeren Linienführung harmonisch und hübsch gelungen. Wenn das Motorrad in seinem technischen Konzept „uniformiert" mit seinen Konkurrenten erschien, daher also – bis auf zwei durch eine Kette angetriebene obere Nockenwellen – nichts sensationell Anderes bot, so unterschied es sich aber von anderen durch eine optimale Laufkultur des Motors. Mit Hilfe einer Ausgleichswelle verschwanden die Vibrationen fast völlig, es war, als liefe ein Vierzylinder-Motor. Seine Leistung wurde zunächst mit 34 PS bei 8600/min angegeben, wurde aber ab 1977 wegen der 27-PS-Versicherungsklasse in Deutschland mit 27 DIN-PS/20 kW bei 7400/min bemessen, welche Reduzierung jedoch nicht einfach durch Beschränkung der Atemwege vorgenommen wurde, sondern durch eine andere Nockenwelle.

Es war gut, daß diese Konstruktion auf Drehfreudigkeit zielte, daß das Getriebe sechs Gänge besaß – zwischen 5000 und

Suzuki GS 400, 1976. 398 cm³ Hubraum, Zweizylinder-Viertaktmotor, zwei obenliegende Nockenwellen, 27 und später auch 34 PS/25 kW.

8000/min mußte sich nämlich die Fahrerei abspielen, wenn der erwartete Spaß auch da sein sollte. Und das war möglich.

Auf der anderen Seite, so meine ich, haben sich nur die Japaner mit so viel Aufwand um die Lösung der gestellten Aufgaben kümmern können. Extra für ein bestimmtes Land wegen dessen Versicherungsregeln einen schon fertigen Motor noch einmal durch eine neue Nockenwelle völlig für eine bestimmte Leistungsgabe einzurichten, ohne die Gewißheit zu haben, gewaltige Stückzahlen absetzen zu können.

Der Motor war aufwendig. Fünfteilige Kurbelwelle (aus Einzelteilen zusammengepreßt), dazu vier Rollenlager. Hubzapfen um 180° versetzt. Ausgleichswelle. Pleuelfüße auf Nadellagern. Zwei obenliegende Nokkenwellen. Leichtmetall-Zylinderblock mit eingeschrumpften Gußlaufbuchsen. Zylinderbohrung 65 mm, Kolbenhub 60 mm, Hubraum 398 cm³. Druckumlaufschmierung durch Eaton-Pumpe. Die Nockenwellen-Antriebsräder waren kunststoffbeschichtet.

Einige Details dieses Motors waren denen des 750er Vierzylinder-Motors sehr ähnlich, wenn nicht sogar gleich, wie zum Beispiel die Kolben (gleiche Zylinderbohrungen). Die Fahrleistung bewegte sich bei einer Beschleunigung von 0 bis 100 km/h in gut sieben Sekunden, und bei Endgeschwindigkeiten zwischen 125 km/h für zwei und 144 km/h mit einer Person. Ein Dauertest auf dem Nürburgring ergab einen Verbrauch von etwa 5,5 Litern auf 100 Kilometern. Bei diesem Test über 5500 Kilometer gingen nur Kleinigkeiten zu Bruch, die späteren Erfahrungen von Suzuki-Kunden mit der GS 400,

die bis in die 80er Jahre im Lieferprogramm stand, waren durchweg gut. Es war ein bemerkenswertes Mittelklasse-Motorrad.

Die schon erwähnte Vierzylinder-Maschine, die zum gleichen Zeitpunkt auf den Markt kam, machte vom Aussehen her noch mehr Furore, obwohl auch sie in der Grundkonzeption eben auch den üblichen uniformierten japanischen Reihen-Vierzylindermotor bot. Aber bei der Konkurrenz der japanischen Marken untereinander hatte es fast den Anschein, daß für die Konstrukteure und für Kaufleute eine Gleichartigkeit der konkurrierenden Konzeptionen unter dem Motto „ein japanisches Motorrad muß so und nicht anders aussehen" durchaus günstig war.

Wir waren allerdings der Meinung, daß damit eine Menge Farbigkeit und Lebendigkeit im Wesen verloren ging. Wir empfanden auch das sehr starke unpersönliche Moment und das immer geringer werdende individuell geformte Angebot der Massenentwicklung, Massenfertigung und Massenabfertigung einer mehr und mehr mechanisch durch Computer gesteuerten Motorradbranche aus Japan als unbefriedigend, wenn nicht sogar als „fremd". Doch mit der Begeisterung, die uns für das wunderbare Fahren mit diesen Motorrädern einnahm, versuchte man, sich diesem Gang der Ereignisse anzupassen. Die ganz jungen Motorrad-Enthusiasten, die die 50er Jahre zum Beispiel nicht erlebten und in die 60er Jahre neu hineinkamen, konnten oder wollten solche Gedanken zur japanischen Motorradwelle garnicht haben, für sie war vielleicht die Uniformierung der japanischen Motor-

Suzuki GS 750, 1977, 748 cm³ Hubraum, Vierzylinder-Viertaktmotor, zwei obenliegende Nockenwellen, 63 DIN-PS/46,4 kW.

radbauweise dasselbe wie die Uniformierung ihrer eigenen Mode mit Blue Jeans, einem überaus zweckmäßigen Bekleidungsstück.

So war das auch mit den gleichartigen Motorrädern – diese Vierzylindermotoren waren in ihrer Form technisch durchaus ausgereift und zuverlässig, also „zweckmäßig". Bei Suzuki gelang es auch, eine flotte, flüssige und formschöne äußere Linie zu finden. Wie schon erwähnt, waren einige der Motorbauteile der 400er Twin und der 750er Vierzylinder ähnlich oder gleich. Der Vierzylinder brauchte keine Ausgleichswelle, der Primärtrieb bestand – ohne Zwischenwelle – aus geradverzahnten Rädern, das Getriebe hatte fünf Gänge. Die beiden obenliegenden Nockenwellen wurden durch eine Kette angetrieben, pro Zylinder gab es zwei Ventile.

Der Vierzylinder (Zylinderbohrung 65 mm, Kolbenhub 56,4 mm, Hubraum 748 cm^3) leistete 63 DIN-PS/46,4 kW bei 8800/min, war also auch sehr drehfreudig. Das höchste Drehmoment lag mit 5,3 mkg bei 8100/min. Die Beschleunigung von 0 bis 100 km/h wurde mit knapp fünf Sekunden gemessen, als Endgeschwindigkeiten wurden 168 km/h mit zwei Personen und gut 190 km/h mit einer Person (langliegend im Lederzeug) festgestellt. Der Verbrauch lag knapp unter acht Litern auf 100 Kilometer.

Natürlich machte es Spaß, mit der neuen Viertakt-Entwicklung zu fahren, denn das Motorrad war temperamentvoll, wenn man den Motor richtig drehen ließ, es hatte eine – für eine japanische Maschine ungewöhnlich – gute Spurhaltung in jeder Situation, und mit der Zeit stellte es sich auch heraus, daß eine große Zuverlässigkeit geboten wurde. Hinzu kam, daß auch dieser Suzuki-Viertakter eine große Laufkultur aufwies und auch mit zwei Personen gut zu fahren war.

Obwohl die ungeteilten Pleuelfüße auf Nadeln gelagert waren, gab es auch nach langer Zeit über mehr als 30 000 km hinweg bei einer Testmaschine, die von Jan und alle Mann malträtiert wurde, keinen Ärger damit.

Überhaupt überstand das Motorrad diese Laufzeit, ohne an Leistung zu verlieren. Allerdings wurde der Tatsache Rechnung getragen, daß man den kalten Motor erst eine Weile ruhig im Leerlauf in Bewegung halten mußte, bis das nach längerem Stehen in den Sumpf gesickerte Öl wieder von der Pumpe an alle Schmierstellen befördert worden war. Wer es eilig hatte, fuhr eben die ersten paar Minuten mit geringerer Drehzahl und riß das Gas erst nach drei oder vier Kilometern richtig auf.

Auf alle Fälle war diese GS 750 eines der erfreulichsten Motorräder aus Japan, die ich erlebt habe. Der Ärger mit dem viel zu kleinen Tank war da noch zu verkraften, wenn es auch mehr als lästig war, alle 150 Kilometer nachtanken zu müssen, auf der Autobahn sicherheitshalber alle 130 Kilometer, wenn die Möglichkeiten es zuließen. Auf der Bahn gingen nämlich glatt 10 Liter auf 100 Kilometer drauf, und 18 Liter waren höchstens in dem Winzbottich drin – ausfahrbar vielleicht 17 Liter, nach 16 Litern mußte man auf Reserve schalten – und die langte kaum für 15 oder 20 Kilometer. Das war ein Objekt für Zusatzteile-Fabrikanten – !

An dieser Suzi erlebte ich zum ersten Mal auch eine sogenannte „O-Ring"-Hinterradkette, der man eine besonders lange Lebensdauer nachsagte. Eine solche Kette war mit einer Art Dauerschmierung versehen, indem Schmierfett in die Rollen gebracht worden und gegen Austreten an den Laschen durch Dichtringe gesichert war. Man mußte nur gelegentlich die äußeren Flächen durch ein Kettensprühfett säubern und gleitfähig halten. Der Trick dabei aber war, daß die Kette nicht zu stramm saß, sie mußte ein klein wenig mehr Durchhang bekommen. So lebte sie auf unserer Testsuzi länger als 17 000 Kilometer bis zum ersten Wechsel.

Naja, dann hatte man wohl das Gerede von dem „unbedingt notwendigen, weil wartungsfreien Kardanantrieb" nicht mehr nötig. *Den* Aufwand also würde man sparen können. Oder – ?!

Suzuki GS 850, 1978, 844 cm³ Hubraum, Vierzylinder-Viertaktmotor, zwei obenliegende Nockenwellen, 78 DIN-PS/57,4 kW, Kardanantrieb des Hinterrades.

Suzuki sparte nicht, im Herbst 1978 kam das Modell GS 850 mit dem aufgebohrten Motor der GS 750 und – mit Kardanantrieb zum Hinterrad. Es war einfach die Erfüllung der Marktforderung, besonders aus Deutschland. Von der bemerkenswerten Konkurrenz der Maschinen zwischen 61 und 97 PS aus der reinrassigen Tourenklasse hatten die BMW R 100 T (65 PS), die Kawasaki Z 1000 ST (97 PS), die Moto Guzzi 1000 SP (61 PS) und die Yamaha XS 1100 (95 PS) Kardanantrieb. Außerdem gab es diese Antriebsart auch noch bei anderen Modellen, die nicht direkt mit der GS 850 von Suzuki zu vergleichen waren.

Es war also angebracht und würde in Europa begrüßt werden. Der Vierzylinder-Reihenmotor hatte 69 mm Bohrung (GS 750 : 65 mm) und von 56,4 mm Hub (GS 750 : dasselbe). Der Hubraum betrug 844

cm³, die Verdichtung 8,8. Die Kurbelwelle war sechsfach auf Rollen gelagert, die Pleuelfüße bewegten sich auf Nadeln. Das alles entsprach dem 750er Vierzylinder. Die Leistung wurde mit 78 DIN-PS bei 9000/min angegeben, das höchste Drehmoment von 6,4 mkg fand sich bei 8000/min.

Es war ein extremer Kurzhuber, der unbedingt mit Drehzahlen bewegt werden wollte. Unterhalb von 4000/min war nicht viel los. Da das Motorrad fahrfertig 273 kg wog, mußte der Motor mit einem entsprechenden Gewicht in Fahrt kommen, und das dauerte länger, als zum Beispiel bei der 750er. Aber es war ein kultiviert laufendes Aggregat, dessen Vibrationen fast nicht fühlbar wurden. Aus dem Stand bis 100 km/h kam man in knapp fünf Sekunden, die Endgeschwindigkeit reichte bis über 200 km/h. Eine Reisegeschwindigkeit über die Autobahn zwischen 140 und 160 km/h war angenehm und stundenlang zu halten, solange nicht nachgetankt werden mußte. 22 Liter faßte der Tank, bei acht Liter Normalbenzin-Verbrauch auf 100 Kilometer waren also 200 Kilometer bis zum Umschalten auf Reserve immer drin.

Damit erreichte Suzuki mühelos den Anschluß an die Konkurrenz, die ja schon einige Zeit mit den Viertaktern voraus war. Es fehlte keine technische Finesse mehr in der Modellpalette, und als das Jahr 1980 anbrach, glänzten 33 Modelle in der Typenliste von Suzuki für Deutschland. Darunter waren zwölf Maschinen mit Zweitaktmotoren, 21 mit Viertaktern, elf Einzylindermotoren, sechs Zweizylinder, ein Dreizylinder-Zweitakter und 15 Vierzylinder. Die Zweitakter wurden über Schlitze, Drehschieber oder Membranen gesteuert, die Viertakter hatten eine oder zwei obenliegende Nockenwellen. 30 Maschinen hatten eine Kette zum Hinterrad, drei Modelle gab es mit Kardanantrieb. Der billigste Typ (RV 90) kostete DM 2922.— der teuerste Renner (die 997 cm^3 Bimota SB 3, 90 PS) DM 19 995.—.

In dieser Entwicklung war es außerdem typisch für japanische Fabriken, daß man emotionslos in kürzester Zeit Altbewährtes schnellstens über Bord warf, ohne ihm nachzutrauern, wenn es die Umstände erforderten. So vollzog sich hier der Übergang von Zweitaktmotoren zu Viertaktern bei Suzuki ohne emotionale oder personelle Katastrophen, und die Kunden staunten darüber schon garnicht mehr.

Hätte die Auto Union in den 50er Jahren plötzlich statt der Zweitakt-DKW-Motorräder Viertakt-DKW präsentiert, oder hätte BMW plötzlich Zweitaktmotorräder angeboten, wäre man bei Triumph in England oder bei Norton plötzlich mit Zweitakt-Zweizylindern erschienen, da wären Welten gepurzelt — !

Als der Jahreswechsel 1979/80 kam und damit ein neues Dezennium begann, war aus dem ersten Vierzylinder mit 750 cm^3 Hubraum ein Vierzylinder gleicher Konzeption mit 997 cm^3 Hubraum und 90 PS Leistung geworden. Und auf diesem Weg ging es nun weiter. Erst später in den 80er Jahren starb der letzte Dreizylinder-Zweitakter in diesem Haus, die GT 380, mit der Suzuki anfangs der 70er Jahre ins Blickfeld getreten war.

Yamahas neue Pferde

Von 1961 bis 1967 hatte Honda 16 Fahrertitel in der Weltmeisterschaft mit Viertaktmotoren verbuchen können, Kawasaki 1969 einen Titel mit Zweitaktsystem, Suzuki von 1962 bis 1968 mit Zweitaktern neun Titel und Yamaha von 1964 bis 1970 mit Zweitaktern sechs. Im darauffolgenden Dezennium gab es keinen Fahrertitel mehr für Honda, dafür zwischen 1978 und 1980 fünf für die Zweitakt-Kawasakis, zwischen 1976 und 1980 drei für die Zweitakter von Suzuki, und schließlich für die schnellen Zweitakter von Yamaha 18 Titel. Das war also das große Zeitalter im Grand Prix-Sport für den Zweitaktmotor. Die letzten Fahrertitel in der Weltmeisterschaft bis 1980 mit einem Viertakter wurden 1974 Phil Read in der 500er Klasse auf MV Agusta und Klaus Enders/Ralf Engelhardt in der Klasse Seitenwagen auf Busch-BMW zuteil. Danach zwitscherten, heulten, kreischten und säuselten immer mehr Twostrokes beim Grand Prix-Sport um die Pisten der 70er Jahre, und die WM-Titel gingen ausnahmslos an Fahrer mit Zweitaktmotoren.

Da möchte man doch meinen, daß eine ähnliche Entwicklung auch bei den Serienmaschinen stattgefunden hätte – so, wie's im Schulbuch der Motorraderfahrungen gelehrt wurde.

Die 70er Jahre waren auch hier anders, extrem anders, wie in vielen Sachen. Bei den alten Zweitaktfabriken, von denen man noch in den 60er Jahren niemals hätte glauben wollen, daß dort einmal der Viertaktmotor Eingang und Mehrheit finden würde, kamen in den 70er Jahren die ohc-Viertakter zum Zuge. Und das war bezeichnenderweise besonders bei Yamaha so, der Firma, die auf dem Zweitaktmotor ihre Motorradkonstruktionen aufgebaut und im Sport so groß herausgebracht hatte. Im Jahrzehnt, in dem es 18 Weltmeistertitel mit Zweitaktmotoren gab, sah diese Entwicklung in der Modellpalette wie folgt aus:

	Anzahl der Zweitaktmodelle	Anzahl der Viertaktmodelle
1970	4	1
1971	4	1
1972	6	2
1973	7	1
1974	13	1
1975	11	2
1976	14	4
1977	10	5
1978	11	8
1979	11	8
1980	10	13

Im Lauf der nächsten Jahre zeigte es sich auch, daß Yamaha nicht in jedem Fall bereit war, gleichartig liegende Konzepte der Konkurrenten mitzumachen. Obwohl bis 1979 die – inzwischen alle mit Membransteuerung versehenen – Zweitakter in die Minderzahl gerieten, und obwohl die ersten Viertakter die üblichen zwei Zylinder mit obenliegender Nockenwelle hatten, gab es unter den Yamaha-Viertaktern Ende 1975 eine neue 499 cm^3 Einzylinder ohc und eine 757 cm^3 Dreizylinder ohc mit Kardanantrieb. Bis dahin hatte keine andere japanische Marke einen großvolumigen Einzylinder-Viertakter oder einen Reihen-, Drei- oder Vierzylinder mit Kardan. Beide Maschinen wurden im Frühjahr 1976 vorgestellt, wobei noch einige für japanische Entwicklungen ungewöhnliche Fakten bekannt wurden: Der Kardanantrieb wurde bei Getrag in Ludwigsburg, also in Deutschland, konstruiert – !

Das ließ die Yamaha-Umstellung auf Vier-takter in einem besonderen Licht erschei-nen. Die 60er Jahre waren der Start der Yamaha-Zweitakter, die 70er Jahre wurden zum großen Beginn der Yamaha-Viertakter, von denen das erste Modell, die 650 cm³ XS-1, schon Ende der 60er Jahre in den USA unterwegs war. Es kam 1970 nach Deutsch-land, und während einiger schöner Sommer-tage konnten wir die XS-1 auf der Nord-schleife des Nürburgrings ausgiebig testen.

Natürlich war uns klar gewesen, daß die Entwicklung der Motorräder bei Yamaha nicht mit der 350 cm³-Klasse enden konnte. Wir rätselten deshalb schon Ende der 60er-Jahre , was man wohl eines Tages oberhalb von 350 cm³ zu sehen bekommen würde. Zweitakt? Viertakt? Irgendwelche Finessen?

Finessen schon, aber anders, als wir ver-mutet hatten. Die neue 650er hatte einen Viertaktmotor, der auf den ersten Blick wie ein klassischer englischer Twin aussah. Aber das war er nur bedingt, denn dieser Zweizylinder mit obenliegender Nocken-welle wurde – aus einem Automotor entwik-kelt! Aus dem Motor des japanischen To-yota 2000 GT, 1968 cm³, sechs Zylinder, Bohrung/Hub 75/75 mm, zwei obenliegende Nockenwellen, 150 PS bei 7000/min, Ver-dichtung 8,4.

In Anlehnung an dieses Wagen-Aggregat bekam der Motorradmotor der Yamaha XS-1 zwei parallel stehende Leichtmetall-Zylinder mit je 75 mm Bohrung, einen Kol-benhub von 74 mm und damit einen Gesamt-hubraum von 653 cm³. Eine obenliegende Nockenwelle wurde durch Kette angetrie-ben. Verdichtung 8,7. Leistung 53 PS bei 7000/min (später wurden 50 DIN-PS bei 7500/min genannt). Die zerlegbare Kurbel-welle war vierfach gelagert, und das Motor-Getriebegehäuse war horizontal geteilt. Die Hubzapfen waren nicht versetzt, Pleuelfüße und Kolbenbolzen liefen auf Nadellagern, und die Nockenwellenkette hatte eine auto-matische Kettenspannung.

Der Primärtrieb bestand aus Zahnrädern 27:72 Zähne, das Fußschaltegetriebe war mit fünf Gängen ausgerüstet, deren Schalt-hebel „unenglisch" auf der linken Motorseite plaziert war. Die beiden 30-mm-Mikuni-Un-terdruckvergaser trugen interessanter-weise die Inschrift „Solex". Zwei Unterbre-cher befanden sich am linken Nockenwellen-ende, der Fliehkraftregler rechts. Einen Elek-trostarter hatte der Motor noch nicht, der kam erst 1975 zusammen mit Scheiben-bremsen und anderen Modifikationen. So hatte man den guten alten Kickstarter zum Anwerfen des Motors auf der rechten Mo-torseite.

Die nun im Sommer 1970 gefahrene Ma-schine besaß noch die amerikanischen Schalldämpfer und war das einzige zu jener Zeit in Deutschland existierende Exemplar, so daß die Manager der Yamaha-Import-firma Mitsui in Düsseldorf überhaupt nicht daran interessiert waren, den Leuten der Zeitschrift „Das MOTORRAD" diese Kost-barkeit zum „Kaputtfahren auf dem Nürburgring" zu überlassen. „Presse kommt da nicht ran", lautete die Anordnung, und Günter Bretthauer, deutscher Verkaufs- und Organisationschef der Yamaha-Division bei Mitsui, war entschlossen, die Maschine so geheim wie nur möglich zu halten und den ungeschickten Händen und neugierigen Fotolinsen jeglicher Pressefritzen und Fach-journalisten zu entziehen. „Tut mir mehr als noch leid, Herr Leverkus, diese Maschine kann ich Ihnen auf keinen Fall zum Fahren geben. Sie existiert auch garnicht, ist in Hol-land und garnicht greifbar – tschüß!"

Naja – !

Da kam einige Tage später ein Anruf aus Paris bei Mitsui und bei der Yamaha-Division an. In fließendem Französisch und mit ein paar charmanten deutschen Brocken ge-spickt bat das Sekretariat von Baron Roth-schild darum, dem jungen Herrn der Familie die Möglichkeit zu geben, die einzige zur Zeit in Europa bzw. Deutschland befindliche 650 cm³ Yamaha mit dem Viertaktmotor einmal

Yamaha XS-1, 1970. Zweizylinder-Viertaktmotor mit obenliegender Nockenwelle. 50 DIN-PS, Hubraum 653 cm³. Dies ist übrigens die beschriebene »Rothschild«-Maschine, im Sattel sitzt Manfred Weihe, damals Yamaha-TÜV-Geplagter, daneben steht Günther Bretthauer. Beide warten wohl, daß der »junge Herr Rothschild« bald erscheint (siehe Text) –?!

Probe fahren zu können; ob man nicht einen Termin in der nächsten Woche vereinbaren könne, da der junge Herr dann in Deutschland und in Düsseldorf sei und ein großer Motorrad-Enthusiast wäre.

Mit bemerkenswerter Bereitwilligkeit und Höflichkeit wurde diesem hohen Wunsch entsprochen und ein Termin am Nürburgring vereinbart. Ab 11 Uhr vormittags bei Start und Ziel oder im Sporthotel „Tribüne". Aber als das Yamaha-Team mit der blank geputzten 650er pünktlich am Treffpunkt erschien, aus welchem Anlaß es sich der deutsche Chef Günter Bretthauer nicht nehmen ließ, persönlich dem bedeutsamen Interessenten das Motorrad vorzuführen, ließ der „junge Herr Rothschild" unendlich lange auf sich warten. Kein Porsche in weiß mit französischem Kennzeichen war da.

Es erschien zudem sehr merkwürdig, daß ausgerechnet zur gleichen Zeit in einer Boxe im Garagenhof des Nürburgrings wir Spitzbuben von „Das MOTORRAD" mit großem Hallo und sehr eifrig das Yamaha-Team begrüßten und uns dafür bedankten, daß wir nun doch „die in Holland befindliche" XS-1 zu sehen und zu fahren kriegten.

Wir fuhren die erste Yamaha-Viertakt-Maschine, wo es nun schon ein so zufälliges Zusammentreffen gegeben hatte, und wo die Nordschleife sowieso zufällig gerade für zwei Stunden gesperrt war für jeden Touristenverkehr war (das hatte uns damals für eine Stunde DM 220.– gekostet). Die Bekanntschaft mit einer ganz neuen, reizvollen Japanerin wurde ein richtiges Motorrad-Erlebnis, und endlich spät abends nach vielen Runden um den Ring, hatten die Yamaha-Leute ganz vergessen, daß sie ja noch „einen jungen Herrn Rothschild" hatten treffen wollen. Der war überhaupt nicht erschienen und schien wohl garnicht ein so großer Motorradnarr gewesen zu sein. Oder – ?!

Der erste Eindruck der XS-1: tatsächlich wie ein englischer Sprinter. Der zweite Eindruck: keine Schlangenlinien in schnellen, langgezogenen Kurven mit welligem Untergrund. Der dritte Eindruck: handlich und fix. Wie fix, das konnte eine Runde mit stehendem Start über die Nordschleife bis Kilometer 22,3 in 10:58 bestätigen. Das war ein Durchschnitt von 121,969 km/h. Erreichte Endgeschwindigkeit genau 178,7 km/h, langliegender Fahrer im engen Lederzeug, Fahrerstatur Marke Hering.

Damit gehörte diese 650er zu den bis dahin schnellsten von uns über die Nordschleife gefahrenen Serienmaschinen. BMW R 75/5 10 : 52; Norton Commando 10 : 52; Honda CB 750 Vierzylinder 10 : 51,4 –

und die hatten alle 750 cm³-Motoren. BMW R 75/5 50 DIN-PS, Norton 59 PS (b.h.p.), Honda 67 DIN-PS. Der erreichte Durchschnitt von 121,969 km/h betrug 68,25% der gefahrenen Endgeschwindigkeit, was im Vergleich mit den anderen schnellen Maschinen dieser Kategorie ein sehr positiver Wert war. BMW R 75/5 ca. 72%; Norton Commando 67,7%; Honda CB 750 ca. 60%.

Die Geschwindigkeitslinie im Höhendiagramm des Nürburgrings zeigt den Fahrtverlauf einer Nordschleifen-Runde mit der XS-1 des Jahres 1970 deutlich. Eine bei diesen Fahrten und auf dieser Strecke erkennbare Fahrwerk-Unart war ein kurzes und hartes seitliches Ausschlagen des hinteren Rahmenteils (ein Hauptrohr, zwei Unterzüge) beim Bremsen und plötzlichen Gaswegnehmen. Es war sofort weg, wenn der Motor nicht mehr zu arg von der abgebremsten Maschinenmasse geschoben wurde. Mit 199 kg fahrfertig hatte das Motorrad ein Leistungsgewicht von 3,75 kg/PS, und die Hubraumleistung des Motors betrug 81 PS/Liter.

Etwa 15 Runden kamen auf dem abgesperrten und nicht abgesperrten Nürburgring zusammen, wobei diejenigen besonders anstrengend für Motor und Fahrwerk waren, die auf der gesperrten Strecke absolviert wurden. Wenn man sich überlegt, daß Geschwindigkeiten über 180 km/h bei der vorhandenen Gesamtübersetzung (11,8/ 8,5/6,9/5,9/5,1) fast 8000/min an der Kurbelwelle bedeuteten (Kolbengeschwindigkeit dabei = 19,72 m/s), dann wußte man auch, was dem Motor zugemutet wurde. Es kam den Belastungen eines Serienmaschinen-Rennens gleich, welches über 250 Kilometer ging. Bei 7000/min war die Kolbengeschwindigkeit 17,25 m/s, und diese Zahlen erinnerten wieder an die englischen Parallel-Twins.

Vibrationen waren ab 5000/min zu spüren, sie erreichten ihre härtesten Frequenzen bei 6500/min. Darüber klangen sie wieder ab. Das höchste Drehmoment des Motors von 5,5 mkg lag bei 6000/min, die Drehmomentkurve war aber flach, und schon bei 5000/min waren knapp 5,0 mkg vorhanden. An diesem günstigen Verlauf hatten die beiden Unterdruck-Vergaser ihren Anteil, die dafür sorgten, daß die richtige Gemischzusammensetzung für jeden Betriebszustand stimmte.

Die Getriebestufung war sehr gut, man konnte den vierten Gang in extremen Fällen bis 160 km/h ausfahren, der dritte Gang reichte bis 130 km/h. Die Anschlüsse paßten, und so waren Blitz-Überholmanöver möglich. Für den Nürburgring und damit für normale Straßen war die Gesamtübersetzung (17:34 = 2.0 am Hinterrad) genau richtig. Der Mini-Tank mit nur 12,5 Litern Inhalt war extrem klein. Das langte bei einem Verbrauch von 6 bis 7 Litern auf 100 Kilometer kaum 150 Kilometer bis zum Umschalten auf Reserve. Im Motor-Getriebegehäuse befanden sich drei Liter Öl, den Umlauf besorgte eine Eaton-Pumpe. Die vordere Trommelbremse hatte Doppelnocken, die Hinterrad-Trommelbremse einen Nocken. Die Vorderradbremse mußte bei den Gewaltrunden trotz völlig geöffneten Belüftungsschlitzen nach jeder vierten Runde nachgestellt werden. Das E-Werk hatte 12 Volt.

In den ersten Jahren war die XS-1, später als XS-2 ein begehrtes Modell bei Yamaha, sie verschwand dann kurzzeitig zugunsten einer neuen Zweizylinder, der TX 750, die jedoch nicht so einschlug. 1975 tauchte die 650 cm³ unter der Modellbezeichnung XS 650 wieder auf, und die TX 750 wurde nicht mehr produziert. Diese 650er war in einigen Details überarbeitet worden, hatte vorn zwei Scheibenbremsen und zudem einen 15 Liter-Tank. Zum Kickstarter war ein Elektrostarter gekommen, und auch die elektrische Ausrüstung wurde modifiziert. Bis in die 80er Jahre war dieser erste Yamaha-Viertakter auf dem Markt.

Die TX 750 kam Ende 1971 / Anfang 1972 ins Blickfeld und fand auf Anhieb Zustimmung. Auch sie hatte den Flair der alten La-

Yamaha TX 750, 1972. Zweizylinder-Viertaktmotor mit obenliegender Nockenwelle, 743 cm³ Hubraum, 50 DIN-PS.

dies aus Merry Old England, jedoch mit einem sehr flüssigen Äußeren. Die beiden Zylinder hatten 80 mm Bohrung, der Kolbenhub 74 mm, der Hubraum 743 cm³. 50 DIN-PS bei 7250/min wurden geboten. Eine durch Kette angetriebene obenliegende Nockenwelle und zwei 38 mm Mikuni-Unterdruckvergaser gehörten weiter zum Motor, dessen höchstes Drehmoment mit 5,9 mkg schon bei 4500 /min zu finden war. In der Tat

Motor der Yamaha XS 500, 498 cm³ Hubraum, Zweizylinder-Viertaktmotor mit zwei obenliegenden Nockenwellen, zwei Unterdruck-Vergaser, 50 DIN-PS, 1976. Man beachte die Ansammlung von Kettentrieben – !

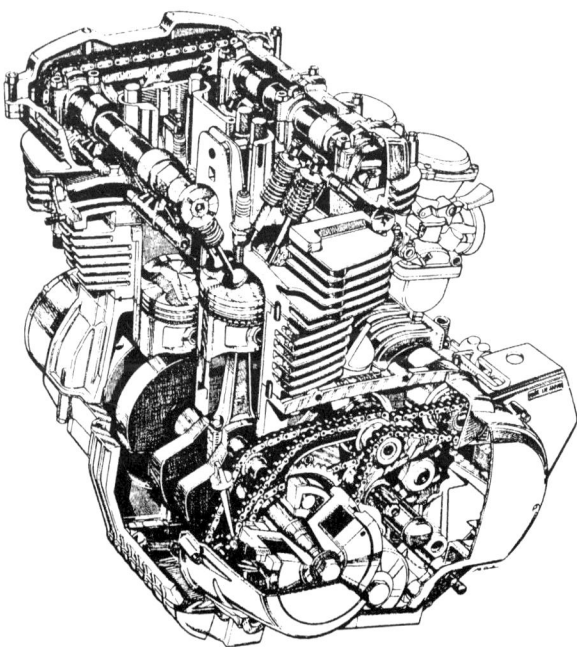

war sehr viel Kraft schon bei geringeren Drehzahlen zur Verfügung und machte dieses Motorrad zu einer echten klassischen Tourenmaschine.

Doch während der drei Jahre ihrer Existenz im Yamaha-Programm mußte sie in drei Stufen insgesamt 18 wichtige Änderungen am Motor absolvieren. Trotz Ausgleichwelle vibrierte dieser infolge Antriebskettenlängung nach heftiger Autobahnjagd über dem Durchschnitt, dabei wurde auch die Öltemperatur zu hoch, so daß ein Ölkühler und eine größere Ölwanne vorgesehen werden mußten. Als dieses Modell schließlich so weit hingepfriemelt war, daß man es als kultiviert laufend und zuverlässig ansehen konnte, wurde es (zu früh?) aus dem Verkehr gezogen. Inzwischen hatte Yamaha eifrig weiter an seinen Viertakter-Ideen gestrickt: Im November 1975 standen auf der Mailänder Ausstellung die 498 cm³ Zweizylinder XS 500 und die 748 cm³ Dreizylinder XS 750.

Die 500er war ein echter Knüller: Der Parallel-Zweizylinder-Viertaktmotor hatte zwei obenliegende Nockenwellen und vier Ventile pro Zylinder, sollte knapp 50 DIN-PS bei 8500/min hergeben und hatte Kick- und Elektrostarter. Das Getriebe wartete mit fünf Gängen auf. Die Maschine hatte Gußräder und war sehr sportlich, aber in ihrem Äußeren ohne Extravaganzen gestaltet.

Die beiden Nockenwellen wurden von einer Duplexkette an der rechten Seite des Zylinderblocks angetrieben. Weitere Ketten wurden zum Antrieb einer Ausgleichswelle und vom Starterritzel aus über ein Zwischenrad und einen Zahnkranz am Lichtmaschinenmotor hinweg zur Kurbelwelle benutzt. Das erschien uns in Anbetracht der Tatsache, daß der Motor seine richtige Leistung erst ab 6000/min abgab und bis 9000/min gedreht werden konnte, als eine Menge Kettenkram. Und er drehte freudig, oft fuhr man sehr lange im Bereich von 9000/min, was ihm jedoch offensichtlich nichts ausmachte. Ohne Ärger machte das eine Testmaschine bis 30 000 Kilometer.

Wenn man richtig auf Drehzahl blieb, kam man bei größeren Touren auf ganz schöne Reisedurchschnitte. Aus dem Stand bis 100 km/h betrug die Beschleunigung knapp sieben Sekunden, die Endgeschwindigkeit bewegte sich je nach Belastung, Bekleidung, Fahrerstatur, -gewicht und -haltung zwischen 155 und 170 km/h.

Die XS 500 war außerdem im Fahrwerk sehr gut, und ihr Gewicht von 212 kg fahrfertig blieb bei 50 DIN-PS noch in einem akzeptierbaren Bereich. Noch vor wenigen Jahren hätten wir das Motorrad als verkappte Rennmaschine betrachtet: Vier Ventile pro Zylinder, zwei obenliegende Nockenwellen, zwei 38-mm-Vergaser, fünf Gänge, 50 PS – !

Es sei hier einmal festgehalten, daß sich seit dem ersten Auftreten dieser japanischen Zweizylinder-Viertakter anfangs der 60er Jahre (Honda CB 72 z. B.) hinsichtlich der Zuverlässigkeit bei dieser Art von Motoren mit Hubraumleistungen zwischen 80 und 100 PS/Liter und Drehzahlen bis über 9000/min und mehr sehr viel in puncto Zuverlässigkeit getan hatte. Früher galten sie als Rennmotoren und hielten kaum eine Saison, nun aber wurden sie in großen Serien hergestellt und schafften durchweg zigtausende von Kilometern ohne Anstände. Hier war wohl doch ein Fortschritt vonstatten gegangen.

Das fiel mir bei der XS 500 wieder einmal auf. Sie gehörte bei unseren Langstreckentests zu den Maschinen mit den wenigsten Schäden. Sie stand bis 1979 in den Listen und fand viele Freunde.

Die Dreizylinder GX 750 war auch eine solche Entwicklung, auf deren Basis einige Nachfolge-Modelle bis 1980 kreiert wurden. Die Maschine – 1977 für Europa zur XS 750 umbenannt – hatte Kardanantrieb und war teilweise mit Porsches Hilfe in Weissach und bei Getrag in Ludwigsburg entwickelt worden.

Wie das? Einer der Enkel in der Familie Porsche war Yamaha-Importeur in Österreich, wodurch die Zusammenarbeit zustande kam, und außerdem beschäftigte man sich in Weissach mit Motorradforschungen und mit Arbeiten an Motorrädern für fremde Auftraggeber, z. B. Van Veens Wankel-OCR 1000.

Das alles klang so ungewöhnlich für ein japanisches Motorrad, daß wir bei „PS", wo ich seit 1974 als Chefredakteur fungierte, alle Drähte zogen, um schnellstens an eine GX 750 zu kommen. Manfred John, damals in der Radaktion als Redakteur tätig, konnte über den Mannheimer Motorradhändler und ehemaligen Rennfahrer Kurt Meier zu einer GX 750 kommen, die dieser – außerhalb der Möglichkeiten des offiziellen Yamaha-Importeurs Mitusi & Co. in Düsseldorf – direkt aus Tokio per Luftfracht nach Frankfurt einfliegen ließ. Es war das Modell, welches schon ein Jahr lang in den USA zu kaufen war. Dadurch war „PS" in der Lage, recht frühzeitig einen Fahrbericht zu veröffentlichen – im August-Heft 1976 – !

Aber erst im Frühjahr 1977 konnte man das Motorrad als Yamaha-Typ XS 750 in der Bundesrepublik kaufen, die Anpassung an die bei uns bestehenden Bestimmungen einer Allgemeinen Betriebserlaubnis (ABE) durch das Kraftfahrt-Bundesamt in Flensburg nahm jedoch sehr viel Zeit in Anspruch.

Das „POGEYA"-Motorrad (**Po**rsche-**Ge**trag-**Ya**maha), die Yamaha XS 750, setzte

Im Sommer 1976 hieß die neue Dreizylinder-Yamaha noch GX 750, sie hatte einen Kardanantrieb zum Hinterrad, der bei Getrag in Lugwigsburg entwickelt wurde, weitere Entwicklungsdienste leistete der Sportwagen-Hersteller Porsche (Zuffenhausen und Weissach). Auf dem Bild Manfred John auf dem ersten in der Bundesrepublik Deutschland in der Öffentlichkeit fahrbaren Exemplar. Ein Jahr später hieß das Motorrad XS 750 und war in Details geändert worden.

sich in jeder Hinsicht von allen Konkurrenten ab, und das hat es in dieser Form unter den Japanern und unter anderen Marken nicht mehr gegeben. Schon dadurch war das eine Besonderheit.

Bei der USA-Ausführung GX 750 hatte der Motor noch eine Drei-in-eins-Auspuffanlage und eine Leistung von 60 SAE-PS bei 7500/min gehabt. Die 1977er XS 750 besaß für Deutschland eine Drei-in-zwei-Auspuffanlage, und der Motor brachte 63 DIN-PS bei 7200/min, das höchste Drehmoment fand sich mit 6,6 mkg bei 6000/min. Das bedeuteten 46,4 kW bei 7200/min, was deswe-

gen wichtig zu Notieren ist, weil ab 1. Januar 1977 die neuen Einheiten im Meßwesen international gültig waren und entsprechend benutzt werden mußten.

Die Bohrungen im Dreizylinderblock hatten 68 mm $\varnothing$, der Kolbenhub betrug 68,6 mm, der Hubraum 747 cm³. Die Kurbelwelle, Pleuelfüße und Kolbenbolzen liefen auf Gleitlagern, die Hubzapfen waren zueinander um 120° versetzt. Da die Zündung alle 240° Kurbelwinkel erfolgte, kam bei diesem Dreizylinder-Viertakter kein Rundlauf ohne Schwingungen zustande, doch waren diese selbst bei höheren Drehzahlen so gering,

Der Dreizylinder-Viertaktmotor der XS 750 hatte 747 cm³ Hubraum, die beiden obenliegenden Nockenwellen wurden durch Kette angetrieben. Der Kardanantrieb befand sich auf der linken Maschinenseite.

daß man nicht von Vibrieren reden konnte, obwohl kein mechanischer Ausgleich extra vorgesehen war. Es war aber wichtig, daß die Zündeinstellung haargenau stimmen mußte.

Wenn überhaupt Schwingungen bei diesem Motor Probleme hätten machen können, dann wären diese auch durch die sehr langen Nockenwellen entstanden, deren beider Antrieb am linken Ende des Zylinderblocks plaziert war. Aber auch von dort kam nichts Ernstliches zum Vorschein.

Daß vom Kardanantrieb her keine Querbeschleunigungen entstanden, kam von der doppelten Umlenkung und davon, daß das Kegelrad der Welle zum Tellerrad im Hinterradgetriebe eine Idee nachgesetzt war. Außerdem befand sich das Kardangelenk genau im Drehpunkt des Schwingentunnels, in dem die Welle lief.

So machte der Durchzug des Motors einen kultivierten Eindruck, man konnte sogar mit wenig Gas in geringen Drehzahlen fahren. Plötzliches Gasaufreißen erzeugte zuerst eine geringe Verzögerung, aber ab 3000/min nahm der Motor das Gas ohne Loch und ohne Rucken auch im fünften Gang an. Die drei 34-mm-Mikuni-Unterdruckvergaser sorgten dann für die richtige Dosierung.

Daß die Sitzposition für Fahrer und mitfahrende Person außerordentlich bequem war, war schon eine Voraussetzung für zügiges Fahren. Man saß tatsächlich wie zum Sprung bereit auf der ausreichend breiten und gut gepolsterten Bank ohne markige Sitzstufung. Die Schaltbewegungen des linken Fußes waren leicht, exakt und schnell durchzuführen, das Fünfganggetriebe arbeitete sauber und genau. Seine Stufung entsprach mit 2,56/1,67/1,36/1,14/1 schneller Straßenfahrt. Diese Spannweite war sogar ausgesprochen eng und entsprach fast einem der früheren Renngetriebe der 50er Jahre bei Rennmaschinen mit mehr als vier Gängen. So machte es Freude, mit der XS 750 über kurvenreiche und hügelige Straßen zu fetzen. Von 0 bis 100 km/h brauchte man weniger als fünf Sekunden, die Endgeschwindigkeit schwankte je nach Belastung zwischen 170 und 185 km/h. Und dabei vergaß man völlig, daß das Motorrad vollgetankt, mit kompletter Ölmenge von 3,5 Litern (im Kraftstofftank 17 Liter Normalbenzin) und Werkzeug 257 kg auf die kritische Waage brachte.

Die 17 Liter waren nicht gerade viel, es langte bei einem Verbrauch von knapp acht Litern auf 100 Kilometern zu 160 bis 170 Kilometer-Reichweite bis zum Umschalten auf Reserve. Das war auf längeren Strecken bei hohem Tempo deshalb lästig, weil man nach anderthalb Stunden fast immer schon wieder zum Tanken anhalten mußte.

Das Fahrwerk war gut, die Spurtreue erstklassig, der Federungskomfort prima und die Kurvenlage hervorragend. Rundum eine feine Sache, und mit den Metzeler-Reifen Rille 12 vorn und C 66 hinten (3.25-H-19 bzw. 4.00-H-18) als Nachrüstung war alles optimal gelöst.

Beim Ausfahren der Gänge kam man schnell in den kritischen Drehbereich oberhalb von 7000/min, und ab 7500/min hatte man das Gefühl, gegen Gummi zu drehen. Entweder ging es überhaupt nicht höher, oder aber die Ventile fingen oberhalb von 7500/min an zu rasseln. Den vierten Gang konnte man von 40 km/h = 2000/min bis über 150 km/h benutzen. Der dritte und der vierte waren daher für temperamentvolle Fahrerei über Land die beiden Hauptfahrgänge.

Der Ton des Motors ähnelte im Leerlauf dem unruhigen Blubbern eines Sportwagenmotors, oberhalb von 2000/min entwickelte er sich zu einem gequetschten Brummen, das nicht unangenehm war, aber keine Ähnlichkeit mit einem BMW- oder einem der üblichen Vierzylindermotoren hatte. Höchstens die Dreizylinder-Laverda 1000 cm³ kam da heran.

Die Fahrer, die die XS 750 erwarben und bewegten, waren durchweg Freunde klassischer Motorradbauform (Zylinder stehend, englische Linie), die sich aber erfreut über den Kardanantrieb zeigten. Als direkte Konkurrenten mit Kardanantrieb konnte man die BMW R 75/7 (745 cm^3) oder eines der entsprechenden Moto Guzzi-V-Modelle ansehen, doch die XS 750 wirkte dagegen wie ein schön geformter Klassiker mit dem Vorteil eines problemlosen Hinterradantriebs. 1978 wurde die Motorleistung auf 74 PS/54 kW bei 8400/min angehoben, und 1980 gab es noch eine auf 826 cm^3 aufgebohrte Version mit 79 PS/58 kW bei 8500/min.

Im Herbst 1976 gab es für dieses Jahr noch eine Yamaha-Viertakt-Überraschung,- nämlich das Enduro-Modell XT 500 mit einem 499 cm^3 ohc-Einzylinder, wozu auch hier noch eine kleine Geschichte gehört. Motorräder mit Einzylinder-Viertaktmotoren (ohv oder ohc) über 400 cm^3 Hubraum waren in den 70er Jahren selten geworden. Die englischen Dampfhammer waren längst ausgestorben, bei BSA gab es nur noch eine 250er und 500er Goldstar bis zum Frühjahr 1972. Ducati hatte einen Königswellen-ohc-Motor mit 450 cm^3, bei Jawa gab es den 500 DT-Bahnmotor, dann erschien 1975 die spanische Marke Sanglas mit einem 421 cm^3-Einzylinder, der später auf 500 cm^3 kam, in Schweden gab es den großen Hedlund-Single für Bahn- und Cross-Sport, Honda brachte 1979 einen 500er Enduro-Einzylinder — um hier eine Auswahl zu nennen —, und erst in den 80er Jahren belebte sich die Szene.

Alle vor 1976 genannten Motoren befanden sich in Maschinen, die keine großen Verkaufszahlen erreichten und manchem Beobachter signalisierten, daß mit großvolumigen Viertakt-Einzylindern als „antiquierte" Aggregate in der modernen Motorradzeit keine gewaltigen Geschäfte mehr zu machen waren — die Zeit der Dampfhämmer für Straßenmaschinen müsse endgültig vorbei sein.

Einige Freunde von mir und ich, wir waren ganz anderer Meinung. Eine klassisch flott im Aussehen gestaltete und gut konzipierte Maschine — so ein wenig im Norton-Manx-, im BSA-Goldstar- oder im Matchless-Look, vermischt mit einer der jetzigen Zeit entsprechenden Linienführung, die einen 500er Einzylinder mit obenliegender Nockenwelle, Ausgleichwelle, Elektro- und Kickstarter, Fünfgang-Getriebe und technisch geglücktem Hinterradantrieb präsentieren würde, müßte unbedingt noch immer (oder wieder) eine feine Sache und im höchsten Maße für jene Fahrer interessant und damit verkaufsträchtig sein, denen die Vierzylinder-Massentechnik nicht gefiel.

Aber jedesmal, wenn wir die Vorteile einer solchen Konstruktion bei Importeuren und Fabriken erläuterten, wurden wir mitleidig belächelt. Anachronisten nannte man uns meist.

Dann zeigte Yamaha im Herbst 1976 auf der IFMA in Köln ein neues Enduro-Modell mit 499 cm^3 Einzylinder-Viertaktmotor, obenliegender durch Kette angetriebener Nockenwelle, Fünfgang-Getriebe, Kickstarter, 27 DIN-PS/19,8 kW bei 5900/min, höchstes Drehmoment 3,50 mkg bei 4500/min. Gewicht vollgetankt mit Werkzeug und Ölvorrat insgesamt nur 155 kg. Vorn und hinten einfache Trommelbremsen, Tankinhalt knapp 9 Liter. Bodenfreiheit 24 cm. Bereifung vorn 3.00–21, hinten 4.00–18.

Das Motorrad — wurde ein Verkaufsschlager!

Mehrmals rangierte es bei den Wahlen zum „das Motorrad des Jahres" und in den Verkaufsstatistiken auf den ersten Plätzen!

Das einzige, was uns noch störte, das war seine Konzeption als Gelände-Straßen-Zwitter, und so dauerte es auch nicht lange, bis XT 500-Besitzer auf dem Bastelweg ihren Velocette- oder AJS-Traum für die Straße zu verwirklichen suchten. Das Urbild des Motorrades überhaupt war 100% angekommen, und es waren knapp zwei Jahre verstrichen, als Yamaha auch ein Straßenmodell mit diesem Motor anbot, das Modell SR 500.

So ganz die flotte Norton-Manx-Linie war

1976 kam Yamaha mit einer neuen Enduromaschine auf den Markt, die einen Einzylinder-Viertaktmotor hat. 1978 folgte diesem Modell die SR 500, als Straßenversion. Sie blieb viele Jahre unter den am meisten verkauften Maschinen in der Bundesrepublik Deutschland.

es nicht, fast sah sie zu bieder aus. Doch das Motorrad traf ebenfalls auf Anhieb ins Schwarze. 1979 schon war es Klassensieger bei der Wahl zum „Motorrad des Jahres" und in der Gesamtwertung auf dem sechsten Platz, das Enduro-Modell XT 500 folgte auf dem 10. Platz und war Klassensieger der Enduro-Maschinen. Bei der „Wahl der Vernunft" kam die SR 500 schon 1978 auf den zweiten Platz hinter der BMW R 45. Und zu Beginn der 80er Jahre stand die SR 500 wieder auf dem Klassensieger-Podium, diesmal in der Klasse der Maschinen bis 27 PS bei der Wahl zum „Motorrad des Jahres".

Man gönne mir die Freude darüber, daß ich doch mit meiner Auffassung Recht behalten hatte, daß großvolumige Viertakter immer akut sein werden. Nun, es war vom Motor her gesehen ein schöner und vom Starten her ein abenteuerlicher Hammer. Da ging es noch zu wie bei den alten Vorderladern: beim ersten Startversuch am frühen Morgen zog man den Ausheber für das Auslaßventil, bewegte am nun kompressionslosen Motor den Kolben mit dem Kickstarter in Richtung zum oberen Totpunkt so lange, bis die weiße Farbmarkierung hinter dem Fenster am rechten Nockenwellenende richtig stand. Natürlich wurde der Choke gezogen, die Zündung eingeschaltet, der Gasdrehgriff *zu* gemacht. So – Heiliger Christopherus, hilf!

– nun warf man mit dem Fuß den Kickstarter mit aller Kraft nach unten. Wenn man brav gewesen war, bullerte die Maschine ruhig los. War man nicht brav gewesen, dann fing das Theater von vorn an. Nach dem fünften Versuch *mußte* der Hammer ballern – ! Wenn nicht, dann wurde es schwierig.

War der Motor warm, dann gab es dafür auch einen guten Trick zum schnellen Anlaufen: da war nämlich ein kleiner Knopf am Vergaser, der beim Eindrücken den Gasschieber haargenau wo weit anhob, daß das Gemisch zum Anspringen richtig war. Damit

Der SR 500-Motor besticht durch die klassische Linie.

mußte die Dampframme zum Hämmern kommen, wenn nicht, stand man ziemlich ratlos da und wünschte sich – ja, es war so – man wünschte sich wieder einen „normalen" Vergaser mit Luftschieber und „Tupfer" zum Runterdrücken des Schwimmers in der Schwimmerkammer. Damit hatten wir früher *jeden* Singletopf zum Leben erweckt, ohne all' diesen „neumod'schen Vergaser-Kram".

Es ist schon lustig – trotz dieser komplizierten Startzeremonie (Elektrostarter mit Knöpfchendruck und Bumm-bumm-bumm kriegte dieses liebenswerte Eintopfroß noch nicht einmal zum Eintritt in die 80er Jahre – !) – also trotz des abenteuerlichen Kickstartens fand das Motorrad seine Liebhaber und – Liebhaberinnen! Ich habe sehr viele SR 500 Exemplare in zarten Händen gesehen, und ich sah keine der Damen mit Schwierigkeiten beim Antreten des Motors. Nanu – ?!

Es war wie bei jedem technischen Gerät, wenn man das Gefühl für die Funktion bekam und Tricks aus Erfahrungen erlernte, dann war auch das Starten dieses Motors schließlich kein Problem mehr. Aber den Flair des Abenteuerlichen, den schätzte man sehr, und darin mag das Geheimnis des Markterfolgs gelegen haben.

Die SR hatte gegenüber der XT einen verstärkten Rahmen. Das Vorderrad der SR hatte 117 mm Nachlauf, der Radstand betrug 1400 mm. Bei der Enduro-XT: Nachlauf 128 mm, Radstand 1415 mm. An den Knotenpunkten hatte der SR-Rahmen Profilverstärkungen.

Auch der SR-Motor unterschied sich in Kleinigkeiten von dem Enduro-Aggregat: die Zylinderkopf- und Zylinder-Verrippung war umfangreicher, der Zylinder war schwarz lackiert. Die Kurbelwangen hatten einen größeren Durchmesser, der Kolbenbolzen war verlängert. Der Kupplungskorb bekam einen Sicherungsring umgelegt, und im Getriebe wurde die Schaltwalze auf Nadeln gelagert.

Das alles waren Maßnahmen, um die bei Straßenbetrieb auftretenden Belastungen

aufnehmen zu können, wobei noch auffiel, daß die Leistungsabgabe gegenüber der Enduro-XT ebenfalls anders war. Der SR-Motor gab seine Nennleistung von 27 DIN-PS/19,89 kW bei 6500/min, der XT-Motor dieselbe bei 6000/min. Das höchste Drehmoment der SR lag mit 3,61 mkg bei 4250/min, das der XT mit 3,5 mkg bei 4500/min. Der SR-Motor hatte einen anderen Vergaser (mit 34 statt mit 32 mm ⌀) und entsprechend ein größeres Einlaßventil. Allerdings – diese 27 PS-Version für die in Deutschland gültige Versicherungsklasse bis 27 PS machte bei beiden Modellen eine Reduzierung des Ansaugquerschnittes *doch* notwendig. Ohne diese „Atemberaubung" leistete der Motor 33 PS/24,3 kW, womit er allerdings dann in der Klasse bis 50 PS hätte versichert werden müssen, wo er leistungsmäßig hintendran gestanden hätte.

Aber mit seinen 27 PS und dem Leistungsverlauf war der Motor im Fahrbereich von 50 km/h im fünften Gang zur Endgeschwindigkeit zwischen 130 und 145 km/h wunderbar auszunutzen. Die Beschleunigung aus dem Stand bis 100 km/h lag bei knappen neun Sekunden, im vierten Gang bei Überholmanövern von 60 km/h = 3000/min bis 100 km/h = 5200/min bei ungefähr sechs bis sieben Sekunden. Dabei brackerte der Einzylinder so richtig schön von unten raus – !

Mit 174 kg vollgetankt, mit Öl und Werkzeug versehen, war dieses Mittelgewicht der Leistung entsprechend nicht gering, es bedeutete 6,44 kg/PS. Doch es gab noch ungünstigere Werte in der 27 PS-Klasse. Auf alle Fälle ließen Handlichkeit des Motorrades und die Straßenlage nichts zu wünschen übrig, und der Spaß, mit dem Hammer zu fahren, trug ebenfalls das Seine dazu bei, daß den Yamaha-Leuten damit ein großer Wurf gelungen war, an dem sich später eine ganze Menge Konkurrenz-Einzylinder dieser Hubraumklasse informierten. Denn die folgten bald nach, als der SR-Markterfolg ruchbar wurde. Später wagte Yamaha sich auf diesem Gebiet bis zu 550 und 600 cm³ vor und scheute auch keinen Vierventilkopf. Der Vater aber aller großvolumigen Single-Neugeburten nach 1976 blieb dieser Einzylinder von Yamaha.

So geht es manchmal – da geben viele irgendeine Sache als aussichtslos und altbakken auf, während andere daran glauben und mit neuen Anfängen glorreiche Sieger bleiben.

Diese 27 PS-Versicherungsklasse wurde ab Mitte der 70er Jahre der große Renner für die meisten Motorradproduzenten. Der Zweizylinder-Viertakter mit obenliegender Nockenwelle erschien erneut als Magnet, und unter dieser Art von Motorradtypen wartete Yamaha auf der Ausstellung im Herbst 1976 in Köln mit einer 360 cm³-Zweizylinder, mit der XS 360, auf. Im Herbst 1978 wurde daraus die XS 400 mit einem 386er Motor (die XS 350 hatte 353 cm³ Hubraum). Gleichzeitig wurde der gleiche Motor auch mit 248 cm³ für die Versicherungsklasse bis 17 PS angeboten, und später konnte man für das XS 400-Aggregat noch einen Umbausatz bekommen, der die Leistung auf 34 PS erhöhte.

Auf alle Fälle wurde auch diese 400er Zweizylinder-Viertakt-Yamaha wieder ein großer Erfolg, der bis weit in die 80er Jahre anhielt, als das Modell XS 400 mit einem neuen Motor und zwei obenliegenden Nockenwellen herauskam.

Dabei wurden Erinnerungen an die 400 cm³ Horex-Imperator (Zweizylinder-Vier-taktmotor mit obenliegender Nockenwelle) wach gerufen, und auch der japanische Anfang in Europa anfangs der 60er Jahre mit ohc-Viertakt-Zweizylindern bei Honda war nicht vergessen. Nun sahen die Motorräder etwas anders aus, die XS 400 wirkte zierlicher als die Einzylinder-SR-500, sie war aber etwa gleich schwer und in der Endgeschwindigkeit gleich. Das Getriebe hatte sechs Gänge (wie ich meinte, eigentlich unnötig), die Leistungskurve verlief anders als bei der SR 500, denn die 27 PS waren bei 7000/min da. Der Motor drehte also höher als der Einzylinder, und das höchste Drehmoment der XS 400 von 2,9 mkg fand sich bei 5000/min. Das bedeutete, daß dieser Zweizylinder keineswegs schwach im mittleren Drehzahlbereich war, womit er gut mit fünf Gängen ausgekommen wäre.

Mit dieser Maschine wollte man räubern. Das Fahrwerk, die Zierlich- und Handlichkeit, die gute Sitzposition, das gut abgestimmte Getriebe und die Leistungscharakteristik des Motors forcierten sportliche Fahrweise. Das Aggregat ließ sich beim Beschleunigen ohne weiteres überdrehen, und beim Erreichen der Endgeschwindigkeit aufrecht sitzend von gut 130 km/h drehte er bis 7000/min. Wenn man sich lang machte und enganliegendes Lederzeug trug, dann kam man wohl auch mit Anlauf über 140 km/h, wobei der Motor glatt bis 8000/min drehte. Darüber hinaus drehte er aber nicht weiter. Der sechste Gang wirkte auf diese Weise

Der Yamaha-Typ XS 400 – hier das Modell von 1978 – war sehr erfolgreich.

fast als Overdrive, und auf den kurvenreichen Landstraßen des Schwäbischen Waldes mit seinen Motorradstrecken fuhr ich meist nur im vierten und fünften Gang. Letzterer reichte bei 8000/min bis knapp 130 km/h.

Im mittleren Drehbereich vibrierte der Twin merklich, ließ aber oberhalb von 5000/min wieder nach. Unterhalb von 4000/min war er auch ruhig, nahm das Gas sauber und ohne Loch an. Die Schaltwege waren kurz, es ließ sich sehr genau schalten. Alles paßte wirklich optimal bei der Maschine. Die Kurbelwelle, die Pleuelfüße und die Kolbenbolzen waren gleitgelagert, die Nockenwelle wurde durch eine automatisch gespannte Kette angetrieben. Es gab zwei 34-mm-Mikuni-Unterdruckvergaser. Die Zylinderbohrungen maßen 69 mm, der Kolbenhub 52,4 mm, Hubraum 391 cm^3.

Da die Kolbengeschwindigkeiten durch den kurzen Hub gering waren (bei 8000/min knapp 14 m/s), brauchte niemand Angst vor den Drehzahlen zu haben. Selbst nicht bei längeren Autobahn-Vollgasfahrten, wo es darum ging, nicht von jedem VW-Polo abgehängt zu werden und im allgemeinen schnellen Strom mitschwimmen zu können.

Die Hubzapfen der Kurbelwelle waren um 180° versetzt, damit der Aufwand einer zusätzlichen Ausgleichswelle vermieden werden konnte. Ohne diese Maßnahme wären auch sehr häßliche Schwingungen entstanden.

Die 1978er XS 400 habe ich noch mit Metzeler-Reifen bestückt. Als in den 80er Jahren noch eine modifizerte XS 400 kam, erlebte ich übrigens das erste Mal auf diesem Modell sehr gute japanische Reifen von Yokohama. Mit den Metzeler-Gummiwürsten ließ es sich ganz schön frech fahren, wobei man allerdings bei Schlaglochserien oder Wellen aufpassen mußte, daß die Hinterradfederung nicht zu hart durchschlug, was zum Versetzen der Spur führen konnte.

Eine solche 1978er XS 400 – und später noch eine des Baujahrs 1981 mit einigen Mo-difikationen und Änderungen – habe ich selbst besessen und gern gefahren, wobei es immer wieder Spaß machte, wenn man sich an größere und stärkere „Konkurrenten" hing – !

Die XS 400 war *der* Erfolg für Yamaha, die Maschine mußte einfach aufgrund ihrer Konzeption erfolgreich sein.

Schon bald (1978) kam dann auch Yamahas erste Vierzylinder – das war die XS 1100.

Ein Riesentrum von Motorrad! Ein gewaltiger Schlitten! Hubraum 1104 cm^3, fahrfertiges Gewicht 286 kg (5,7 Zentner), Endgeschwindigkeit über 220 km/h. Von den unmittelbaren Konkurrenten war nur die OCR 1000 (Zweischeiben-Wankelmotor mit 996 cm^3 Kammervolumen) sehr viel schwerer (330 kg). Die Honda GL 1000 (Gold Wing) wog 295 kg – alles andere war „leichter".

Was bei der Einzylinder-SR 500 ein so schönes Abenteuer war, das An„werfen" des Energietopfs, das war bei diesem Saurier überhaupt ein Nichts: Knöpfchendruck – brummm – ! Fertig, Motor lief. Egal, ob kalt, ob warm, ob naß, ob trocken, ob Fahrer gut in Form oder nicht. Absolut problemlos. Und daß die vier Zylinder mit den beiden obenliegenden Nockenwellen wirklich arbeiteten, das bemerkte man im Leerlauf beinahe garnicht, wenn man den Schutzhelm schon auf und damit den Schallkontakt nach draußen bereits abgeschaltet hatte. Er war kaum zu hören und zu spüren, denn es gab keine Vibrationen. Weil nämlich der Motor in Gummi aufgehängt war.

Auf den kurzen Weg des Gasdrehgriffes reagierte die Kraftfabrik blitzartig und absolut sauber ohne Leistungsloch. Bei 8500/min gab es 95 PS/70 kW. Das höchste Drehmoment von 9,2 mkg fand sich bei 6000/min. Übrigens waren bei 2000/min schon 16 PS/11,8 kW nutzbar – ein Motor also, dessen fünf Gänge man ohne weiteres auf drei hätte reduzieren können.

Es war demzufolge logisch, den Antrieb des Hinterrades wie bei der Dreizylinder-XS

1978 war die XS 1100 Yamaha's Spitzenmodell, ein unerhört leistungsfähiges Tourenmotorrad.

750 über eine Kardanwelle laufen zu lassen, was zwar teurer als ein Kettenantrieb, in diesem Falle aber technisch richtiger zu sein schien. Man hatte eine schnelle Reisemaschine im Sinn, bei der es – wie bei den Automobilen jener Zeit schon lange – auch Zigtausende von Kilometern nicht die allergeringste Panne geben sollte.

Vier 34-mm-Mikuni-Unterdruckvergaser stellten die Gasfabrik dar, unterm Lenkkopf war ein großdimensionierter Ölkühler vorgesehen, in den Kraftstofftank paßten 24 Liter, fünf davon dienten als Reserve. Der Primärtrieb bestand aus einer Mehrfachzahnkette, einer Zwischenwelle (mit Anlasser-Untersetzung) und Zahnrädern. Die stark dimensionierte Kupplung hatte acht Scheiben, ging erstaunlicherweise aber sehr leicht, griff immer exakt und ließ kein Rupfen erkennen. Vorn waren zwei große, hydraulisch betätigte Scheibenbremsen im Gußrad, hinten eine Scheibe. Das Vorderrad hatte die Bereifung 3.50 V 19, das Hinterrad die ausgefallene Größe 4.50 V 17, ähnlich wie die Honda GL 1000 (Gold-Wing). Und hier lag das Problem raschen Verschleißes – alle 3500 Kilometer war eine neue Decke fällig, und bei der Spezialgröße bedeutete das für Langstrek-

ken-Fahrer, Europa- und Weltenbummler, Schwierigkeiten, wenn der Reifen irgendwo in einer mit Yamaha-Niederlassungen und -Werkstätten nicht gesegneten Gegend benötigt wurde. Im Lauf der nächsten Jahre besserte sich das, aber zuerst blieb es eine offene Frage, selbst dann, wenn der Fahrer in der Lage war, diesen Schlauchreifen selbst zu wechseln (was bei schlauchlosen Reifen sowieso noch abenteuerlich blieb).

Die Fahrleistungen konnten sich sehen lassen, wobei zu bemerken wäre, daß die Maschine sehr gut in der Spur blieb. Man konnte auch die Federhärte in der Telegabel einstellen. So brauste der Tourer aus dem Stand bis 100 km/h in guten vier Sekunden, bis 160 km/h brauchte er sage und schreibe nur neun Sekunden. Mit zwei Personen waren 200 km/h möglich, und wenn jemand meinte, er müsse mit den 286 kg einmal Rekorde jagen, dann konnte es sein, daß er auf ebener Bahn über 220 km/h schaffte – klein gemacht natürlich.

Aber was sollte das? Mit 150 oder 160 km/h Dauertempo auf der Autobahn war man schneller als alles andere sonst. Und dabei überanstrengte man den Motor wahrlich nicht, er drehte im fünften Gang bei 160

227

Die Yamaha XS 1100 und ihre Konkurrenten

Modell 1978	Hub-raum (cm³)	Zwei-/Vier-takt	Zylin-der-zahl	Leistung in kW (PS) bei 1/min	Drehmoment Nm (mkg) bei 1/min	Ge-wicht in kg	Spitze in km sitzend liegend		End-antrieb	Ver-brauch (L/100 km)	Preis in Mark
Yamaha XS 1100	1104	4	4	69,9 (95) 8500	90,3 (9,2) 6000	286	204,6	223,6	Kardan	7,6	9 835,50
BMW R 100 S	980	4	2	47,8 (65) 6600	75 (7,65) 5500	237	184,7	195,7	Kardan	7,5	10 560,—
BMW R 100 RS	980	4	2	51,5 (70) 7250	76 (7,7) 5500	240	192,5	192,5	Kardan	8,1	12 090,—
Honda GL 1000	999	4	4	60,4 (82) 7500	80,4 (8,2) 6500	295	187,5	197,8	Kardan	9,7	9 850,—
Kawasaki Z 1000 Z1-R	1015	4	4	66,2 (90) 8000	81,4 (8,3) 7000	260	206,9	211,8	Kette	8,4	9 937,—
Laverda 1000-3 C	980	4	3	57,4 (78) 7750	75,2 (7,67) 7000	243	194,3	208,2	Kette	8,2	8 400,—
Suzuki GS 1000	997	4	4	66,5 (90,5) 8200	83,4 (8,5) 6500	255	202,2	222,2	Kette	8,3	9 710,—
Van Veen OCR 1000	996 KV	W	2 S	73,6 (100) 6500	135,4 (13,8) 2500	330	202,7	212,8	Kardan	12,8	28 198,—
Honda CBX	1047	4	6	77,3 (105) 9000	84,4 (8,6) 8000	268	—	—	Kette	—	—

km/h nur 6350/min (= 58 PS/42,7 kW und 14,6 m/s Kolbengeschwindigkeit). Das konnte auf die Dauer nur den Fahrer überanstrengen, wenn der nicht hinter einer Verkleidung daß, weshalb die XS 1100 später mit einer interessanten Vollverkleidung angeboten wurde.

Es war also auch ein „Bahnburner", ein Autobahn-Brenner. Wobei mir einfällt, daß wir noch garnicht über Bohrung und Kolbenhub gesprochen haben: 71,5/68,8 mm, Hubraum 1104 cm³, Verdichtung 9,2. Daß die Hinterradschwinge in Kegelrollen lagerte, daß der Wellenantrieb zum Hinterrad zwei Umlenkungen, Kardangelenk genau im Schwingendrehpunkt und die Welle im Schwingenholm lief — das gehört auch zur Beschreibung. Man kommt leicht davon ab, wenn man von der unheimlichen Fahrleistung spricht.

Die XS 1100 war ein besonderes Motorrad, aber es war auch keins für Anfänger oder verhinderte Rennfahrer. Es gehörte zu jenen Geschossen, die geeignet waren, die Gesetzgeber mit Einschränkungen auf den Plan zu rufen.

Mit einem Radstand von 1545 mm war der Brummer auch noch eines der längsten Motorräder, und so kam es, daß sehr bald wegen all' dieser Daten und Eigenschaften die ersten Gespann-Enthusiasten aufmerksam wurden. Bestimmt — das war so eine Lokomotive für schnellen Gespannreise-Spaß. Schon im ersten Jahr ihres Erscheinens tauchten tatsächlich XS 1100-Gespanne auf.

Als 1979 vorüber war, hatte Yamaha wieder mit großem Erfolg taktiert. Die Zuwendung zum Viertakter und die Konzipierung von nicht alltäglichen Modellen hatte sich gelohnt. Damit ging man nun in ein neues Jahrzehnt, wo weitere Viertakter die große Rolle spielten, meist Weiterentwicklungen jener ersten Typen, die ich hier noch einmal auf ein paar Buchseiten zusammengefaßt habe.

Und das gab's auch noch . . .

Im Herbst 1970 standen in der Liste für in der Bundesrepublik Deutschland angebotene Motorräder (ohne die 50 cm³-Kleinkrafträder) 67 Modelle von 24 verschiedenen Herstellern. 1979 sah diese Liste anders aus: 210 Modelle von 32 Herstellern. Nochmal zur Gegenüberstellung: 1970 – 67/24, 1979 – 210/32.

Während wir 1970 noch alle diese Maschinen, Straßenmaschinen, Moto Cross-, Gelände- und auch Straßenrennmaschinen, Stück für Stück im Kopf registrieren konnten, dazu alle Hersteller, so war das 1979 schon fast nicht mehr möglich. Hinzu kam, daß gegen Ende des Dezenniums eine unerhört schnelle Modellwechsel- und Neuvorstellungs-Welle lief. Da konnte man fast nicht mehr so schnell mitschreiben – !

Im Zuge dieses Geschehens kamen mehr Maschinen aus dem Ausland als überhaupt jemals zuvor. Darunter ist aber nicht nur ein Land wie Japan zu erwähnen. Aus der Tschechoslowakei wurden CZ- und Jawa-Motorräder (Einzylinder- und Zweizylinder-Zweitakter von 123 bis 343 cm³) importiert, aus Frankreich die Motobecane 125 cm³ (Zweizylinder-Zweitakter), aus Österreich die bekannten KTM-Motorräder, die im Geländesport eine ruhmvolle Rolle spielten, aus Spanien kamen die Marken Bultaco, Montesa, Ossa und Sanglas mit Maschinen von 119 cm³ Zweitaktern bis zu 496 cm³ Einzylinder-Viertakter – insgesamt ein unerhört interessantes Angebot. Aus der UdSSR wurden Dnjepr-, Planeta- und Ural-Motorräder eingeführt, Zweitakter und Viertakter, letztere der alten BMW R 12 mit Boxermotor und Kardanantrieb nachempfunden. Aus der DDR kamen die bekannten und wegen ihrer Preiswürdigkeit und Zuverlässigkeit beliebten MZ-Maschinen, Einzylinder-Zweitakter. Aus den USA – wem soll ich da Neues erzählen – erhöhte sich das Angebot der großen Harley-Davidson-Modelle mit dem ohv-Zweizylinder-V-Viertakter bis zu 1339 cm³. Schließlich sahen wir aus Indien kommend die 350 cm³ Royal Enfield Bullet der 50er Jahre als Lizenz neu auf unseren Straßen – und – und – !

Und? Was ist mit den italienischen Malan-

Diese russische Planeta-Sport 350 cm³ (1976) läßt Anklänge an die DKW NZ 350 von 1939 vermuten.

Dnjepr-Gespann 650 cm³ aus Rußland, 1976. Die BMW R 12 der Kriegsjahre scheint der Pate gewesen zu sein. Gespannpreis 1976: DM 5800,–

cas, den wunderschönen kleinen Zweitakt-Straßenflitzern? Oder mit den beiden CCM-Einzylindern ohv 500 und 580 cm³ aus England?

Wer zählt die Typen, kennt die Namen? Puch, Österreich? Stimmt! Bis 1976 gab es 125 cm³-Moto Cross- und Geländemaschinen, bis 1972 eine 125 cm³-Straßenmaschine und immer noch die alte 250 cm³-SGS mit dem Doppelkolben-Zylinder. Dann war da noch die russische Marke Voshkod, ein 175 cm³-Zweitakt-Motorrad. Aus Schweden kamen die Husqvarna- und Monark-Crossmaschinen, und aus Ungarn die 250 cm³-Zweitakt-Pannonias.

Die Liste der 70er Jahre scheint endlos zu sein, denn wenn man in den Erinnerungen zurückblättert und man denkt, daß man nun alles erfaßt hat, dann taucht jedesmal beim Überprüfen noch eine Marke auf. Jaa – hier, aus USA die seltsame Rokon-Automatik 335 cm³ – ! Frühjahr 1976. Und die 125-cm³-Fantic aus Italien – !

Zu all' den Firmen-Namen und -Typen müßte man nun noch das Angebot der Tuner hinzurechnen, wie es z. B. Egli in der Schweiz, Dunstall, Rickman oder Seeley in England, Bajohr, Bimonta, Eckert, Fallert, Meyer, Michel, Matheis und Klose, Rau, Reimo, Schek oder Tweesmann in Deutschland waren (um nur eine Auswahl zu nennen!), Sulzbacher in Österreich, Yoshimura in den USA und noch viele andere mehr. Dazu die Hersteller von Chopper-Spezialitäten, und so weiter und so fort – !

Es ist heute noch unvorstellbar, was der Motorrad-Boom der 70er Jahre alles brachte. Das hatte niemand geglaubt, als es Ende der 50er Jahre mit dem Motorrad endgültig am Ende zu sein schien.

Auch der Zubehörhandel war in unglaublicher Weise aufgeblüht und trieb zum Teil auch selten kuriose Blüten. Alles, was sich irgendwie im Zusammenhang mit dem Motorrad zu Geld machen ließ, wurde aufgerissen. Dazu Show, Show und nochmals Show – !

Da flitzten Maschinen, wie die Gericke-

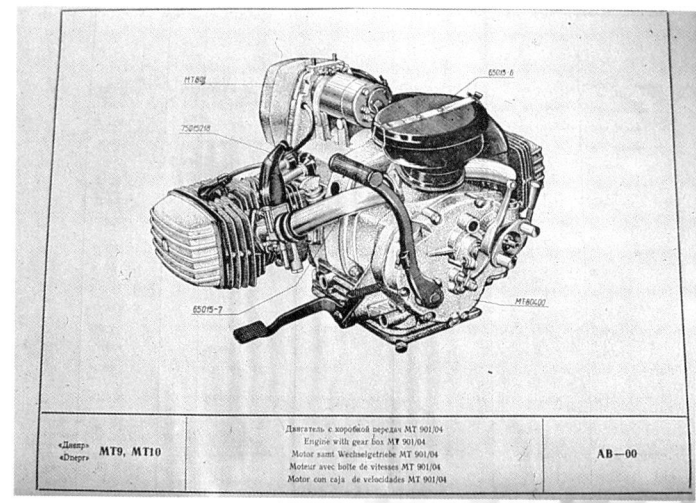

Dnjepr-Motor = BMW auf russisch. Flachschieben-Vergaser, Schaltwippe, alles andere ähnlich den Vorkriegs- und ersten Nachkriegsmodellen von BMW. Dies ist Baujahr 1976.

230

Rocket (BSA-Rocket im Hein Gericke-Trimm), die König-Honda, die Scheibel-Honda, die Briel-BMW, die Labitzke-BMW, die SWM-Maschinen, die Kramer-Geländerenner, Bridgestone-Motorräder, Bombardier-Rotax, eine Dürr DRS 125 Twin, eine Wassell-Trial und noch viele andere Extra-Modelle und Marken durch die Geographie. Wer als Dokumentator, Geschichtsschreiber oder Motorradhistoriker noch keine Doktorarbeit gemacht hat, könnte ja einmal versuchen, alle jemals existierenden Motorradmarken und -typen in der Welt der 70er Jahre aufzuzählen − ! Es ist mit an Sicherheit grenzender Wahrscheinlichkeit anzunehmen, daß er nicht alles erfassen kann.

Denn hinter allen diesen Spezialitäten, neben den Größten, Halbgrößten und Bekanntesten der Serienfabrikate steckten ja keine Riesenproduktionen, meist waren es nur handwerkliche Kleinserien oder Einzelanfertigungen (z. B. Münch-Motorräder), die nur in besonderen Fällen Publizität genossen. Ja, selbst von den Produktionen aus China, Polen, Rußland, Taiwan kamen nur spärliche Unterlagen, wenn überhaupt welche, zu uns. 1980 boten folgende Staaten in der Welt Motorräder an: Bundesrepublik Deutschland (31 Marken und Tuning-Marken), DDR (zwei Marken), England (drei Marken), Frankreich (vier Marken), Indien (zwei Marken), Italien (27 Marken), Japan (fünf Marken), Niederlande (zwei Marken), Österreich (vier Marken), Polen (eine Marke), Portugal (eine Marke), Schweden (zwei Marken), Schweiz (eine Marke), Sowjetunion (zwei Marken), Spanien (sieben Marken), Taiwan (eine Marke), Tschechoslowakei (zwei Marken), USA (drei Marken).

Darin sind nun auch die 50 cm^3-Kleinkrafträder enthalten, und wenn man die noch zu allen Typen nur auf dem deutschen Markt rechnen wollte, wird die Masse und das Verwirrende noch größer.

Viele der kleineren Hersteller oder Tuner kümmerten sich auch garnicht um Veröffentlichung von technischen Daten und Bildern, Werbung betrieben die Kunden, basta.

Da blieb manches in der Anonymität verborgen, so z. B. der 10 (in Worten: zehn!) Zylinder-Zweitaktrennmotor, den die Holländer Leo van Dijk und André Moolenaar aus Rotterdam aus zehn 50 cm^3 Itom-Motoren bauten und in ein Renngespann einsetzten. Der einzige Zehnzylinder-Motor, der mir unter Motorrädern bekannt war, 1970/71. Ob er noch existiert − ?

Nun gut, aber irgendetwas Besonderes aus dem Kreis dieser Exklusivitäten, dieser Angebote aus noch nicht in diesem Buch berücksichtigter Nationen, von Tunern und Spezialisten sollte doch die Geschichte der Motorräder der 70er Jahre beschließen. Und da fallen mir zwei Maschinen ein, zu denen ich nicht nur selbst eine persönliche Beziehung habe, sondern die auch in ihren Eigenarten gewaltig oder − in dem einen Falle − unglaublich konservativ geblieben sind. Die bis in die 80er Jahre existieren und überall dort mächtig Aufsehen und Diskussionen erregen, wo sie auftauchen. Die eine gehört inzwischen zu den absoluten Super-Raritäten, die andere zu den Dauerbrennern unter den Gewaltigen. Und beide waren auch Kinder dieser 70er Jahre in ihrer damaligen Konzeption und in ihrem Erscheinungsbild. Und beide sind Motorradfreunden keine Unbekannten:

Die irre Münch mit dem NSU-Automotor und die uralte, immer wieder neu gemachte und doch im Urkonzept erhalten gebliebene Harley Davidson. Die eine aus Deutschland, die andere aus Amerika. Zwei wahnsinnige Gegensätze, aber auch Motorrad-Denkmäler.

Die Entstehung des Münch-Motorrades von Friedel Münch in Altenstadt und Nieder-Florstadt habe ich vom ersten Ansetzen eines Schraubenschlüssels an miterlebt und - als Publizist und teilweise Versuchsfahrer − miterlitten. Es war das handwerkliche Erzeugnis eines eigenwilligen Technikers, Tüftlers und Schraubers, dessen unruhiger Geist durch seine andauernde Beanspru-

Die Gewaltigste,
das sogenannte
»Mammut«, Münch-4
TTS 1973.

chung mit neuen technischen und raffinierten Ideen nie zur Ruhe kam, und der seine kleine Serie von Riesenmaschinen so verwirklichte, daß fast kein Stück dem anderen glich. Ein Kaufmann war der Friedel freilich nicht − !

In den 60er Jahren hatten die ersten seiner Saurier ihre Räder auf die Straßen gesetzt, jetzt in den 70er Jahren schien sich langsam der Höhepunkt seiner Kreationen einzustellen. Die Bezeichnung „Mammut" trugen 1925 bis 1933 die Modelle der Maschinenfabrik Berner & Co., Nürnberg (mit Blackburne-, JAP-, MAG- oder Villiers-Motoren) sowie die Mammut-Vertriebsgesellschaft mbH, Bielefeld (Ilo- und Sachs-Motoren), der Name war noch geschützt, so daß Friedel Münch seine große Maschine nur „Münch 4 TTS" 1973 nennen konnte. Aber die Motorradfahrer hielten sich nicht daran, denn sie benutzten den Begriff „Mammut" weiterhin, wenn sie die TTS mit ihren 260 kg Leergewicht entdeckten. Das war eben das „Mammut", fertig.

Exklusiver ging es 1973 kaum: Preis DM 15 518.−, Hubraum 1177 cm³, Gewicht trocken 246 kg (eigentlich im Vergleich mit den Boliden Ende der 70er Jahre noch leicht!), Motorleistung 88 DIN-PS bei 6000/min, getestete Endgeschwindigkeit 206,9 km/h, Beschleunigung aus dem Stand bis 100 km/h in 4,9 Sekunden. Das waren zunächst die ins Auge springenden Leistungszahlen und Daten. Die wirkliche Exklusivität lag jedoch noch anderswo.

Der Motor war das Vierzylinder-NSU-Wagenaggregat, welches von Münch in einigen Details geändert wurde. Dazu verwendete er zwei Weber-Doppelvergaser ohne Luftfilterung und Ansauggeräuschdämpfung, er konstruierte weiter eine andere Ölwanne, und der Motor bekam vier Auspuffrohre, die in zwei Schalldämpfern mündeten. Die Zündverteilung wurde umgebaut, der Primärtrieb über schräg verzahnte Stirnräder bedingte verschiedene Änderungen. Der Antrieb der obenliegenden Nockenwelle durch eine Duplexkette an der linken Stirnseite des Motors wurde natürlich übernommen.

Die für das Kühlgebläse des Wagenmotors ausgelegten Zylinderrippen waren zwar nicht besonders tief, aber sie reichten vollkommen auch bei Fahrtwindkühlung. Der erste Prototyp war 1965 entstanden, und damals wie 1973 (und in den 80er Jahren immer noch!!) brannte das Problem der Werkstätten, Ersatzteile und des Kundendienstes ganz besonders. Münch überlegte, daß für einen gängigen Automotor eher Ersatzteile und Werkstatthilfen zu haben sein würden als für einen Motorradmotor. Viel Hubraum würde die Literleistung in zivilem Bereich halten, und trotzdem könnten mehr PS für ein Motorrad gewonnen werden als jemals zuvor.

Diese beiden Grundgedanken und natürlich Friedels Freude am Konstruieren und Experimentieren waren Anstöße zu dem Unternehmen „Mammut". Den Motor − so versicherte die Geschäftsleitung der 1973er

Münch Motorradfabrik GmbH in Altenstadt/ Hessen – würde es noch zehn Jahre weiterhin geben. Zwar nicht mehr mit dem Zeichen „NSU" auf den Ventildeckeln, aber mit dem Zeichen „VW". Man sollte spaßeshalber heute einmal die hohen VW-Manager darauf hinweisen, daß es in den 70er Jahren ein „VW-Motorrad" gab – was *die* wohl sagen –?!

Die Leistungskurve zeigte 88 DIN-PS bei 6000/min, 500/min weniger als 1969. Der Verlauf der Kurve war nicht spitz, bei 2000/min gab es schon 22 PS, bei 4000/min 56 PS, 80 PS im Bereich zwischen 5500 und 7500/min, 78 PS zwischen 5200/min und 8000/min. Mehr als 8000/min haben wir allerdings nie aus dem Motor herausgebracht.

Im vierten Gang war es möglich, den Koloß ab ca. 60 km/h = 2200/min = 24 PS ruckfrei zu beschleunigen, und wer ein schaltfauler Geselle war, der konnte ab dieser Geschwindigkeit ohne schalten zu müssen fahren. Der Drehmomentverlauf und der Leistungsüberschuß machten das möglich. Gewöhnlich bewegte man sich im Bereich zwischen 3000 und 6000/min, wobei es deswegen oft ein eigenartiges Fahrgefühl war, weil man nicht selten rein gefühlsmäßig herunterschaltete, wenn es auch garnicht nötig tat. Würde das Motorrad ein steiferes, mehr stures Fahrverhalten gezeigt haben, wäre niemand auf den Gedanken gekommen, die Gänge sportlich auszufahren.

Aber das gesamte Fahrverhalten der TTS war trotz des großen Gewichts infolge des vorhandenen Temperaments alles andere als stur und steif. Da der Motor keine großen Schwungmassen hatte, drehte er beim Gasgeben urplötzlich hoch, und beim Gaswegnehmen bremste er augenblicklich. Der Fahrer hing richtig am Drehgriff, so daß die Fahrtechnik dem entsprach.

Das war wahrlich nichts für einen Neuling auf einem Motorrad, dazu absolut ungewohnt und neu für jemanden, der erst nach längerer Zeit wieder eine Maschine, diesmal vielleicht seinen Traum, bewegen wollte. Er

mußte lernen, „jeden Kilometerstein mit dem Drehgriff zu zählen". Nach den ersten 50 Kilometern hatte das ein Routinier heraus, von da an fuhr er mit dem Büffel wie mit einem Fahrrad. Es gab frühere Nordschleifen-Zeiten vom Nürburgring in 11:30 = 116,34 km/h für unsere 22,3 Kilometer lange Meßstrecke.

Der Kolbenhub betrug 66,6 mm, die Zylinderbohrungen je 75 mm. Bei 2000/min bekamen wir damit eine Kolbengeschwindigkeit von nur 8,9 m/s. Bei 6000/min waren es 13,3 m/s und bei 7500/min 16,6 m/s. Vibrationen: Ganz feine Frequenzen. Wir hatten bei Kälte einmal Startschwierigkeiten, weil die Kraftreserve der Batterien nicht ausreichte. Sie hatten zusammen 28 Ah Kapazität, was in gut geladenem Zustand immer ausreichte, den Motor zu starten.

Vor dem Fahren sollte der Motor so lange im Leerlauf mit ca. 1000/min ruhig drehen, bis die Ölpumpe genügend Öl zu allen Schmierstellen, auch im Zylinderkopf, gefördert hatte. Es waren 6,5 Liter Öl im Umlauf, wobei das heiße Öl durch zwei Ölkühler, rechts und links vor dem Motor, gepumpt wurde. Im Winter mußten die Abdeckbleche davor geschlossen bleiben, um wenigstens auf 80° Öltemperatur zu kommen – früher, ohne Ölkühlung, erreichte das Schmieröl leicht Temperaturen bis 100°.

Die beiden 40-mm-⌀-Weber-Doppelvergaser sahen von außen sehr kompliziert aus, aber zum Reinigen und Wechseln der Düsen brauchte man nur die Vergaserkappe abzunehmen, um die Haupt- bzw. Leerlaufdüsen herausdrehen zu können. Das Spritniveau wurde in beiden Schwimmerkammern durch eine elektrische Pumpe immer auf gleicher Höhe gehalten. Das für derartige Pflegearbeiten gute Fahrerhandbuch erläuterte aber noch mehr Arbeiten. Zum Beispiel das Auswechseln der sechs Kupplungsscheiben oder die Kontrolle der Antriebskette für die Zündverteilung. Beides war in der Tat wichtig, denn die Kupplung war doch ganz schön belastet, und nach unseren harten Beschleunigungs-Messungen mehrfach mit allem Dampf auf dem Hockenheimring (innerhalb einer halben Stunde 20 bis 25 Gewaltstarts ohne Pause) waren die Scheiben fällig. Zumal die Kupplung schon beim normalen Anfahren im ersten Gang allerhand aushalten mußte, ein Problem im Stadtverkehr.

Die vier fußgeschalteten Gänge hatten eine Spannweite von 2,5. Das war so knapp wie bei einer Straßenrennmaschine. Die Gesamtübersetzungen in den Gängen betrugen 11,3/6,9/5,1/4,5. Die Testmaschine war im Hinterradantrieb 13:36 (2.78) übersetzt. Da die Hinterradkette über eine automatische Spannung und vollkommen gekapselt im Ölbad des Schwingkastens lief, also sehr gute Schmierung und Dreckschutz genoß, mag der enge Knickwinkel der Kettenglieder bei dem 13er Ritzel noch angegangen sein, aber bei einem 14er Ritzel wäre mir wohler gewesen, zumal der Motor die längere Übersetzung 14:35 (2,5) zum Hinterrad durchaus vertrug.

Der dritte und der vierte Gang lagen sehr dicht beisammen, und das war eine nicht schlechte Lösung für die TTS. Bei 6000/min reichte der erste Gang bis 65 km/h, der zweite bis 105 km/h, der dritte bis 143 km/h und der vierte bis 163 km/h. Da der Motor klaglos bis 7500/min hochdrehte, waren Geschwindigkeiten im vierten Gang bis 200 km/h möglich, ohne dabei langgemacht in den Tank kriechen zu müssen.

Das Rückgrat des Fahrwerks war der Doppelrohrrahmen mit seinem abgestützten Lenkkopf, was ein wenig nach Norton aussah. Die Vorderradfederung übernahm eine Rickman-Telegabel, die Hinterradfederung bestand aus einer gegossenen Elektron-Schwinge, deren linker Holm den Kettenkasten bildete.

Die Münch 4 TTS hatte eine große Menge Details aus leichtem Elektronguß (AZ 81 WA). So die Ölwanne, das Getriebegehäuse, die Vorderradnabe (später das komplette Gußrad), das Hinterrad mit Bremsnabe und Ankerplatte, die Hinterradschwinge mit Kettenkasten, das Rahmenheck mit Schutz-

blech, Sitzbankmulde, Batterie, Werkzeug- und Schaltkasten. Einmalig im Motorradbau!

Die Federung war ziemlich hart, und die kleine Stufe in der Sitzbankfläche hatte zwar Stützvorteile für den Fahrer, aber man durfte auf schlechten Straßen diese Kante nicht als Sitzfläche benutzen, wenn die Maschine sprang. In langgezogenen, schnellen Kurven war ein leichtes Lenkerpendeln in Schräglage bei hohem Tempo nicht zu vermeiden. Ich dachte, daß ein längerer Radstand, ein anderer Nachlauf der Spurtreue und dem Sitzkomfort gut getan hätten, auch wäre die Maschine dann nicht mehr so quadratisch gedrungen erschienen, sondern gestreckter. Im übrigen war die Position auch für lange Menschen akzeptabel.

Die Vorderrad-Doppelnockenbremse – eine spezielle Münch-Entwicklung, die jedoch sorgfältigste Herstellung erforderte – mußte genau eingestellt werden, dann packte sie gewaltig. Nur mit der Fingerspitze hinlangen und rechtzeitig loslassen – !

Für Anfänger problematisch. An der Testmaschine war ein Nach- und Neueinstellen nach 1500 Kilometern notwendig. Umfang der Bremsfläche 21250 mm^2 am Vorderrad, und 21000 mm^2 am Hinterrad, wo ebenfalls eine Doppelnockenbremse eingebaut war, deren Betätigung über einen Seilzug erfolgte, dieser eine sehr schlechte Lösung.

Das gegossene Hinterrad (ich glaube, daß die Münch als erste „Serien"maschine gegossene Räder hatte) war berechtigt, denn bei den ursprünglichen Speichen gab es früher ein reiches Sterben. Mehr als 10 mkg Drehmoment (bei 4800/min) des Motors brachten solche Probleme mit. Nachdem ich mit einem Münch-Gespann (Watsonian-Seitenwagen) auf einer Fahrt zum Elefantentreffen bei Neustadt an der Weinstraße mit mehr als 130 km/h wegen sämtlich gebrochenen Speichen im Vorderrad (!) über Glatteis geschlittert und zum Glück mit dem „Schlitten" in einem Streusandhaufen ohne Überschlag zu abruptem Stehen gekommen war, wurden Gespannversuche mit der Münch nur noch mit gegossenen Rädern vorn und hinten unternommen. Auch dachte Friedel bereits an Scheibenbremsen mit hydraulischer Betätigung.

Ein besonderes Problem bei Motorrädern mit mehr als 50 PS und hohem Drehmoment und mit Geschwindigkeiten, die bis über 200 km/h anstiegen, waren 1973 noch die Reifen. Nicht nur Münch machte üble Erfahrungen (und nicht nur bei Gespannbetrieb) mit herausfliegenden Profilblöcken, demolierten Karkassen und viel zu schneller Abnutzung.

Das andere Problem war die notwendige gleichbleibende Sorgfalt bei der handwerklichen Fertigung. Eine Bandfertigung in großen Stückzahlen war nicht möglich, und so *mußte* man eben auf Teufel-komm-raus Stück für Stück mit penibelster Genauigkeit zusammensetzen. Ein 16 000.-Mark-Motorrad durfte 1973 auf keinen Fall mit Fehlern ausgeliefert werden. Und wenn – ! Na, das wurde ganz schön teuer und ärgerlich.

Es war wichtig, das zu erwähnen, weil nicht selten hinsichtlich der Kapazität und der Möglichkeiten dieses Herstellers des größten und stärksten deutschen „Serien"-Motorrades sehr oft vollkommene Unklarheit bestand (damals waren 35 Leute dort tätig).

Die Elektrik hatte 12 Volt, die Drehstromlichtmaschine eine Leistung von 210 Watt. Der Durchmesser des großen Scheinwerfers betrug 20 cm, das Licht war wirklich gut. Auf Wunsch konnte man einen Doppelscheinwerfer im Elektronguß-Gehäuse bekommen, aber das eine Licht war schmaler, und damit gefiel uns die Linie der Maschine besser. Auf der linken Seite der Maschine war der wasserdichte Kasten mit Klemmleisten, Relais und Zündschalter. Auf der rechten Seite befand sich in einem gleichen Kasten eine Batterie, die zweite war unter der Sitzbank untergebracht. Wenn der Tank entfernt wurde, was sehr leicht und schnell ging, kam man gut an die Vergaser, Ventildeckel und an die Zündkerzen. Der Tank

faßte 30 (in Worten: dreißig!) Liter = eine Reichweite von 450 km.

Von den späteren großen 100 PS-Maschinen mit mehr als 250 kg Gewicht und Geschwindigkeiten bis über 220 km/h war 1973 noch nicht die Rede, und trotzdem entfachte die Münch – wie alle Super-Motorräder – sofort die Diskussion, ob es möglich, gerechtfertigt und akzeptabel sei, ein Motorrad für soviel Geld zu kaufen und zu fahren. Wer gewillt ist – ich spreche jetzt auch einmal von der Gegenwart – sich nur einmal in seinem Leben etwas derart Exklusives anzuschaffen, und wer in der Lage ist, einen solchen Büffel geistig, seelisch und körperlich zu verkraften, mit ihm richtig umzugehen und keine Bubenstreiche zu machen, der mag auf seine Kosten kommen (siehe auch Honda CBX-Sechszylinder oder Kawasaki Z 1300). Über Wirtschaftlichkeit kann man da nicht diskutieren, denn beim Spaß an der Freud' hören solche Gespräche auf. Über Liebhaberwerte kann man streiten, aber keine Richtlinien geben, das entscheidet die Finanzkraft und die Größe der Begeisterung des Einzelnen. Daß es immer Fahrer geben wird, denen der Spaß an einer Münch oder an ähnlichen Boliden und deren Erlebnisse etwas wert ist, das zeigt die Existenz dieser Maschinen, auch heute noch. Doch waren solche Motorräder und Fahrer noch nie vorher so zahlreich wie in den 70er Jahren.

Vom Fahren her gesehen: die Münch war wirklich ein unheimliches Erlebnis (wenn sie gut gefertigt worden war). Schon das Bewußtsein – und der Fahrer merkte es – daß bei 160 km/h noch lange nicht das Ende der Leistung gekommen war, hinterließ ein Gefühl unbedingter Überlegenheit und – Sicherheit. Jawohl, Sicherheit. Nämlich durch die gewaltigen Kraftreserven in engen Situationen. Erstaunlich war auf der anderen Seite die Wendigkeit, wenn die 260 kg einmal rollten. Die Elastizität des Motors und sein runder Lauf bestachen ebenfalls. Wir sprachen von Superlativen – in jeder Beziehung.

Für die Münch-Fahrer blieb aber immer ein Problem: das Service-Netz. Auf der Landkarte waren 1973 im Prospekt zehn rote Punkte in Deutschland und in Berlin verzeichnet und die meisten Landstriche noch weiß - ! Auch Ende der 70er Jahre gab es eine Münch nicht an jeder Straßenecke – ! Und wenn man heute ein Münch-Motorradtreffen mitkriegt, dann ist das beileibe kein Massen-Elefantentreffen, auch nicht mitten im Sommer zur Urlaubszeit. Nur – von den Maschinen her wird dort Gewaltiges geboten.

Womit wir zu dem Pendant im Gewaltigen kommen, zur Harley Davidson.

Dieser „Cutter for Shrimps", dieser „Old Wabberly" oder dieser „American Way of Motorcycle-Life", dieser „0,3-Tonner" schickte sich an, auch in den 70er Jahren in Europa über die Straßen zu stampfen, als sei die übrige Welt garnicht da. „Cutter for Shrimps" = „Krabben-Kutter", weil der Motor so wummern konnte wie der Glühkopfdiesel eines Fischkutters, und daß man damit „Krabben" = junge Mädchen einfangen konnte, war auch klar. Also „Krabben-Kutter".

Aber dies Motorrad hat wie nur wenige neben ihm eine unerhörte Tradition und Geschichte. Seit dem Jahre 1903 gibt es die Marke in Milwaukee (Wisconsin) in den USA. Sie überstand zwei Kriege und viele Wirtschaftskrisen und ist auch heute noch wie eh und je im Geschäft. In Amerika bildet sie eine Motorrad-Weltanschauung und ist Leitbild, durch nichts zu erschüttern.

Mit dem seitengesteuerten 750 cm³ Zweizylinder-V-Modell und dessen sagenhafter Zuverlässigkeit war in den 30er Jahren auch in Deutschland ein Verkaufserfolg verbunden, auch dann noch, als Fremdeinfuhren im „Tausendjährigen Reich" nicht gern gesehen wurden. 1973 versuchte man den Import nach Deutschland weiter zu verbessern, und besonders die 1207 cm³ FLH war ein begehrtes Objekt. Der Typ Electra Glide war der Zeit entsprechend modifiziert worden.

Diese ruhigen Supertourer hatten den Anschein, im Reigen der europäischen und japanischen Motorräder zu Außenseitern geworden zu sein – und zwar auf unseren Straßen, bei unseren Verkehrsverhältnissen und bei der Art und Weise, wie hier Motorrad gefahren wurde und wozu und wie man Motorräder in der Umwelt des engen Europas einsetzte. Ein American Way of Motorcycle-Life war auf unseren Autobahnen und Bundesstraßen ungewöhnlich.

Großvolumiger Motor mit geringer Literleistung, überdurchschnittlicher Federungs- und Sitzkomfort, im Bereich der ruhigen Geschwindigkeiten zwischen 100 und 110 km/h auf superschönen Geradeausstraßen, ein *fast* sanftes Dahingleiten – alles bei den riesigen amerikanischen Straßenkreuzern auf vier Rädern auch unumgängliche Vor-

Traum aller »Soft-Tourer«: Harley Davidson 1207 cm³ FLH, 1973.

aussetzungen auf den langen und geraden Highways mit der Geschwindigkeitsbegrenzung auf 112 km/h (= 70 m.p.h.). Dazu das in Amerika unbedingt notwendige imponierende Aussehen, unterstützt durch Chromzierat und den für ein Motorrad mit 1562 mm ungewöhnlich langen Radstand. Die Bereifung 5.10 – 16 von Goodyear, die eher auf einen kleinen LKW paßte als auf ein Motorrad, rundete alles ab.

1973 gab es für die FLH ein Mustergutachten des TÜV (später auch eine Allgemeine Betriebserlaubnis/ABE), und danach brachte der 45°-V-Motor 58 DIN-PS bei 5150/min. Diese Nenndrehzahl lag weit unter der inzwischen erreichten allgemeinen Norm dieser Klasse. Natürlich auch die Hubraumleistung mit 48 PS/Liter.

Aber das war nicht schlecht, denn aus vielen cm³ die PS zu holen, hieß Zuverlässigkeit zur annehmbaren Leistung zu produzieren. Die beiden Zylinder standen in einem Winkel von 45° zueinander, die beiden Pleuel arbeiteten auf einem gemeinsamen Hubzapfen zwischen zwei riesigen Schwungscheiben. Der extrem lange Kolbenhub von 100,7 mm (Zylinderbohrungen 87 mm) und die vorgenannten Einzelheiten erinnerten fast an ein Veteranen-Motorrad ähnlicher Bauart. Die Kolbengeschwindigkeit hielt sich jedoch wegen der geringen Drehzahlen in Grenzen. Bei 5200/min erreichte man 17,5 m/s, und bei dem am meisten gefahrenen Reisetempo zwischen 100 und 120 km/h waren es keine 14 m/s. Bei dieser Geschwindigkeit merkte der Fahrer kaum etwas von Vibrationen, aber ab 130 km/h begann meine Testmaschine so stark zu vibrieren, daß wir bei 150 km/h die Füße nur noch ungern auf den Fußbrettern gelassen haben (sagt ein Harley-Enthusiast: „Also wissense, nee – wer fährt mit einer Harley denn *so* – 150 km/h?").

Very sorry, bei einem Zylinderwinkel von 45° *ist* eine Schüttelei mit solchen Frequenzen ohne Ausgleichswelle nicht zu vermeiden, wenn es einmal richtig schnell gehen soll. Diese Erscheinung verhinderte dann Fahrten auf der Autobahn über längere Strecken mit mehr als 120 km/h.

Maschine und Motor waren also immer noch etwas für Leute, die – bequem und aufrecht, gut gefedert und nicht verkrampft sitzend – ruhig und gelassen durch die Landschaft reisen möchten. Diesen Fahrern genügt so ein 100er Tempo, und sie genießen das Motorradfahren auf ihre Art. Davon gibt es mehr, als mancher denkt, der Harley-Erfolg beweist das auch heute noch.

Der Kickstarter war 1973 bei Harley aus der Mode gekommen, und ein elektrischer Anlasser für das Anwerfen des Motors dieses Longstroke-Bombers verhinderte nun Schweißtropfen. Er tönte wie einer der ersten elektrischen Starter an älteren LKW-Motoren, es genügten aber bei unserer Maschine nur wenige Umdrehungen, damit die beiden Zylinder feuerten und der Bulldog loshämmerte. Bei kaltem Motor genügten einige Drehbewegungen am Gasdrehgriff vor dem Starten zum Einspritzen von genügend Kraftstoff, damit der Motor sofort ansprang. Nach längerem Stehen konnte man noch zusätzlich einen Choke betätigen.

So große Schwungmassen an der Kurbelwelle gehörten im damaligen Motorradbau beinahe schon zur Vergangenheit, nur die Einzylinder-Moto-Guzzi-Falcone konnte noch mit sowas aufwarten. Entsprechend war die Laufcharakteristik des Motors, der schon im unteren Drehzahlbereich sehr viel Leistung abgab. Im großen Gang konnte man gut mit 45 und 50 km/h fahren und beschleunigen.

Wie zu Old Wabberlys Zeiten wurde zur Auswahl ein normales Viergang-Fußschaltungs-Getriebe und ein handgeschaltetes Dreigang-Getriebe plus Rückwärtsgang angeboten. Letzteres stammte wohl aus der Herstellung der dreirädrigen 1200 cm³-Polizei-Karren. Aber Spaß beiseite: Bei 350 kg (= sieben Zentner) fahrfertigem Gewicht hörte das Schieben im Hof und in die Garagenecke einfach auf, einen Rückwärtsgang hätte ich tatsächlich nicht abgelehnt, vor allem nicht für Gespannbetrieb.

Die Fußschaltung hatte lange Wege, die Gänge mußten mit Kraft und Schwung eingelegt werden, besonders beim Heraufschalten und Hochziehen des Hebels mit dem Fuß. Bei der höchsten Drehzahl von 5000/min reichte der erste Gang bis 55 km/h, der zweite bis 90 km/h, der dritte bis 134 km/h und der vierte bis 165 km/h. Auf dem Papier – denn so verrückt war keiner von uns, die Gänge brutal auszufahren. Da ging man sachte ran – ab 60 km/h ging sowieso alles im Vierten. Man tat es deshalb, weil beim Zurückschalten und bei höheren Drehzahlen das Getriebe krachte wie eine Steinbrechanlage. Geschaltet wurde deshalb höchstens bei 2000 bis 2500/min. Und dabei mit Zwischengas – !

Das Fahrwerk war auch für ruhiges Highway-Gleiten ausgelegt, bei 150 km/h auf der Autobahn und beim Überfahren der Längsrillen machte die Maschine jedesmal einen seitlichen Schlenker. Da der Lenker in Gummi gelagert war und sich ruderartig bewegen ließ, da die superweiche Sitzbank (für zwei ausgewachsene Mitteleuropäer zu kurz – ich hätte zu gern gewußt, woher die schönen Werbefotos mit zwei Leuten kamen, vielleicht ging das ja mit superschlanken Bohnenstangen) – da also die superweiche Sitzbank nicht nur auf und ab federte, sondern sich auch infolge ihrer Befestigung an der Nase und an der langen Feder seitlich bewegte, verhalf so ein seitlicher Rillenschlenker zu einem völlig neuen Fahrgefühl auf einer Art Pudding-Unterlage.

Man mußte sich daran gewöhnen, und nach 2000 Kilometern machte uns das nichts mehr aus. Da konnte es Wellen und Schlaglöcher geben, da konnte das Vorderrad irgendwo links und das Hinterrad irgendwo rechts neben dem Kurs laufen – solche Scherze nahmen wir garnicht mehr ernst und fingen an, mit dem Bomber umzugehen wie die Harley-Polizisten in den Gangster-Filmen.

Und dann war er auch noch wendig in der Stadt. Kaum zu glauben.

Bei den Bremsen war man sehr fortschrittlich, denn die 1973er FLH hatte vorn und hinten Scheiben, dazu hydraulische Betätigung. Und so trampelten wir mit dem gewaltigen Stück Klassik in Ruhe von einem Land ins andere. 1400 km in drei Tagen – immer sachte, immer gleiten.

Das Bullern des Motors war imposant, das Schnüffeln des Bendix-Vergasers hinter dem Luftansaug-Chromblech kaum zu hören. In den Tank gingen 18 Liter, das reichte bei einem Verbrauch von fünf Litern auf 100 Kilometer gut für 250 Kilometer. Es war nur dumm, daß der Tachometer im Tank eingelassen war und man immer den Kopf neigen mußte, um ihn ablesen zu können. Auch daran merkte man, daß unpassende amerikanische Motorradtechnik für Europa noch geändert werden müßte.

Wir waren froh, daß auf den 3000 von uns gefahrenen Kilometern keine Pannen auftraten (Warum auch? fragt ein Harley-Fan), denn eine liegengebliebene Harley ließ sich nicht schleppen, sondern nur verladen. Und wer bei einem Reifenschaden keinen flachen Wagenheber in den Seitenkoffern hatte, der war aufgeschmissen wie in der Wüste Sahara ohne Wasser – !

Der Tacho wurde zerschüttelt, die Hinterradkette – viel zu dicht am Reifen – war erheblich gelängt. Das durch seine Hydraulik konstant gehaltene Ventilspiel fiel nicht unter Pflegearbeiten, und auch um die Primär-Duplexkette brauchte man sich nicht zu kümmern.

Es war also wirklich keine Maschine wie eine 750er Vierzylinder-Honda, es war ein reines Tourenmotorrad, aber auch nur liebenswert bis zu 120 km/h-„Touren". Ehre ihrer Würdigkeit, der großen, alten Amerikanerin – !

So wird der Dampfer weiter und weiter seinen Kurs ziehen. In den 80er Jahren und bestimmt auch noch in den 90er Jahren – vielleicht sogar unverändert in seiner Grundkonzeption des Modells FLH.

Das waren die 70er —

Das, was auf den Seiten dieses Buches beschrieben ist, kann nur die Spitze des Eisbergs sein, den die Motorräder und ihre Eigenarten der 70er Jahre bildeten. Es waren schrecklich viele.

Und in den 80er Jahren sind es immer noch massig genug, obwohl der „Boom" bereits seinen Zenit überschritten hat und die Wellen ruhiger werden.

Es war unmöglich, alles und jedes zu erwähnen, und wieder einmal galt das Wort, daß der Meister sich im Beschränken zeigen muß. Hauptsache ist, daß jeder anhand des hier Geschilderten die Motorräder dieser Jahre erkennen kann und die Umwelt, die für ihre Eigenarten mit verantwortlich ist. Als wir anfangs der 70er Jahre mit soviel Freude die Wiedergeburt des Motorrades erlebten, nachdem es Ende der 50er und in den 60er Jahren oft nach dem endgültigen Ende ausgesehen hatte, da waren wir glücklich und ahnten nicht, welche Auswüchse noch auf uns zukommen würden. Wir liefen bei den groß gewordenen Elefantentreffen 1970, 1971 und 1972 wie frohe Kinder unter unseren Freunden und unter den winterharten Windgesichtern herum.

So hatten wir uns das vorgestellt! So sollte es nun bleiben.

Es blieb nicht so. Es entstand eine Lawine — ! Immer mehr und mehr mit Übertreibungen durchsetzt. Oft zügellos und in Verkennung des Begriffs der Freiheit. 1977 schon nach dem Elefantentreffen — zum letzten Mal auf dem Nürburgring — da ging die Bemerkung eines Freundes uns unter die Haut. Er sagte: „Die Geister, die ich rief — — — !"

Die Motorradwelt schien umgekrempelt zu werden, und nicht zum Positiven. Was war aus all dem geworden?

Irgendwann aber konnte man sich doch wieder fangen und klar denken. Es kam dann glücklicherweise wieder so, wie es uns schon immer ging: Rauf auf die Maschine, raus auf die Straßen, in die Berge, durch die Wälder — fahren — !

Zwei Zylinder, drei Zylinder, vier Zylinder, sechs Zylinder — 140, 160, 180, 200 km/h — was soll es nur? Wozu? Mit einem Zylinder geht es auch, vielleicht noch besser, 50 PS sind prima und 180 Kilogramm sind fantastisch. Aber fahren müssen wir, um das Erlebnis Motorrad im Griff zu behalten. Mag doch kommen, was will — wer fahren kann, bleibt immer am richtigen Ball.

So ist es. Die 70er Jahre mit ihren Turbulenzen, Höhepunkten, Krisen, Problemen, Übertreibungen, Skandalen, Lächerlichkeiten, Falschheiten, Raffsüchten und großen Shows sind längst vorbei. Sie heute über unsere Motorräder hinweg zu betrachten, ist sehr wichtig. Denn es gab d o c h Fortschritte, d o c h neue positive Technik, d o c h fabelhafte Entwicklungen, an die sich zu erinnern lohnt. Und dann kommen wir auch dazu, daß wir wieder sagen: Es waren auch schöne Jahre — ! Denn wir sind Motorrad gefahren — immer gefahren — trotz allem — sie waren prima — !

Vieles aus diesem Dezennium war der gute Anfang für heute — nicht nur bei der Entwicklung der Motorräder, der Konzipierung neuer Modell-Generationen. Ohne die Freude am Motorrad und am Motorradfahren der 70er Jahre wäre dieser große Spaß und wäre diese faszinierende Technik nicht so positiv und fruchtbringend in den 80er Jahren weitergegangen.

Es haben mich viele gute und begeisterte Freunde begleitet, haben geholfen, sind mit mir gefahren und waren fröhlich mit uns. Wenn wir gemeinsam auf unseren Motorrädern saßen, dann war die Welt wieder heil.

Ihnen allen darf ich ein Dankeschön sagen, und allen, die mir geholfen haben, daß diese Geschichte geschrieben werden konnte.

Also, ist nun die Stimmung wieder ganz oben, morgen wollen wir nach Merry Old England hammern, da gibt es noch die einzige Vierzylinder-Triumph der 70er Jahre zu erleben – ein wirklich kostbares Stück – auf Seite 140 ist sie vorgestellt. Danach wollen wir unser restauriertes Elefanten-Gespann, die Zündapp KS 601 mit schmal gemachtem TR 500-Wagen, in Gang setzen, mit der 1984er CBX 550 F ins Frankenland enteilen und die Ardie NE 125 von 1949 hinter meinem Schreibtisch hervorholen. Außerdem steht wieder die obligatorische Mittwoch-Tour von Karl und mir bevor, schließlich die Reise ins Gelobte Mekka-Land der Motorradjünger, und dann muß jetzt endlich nach einer Norton International 1958 geschaut

werden. Hoppla, ja – vorher war doch noch ein CBX-Törn in den Norden geplant und –

– was für'n Glück, daß wir gar keine Zeit zum Nachdenken über die 80er Jahre haben, daß das Fahren mit den schönen Motorrädern immer die Hauptsache sein wird und sonst nichts.

Viel Spaß beim Lesen und Erinnern, und eine Menge schönster Kilometer sei allen gegönnt, dazu Gesundheit und echte Freunde, und natürlich Hals- und Beinbruch auf allen Motorrädern, auf kleinen, mittleren, großen und supergroßen – !

Ernst Querkus

„Klacks"